경찰수사의
주요쟁점과 논평

정세종

法文社

이 저서는 2017년 정부(교육부)의 재원으로 한국연구재단의 지원을 받아 수행된 연구임(NRF-2017S1A6A4A01020948).

머 리 말

사법경찰관으로서 필수적인 자질과 역량을 갖추지 못한 상태에서 비교적 어린 나이에 범죄수사업무를 담당하게 되었다. 경제팀, 지방경찰청 조사반, 사이버수사대, 마약팀, 강력팀 등을 거치면서 나침반 없이 망망대해를 항해하는 것 같은 느낌을 떨칠 수 없었다.

동일한 사안에 대해서도 수사과(형사과) 내부의 처리방식이 달랐고, 적확한 수사지휘를 내릴 수 있는 상관을 만나기도 어려웠으며 참고할 만한 지침서도 없었다. 당시 학위과정에 있었던 필자는 "만약 내가 학계로 진출한다면 경찰수사와 관련된 난제들을 찾아보고 해결책을 제시함으로써 일선 수사관들에게 도움을 줄 수 있었으면 좋겠다."고 다짐했고 운 좋게도 그 꿈을 이룰 수 있게 되었다.

이 책을 완성하기 위해서 첫째, 경찰수사에 관한 주요 쟁점들을 도출하였고, 둘째, 각 쟁점에 관해 논문을 작성하여 학술지에 투고 및 게재함으로써 검증을 받았으며, 셋째, 독자들의 이해를 돕고자 이 논문들을 저서의 형식으로 수정·편집하였다.

경찰수사를 둘러싼 문제점들은 한마디로 수사관들이 법규명령(경찰수사규칙)과 행정규칙(범죄수사규칙)의 차이점을 정확하게 이해하지 못하고 법치행정에서 벗어나 수사행정의 편의성만을 추구하려는 경향이 짙다고 요약할 수 있다. 본서가 이러한 폐해가 조금이라도 개선되는데 도움이 되었으면 하는 바람이 크다.

이 책은 경찰관을 준비하는 경찰관련 학부생, 대학원생, 일선수사관을 타깃으로 기획되었다. 첫째, 학부생은 형법, 형사소송법 등이 실무에서 어떻게 적용되는지를 이해하는데 활용하기를 바란다. 둘째, 대학원생은 여러 쟁점에 관한 찬·반 논리를 숙지하여 학문적 성과물을 창작하는데 유용한 도구로 이용하기를 기대한다. 셋째, 일선 수사관들에게는 다양한 관점에서 사안을 바라볼 수 있는 유연성을 기르는데 요긴한 마중물이 되었으면 한다.

깜냥에 비해서 영광스러운 작업을 완성하기까지 필자에게 무한한 정서적 지지를 보내준 아들 승원, 충격요법을 제시한 딸 승은, 원고정리에 아낌없이 희생해준 아내 김은미에게 감사의 말씀을 전하고 싶다. 마지막으로 꼼꼼하게 교정을 담당해주신 법문사 편집부 배은영님에게도 진심으로 감사드린다.

2022년 3월 10일

정세종

차 례

Chapter 03.   반드시 수사를 개시해야만 하는 경우와 불이행시 제재방안은?

제 2 편　수사의 진행

Chapter 08. 성명불상 피의자를 기소중지하면 피해자는?

제3편 주요범죄 수사

수사의 개시

내사와 수사는 어떤 차이가 있을까?

Ⅰ. 문제제기

2000년대 초반 필자가 수사부서에서 근무하고 있었을 때 체포·구속장소 감찰을 나온 검사와 경찰간부와의 논쟁을 지켜본 적이 있었다. 당시 「형사소송법」 제198조의 2 제1항에서는 "지방검찰청 검사장 또는 지청장은 불법체포·구속의 유무를 조사하기 위하여 검사로 하여금 매월 1회 이상 관하 수사관서의 피의자의 체포·구속장소를 감찰하게 하여야 한다. 감찰하는 검사는 체포 또는 구속된 자를 심문하고 관련서류를 조사하여야 한다."라고 규정하고 있다. 논쟁의 쟁점은 이 조항에서 말하는 관련서류에 경찰내사종결서류가 포함되느냐는 것이었다. 검사측은 내사관련서류는 수사기록의 일부로서 동 기록의 열람은 체포·구속장소 감찰활동에 당연히 포함되는 개념이라고 주장한 반면 경찰측은 내사는 범죄인지(입건)전의 경찰의 독자적인 활동이고 내사단계에서는 체포·구속절차로 이행될 수 없기 때문에 내사종결서류를 열람시켜 줄 수 없다는 논리를 제시하였다. 논쟁의 결과가 어떻게 되었든 간에 이를 계기로 일선 수사경찰관들에게까지 경찰내사의 성격에 관한 논쟁이 확대되었던 것으로 기억된다.

2007년도에는 한화그룹 김승연회장의 폭행사건과 관련하여 경찰의 내사행태가 언론의 도마위에 올랐고, 급기야 일선 경찰서장이 내사중단을 지시했다는 혐의로 구속수감되었다.[1] 혐의내용은 최초 서울지방청 광역수사대가 범죄첩보를 제출하고 피해자 진술을 확보하는 등 내사 활동을 벌였으나 최모 전경찰청장의 부탁을 받은 서울지방경찰청장과 수사부장, 형사과장 등의 지시로 남대문 경찰서로 내사사건이 이첩되었고 남대문경찰서장이 부하직원인 형사과장에게 내사중단을 지시했다고 정리된다.

광역수사대의 최초 내사과정에서 피해자 진술을 확보했을 때 범죄인지(입건)하여 수사단계로 진행했었다면 경찰관리자가 위와 같이 비공식적이고 불합리한 지휘를 할 수 있었을까? 아쉬움이 많이 남는다. 아울러 경찰이 내사란 명목으로 법의 사각지대에 숨어서 비공식적이고 자의적인 법집행활동을 벌여왔을 수도 있다는 의문도 떨칠 수 없었다.

경찰은 21,970명 상당의 수사인력을 갖추고 전국을 바둑판처럼 관할구역별로 세분하여 담당하면서 내사활동을 벌이고 있다(경찰청, 2021: Ⅱ). 2020년의 범죄통계를 살펴보면 진정·투서를 단서로 범죄가 인지된 경우가 213,771건, 탐문정보로 범죄가 인지된 경우는 13,377건으로 전체사건의 약 14.3%를 차지하고 있기 때문에 경찰의 내사활동 영역의 중요성을 간과할 수는 없다(경찰청, 2021: XⅦ). 하지만 이와 같이 경찰이 통상적으로 행하고 있고 내사활동에 대해서 일반 국민은 물론 상당수의 경찰관들조차도 정확한 개념과 법적 성질을 이해하지 못하고 있는 실정이다. 형사법학계에서는 '내사' 영역은 형사소송법전에 명시적으로 규정되어 있지 않아 대학의 강단에서 검토가 전혀 행해지지 않고 있고, 법원의 경우에는 '내사' 및 '내사종결처분'으로 종료되는 사건은 법원쪽으로 넘어오지 않기 때문에 별다른 관심을 가지지 않는 경우가 많다는 사실을 부인할 수는 없다(신동운, 2004: 309-310).

이러한 문제의식을 토대로 수사기관의 내사활동에 관한 연구들이 간간히 진행되고 있다(정성진, 1997; 권오걸, 2001; 백승민, 2003; 신동운, 2004; 조광훈, 2005). 하지만 기존 논의들은 경찰단계보다는 검찰단계에 치중하였고, 주로 피내사자의

---

1) 중앙일보, 2007. 6. 29. "장○○ 전 남대문 경찰서장 구속" 제하의 기사 참조.

인권보장 측면에 많은 비중을 할애함으로써 경찰의 내사활동에 관련된 여러 문제점들과 개선방안 등에 관한 연구는 다소 부족하였다고 할 수 있다. 따라서 이 단원에서는 경찰내사활동의 개념을 정립하고, 처리절차 및 법적 성질을 검토하며 이와 관련된 여러 가지 쟁점들을 도출해내고 이를 개선할 수 있는 정책적 방안을 제시하고자 한다.

Ⅱ. 경찰내사의 개념과 법적 성질

1. 경찰내사의 개념

「형사소송법」 제197조 제1항에서는 "경무관, 총경, 경정, 경감, 경위는 사법경찰관으로서 범죄의 혐의가 있다고 사료하는 때에는 범인, 범죄사실과 증거를 수사한다."고 규정함으로써 수사의 개시 시점을 '범죄의 혐의가 있다고 사료하는 때'라고 명시하고 있다. 실무적으로는 경찰이 범죄혐의를 확인하고 범죄인지서를 작성하고 이를 범죄사건부에 등재한 후 사건번호를 부여하는 입건단계부터 수사가 시작되는 것으로 보고 있다. 따라서 입건 전단계에서 경찰이 범죄의 혐의유무를 확인하는 활동은 수사개념과는 명확히 구분된다(이재상, 2002: 180; 임동규, 2006: 119; 이영란, 2007: 215-216; 신동운, 2006: 35-36; 정웅석, 2007: 112). 경찰내사[2]는 경찰이 수사개시전에 범죄혐의 유무를 확인하는 활동으로 수사개념과는 분명하게 구분된다고 할 수 있다.[3] 만약 경찰단계에서 내사와 수사를 구분하지 않는다면, 예컨대 경찰이 범죄혐의 유무를 확인하는 모든 활동을 수사의 개념에 포함시킨다면 진위가 확인되지 않은 범죄첩보, 진정, 탄원, 범죄와 관련된 신문기사, 풍설 등이 있는 경우에 빠짐없이 그 대상자를 입건하여야 하고 검찰로 사건을 송치해야 한다는 결론에 도달한다. 현행 수사구조상 심각한 수사력의 낭비를 가져올 것이라는 것은 쉽게 짐작할 수 있다.

---

2) 「경찰수사규칙」(행정안전부령 제305호)과 「입건 전 조사 사건 처리에 관한 규칙」(경찰청훈령 제1030호)에서는 경찰내사를 "입건 전 조사"로 지칭하고 있다.

3) 대법원도 수사의 개시에 앞서 이루어지는 조사활동과 수사활동을 명확히 구분하고 있다(대법원 2006. 12. 7, 2004다14932 판결).

2. 경찰내사의 법적 근거

경찰내사에 관해서 형식적 의미의 법률에서 그 근거를 찾을 수 있는지 여부가 주요관심사가 될 수 있다. 「형사소송법」제199조 제1항은 "수사에 관하여는 그 목적을 달성하기 위하여 필요한 조사를 할 수 있다. 단 강제처분은 이 법률에 특별한 규정이 없으면 하지 못한다."고 규정하고, 제2항에서는 "수사에 관하여서는 공무소 기타 공사단체에 조회하여 필요한 사항의 보고를 요구할 수 있다."고 명시하고 있다. 정성진(1997: 9)은 위 조항들을 내사의 법률적 근거로 주장한다. 그 이유로 내사가 광의의 수사의 일부로서 수사의 전단계에서 범죄의 혐의유무를 확인하는 수사목적 달성을 위한 조사활동이기 때문이라고 주장하고 있다.

반면에 조광훈(2005: 121-122)은 구 「형사소송법」제195조에서 "검사는 범죄혐의 있다고 사료되는 때에는 범인, 범죄사실과 증거를 수사하여야 한다."라고 규정하고 있고, 동법 제199조는 범죄인지 후의 수사를 규정한 것으로 보이므로, 범죄인지 이전의 내사를 규정한 것으로는 보기 힘들고 동 조항이 내사의 명확한 법적 근거가 된다는 견해는 설득력이 약하다고 주장한다. 또한 신동운(2004: 323)도 구 「형사소송법」제195조에 근거하여 수사의 개념을 정의하면 "수사기관이 범죄의 혐의가 있다고 사료하는 때에 행하는 범인, 범죄사실과 증거의 조사활동"이라는 명제를 추출해 낼 수 있고, 이 경우 수사개념의 핵심적인 표지는 "범죄의 혐의가 있다고 사료하는 때"에 해당하므로 「형사소송법」상 내사에 관한 명확한 규정이 없다는 취지의 주장을 하고 있다.

정리해보면, 「형사소송법」제197조 제1항에서 "범죄혐의 있다고 사료되는 때에는 수사한다."고 규정함으로써 범죄혐의의 유무를 확인하는 활동을 수사의 개념에 포함시킬 수 없고, 동법 제199조 제1항에서 "수사에 필요한 때"라는 조건을 부가하고 있는 것으로 보아 형식적 의미의 법률인 「형사소송법」에서 경찰내사의 근거를 찾는 것은 무리라고 판단된다.

「경찰수사규칙」제19조 제1항에서는 "사법경찰관은 수사준칙 제16조 제3항에 따른 입건 전에 범죄를 의심할 만한 정황이 있어 수사 개시 여부를 결정하기 위한 사실관계의 확인 등 필요한 조사(이하 "입건전조사"라 한다)에 착수하기 위해서는 해당 사법경찰관이 소속된 경찰관서의 수사 부서의 장의 지휘를 받아야 한다."고 규정하고 제2항에서는 입건전 조사사건에 대해서 ① 입건, ② 입건전 조사 종결, ③ 입건전조사 중지, ④ 이송, ⑤ 공람 후 종결로 처리하도록 명시하고 있다.

한편 「검찰사건사무규칙」(법무부령 제992호) 제224조 제1항에서는 "검사는 범죄에 관한 신문 등 출판물의 기사, 익명의 신고 또는 풍설, 첩보의 입수 등으로 범죄의 존재 여부를 확인할 필요가 있는 경우에는 내사사건으로 수리한다."고 규정하고, 제226조에서는 내사 · 진정사건의 처리 절차를 규율하고 있다.

정리해보면, 경찰내사의 법적 근거는 「경찰수사규칙」에서 찾을 수 있다. 사견으로는 학계와 경찰실무 그리고 검찰에서 통용되어오고 있는 "내사"라는 용어를 굳이 "입건전 조사"라고 변경할 필요가 있었는지 적지 않은 의문이 든다.

3. 경찰내사의 처리과정

경찰내사는 진정사건, 신고사건, 첩보사건, 기타조사사건으로 분류한다(「입건전 조사 사건 처리에 관한 규칙」 제3조). 조사사건에 대해 수사의 단서로서 조사할 가치가 있다고 인정되는 경우에는 이를 수리하고, 소속 수사부서장에게 보고하여야 한다(동규칙 제4조 제1항). 사건을 수리하는 경우 형사사법정보시스템에 관련 사항을 입력하여야 하며 입건 전 조사사건부에 기재하여 관리하여야 한다(동규칙 제4조 제2항).

경찰관은 첩보사건의 조사를 착수하고자 할 때에는 입건 전 조사착수보고서를 작성하고, 소속 수사부서의 장에게 보고하고 지휘를 받아야 한다(동규칙 제5조 제1항). 수사부서의 장은 수사 단서로서 조사할 가치가 있다고 판단하는 사건 · 첩보 등에 대하여 소속 경찰관에게 입건 전 조사착수지휘서에 의하여 조사의 착수를 지휘할 수 있고, 경찰관은 소속 수사부서의 장으로부터 조사착수지휘를 받은 경우 형사사법정보시스템에 피조사자, 피해자, 혐의내용 등 관련 사항을 입력하여야 한다(동규칙 제5조 제2항, 제3항).

사법경찰관은 입건전조사한 사건을 아래의 구분에 따라 처리해야 한다(「경찰수사규칙」 제19조 제2항).

① 입건: 범죄의 혐의가 있어 수사를 개시하는 경우

② 입건전조사 종결(혐의없음, 죄가안됨 또는 공소권없음)

③ 입건전조사 중지: 피혐의자 또는 참고인 등의 소재불명으로 입건전조사를 계속할 수 없는 경우

④ 이송: 관할이 없거나 범죄특성 및 병합처리 등을 고려하여 다른 경찰관서 또는 기관(해당 기관과 협의된 경우로 한정한다)에서 입건전조사할 필요가 있는 경우

⑤ 공람 후 종결: 진정·탄원·투서 등 서면으로 접수된 신고가 ⅰ. 같은 내용으로 3회 이상 반복하여 접수되고 2회 이상 그 처리 결과를 통지한 신고와 같은 내용인 경우, ⅱ. 무기명 또는 가명으로 접수된 경우, ⅲ. 단순한 풍문이나 인신공격적인 내용인 경우, ⅳ. 완결된 사건 또는 재판에 불복하는 내용인 경우, ⅴ. 민사소송 또는 행정소송에 관한 사항인 경우의 어느 하나에 해당하는 경우

4. 경찰내사의 법적 성질

경찰의 내사활동에 관한 법규적인 근거는 행정안전부령인 「경찰수사규칙」이라는 점은 이미 언급한 바와 같다. 이하에서는 주요판례를 고찰하는 방식으로 법적 성질을 고찰해 보기로 한다.

먼저 증거보전청구에 관해서 대법원은 "형사소송법 제184조[4]에 의한 증거보전은 피고인 또는 피의자가 형사입건이 되기 전에 청구할 수는 없다."고 판시함으로써 피내사자[5]의 증거보전청구권을 인정하지 않았다(대법원 1979. 6. 12, 79도792 판결).

둘째, 재정신청에 대해서 대법원은 "대통령에게 제출한 청원서를 대통령비서

---

4) 「형사소송법」 제184조 제1항에서는 "검사, 피고인, 피의자 또는 변호인은 미리 증거를 보전하지 아니하면 그 증거를 사용하기 곤란한 사정이 있는 때에는 제1회 공판기일전이라도 판사에게 압수, 수색, 검증, 증인신문 또는 감정을 청구할 수 있다."고 규정하고 있다.

5) 피내사자와 용의자의 구별에 관해서 정성진(1997: 8)은 양자 모두 인지·입건 전 단계의 범죄혐의 대상자를 지칭한다는 점은 같다고 볼 수 있으나 피내사자가 절차 쪽에 중점을 둔 법령상의 개념이라고 한다면 용의자는 범죄혐의라는 실체 쪽에 무게가 실린 사회적 개념이라고 주장하지만 적정한 설명이 아니라고 생각한다. 이미 언급한 바와 같이 발생사건처리는 수사활동으로 규정되어야 한다. 왜냐하면 이미 범죄가 발생했기 때문이다. 용의자는 '발생사건 수사와 관련되어 범인으로 의심되는 자'를 의미하는 것으로 정의하여 피내사자와 구별하는 것이 타당하고 생각된다.

실로부터 이관 받은 검사가 진정사건으로 내사 후 내사종결처리한 경우, 위 내사종결처리는 고소 또는 고발사건에 대한 불기소처분이라고 볼 수 없어 재정신청의 대상이 되지 아니한다."고 결정함으로써 내사종결처리에 대한 피해자의 재정신청권을 부인하였다(대법원 1991. 11. 5, 91모68 결정).

마지막으로 검사의 내사종결처리에 관한 헌법소원여부에 대해서 헌법재판소는 "진정에 기하여 이루어진 내사사건의 종결처리는 진정사건에 대한 구속력이 없는 수사기관의 내부적 사건처리방식에 지나지 아니하므로 진정인의 고소 또는 고발의 권리행사에 아무런 영향을 미치는 것이 아니어서 헌법소원심판의 대상이 되는 공권력의 행사라고 할 수 없다."고 결정했다(헌법재판소 1990. 12. 26, 89헌마 277 결정).

정리해보면, 피내사자 혹은 피진정인은 내사를 받고 있는 사람으로서 헌법이나 형사소송법을 통해서 명문으로 그 권리를 보장받고 있지 못하고 피의자와는 달리 일반시민에 대한 기본권보장의 한도 내에서 그 권리를 보장받을 뿐이며 증거보전신청권도 가질 수도 없다(권오걸, 2001: 244-245; 신동운, 2007: 54). 경찰의 내사종결처분은 수사기관의 내부적 사건처리방식에 지나지 아니하므로 대외적인 효력을 발생시키지는 못한다고 할 수 있다. 따라서 진정인은 동일사안에 대해서 재차 고소·고발할 수는 있으나 재정신청과 헌법소원은 할 수 없다.

Ⅲ. 주요쟁점

1. 경찰내사활동의 남용가능성

경찰의 내사활동은 수사기관의 내부적 사건처리방식에 지나지 아니하므로 대외적인 효력을 발생시키지 못한다. 하지만 이는 법률적인 효력을 의미하는 것이지 실질적으로 국민들에게 사실상의 영향을 미치지 못한다는 의미는 아니다. 예컨대, 경찰청 중대범죄수사과 소속 수사관이 모 기업체에 내사활동을 이유로 회계장부 등을 임의제출 형식으로 요구했을 경우 기업활동이 위축된다는 사실은 누구도 부인할 수 없을 것이다. 일반 시민들의 입장에서도 경찰이 내사활동을 이유로 주변사람들을 탐문한다든지 방문조사를 할 경우 심리적 위축은 물론 실생활에 상당한 장애를 초래하는 것은 사실이다. 결과적으로 경찰의 내사활동이 국민들의 실생활에 미치는 영향은 크다. 과거 실무상 수사관들이 '첩보수집활동'이란 명목으로 현장조사, 주변인 탐문, 잠복, 미행, 주민조회, 전과조회 등 '사실상의 내사활동'을 진행하다가 범죄인지(입건)해야 할 필요성이 있을 경우 첩보를 제출하고 이를 근거로 내사착수보고서(입건 전 조사착수보고서)를 작성하여 공식적인 절차로 편입시키는 사례가 적지 않았다. 이러한 경찰의 '사실상의 내사활동'에 관해서는 진행과정에서 적절한 통제를 가할 수 없을 뿐만 아니라 공식적인 기록보존 의무도 없으므로 사후통제도 불가능하다고 할 것이다. 특히 '사실상의 내사활동' 중 범죄혐의를 확인하고도 대상자들과의 모종의 거래 혹은 조직 내 상관의 은밀한 지시를 통해서 비공식적으로 종결했을 경우가 국민들의 불신을 조장하는 대표적인 경찰비리의 한 유형이 될 수 있다. 따라서 경찰의 '첩보수집활동'과 내사활동을 명확히 구별하여 '사실상의 내사활동'을 공식화할 필요성이 제기되는 것이다.

2. 내사활동 중 강제처분 허용 여부

'범죄의 혐의유무를 사전에 확인하는 내사단계에서 임의처분의 한도를 벗어나서 국민의 권리를 강제적으로 침해할 수 있는 강제처분이 허용될 수 있는가?'라는 쟁점이 제기된다. 이에 대해서 정성진(1997: 26)은 본격적인 수사에 앞서 시초의 범죄혐의에 따라 이를 확인하는 내사에 있어서도 압수·수색·검증 등 대물적 강제처분은 가능하다고 주장한다.

하지만 「형사소송법」 제215조 제2항에서는 "사법경찰관이 범죄수사에 필요한 때에는 피의자가 죄를 범하였다고 의심할 만한 정황이 있고 해당 사건과 관계가 있다고 인정할 수 있는 것에 한정하여 검사에게 신청하여 검사의 청구로 지방법원판사가 발부한 영장에 의하여 압수, 수색 또는 검증을 할 수 있다."고 규율함으로써 압수수색영장의 신청요건으로 "범죄수사", "피의자"라고 명시하고 있다.

한편 「형사소송규칙」(대법원규칙 제3016호) 제107조 제1항 제1호에서도 압수·수색영장 청구서의 기재사항으로 ① 피의자의 성명(분명하지 아니한 때에는 인상, 체격, 그 밖에 피의자를 특정할 수 있는 사항), 주민등록번호 등, 직업, 주거, ② 피의자에게 변호인이 있는 때에는 그 성명, ③ 죄명 및 범죄사실의 요지, ④ 7일을 넘는 유효기간을 필요로 하는 때에는 그 취지 및 사유, ⑤ 여러 통의 영장을 청구하는 때에는 그 취지 및 사유를 규정하고 있고, 동규칙 제108조 제1항에서는 "압수·수색·검증 영장을 청구할 때에는 피의자에게 혐의가 있다고 인정되는 자료 및 압수, 수색 또는 검증의 필요를 인정할 수 있는 자료를 제출하여야 한다."고 명시함으로써 "피의자", "범죄의 혐의가 있다고 인정되는 자료"를 압수·수색·검증 영장의 요건으로 규정하고 있다.

정리해보면, 「형사소송법」과 「형사소송규칙」에서 명시된 압수·수색·검증 영장의 신청요건으로 "범죄수사에 필요한 때", "피의자", "범죄의 혐의가 있다고 인정되는 자료" 등을 명시하고 있는 점 등으로 보아 경찰내사단계에서는 임의수사만 가능하고 강제처분은 불가하다고 해석해야 한다.[6]

3. 내사종결처분과 관련된 경찰의 재량 유무

경찰이 내사활동 중 범죄혐의가 있다고 판단하였더라도 진정인 혹은 피해자가 처벌을 원하지 않을 경우나 사안이 경미할 때 등 일정한 경우 범죄인지(입건)하지 않고 내사를 종결할 수가 있는가? 즉 '내사종결처분과 관련해서 경찰관의 재량을 인정할 수 있는가?'라는 또 다른 쟁점이 제기될 수 있다.

사법경찰관의 임무를 규정한 「형사소송법」 제197조 제1항은 "범죄혐의가 있다고 사료하는 때에는 범인, 범죄사실과 증거를 수사한다."고 명시하고 있다. 「경찰수사규칙」 제18조 제1항에서도 "사법경찰관은 구체적인 사실에 근거를 둔 범죄의 혐의를 인식한 때에는 수사를 개시한다."고 규정하고 있다. "수사할 수 있다."고 규정한 것이 아니라 "수사한다."고 명문화한 것은 우리 「형사소송법」의 입법자들이 수사법정주의를 천명하였다고 할 수 있다(신동운, 2004: 321). 따라서 실정법상 경찰이 내사종결처리하면서 행사할 수 있는 재량은 없다고 판단함이 마땅하다.

---

6) 「통신비밀보호법」상 통신제한조치와 통신사실확인자료 제공요청은 피내사자에게도 가능하다 (동법 제6조 제1항, 제2항; 제9조 제9항).

Ⅳ. 정책적 제안

1. 내사활동의 공식적 통제

실무관행상 경찰관들이 '첩보수집활동'이란 명목으로 현장조사, 주변인 탐문, 잠복, 미행, 주민조회, 전과조회, 피내사자 조사 등 '사실상의 내사활동'을 진행하고, 심지어 범죄혐의를 발견하고도 대상자들과의 모종의 거래 혹은 상관의 은밀한 지시를 통해서 비공식적으로 사건을 무마해 버릴 위험성이 존재한다. 이와 같이 법의 사각지대에 놓여있는 '사실상의 내사활동'을 공식화하기 위한 방안을 제시하면 다음과 같다.

첫째, 첩보수집활동의 한계를 명확히 규정하는 것이 중요하다. '첩보수집활동'은 경찰관이 일상업무를 수행하면서 수사의 단서가 될 수 있는 일체의 범죄정보를 수집하는 것이라고 정의할 수 있겠다.[7] 현장조사, 주변인 탐문, 경찰내부 자료조회의 범위를 벗어날 수 없다고 할 것이다. 따라서 경찰외부 기관에 사실조회, 감시·미행·사진촬영, 관계자 조사, 감정 등의 활동을 하기 위해서는 반드시 「입건 전 조사 사건 처리에 관한 규칙」에 따라 형사사법정보시스템에 관련 사항을 입력하고, 입건 전 조사사건부에 기재하여 관리하여야 한다(동규칙 제4조).

2. 강제처분 금지

경찰의 내사활동은 임의처분에 한정하여야만 하고, 강제처분을 위해서는 반드시 수사단계로 이행하여 형식적 의미의 법률의 통제를 받아야 한다고 해석함이 바람직하다. 형사절차는 적정절차를 유지하고 피내사자, 피의자, 피고인을 불문하고 그들의 기본권을 제한하는 공권력 작용이므로 국회에서 제정한 법률에 근거하여야 하는데 내부지침이나 규칙에 근거를 둔다면 피내사자의 인권은 부당하게 제한하거나 침해할 수 있기 때문이다(조광훈, 2005: 121-122).

---

7) 「수사첩보 수집 및 처리규칙」(경찰청예규 제594호) 제4조에서는 "경찰공무원은 항상 적극적인 자세로 범죄와 관련된 첩보를 발굴 수집하여야 한다."고 규정하고 있다.

3. 경찰재량의 입법화

내사종결처분과 관련된 경찰재량에 관해서는 입법론으로 해결할 필요가 있다. 이와 관련해서 비교법적으로 검토해 볼 만한 제도는 일본의 미죄처분제도와 영국의 경찰경고제도라고 할 수 있다.

일본의 미죄처분제도는 경찰이 조사한 사건에 대해서 범죄사실이 극히 경미하고 지방검찰청 검사장이 송치절차를 밟을 필요가 없다고 미리 지정한 것은 송치를 하지 않고 경찰에서 종국처리하고 미죄처분사건 월보만 검찰에 보고하는 제도이다.[8] 미죄처분의 대상이 되는 사건의 기준은 대검이 설정한 기준[9]에 따라 지방검찰청에서 지역실정에 맞는 기준을 마련하여 경찰에 통보하고 있다(조국, 2003: 42).

영국의 경찰경고(Police Caution)제도[10] 중 단순경고(Simple Caution)는 기소강제범죄(indictable only offences)[11]를 제외한 범죄를 범한 18세 이상 성인이 범행사실을 시인하고 경고처분에 동의했을 경우에 적용될 수 있다. 이러한 때에는

---

8) 일본 「형사소송법」 제246조는 '사법경찰원으로부터의 검찰관에의 사건송치'라는 제하에서 "사법경찰원은 범죄의 수사를 한 때에는 법률에 특별히 정한 경우를 제외하고는 신속히 서류 및 증거물과 함께 사건을 검찰관에게 송치하지 않으면 안된다. 단 검찰관이 지정한 사건에 대하여는 그러하지 아니하다."라고 규정하고 있다. 동 조항의 단서규정이 미죄처분의 근거가 된다(三井誠 등, 2003: 473).

9) 일반적으로 그 대상은 성인사건으로서 절도, 사기, 횡령, 장물의 경우에는 피해액이 대략 3,000엔 이하이고, 도박에 있어서는 도박금액, 공범, 도박의 방법 등으로 보아 범정이 경미한 사안이어야 하며, 폭행에 있어서는 우발적인 범죄로서 범정경미, 피해자의 처벌불원 등의 경우이다. 그러나 피해자 불명 등의 이유로 증거품의 환부가 불가능하거나, 피의자를 체포한 경우, 현행범으로 체포하여 24시간 유치한 경우, 고소·고발·자수사건인 경우 반드시 검찰에 송치하도록 하고 있다(김종구, 2002: 562).

10) 영국의 경찰경고제도는 단순경고(Simple Caution)와 조건부 경고(Conditional Caution)로 나눌 수 있다. 단순경고는 내부무 훈령(Home Office Circular 30/2005)으로 규정하고 시행하고 있으며, 조건부 경고는 「형사사법법」(Criminal Justice Act 2003)에서 규정하고 있다. 전자는 단순한 경고처분으로 경찰의 재량영역에 속하지만, 후자는 일정한 조건을 부과하고 검찰의 권한에 속한다는 점에서 차이가 있다.

11) www.routledgecavendish.com/textbooks/9781859417058/updates/4.asp. 기소강제범죄로는 모살(謀殺), 고살(故殺), 강도, 강도상해, 강간, 유괴, 폭동, 공갈, 인질강도, 특수강도, 중상해, 독극물 사용, 가중손괴, 특수방화, 위험무기소지, 위협용 무기 혹은 모형무기소지, 체포면탈을 위한 무기 혹은 모형무기사용, 기소가능범죄를 범하기 위한 무기 혹은 모형무기 휴대, 폭발물 사용, 부주의한 운전으로 인한 과실치사, 음주 혹은 약물복용 상태에서의 부주의한 운전으로 인한 과실치사, 위증, 사법방해 등을 들 수 있다.

경찰은 피의자에게 경고하고 입건처분을 하지 않는다. 경고의 기록은 경찰 데이터베이스에 보관되고, 사진, 지문 그리고 당시 다른 자료들 또한 첨부할 수 있다. 다른 범죄로 기소되었을 때에는 법원의 판단자료로 활용될 수 있으며, 특별한 경우를 제외하고는 재차 범죄를 행했을 시에는 경고처분은 제한되고 입건조치로 이행되게 된다(Home Office Circular 30/2005).

영국의 경찰경고제도는 대상자가 경찰경고처분과 입건처분 중에서 택일할 수 있도록 한 점, 관련 기록은 경찰이 필수적으로 데이터베이스화해서 경찰재량행사의 투명성을 확보하도록 한 점, 다른 범죄로 기소되었을 경우 법원의 판단자료로 활용하고 재차 범행시 경고처분을 제한하고 있는 점 등으로 보아 우리나라 경찰이 벤치마킹한다면 비교적 경미한 범죄를 신속하고 명확하게 처리할 수 있고, 재범가능성을 억제한다는 두 마리 토끼를 다 잡을 수 있는 가능성을 엿볼 수 있다.

V. 요 약

이 단원에서는 경찰에서 이루어지는 내사활동의 개념을 정립하고, 법적 성질을 검토하며 이와 관련된 여러 가지 쟁점들을 도출해내고 이를 개선할 수 있는 정책적 방안을 제시하였다.

경찰의 내사활동은 범죄첩보 및 진정·탄원 등 수사민원, 언론 등 기타 범죄정보들을 토대로 범죄혐의유무를 확인하는 범죄인지(입건)전의 경찰활동으로 법률적 근거를 가지지 못한다. 따라서 경찰의 내사종결처분은 수사기관의 내부적 사건처리방식에 지나지 않아 대외적인 효력을 발생시키지는 못한다. 이러한 경찰의 내사활동과 관련해서 경찰내사활동의 남용가능성, 내사단계에서 강제처분 허용유무, 내사종결과 관련된 경찰의 재량유무를 주요 쟁점으로 삼아 검토하였다.

검토결과, 수사경찰관들이 '첩보수집활동'을 빙자해서 '사실상의 내사활동'으로 법의 사각지대에 숨어서 재량을 남용할 위험성이 있다는 점, 만약 내사단계에서 강제처분을 행사하면 불법적 인권침해의 개연성이 크다는 점, 실정법상 경찰이 내사를 종결하면서 행사할 수 있는 재량을 인정하기는 어렵다는 점 등의 문제들이 제기되었다.

이를 해결하기 위해서는 먼저 경찰의 내사활동의 범위와 한계를 명확히 규정하여 그 활동이 투명하고 공정하게 통제될 수 있도록 제도화하는 것이 필요하다. 또한 수사법정주의 원칙에 입각하여 내사단계에서의 강제처분을 금지하여야한다. 장기적으로는 영국의 경찰경고제도를 벤치마킹하여 경미한 범죄를 신속하고 명확하게 처리하고, 재범가능성을 억제할 수 있는 방안을 검토할 필요성도 크다.

참고문헌

경찰청. (2021). 「2020 경찰통계연보」.

권오걸. (2001). "수사절차로서 내사에 관한 고찰", 「형사법연구」, 15: 239-270.

김종구. (2002). 「형사사법개혁론」, 파주: 법문사.

배종대·이상돈. (2006). 「형사소송법 제7판」, 서울: 홍문사.

백승민. (2003). "피내사자 인권보호를 위한 내사제도의 검토", 국민대학교 석사학위 청구논문(미간행).

사법연수원. (2001). 「검찰실무 I」, 고양: 사법연수원.

三井誠·酒卷匡. (2003). 「입문 일본형사수속법」(신동운 역), 파주: 법문사.

신동운. (2004). "내사종결처분의 법적 성질", 「서울대학교 법학」, 45(3): 309-331.

_____. (2006). 「형사소송법 제3판」, 파주: 법문사.

이영란. (2002). 「한국형사소송법」, 서울: 숙명여자대학교 출판국.

이재상. (2002). 「형사소송법 제6판」, 서울: 박영사.

임동규. (2006). 「형사소송법 제4판」, 파주: 법문사.

정성진. (1997). "내사론", 「법조」, 486: 5-36.

정세종. (2007). "경찰의 내사활동에 관한 고찰", 「한국공안행정학회보」, 16(4): 339-362.

정웅석. (2007). 「형사소송법 제4판」, 서울: 대명출판사.

조 국. (2003). 「경찰 '보호조치'와 '훈방조치'의 법적근거 및 한계에 관한 연구」, 치안연구소.

조광훈. (2005). "수사기관 내사의 효율적 통제와 피내사자의 인권보장에 관한 연구", 「법학연구」, 15(3): 115-159.

경찰은 범죄자를 합법적으로 훈방할
재량을 가지고 있는가?

I. 문제제기

범죄수사에서 법과 현실간의 간극이 가장 큰 영역 중의 하나가 수사개시와 관련된 경찰관의 재량행사라고 할 수 있다. 구체적으로 언급하면, 범죄예방 등의 행정경찰업무와 범죄수사와 같은 사법경찰활동을 병행하면서 무수히 많은 수사단서들을 접할 수밖에 없는 경찰관 입장에서 모든 범죄혐의자들을 일괄적으로 수사절차로 편입시켜야만 하는가?라는 문제이다. 반대로 말하면 경찰관이 대상자의 범죄혐의를 인식하였음에도 불구하고 수사를 개시하지 않거나 뒤로 미루는 행위가 정당화될 수 있느냐?는 문제이기도 하다.

먼저 실정법규를 정리해보면, 「형사소송법」 제197조 제2항에서는 "사법경찰관은 범죄의 혐의가 있다고 인식하는 때에는 범인, 범죄사실과 증거를 수사한다."고 규율하고 있다. 또한 「폭력행위 등 처벌에 관한 법률」 제9조 제1항의 경우에는 "사법경찰관리로서 이 법에 규정된 죄를 범한 자를 수사하지 아니하거나 범인을 알면서 이를 체포하지 아니하거나 수사상 정보를 누설하여 범인의 도주를 용이하게 한 자는 1년 이상의 유기징역에 처한다."고 규정하고 있고, 「특정 범죄 가중처벌 등에 관한 법률」 제15조에서도 "범죄 수사의 직무에 종사하는 공무원이 이 법에 규정된 죄를 범한 사람을 인지하고 그 직무를 유기한 경우에 는 1년 이상의 유기징역에 처한다."고 명시하고 있다.

하지만 경찰실무에서는 가해자의 특성, 범죄의 성질 등 범죄의 가벌성을 기 준으로 '사실상의 훈방' 혹은 소위 '경찰상의 입건유예' 등이 적지 않게 활용되고 있다는 사실은 부인하기 어렵다. 여기에서 이러한 관행들을 어떻게 평가할 것인 가라는 문제가 제기된다. 부연하면, 불법적인 행위로 포섭하여 해당 경찰관들을 직무유기죄 등으로 처벌하여야 하는지 아니면 합법적인 재량으로 인정하여야 하 는지에 관한 논의가 필요하다는 것이다.

이러한 문제의식을 토대로 수사개시와 관련된 수사기관의 재량에 관한 논의 들이 간간히 진행되어 왔다(백형구, 1985; 최기식, 2009; 조광훈, 2011). 먼저 백형 구(1985: 103-104)는 범죄의 가벌성 유무를 중심으로 범죄인지권을 소개하였고, 최기식(2009)은 검사의 수사재량권의 행사 가능성을 고찰하였으며, 조광훈(2011) 은 수사기관이 수사개시와 관련된 재량권을 가지고 있다고 전제한 후, 그 권한 의 남용원인과 개선방안을 제시하였다. 하지만 기존의 연구들은 경찰단계보다는 주로 검찰단계에서 검사의 수사 및 기소재량권 측면에 많은 비중을 할애함으로 써 경찰의 수사개시와 관련된 여러 문제점들과 개선방안 등에 관한 논의는 미 미하였다고 할 수 있다.

따라서 이 단원에서는 수사개시와 관련된 경찰재량에 대해서 심층적으로 들 여다보고자 한다. 먼저 경찰재량의 허용여부에 관하여 법리적 측면에서 고찰하 고 판례의 태도를 분석한다. 다음으로 영국 등 주요국가의 논의들을 비교법적으 로 검토하고 시사점을 도출하며 이를 토대로 궁극적으로 경찰재량의 공식화 방 안을 제시함으로써 일선경찰관들의 법집행에 도움을 주고자 한다.

Ⅱ. 경찰의 수사개시재량 허용여부

「형사소송법」 제197조 제2항과 「검사와 사법경찰관의 상호협력과 일반적 수사준칙에 관한 규정」[1] 제16조 제1항 및 「경찰수사규칙」 제18조의 규정을 종합해보면, 경찰관이 여러 수사단서를 통해서 범죄혐의를 확인한 후, 범죄인지서를 작성하는 등의 방법으로 범죄사건부에 등재하고 사건번호를 부여하는 입건단계부터 수사가 개시된다고 정리할 수 있다.

수사개시의 시점과 관련해서는 '범죄입건(범죄인지)'여부에 따라 수사와 내사를 구별하자는 형식설과(배종대 등, 2011: 64; 손동권, 2008: 167; 이재상, 2008: 192-193; 조광훈, 2009: 309; 정세종, 2007: 344) "범죄혐의가 인정되는가? 혹은 아닌가?"라는 점을 기준으로 실질적으로 구별되어야 한다는 실질설이 대립되고 있지만(신동운, 2011: 37), 본서에서는 형식설을 기준으로 논의를 진행하고자 한다. 왜냐하면 법규명령이 형식설을 규정하고 있고, 경찰실무에서도 수십년간 형식설을 기준으로 수사절차의 일관성을 유지해왔기 때문이다(정세종, 2011).

이하에서는 수사개시에 있어서 경찰재량의 허용여부에 관한 학설을 검토한 후, 판례의 태도를 분석하며 개인적인 견해를 피력하고자 한다.

1. 학설의 대립

1) 부정설: 수사기관의 수사의무인정

수사개시와 관련된 수사기관의 재량을 부정하는 견해는 「형사소송법」의 법문에 충실하게 따라야 한다는 점을 강조한다. 수사기관의 임무를 규정한 형사소송법 제196조 및 제197조는 "범죄혐의가 있다고 사료(인식)하는 때"에는 수사기관은 "수사한다."고 규정하고 있다는 사실을 지적하면서, "수사할 수 있다."고 규정한 것이 아니라 "수사한다."고 명시한 것은 수사법정주의를 천명하였고, 결과적으로 수사기관은 수사의무를 진다고 해석한다. 아울러, 「검찰사건사무규칙」 제230조 제1항 제2호에 따라 '범죄의 혐의는 있으나 입건할 필요가 없는 경우'에 활용되고 있는 소위 '입건유예'는 「형사소송법」의 취지를 벗어난 편법으로 종국적으로 위 규칙의 입건유예 규정을 삭제하는 것이 바람직하다는 견해까지도 제기되고 있다(신동운, 2004: 321-322; 정세종, 2007: 353-354; 김재덕, 2011: 279).

---

1) 이하 '수사준칙'으로 명칭한다.

2) 긍정설: 수사기관의 수사재량인정

수사기관의 수사개시재량을 인정하는 논의의 단초는 수사조건론과 수사비례의 원칙이라고 할 수 있다. 먼저 수사조건론은 범죄수사는 국민의 기본권을 침해할 위험성을 수반하기 때문에 이를 최소화하기 위해서 수사기관이 수사를 개시·진행하기 위해서는 필요성과 상당성이라는 일반적 요건을 충족하여야 한다는 것이다.

수사의 필요성은 수사기관은 실체적 진실을 발견하여 국가형벌권을 실행할수 있도록 조력해야 한다는 수사목적을 달성함에 필요한 경우에 한하여 수사를개시·진행할 수 있다는 것이고, 수사의 상당성은 수사의 필요성이 인정되는 경우에도 수사수단이 추구하는 목적에 상당하지 않다고 판단되는 경우에는 허용될수 없다는 의미이다(이재상, 2007: 181-183; 신동운, 2011: 114-115; 배종대 등, 2012: 89-94).

다음으로 수사비례의 원칙은 수사의 수단이 수사의 목적달성에 적합하고, 적합한 수단들 중에서 수사대상에 대한 침해가 가장 적은 수단을 선택해야 하며, 수사목적을 달성하여 얻는 이익과 수사활동으로 침해되는 이익 사이에 균형성이있어야 한다는 것이다(배종대 등, 2012: 95). 위와 같은 원칙들 중 주로 수사의 상당성과 균형성의 원칙이 수사기관의 재량인정에 관한 주요논거로 작용하게 된다.

먼저 백형구(1985: 103)는 사법경찰관은 범죄인지의 권한이 있다고 전제한다. 사법경찰관이 범죄를 인지하기 위해서는 범죄인지의 필요성이 있어야 하고, 범죄인지의 필요성 유무는 범죄의 가벌성 유무가 중요한 기준으로 된다. 따라서 죄질과 피해가 극히 경미한 사건에 대한 범죄인지는 수사비례의 원칙에 의해서 범죄인지권의 남용이라고 해석해야 하고, 결과적으로 범죄의 성질, 내용, 정상에 비추어 가벌성이 없거나 극히 희박한 경우에는 수사절차를 개시할 수 없다고 주장한다.

박노섭과 이동희(2009: 83)도 아무리 정당한 수사목적이라고 할지라도 그로 인해 침해되는 피의자의 법익이 수사로서 달성하려는 공익보다 더 중대하다고 판단되는 경우에는 수사기관은 수사절차를 개시해서는 안된다고 언급하면서 그 근거로 수사의 상당성과 균형성의 원리를 제시한다(배종대 등, 2012: 92-93).

조광훈(2011) 또한 수사기관은 범죄혐의가 있다고 하여 반드시 수사개시권을 행사하여 대상자를 피의자로 입건하거나, 범죄를 인지하였다고 하여 반드시 수사를 개시하여야 하는 것도 아니라고 주장하면서 그 근거로 형사사법의 운용상의 탄력성과 형사정책상의 목적을 고려하여야 한다는 점을 들고 있다.

심지어 최기식(2009: 37-40)은 구「형사소송법」법문이 "수사하여야 한다."라고 규정하여 수사의무를 인정하고 있다고 하더라도 이러한 법문의 취지가 수사에 있어 혐의는 인정되지만 실질적으로 입건의 필요성이 없거나 국익이나 공익에 반하는 경우 또는 피해가 보호가치가 없거나 극히 희박한 경우 등 수사의 필요성이 없는 사건에 대하여도 반드시 수사를 할 것을 요구하고 있다고 볼 것은 아니라고 주장하면서 수사에 있어서는 입건 내지는 수사의 필요성이라는 내재적 요건에 따른 한계가 있는 것이기 때문에 결과적으로 이러한 한도내에서 수사재량이 인정될 수 있다고 부연한다. 아울러 수사재량을 인정할 수 있는 근거로서 첫째,「형사소송법」제247조의 기소편의주의, 둘째,「검찰사건사무규칙」제230조 제1항 제2호의 '입건유예' 규정, 셋째,「검찰사건사무규칙」제115조 제3항 제5호의 '각하' 규정, 넷째, 독일 등 세계 각국의 입법례와 실무사례, 다섯째, 수사자원의 인적·물적 한계를 제시하고 있다.

3) 검토

긍정설은 아래와 같은 비난에서 자유롭지 못하다는 맹점을 지니고 있다. 첫째,「형사소송법」에 "수사한다."고 명시하고 있고 수사기관입장에서는 실정법을 보수적으로 해석하고 이를 따라야할 의무를 진다. 둘째, 우리나라는 국가가 형벌권과 수사권을 독점하고 있다. 만약 수사기관이 자의적으로 수사의 개시나 진행의 여부를 결정하는 것을 허용하게 되면,「헌법」이 정한 법 앞의 평등이나 수사절차의 일관성을 확보하지 못할 위험성이 커질 수 있다(신양균, 2009: 89). 셋째,「형사소송법」상 기소편의주의는 범죄의 혐의가 있어서 수사를 진행한 후 여러 가지 양형상 참작할 사유가 있어서 '공소제기'를 하지 않도록 허용한 것이지, 처음부터 수사자체를 유예할 수 있도록 규정한 것은 아니므로 이를 긍정설의 근거로 제시하는 것은 논리적으로 타당하지 않다(신동운, 2004: 321-322).

하지만 현실적인 측면에서는 경찰관이 범죄혐의가 있는 모든 경우의 대상자를 입건하고 수사절차를 개시해야 할 의무를 부담한다는 부정설에 따라 업무를 수행하기가 녹록지 않다. 왜냐하면 범죄혐의가 충분히 인정되더라도 범죄의 태양이 지극히 경미하거나 가해자의 사회·경제적인 상황 및 피해자와의 관계 등을 고려할 때, 수사절차로 이행하는 것이 오히려 일반적인 상식에 반하는 경우가 적지 않기 때문이다. 여기에서 법규범과 현실간의 불일치 문제가 제기되고 일선 경찰관입장에서는 현실에 부합하고 융통성 있는 법집행을 시도하기 위해서 '사실상의 훈방' 혹은 소위 '경찰상 입건유예'라는 비공식적인 수단을 활용할 수밖에 없는 실정이다. 따라서 긍정설을 뒷받침할 수 있는 논리적인 근거를 추가적으로 마련하고 이에 대한 공감대를 확산시킬 필요성이 절실하다.

2. 판례의 태도

1) 형사판례

(1) 사실관계[2]

피고인은 1979년 5월 23일 목포경찰서 형사 3계장으로 근무하다가 같은해 11월 23일 목포경찰서 흑산지서장으로 전근되어 근무하였고 1980년 5월 3일 목포경찰서 보안과 외사계장으로 전보되었다가 같은해 7월 10일 의원면직된 경찰관이다.

ⅰ. 1979년 5월 중순 15:00경 목포경찰서 수사과 형사계 사무실에서 공소외 A 경영의 페인트상회에서 당국에 위험물취급신고를 함이 없이 판매할 목적으로 인화물질인 "락카신나" 60리터를 보관한 사실을 적발하였으면 사법경찰관인 피고인으로서는 A를 수사하여 소방법위반으로 입건조치하여야 함에도 불구하고 정당한 이유 없이 입건조치하지 않은 채 방면하고,

ⅱ. 1980년 2월 13일 01:30경 목포경찰서 흑산지서에서 도박피의사건으로 임의 동행된 공소외 B등 5명을 적발하였으면 사법경찰관인 피고인으로서는 B등을 수사하여 도박죄로 입건조치하여야 함에도 불구하고 정당한 이유 없이 입건조치 않은 채 방면하고,

ⅲ. 1980년 3월 중순 15:00경 목포경찰서 흑산지서에서 공소외 C가 소나무

---

2) 광주지방법원 1981. 11. 27, 81노751 판결 참조.

30 내지 40년생 7주를 무허가벌채한 사실을 적발하였으면 사법경찰관인 피고인으로서는 동 사건을 수사하여 벌채한 자를 색출 산림법위반으로 입건조치하여야 함에도 불구하고 정당한 이유 없이 이를 수사 입건하지 않은 채 방관하고,

ⅳ. 1980년 5월 5일 18:00경 목포경찰서 흑산지서에서 공소외 D가 체장 7센티미터 이하의 전복 3개를 포획한 사실을 적발하였으면 사법경찰관인 피고인으로서는 동 사건을 수사하여 D를 수산자원보호령 위반으로 입건조치하여야 함에도 불구하고 정당한 이유 없이 D를 입건조치 않은 채 방면하고,

ⅴ. 1980년 6월 중순 19:00경 목포경찰서 흑산지서에서 성명불상 선원 2명을 순경 E가 임의 동행하려고 하였으나 위 선원 2명이 그 직무를 방해하여 실갱이 끝에 동행하게 되었으면 사법경찰관인 피고인으로서는 동 사건을 수사하여 위 선원 2명을 공무집행방해죄 등으로 입건조치하여야 함에도 불구하고 정당한 이유 없이 입건조치 않은 채 방면하였다.

당시 검사는 위와 같은 다섯 개의 공소사실을 근거로 피고인을 직무유기죄로 기소하였고 1심에서는 유죄판결을 받았지만 항소심과 상고심에서 모두 무죄판결을 받았다.

(2) 대법원 판결³⁾의 요지

① 사법경찰관은 형사소송법과 사법경찰관리직무규정 등이 정하는 바에 따라 검사의 지휘를 받아 수사를 하여야 하나 형사소송법 제196조의 검사의 수사지휘권에 관한 규정은 일반적 포괄적인 규정이라고 풀이 할 것이며, 사법경찰관리직무규정의 범죄인지보고는 그에 열거되어 있는 따위의 중요사건에 관한 것이고 범죄의 혐의가 있으면 그 어떠한 경우를 막론하고 반드시 검사에게 범죄 인지 보고를 하여 그 지휘를 받아 수사를 하여야 되는 것은 아니다.

② 피고인은 직무집행의사로 위법사실을 조사하여 이들을 타일러 보내는 등 어떠한 형태로던지 그 직무집행행위를 하였다 할 것이고, 그 직무집행 내용에 있어서 위와 같은 이유로 형사피의사건으로 입건 수사하지 아니하였다하여 직무집행을 정당한 이유 없이 의식적으로 포기하거나 방임한 것이 아니어서 형법

---

3) 대법원 1982. 6. 8, 82도117 판결 참조.

제122조 소정의 직무유기죄의 구성요건을 충족한 것이라고 볼 수 없다.

③ 사법경찰관리는 일체의 모든 범죄혐의에 관하여 검사에게 인지보고 하고 그 지휘에 따라 수사를 할 따름이며 피의자에 대한 기소 불기소 등 처분은 전적으로 검사만이 할 수 있고 사법경찰관리에게는 입건 수사하거나 또는 형사사건으로 입건하지 아니하고 훈계 방면하는 등에 관하여 아무 재량권도 없다는 취지의 논지는 독자적 견해로서 채용할 수 없다.

2) 국가배상 판례

(1) 사실관계[4]와 재판의 경과

A는 자신의 집 지하방 임차인 B가 정신질환자로서 비정상적인 행동을 하고 이를 제지하는 A에 대하여 "씨를 말려버릴 것이다. 죽여버린다."고 고함을 치는 등 소란을 부린다고 수차례 관할 파출소에 신고하였다. 관할 파출소 소속 경찰관들은 B를 연행하여 입건, 수사하지 않고, 뚜렷한 죄목이 없다고 훈방하거나 정신병원에 일시 입원조치하여 다시 집에 돌아올 수 있도록 하였다. 그 후 B는 위 지하방에서 나가서 10일간 여관에서 지내다가, 1994. 1. 19. 13:50경 B는 A의 집을 찾아가 미리 준비한 과도 2자루와 식도 1자루를 이용해서 A 등 5명을 살해하였다(치안정책연구소, 2005: 36-37).

결국, A의 유족들은 B의 평소 행동에 대한 사법경찰관리의 수사 미개시 등을 이유로 국가배상을 청구하였고, 1심, 항소심, 상고심 모두 원고의 청구를 기각하였다.

(2) 항소심 판결[5]의 요지

사법경찰관리는 민원인이 범죄피해에 대한 신고 등을 접수하면 내사를 개시하여 범죄혐의가 인정되면 수사를 개시함이 원칙이다. 하지만 사법경찰관리는 범죄수사뿐만 아니라 범죄의 예방 및 공공의 안녕과 질서유지를 위하여서도 제반 상황에 즉응하여 자신에게 부여된 여러 권한을 적절하게 행사하여 필요한 조치를 취함으로써 개인과 사회의 법익을 보호할 직무상 의무가 있다. 또한 살

---

4) 서울지방법원 1994. 11. 17, 94가합54424 판결 참조.
5) 서울고등법원 1995. 9. 5, 95나674 판결 참조.

해당한 본건 피해자 등이 진술서에 기재한 내용은 피해자의 처벌의사 유무에 관계없이 수사기관에서 반드시 입건하여 수사하여야 할 정도에까지 이르렀다고 단정할 수도 없기 때문에 피해자 등의 신고를 받고도 수사를 하지 아니한 행위는 위법하다고 볼 수 없다.

(3) 대법원의 판결[6]요지

사법경찰관리는 검사의 지휘를 받아 수사를 할 책무가 있으므로 범죄의 혐의가 인정되면 친고죄나 반의사불벌죄와 같은 경우를 제외하고는 피해자의 처벌희망의사의 유무에 불구하고 수사를 개시함이 원칙이다. … 정신질환자의 평소 행동에 포함된 범죄 내용이 경미하거나 범죄라고 볼 수 없는 비정상적 행동에 그치고 그 거동 기타 주위의 사정을 합리적으로 판단하여 보더라도 … 구체적 위험이 객관적으로 존재하고 있었다고 보기 어려운 경우, 경찰관이 그때그때의 상황에 따라 그 정신질환자를 훈방하거나 일시 정신병원에 입원시키는 등 경찰관직무집행법의 규정에 의한 긴급구호조치를 취하는 등 … 그 나름대로의 조치를 취한 이상, … 입건·수사하지 아니하였다고 하여 이를 법령에 위반하는 행위에 해당한다고 볼 수 없다.

3) 검토

먼저 직무유기 형사재판에서 법원은 경미사범에 대한 훈방여부를 사법경찰관의 권한으로 간주하면서 직무유기죄의 구성요건 해당성 자체를 부정했고, 사법경찰관리는 일체의 모든 범죄혐의에 관하여 검사에게 인지보고 하고 그 지휘에 따라 수사를 할 따름이며 피의자에 대한 기소 불기소 등 처분은 전혀 검사만이 할 수 있고 사법경찰관리에게는 입건 수사하거나 또는 형사사건으로 입건하지 아니하고 훈계 방면하는 등에 관하여 아무 재량권도 없다는 취지의 검사측 상고이유를 일축했다. 결과적으로 법원은 일선경찰관들의 경미범죄에 대한 훈방조치를 재량권행사로 이해하고 있다고 평가할 수 있다.

다음으로 국가배상 소송에서도 법원은 일선경찰관들에게는 범죄수사뿐만 아니라 범죄의 예방 및 공공의 안녕과 질서유지를 위하여서도 제반 상황에 즉응

---

6) 대법원 1996. 10. 25, 95다45927 판결 참조.

하여 자신에게 부여된 여러 권한을 적절하게 행사하여 필요한 조치를 취함으로써 개인과 사회의 법익을 보호할 직무상 의무가 있다고 전제하면서 정신질환자의 평소 행동에 포함된 범죄 내용이 경미할 경우에는 훈방 등의 복지적 조치를 취하더라도 위법하지 않다고 평가하고 있다.

종합해보면, 법원은 일선경찰관들이 직무를 수행하는 과정에서 경미범죄를 인지하였더라도 참작할 만한 사유가 있을 때에는 수사절차로 진행하는 대신 훈방을 활용하더라도 위법하지 않다고 평가하고, 일정 수준에서는 재량권으로 인정하고 있다고 이해할 수 있다.

Ⅲ. 주요국가의 논의

1. 미 국

미국의 경우 형사사법체계의 첫 단계인 경찰에게 범죄수사에 있어서 상당한 재량이 부여되어 있는 것으로 보인다(정세종, 2004; Tasca 등, 2012: 1). 경찰관은 살인죄와 같은 중범죄를 제외하고 비교적 경미한 범죄에 대해서는 대상자를 체포하기 전후를 불문하고 입건여부에 재량을 행사할 수 있다(Carmen, 2007: 43).

Terrill과 Paoline(2007: 311)은 체포에 있어서 경찰관들이 재량을 행사하고 있다고 전제하고 여러 학자들의 연구결과들을 토대로 체포의 대안으로 '아무조치도 취하지 않기', '공식적으로 기록한 후 석방하기', '가족친지 등에게 인계하기', '대상자를 현장에서 격리시키기', '보호시설 등에 인계하기', '정보원으로 활용하기', '중재하기', '훈계 혹은 설득하기' 등이 활용되고 있다고 소개하고, Tillyer와 Klahm(2011: 167)은 경찰 등 형사사법기관의 재량을 줄여서 법집행의 일관성을 확보해야 한다는 견해와 일선 경찰관의 재량을 억제하면 효율적이고 효과적인 법집행이 어렵다는 주장이 양립되고 있다고 언급하였다.

2. 영 국

영국에서는 범죄수사는 경찰의 책임과 권한에 의하여 행해진다는 사실은 이미 널리 알려진 사실이라고 할 수 있다. 경찰은 신고를 받는 등의 방법으로 범죄를 인지하고 대상자를 검거(cleared up)하게 되면, 일반적으로 입건(charge), 경고(caution), 사건종결(no further action), 정액벌금통지(fixed penalty notice)의 처분을 선택할 수 있는 재량을 갖고 있다(박창호 등, 2005: 392-397). 이하에서는 경찰경고처분에 대해서 구체적으로 언급하고자 한다.

영국의 경찰경고(Police Caution)제도는 일반경고(Simple Caution)와 조건부 경고(Conditional Caution)로 나눌 수 있다. 일반경고는 내부무 훈령(Home Office Circular 16/2008)으로 규정하고 시행되고 있으며, 조건부 경고는 형사사법법(Criminal Justice Act 2003) 제3장에서 규정하고 있다. 일반경고는 순수한 경고처분으로 경찰의 재량영역에 속하지만, 조건부 경고는 일정한 조건을 부과하고 검찰의 권한에 속한다는 점에서 차이가 있다.

일반경고(Simple Caution)는 성문법으로 규정된 것은 아니지만 일반적으로 영국경찰이 수사개시와 관련해서 광범위하게 활용할 수 있는 수단으로 이해된다.[7] 일반경고는 정식기소범죄(indictable only offences)[8]를 제외한 범죄를 범한 18세 이상 성인이 범행사실을 시인하고 경고처분에 동의했을 경우에 적용될 수 있다. 이러한 때에는 경찰은 피의자에게 경고하고 입건하지 않고 사건을 종결한다. 하지만 경고의 기록은 경찰 등 형사사법체계의 데이터베이스에 보관된다. 따라서 다른 범죄로 기소되었을 때에는 법원 등의 판단자료로 활용될 수 있으며, 특별한 경우를 제외하고는 재차 범죄를 행했을 시에는 경고처분은 제한되고 입건조치로 이행되게 된다. 이 제도의 목적은 ① 대상자가 범행사실을 시인한 비교적 경미한 범죄를 신속하고 간략하게 처리하고, ② 적절한 경우 대상자를 형사재판절차로부터 배제시키며, ③ 대상자의 범행을 기록에 남겨, 장래의 형사절차 혹은 취업 등을 위한 신원조사에 자료로 활용될 수 있도록 하고, ④ 재범가능성을 줄이는데 있다고 할 수 있다(Home Office Circular 16/2008; 정세종, 2007: 357-358).

---

7) http://www.homeoffice.gov.uk/police/powers/cautioning.

8) 영국에서는 법원의 관할 혹은 재판의 형식(mode of trial)과 관련하여 범죄를 보통 3가지로 구분한다고 한다. 첫째는 기소(indictment)가 인정되지 아니하는 범죄로서 치안법원(Magistrates' Court)에서 약식재판으로만 (triable only summarily) 처리되는 약식기소범죄(summary offence)이다. 둘째는 반드시 형사법원(Crown Court)에서 기소에 의한 정식재판으로만 처리되는 정식기소범죄(indictable only offence)이다. 기소강제범죄는 모살(謀殺), 고살(故殺), 강도, 강간 등 대부분 중죄이다. 셋째는 형사재판과 약식재판 어느 쪽으로도 재판이 가능한 복수관할범죄(offence triable either way)이다(김용진, 1995: 25-26; 이경재, 2008: 137-139).

3. 독 일

독일 「형사소송법」 제160조 제1항은 "고발이나 그 밖의 방식으로 범죄행위의 혐의에 대하여 알게 되는 즉시 검사는 공소제기 여부를 결정하기 위하여 사실관계를 조사하여야 한다."고 규정하고, 제163조 제1항에서는 "경찰기관과 경찰공무원은 범죄행위를 조사하여야 하며, 사실관계가 불분명해지지 않도록 예방하기 위해 지체해서는 안 될 모든 명령을 내려야 한다. 이러한 목적에서 경찰기관과 경찰공무원은 다른 기관에 대해 정보제공을 의뢰할 권한이 있으며, 긴급을 요하는 경우에는 정보를 요구할 수 있으며 다른 법률규정에 권한과 관련하여 별도로 규정하고 있지 않는 한, 모든 종류의 수사를 행할 권한이 있다."고 명시하고 있다(법무부, 2012).

경찰은 또한 자체 내사를 통해서도 범죄혐의를 포착하기도 하는데, 범죄의 혐의가 없다고 판단할 경우에는 자체적으로 내사종결처분을 내릴 수 있다. 그리고 이러한 내사결과에 대해서는 별도로 검사에게 보고할 의무는 없으며, 검사 또한 내사에 대해 사후에 심사할 권한을 가지고 있지는 않다(한국형사정책연구원, 2006: 45).

한편, 독일에서도 최근 구체적인 다이버전 기준을 마련하고 경찰에게 일정한 범위의 사법처분권한을 인정하는 방향으로 나아가고 있다. 예를 들어 베를린과 쉴레스비히-홀스타인 주에서는 구체적인 다이버전 기준을 마련하고 경찰에게 일정한 범죄의 사법처분권한을 인정하고, 니더작센주에서도 경찰에게 소년초범과 경미범죄에 대해서 경찰조사의 범위내에서 경고를 할 수 있도록 하고 있다(김태명, 2011: 27-28).

4. 프랑스

프랑스에서 범죄수사는 검사의 지휘 아래 이루어지는 경찰수사와 검사의 예심수사개시청구를 받아 예심수사판사가 행하는 예심수사로 구별된다. 「형사소송법」 제14조 제1항은 "사법경찰은, 예심수사가 개시되어 있지 않은 범죄에서 본편에 정한 바에 따라 형법 위반 범죄를 인지하고, 그 증거를 수집하며, 범인을 색출한다."고 규정하고, 제2항에서는 "예심수사가 개시된 때에는 사법경찰은 예심법원의 수사지휘 사항을 집행하고 그 요구에 따른다."고 명시하고 있다. 그리고 「형사소송법」 제19조 제1항은 "사법경찰관이 중죄·경죄 및 위경죄를 인지한 경우에는, 지체 없이 이를 검사에게 보고하여야 한다. 사법경찰관이 임무를 완료한 경우에는 작성한 조서의 원본 및 그 인증등본 1통을 직접 검사에게 제출하여야 하고, 일체의 관련서류 및 기록, 압수한 물건 등도 동시에 검사에게 송부하여야 한다."고 규정하고 있다(법무부, 2011; 최기식, 2009). 따라서 사법경찰관은 피의자의 혐의여부를 결정할 수 없으며 단지 판사나 검사가 결정할 수 있도록 가능한 많은 정보를 제공할 의무를 지는 것으로 이해할 수 있다(박창호, 2002: 258).

한편, 위경죄의 경우 1급에서 5급까지 나뉘며, 5급은 1만프랑 이하, 4급은 5천프랑이하의 범죄를 말하며, 3급은 3천프랑, 2급은 1천프랑, 1급은 250프랑 이하로서 1급 통고처분은 우리 나라의 통고처분과 유사하며, 나머지는 경찰법원에서 재판이 이루어진다. 보통 2급에서 4급까지는 검사의 위임에 의해 경감·경정급이 기소를 담당한다는 점이 특이하다고 할 수 있다(박창호 등, 2005: 50).

5. 일 본

일본의 경우 경찰은 본래적 수사를 담당하는 제1차적 수사기관이며 검사는 보충적·보정적 수사를 담당하는 제2차적 수사기관이라고 알려져 있다. 다시 말하면 수사는 경찰의 권한과 책임이고, 기소와 공소유지는 검찰의 권한과 책임이라고 보는 성향이 강하다(박창호 등 2005: 730; 한국형사정책연구원, 2006: 65). 왜냐하면 일본 「형사소송법」 제189조 제2항에서 "사법경찰직원은 범죄가 있다고 사료하는 때에는 범인 및 증거를 수사하는 것으로 한다."고 규정하고 있는 반면, 제191조 제1항에서는 "검찰관은 필요하다고 인정하는 때에는 스스로 범죄를 수사할 수 있다."고 명시하고 있고(오현수, 2012), 우리나라와는 달리 경찰단계에서도 독자적으로 체포영장, 압수수색 영장을 청구할 수 있는 권한을 가지기 때문이다(조균석, 2012).

그런데 일본은 우리나라와는 달리 범죄혐의를 인정하였다고 하여 바로 수사에 착수하여야 하는 것은 아니다. 우리나라 구 「형사소송법」 제196조 제2항에서는 "사법경찰관은 … 수사를 개시·진행하여야 한다."고 규정했지만, 일본 형사

소송법 제189조 제2항은 "사법경찰직원은 … 수사하는 것으로 한다(일본어로는 捜査するものとする)."고 규율하고 있고, 수사의 착수에 대해서도 범죄의 경중 및 정황, 범인의 성격, 사건의 파급성 및 모방성, 수사의 완급 등 제반사정을 판단하여 수사의 시기 또는 방법을 판단할 수 있도록 하고 있기 때문이다[9](박창호 등 2005: 730-731; 한국형사정책연구원, 2006: 57; 최기식, 2009: 20-21).

Ⅳ. 일선 경찰관 면담 조사

1. 면담 조사의 개요

2017년 5월부터 같은 해 12월까지 총 16명의 참여자들과 1회 내지 2회까지의 면담을 진행하였고 1회당 면담시간은 대략 30분 정도 소요되었다. 대부분의 참여자들은 익명성이 보장되는 조건으로 면접에 참여하였고 본서에서도 이를 담보하기 위해 실명을 생략하고 알파벳으로 표기하여 기술하고자 한다. 참여자들의 일반적 현황은 <표 2-1>과 같고 모두 지구대·파출소 근무경험을 가지고 있었다.

표 2-1 면담참여자의 일반적 현황

연번	참여자	현근무처	지역경찰 근무지	학력	연령	소재지
1	A	기동대	2급서	대졸	28세	전남
2	B	파출소	1급서	석사	48세	서울
3	C	파출소	1급서	대재	26세	광주
4	D	교통지도계	1급서	대졸	30세	서울
5	E	지방청 수사2계	1급서	대졸	32세	부산
6	F	기동대	1급서	대졸	30세	전북
7	G	지구대	1급서	대재	26세	인천
8	H	경찰서 여성청소년계	1급서	대졸	27세	전남
9	I	기동대	1급서	대졸	28세	서울
10	J	지구대	1급서	대재	26세	광주

---

9) 일본 「범죄수사규범」 제77조 참조.

11	K	파출소	1급서	대재	26세	전남
12	L	지구대	1급서	대재	27세	광주
13	M	파출소	1급서	대졸	28세	경기
14	N	경찰서 강력팀	1급서	대졸	35세	광주
15	O	지방청 경비계	1급서	석사	48세	경남
16	P	경찰서 강력팀	3급서	대재	27세	전남

2. 면담결과와 시사점

참여자들은 훈방의 효용성에 대해서 ① 적발한 모든 범죄자들을 입건해서 형사처벌 한다는 것은 애시당초 불가능하기 때문에 훈방은 불가피하게 실무에서 활용될 수밖에 없고, ② 법적 근거와 훈방 기준에 대한 명확한 지침이 없고, 특히 피해자가 처벌불원의사를 철회하는 경우가 종종 발생하기 때문에 적극적이고 공식적으로 활용하기에는 상당한 어려움을 느끼며, ③ 훈방을 적극적으로 활용해서 소위 장발장과 같은 불합리한 상황을 만들고 싶지 않지만 업무실적에 반영되지 않기 때문에 할 수 없이 형사절차로 진행하고, ④ 만약 훈방권에 대한 명확한 기준이 있다면 불필요한 절차가 줄어들어서 형사사법 비용을 줄일 수 있을 것이라고 각각 인식하고 있었다. 구체적인 면담내용은 다음과 같다.

1) 적법성 논란으로 활용불가(A, E, K, N)

"훈방은 법적 근거가 없기 때문에 문제될 소지가 커서 일단 범죄사실을 적발하면 사건처리해서 형사계에 넘겨버립니다."(A)

"처음에 파출소 발령받았을 때는 가끔씩 경미한 사안은 훈방하기도 했는데…, 사실 훈방은 법적 근거가 없지 않습니까?…, 그래서 요즘은 서로 책임 안질라꼬 입건해서 경찰서로 보내버립니다."(E)

"예전에는 경미한 범죄는 피해자들의 처벌불원서 첨부하고 훈방했는데, 지금은 처벌불원서 자체가 없어졌구요!, 또 구체적으로 훈방권이 있는지에 대해서도 확실하지 않고 해서 일단 적발되면 KICS 입력 후 본서로 보냅니다. 그게 안전합니다."(K)

"지구대, 파출소에서는 일단 책임 안질려고 우리(강력팀)한테 그냥 보내버립니다. 그러면 우리는 할 수 없이 형사처벌 할 수밖에 없습니다. 왜냐하면 우리는 수사권이 없잖아요!"(N)

2) 명시적 기준이 없고 피해자들의 태도 변화가 염려되어 꺼리게 됨(H. L.)

"훈방할 수는 있지만 명확한 기준이 없고, 소년심사위원회나 경미범죄심사위원회에 올릴 수도 있지만 … 서장님이 위원장이 되고는 1달 혹은 2달 만에 열려서 절차가 복잡합니다. 그래서 본서에서 알아서 하겠지 생각하고 넘겨버립니다."(H)

"신고된 사안이 경미하고 피해자가 처벌을 원하지 않을 경우에는 근무일지에 기재하고 훈방할 수 있는 것으로 알고 있습니다. 그런데 만약 업주(피해자)가 마음이 바뀌어서 처벌하라고 요구하는 경우도 있고… 혹시나 해서 불안해서 그냥 사건처리해서 본서에 넘깁니다."(L)

3) 훈방은 법적으로 가능하고 불가피한 제도(B, C, D, F, I, J, M, P)

"저는 중·고등학교가 많은 지구대에서 근무를 했습니다. 절도의 경우는 업주(피해자)와 합의되고 처벌을 원치않으면 근무일지에 기재하고 훈방했고요, 폭행 심지어 상해가 되더라도 서로 합의되면 훈방했습니다. 만약 모두 입건해서 처리하면 여성청소년계는 업무마비될 수밖에 없습니다."(B)

"전에 근무했던 파출소에서는 피해자 진술서 첨부하고 그냥 훈방했습니다. 피해자가 처벌을 원하지 않는데 전과자를 양산할 필요가 없지 않습니까?"(D, F)

"피해자가 처벌을 원하지 않으면 112신고 처리를 기록하고 훈방처리 합니다. 우리가 모두 사건화시키면 형사과는 업무마비됩니다."(I)

"피해금액이 경미하고 피해자가 처벌불원서 제출하면, 간단하게 피의자 진술서 받고 훈방처리합니다."(C, J, M, P)

4) 적법하지만 업무실적에 반영되지 않아 활용이 어려움[10](G, O)

"예전에는 반성문 받고 훈방하기도 했는데요… 요즘은 실적 때문에 무조건 형사처벌합니다. 좀 심하다는 생각이 들기도 하는데, 진급하고, 근무성적 받아야 하기 때문에 할 수 없습니다."(G)

"개인적인 성향에 따라 틀린 것 같습니다. 좀 양심이 있고 상식이 있는 사람들은 훈방하고요, 실적에 목매는 사람들은 입건해서 경찰서로 보냅니다."(O)

---

10) 경찰 성과평가 문제점에 대해서는 장권영(2016: 222)과 신승균(2017: 71) 참조.

Ⅴ. 경찰재량의 공식화방안

실정법상 인정되고 있지 않지만 수사실무상 불가피하게 행사되고 있는 수사 개시와 관련된 경찰재량을 공식화할 필요성이 제기된다는 점은 이미 언급한 바 와 같다. 하지만 이러한 방안을 제시하는 것은 난해한 과정이라고 할 수 있다. 왜냐하면 실정법상 근거를 찾기 어렵고, 학설도 대립되고 있어 대법원 판례를 명확하고 일관되게 지지할 수 없기 때문이다. 이하에서는 먼저 학계와 실무기관 양자 모두에서 활발한 논의를 촉구하는 차원에서 이론적 근거를 찾아본 후, 다 음으로 제도적인 개선책을 찾아보고자 한다.

1. 이론적 측면

경찰활동의 특수성을 고려하고 법과 현실간의 괴리를 극복해야 한다는 상식 적인 주장에서 벗어나 몇 가지 이론적 근거를 조심스럽게 제시해보고자 한다.

첫째는 지역사회 경찰활동(Community Policing)을 들 수 있겠다. 경찰학 분야 의 주도적인 이론으로 자리매김한 지역사회 경찰활동은 경찰과 지역사회의 파트 너관계, 문제해결(problem solving), 지역사회의 참여라는 세 가지 포괄적인 개념 으로 구성되어 있고, 결국 경찰의 노력만으로는 범죄문제를 해결할 수 없다는 점에 착안하여 시민과 지역사회의 협력을 통하여 경찰활동의 목표를 달성하려는 접근기법이라고 요약할 수 있다. 여기에서 경찰이 일반 시민의 상식에 부합할 수 있도록 수사절차를 진행하여야만 한다는 이론적인 근거를 찾을 수 있다고 생각된다(김봉철 등, 2013: 227).

둘째는 경미범죄의 비범죄화론을 그 근거로 제시할 수 있다. 임웅(1990)은 경 미범죄의 특성으로 대량으로 발생하고 누구나 범죄자가 될 수 있다는 점을 지 적한다. 다음으로 비범죄화를 "종래 범죄로 취급되던 일정한 인간행태에 관하여 형사정책상의 변화가 옴으로써 국가형벌권행사의 범위를 축소시킬 의도로 일정 한 형사제재규정을 폐지하거나 사실상 적용하지 않거나 또는 형사제재를 보다 가볍게 하려는 모든 시도"로 규정한다. 결과적으로 형사사법의 효율을 높여야 한다는 '사법경제'와 형벌의 일반예방적 효과를 유지하기 위해서는 경미범죄의 비범죄화의 필요성을 강조했다. 한편, 박찬걸(2010)은 비범죄화의 유형으로 '법률 상의 비범죄화'와 '사실상의 비범죄화'로 대별한 후, 후자의 방안으로 수사단계에 서의 경찰재량행사(무혐의처분)의 필요성을 소개한다. 정리해보면, 범죄예방활동 과 범죄수사업무를 병행하면서 무수히 많은 경미범죄를 접할 수밖에 없는 경찰 관 입장에서는 경미범죄의 비범죄화론을 무시할 수만은 없을 것이다.

셋째는 형벌의 겸억주의(謙抑主義)와 우리 「형법」 제20조의 사회상규 규정이 다. 형벌의 겸억주의는 국가의 형벌권은 모든 위법한 행위에 대해서 과할 것이 아니라 형벌을 과할 필요성이 있는 경우에만 과하여야 한다는 것을 의미한다. 더 나아가 위법한 행위라 하더라도 피해법익이 경미한 경우에는 인권보호라는 차원에서 국가의 형벌권 행사를 억제하자는 사상으로 소위 가벌성 위법성론의 이론적 토대가 되고 있다. 이와 마찬가지로 「형법」 제20조의 사회상규 규정도 일반적 포괄적 성격의 위법성 조각사유로서의 초법규적 위법성 조각사유까지 포 함하기 때문에 형벌 억제적 요소로 볼 수 있다(윤상민, 2008: 296; 이기원, 2011: 51-52). 이러한 원리들은 논의의 범위를 확대한다면 수사비례의 원칙(균형성의 원 칙)과 대법원 판례와도 궤를 같이 할 수 있다. 따라서 형사사법체계의 첫 관문 인 경찰단계의 법집행에서부터 고려해야만 하는 주장이라고 할 수 있다.

2. 제도적 측면

수사개시와 관련된 경찰재량을 공식화함에 있어 가장 중점적으로 고려해야 할 사안은 투명성과 일관성을 확보하고 재량의 남용가능성을 최소화하는데 있 다. 이러한 취지를 비교적 잘 포섭하고 있는 사례가 영국경찰의 일반경고(Simple Caution)제도라고 평가할 수 있다. 그 이유는 먼저 일반경고는 성문법이 아니라, 내부무 훈령(Home Office Circular 16/2008)으로 규정하고 시행되고 있지만, 일반 적으로 영국경찰이 수사개시와 관련해서 광범위하게 활용할 수 있는 수단으로 통용되고 있다. 다음으로 정식기소범죄(indictable only offences)를 제외한 성인범 죄자에 일관되게 적용할 수 있고, 관련기록은 경찰이 필수적으로 데이터베이스 화해서 투명성을 확보할 수 있다. 마지막으로 피해자의 의견을 일정부분 반영해 야 하고, 가해자가 일반경고처분과 입건처분 중에서 선택할 수 있으며, 재차 범 행시 경고처분을 제한하기 때문에 경찰재량행사의 남용가능성도 최소화할 수 있다. 따라서 우리나라 경찰도 이를 벤치마킹해서 비교적 경미한 범죄를 신속하고 명확하게 처리하고, 재범가능성도 억제할 수 있는 방안을 마련하는 것이 필요하다고 생각된다(정세종, 2007: 358).

Ⅵ. 요 약

이 단원에서는 수사개시와 관련된 경찰재량의 허용여부에 관한 법리와 판례를 살펴보고 경찰재량의 공식화 방안을 제언함으로써 일선경찰관들이 법집행 현장에서 겪고 있는 혼란을 조금이라도 해결해주고자 하였다.

법리적으로는 수사기관의 수사의무를 강조하는 부정설과 수사개시 재량을 인정하는 긍정설이 대립하고 있다. 부정설은 우리 형사소송법의 법문에 충실하게 따라야 한다는 수사법정주의와 수사절차의 일관성 확보를 강조하는 반면, 긍정설은 수사의 상당성 및 균형성의 원칙, 형사사법 운용상의 탄력성, 형사소송법상 기소편의주의, 검찰사건사무규칙상 입건유예 규정, 주요국가의 입법례 등을 그 근거로 제시하고 하고 있다.

판례는 경찰관이 범죄의 혐의가 있다고 인식하였으면 그 어떠한 경우를 막론하고 수사를 개시하여야 하는 것은 아니며, 경찰관에게는 경미한 범죄혐의에 대해서 입건·수사하거나 형사사건으로 입건하지 않고 훈계 방면하는 등의 재량이 허용된다는 취지의 태도를 취하고 있다.

비교법적으로 살펴보았을 때, 영미의 경우에는 경찰관에게 규범적으로 수사의무를 부과하지 않고 비교적 경미한 범죄의 경우에는 일선 경찰관에게 상당한 재량을 부여하고 있다. 독일은 경찰과 검사 모두에게 범죄혐의를 인식할 경우 반드시 수사절차로 이행하도록 하는 의무를 부과하고 있지만, 최근 경찰에게 일정한 사법처분권을 부여하자는 논의가 진행되고 있다. 프랑스는 예심법원에서도 수사를 진행할 수 있는 독특한 제도를 시행하고 있고, 사법경찰관은 수사개시와 관련된 재량을 행사할 수 없다. 일본의 경우는 영미법계보다는 상대적으로 덜 하지만 경찰에게 수사개시와 관련해서 어느 정도 합리적 재량을 부여하는 절충적인 태도를 취하고 있다.

검토결과, 법리적인 측면에서만 볼 때에는 부정설이 비교적 더 설득력을 지니지만, 현실적인 측면에서는 경찰관이 범죄혐의가 있는 모든 경우의 대상자를 입건하여 수사절차를 개시하는 것은 사실상 불가능하다는 사실을 쉽게 예상할 수 있으며, 판례도 이러한 법과 현실간의 괴리를 극복해야 할 필요성을 반영하고 있는 것으로 판단된다. 아울러 외국의 여러 법제 중에서는 경찰에게 수사개시와 관련해서 어느 정도 합리적 재량을 부여하여 현실에 부합하는 법집행을 가능하게 하는 일본제도가 가장 매력적이라고 생각된다.

결과적으로 수사개시와 관련된 경찰재량을 공식화하기 위해서는 먼저 학계와 실무기관 양자 모두 활발한 논의를 통해서 법리적인 근거를 공론화하고, 다음으로 영국의 경찰경고제도 등과 같은 주요국가의 선진사례를 벤치마킹해서 투명성과 수사절차의 일관성을 확보해야 할 것이다.

참고문헌

김봉철·정세종·이민창. (2013). "경찰과 시민 간의 조직－공중 관계성에 관한 상호 이해도 분석: 상호지향성 모델의 적용", 「한국광고홍보학보」, 15(1): 223-252.

김용진. (1995). 「영국의 형사재판」, 서울: 청림출판.

김재덕. (2011). "내사의 허용범위와 통제방안", 「법학논집」, 16(1): 265-289.

김태명. (2011). "일본의 미죄처분과 간이송치 제도", 「경찰법연구」, 9(2): 25-55.

김환수·문성도·박노섭(공역). (2009), 「Klaus Volk의 독일 형사소송법」, 서울: 박영사.

박노섭·이동희. (2009). 「수사론」, 서울: 경찰공제회.

박주상·조호대. (2011). "수사경찰의 멘토링이 직무태도에 미치는 영향에 관한 연구", 「한국경찰학회보」, 13(3): 3-23.

박찬걸. (2010). "비범죄화의 유형에 관한 연구", 「저스티스」, 117: 99-133.

박창호·이동희·이영돈·임준태·표창원. (2005), 「비교수사제도론」, 서울: 박영사.

배종대·이상돈·정승환·이주원. (2012), 「신형사소송법 제4판」, 서울: 홍문사.

백형구. (1985). 「현대수사법의 기본문제」, 서울: 육법사.

법무부. (2011). 「프랑스 형사소송법」, 서울: 법무부.

_____. (2012). 「독일 형사소송법」, 서울: 법무부.

손동권. (2008). 「형사소송법」, 서울: 세창출판사.

신동운. (2004). "내사종결처분의 법적 성질", 「서울대학교 법학」, 45(3): 309-331.

_____. (2011). 「신형사소송법 제3판」, 파주: 법문사.

신양균. (2009). 「신판형사소송법」, 파주: 화산미디어.

오현수(역). (2012). 「일본형사소송법」, 서울: 진원사.

윤상민. (2008). "가벌적 위법성론의 재음미", 「법학연구」, 32: 295-318.

이기원. (2011). "형법 제20조의 사회상규 규정의 해석론과 개정방향에 관한 연구", 숭실대학교 대학원, 박사학위논문.

이경재. (2008). "영국 치안판사법원의 경미사건처리제도", 「형사정책」, 20(1): 127-151.

이재상. (2007). 「신형사소송법」, 서울: 박영사.

_____. (2008). 「신형사소송법 제2판」, 서울: 박영사.

임 웅. (1992), "경미범죄의 비범죄화", 「형사정책연구」, 1(2): 187-211.

정세종. (2004). "경찰의 강제수사절차에 대한 비교법적 연구", 「한국경찰학회보」,

7: 313-340.

_____. (2007). "경찰의 내사활동에 관한 고찰", 「한국공안행정학회보」, 16(4): 339-362.

_____. (2011). "경찰내사의 활성화방안에 관한 연구", 「한국경찰학회보」, 13(4): 173-192.

_____. (2013). "수사개시와 관련된 경찰재량의 공식화 방안", 「한국공안행정학회보」, 15(2): 101-124.

조광훈. (2009). "내사절차에서 피내사자 인권보호에 관한 연구", 「법학연구」, 19(2): 299-357.

_____. (2011). "수사개시권 남용의 원인과 그 개선방안", 「법학연구」, 14(2): 299-328.

조균석(역). (2012). 「일본 형사소송법」, 서울: 박영사.

조현빈. (2012). "미래발전 치안과학기술센터 설립방안에 관한 연구", 「한국경찰학회보」, 14(5): 173-192.

조호대. (2006). "한국경찰의 수사전문화 방안: 수사경과제 실시에 따른 문제점 및 개선방안을 중심으로", 「한국경찰학회보」, 11: 105-129.

최기식. (2009), "검사의 수사재량권에 대한 고찰", 「형사법의 신동향」, 23: 1-56.

치안정책연구소. (2005). 「경찰관의 위법한 직무집행으로 인한 손해 배상 책임에 관한 연구: 재판례의 분석을 중심으로」, 서울: 치안정책연구소.

한국형사정책연구원. (2006). 「수사단서 및 그에 따른 사건처리시스템의 재정비 연구」, 서울: 한국형사정책연구원.

Del Carmen. R. V. (2007). *Criminal Procedure: Law and Practice*. Belmont: Wadsworth Publishing.

Tasca, M., Rodriguez, N., Spohn, C. & Koss, M. P. (2012). Police Decision Making in Sexual Assault Cases: Prediction of Suspect Identification and Arrest. *Journal of Interpersonal Violence*, 20(10): 1-21.

Terrill, W., & Paoline, E. A. (2007). Nonarrest Decision Making in Police−Citizen Encounters. *Police Quarterly*, 10(3): 308-331.

Tillyer, R., & Klahm, C. (2011). Searching for Contraband: Assessing the Use of Discretion by Police Officers. *Police Quarterly*, 14(2): 166-185.

반드시 수사를 개시해야만 하는 경우와 불이행시 제재방안은?

I. 문제제기

2021년 1월 1일부터 개정된 「형사소송법」과 「검찰청법」이 시행됨으로써 경찰과 검찰간의 수사권 조정 논쟁은 입법적으로 해결된 것으로 보였다. 따라서, 그동안 경찰이 일관되게 주장해왔던 바와 같이 시민에 대한 경찰수사행정의 질이 높아질 것이라고 전적으로 기대했었다. 하지만 현실은 기대만큼이나 큰 실망으로 다가왔다.

경찰학 교과서에 기본적으로 등장하는 "법치행정", "법률유보 원칙", "법률우위 원칙", "경찰공무원의 성실의무" 등은 낡은 구호에 불과하고, 경찰청 슬로건인 "가장 안전한 나라, 존경과 사랑받는 경찰"은 실현가능성이 전혀 없는 공허한 메아리로 전락했다고 주장하더라도 지나치지 않다.

표 3-1 경찰수사 행태를 비판한 언론보도

일자	언론사	기사제목
21. 10. 26	머니투데이	민변 변호사 10명 중 7명, "수사권 조정 후 경찰한테 법리 설명해야"
21. 10. 21	법률신문	서울지방변호사회, 첫 '사법경찰평가' 돌입
21. 9. 26	매일경제	수사권 조정에 일감 폭주 … 경찰, 고소장 '문전박대' 일쑤
21. 9. 9	한국일보	경찰이 불송치 사유 설명 안하면 '알권리침해'
21. 8. 17	경북도민일보	수사권조정의 그늘
21. 7. 23	YTN	"'이런 걸 왜 신고해' 고소장 반려한 경찰관 … 억울함은 어디로 신고하나"
21. 7. 19	법률신문	검·경수사권 조정이후 '형사사건의 민사화' 기현상
21. 7. 1	채널A	수사권 조정 이후 문턱 높아진 경찰서 … "고소 반려 늘어"
21. 6. 28	한국일보	수사권 조정하자 고소인이 '죄인'됐다 … 접수는 막히고, 수사는 깜깜
21. 6. 18	헤럴드경제	고소 '잦은 반려'·'깜깜이' 불송치 사유 … 변호사들 "경찰에 결재 받는 느낌"
21. 6. 17	법률신문	사건 골라 받는 경찰… 법조계 "책임수사 실종" 비판
21. 6. 11	아주경제	고소장 반려하는 경찰 … "처리기준 세워야"
21. 6. 9	뉴스1	권익위 "이중접수라며 고소장 반려한 경찰, 부당 업무처리"
21. 5. 29	데일리안	경찰들은 왜 고소장 거부할까? … '묻지마 반려' 이유 알아보니
21. 5. 10	파이낸셜뉴스	수사권 조정 부작용? … 고소장 접수 거부·반려하는 경찰
21. 2. 22	부산MBC	"증거가져와" 고소인 돌려보낸 경찰
21. 1. 26	한경닷컴	판례 모르면서 … "고소거리 안된다"는 경찰들

1차적 수사종결권을 부여받은 경찰은 실정법규를 자의적으로 해석·집행함으로써 행정편의주의를 극대화하고 법치행정의 원리는 도외시함으로써 시민들의 권리를 제한하고 하고 있다는 비판에서 자유로울 수 없다. 이와 관련된 언론보도를 소개하면 <표 3-1>과 같다.

언론보도 내용은 첫째, 수사권 조정 후 경찰관들이 업무량 과다를 이유로 고소·고발 등 수사민원사건의 접수를 꺼려함으로써 시민들의 권리가 침해될 개연성이 크고, 둘째, 경찰수사역량의 한계를 실제로 느낄 수 있으며, 셋째, 경찰의 법규해석 및 집행방식은 위법소지가 매우 크다는 것으로 요약할 수 있다.

필자 또한 대학구성원으로서 업무를 수행하거나 교외 위원회 위원 등으로 활동하면서 위법·부당한 경찰의 수사행태를 빈번하게 경험했기 때문에 경찰수사에 비판적인 언론의 보도태도에 충분히 공감할 수 있다.

형식적 의미의 법률인 「형사소송법」 제238조에는 사법경찰관이 고소 또는 고발을 받은 때에는 신속히 조사하여 관계서류와 증거물을 검사에게 송부하여야 한다고 규정하고 있고, 행정안전부령인 「경찰수사규칙」 제21조 제1항에서도 사법경찰관리는 진정인·탄원인 등 민원인이 제출하는 서류가 고소·고발의 요건을 갖추었다고 판단하는 경우 이를 고소·고발로 수리한다고 명시하고 있다. 또한 대통령령인 「검사와 사법경찰관의 상호협력과 일반적 수사준칙에 관한 규정」 제16조 제1항에서는 ① 피혐의자의 수사기관 출석조사, ② 피의자신문조서의 작성 중 어느 하나에 해당하는 행위에 착수한 때에는 수사를 개시한 것으로 보고, 이 경우 사법경찰관은 해당 사건을 즉시 입건해야 한다고 명시하고 있다. 결과적으로 고소·고발 등의 수사민원이 제기되거나 피혐의자를 수사기관에 출석시켜 조사를 받는 등의 사유가 있으면 사법경찰은 필요적으로 입건하고 수사를 진행할 의무를 지게 된다고 할 수 있다.

하지만, 법률과 법규명령(대통령령, 행정안전부령)에 명시된 규정에도 불구하고 경찰은 대국민적 구속력이 가지지 못하는 행정규칙(범죄수사규칙: 경찰청훈령) 등을 근거로 고소·고발장 접수를 거부하거나 피혐의자를 수사기관에 출석시켜 조사한 후에도 즉시 입건하지 않음으로써 시민의 권리를 침해하는 사례를 빈번하게 확인할 수 있다.

이러한 문제의식을 토대로 본 논문에서는 실정법규상 필요적 입건사유를 살펴보고, 만약 경찰이 이를 이행하지 않았을 경우 제재방안과 판례를 검토하며 궁극적으로 정책적·입법론적 개선방안을 모색해보고자 한다.

Ⅱ. 이론적 배경

1. 「헌법」상 범죄피해자의 권리

「헌법」 제27조 제5항에서는 "형사피해자는 법률이 정하는 바에 의하여 당해 사건의 재판절차에서 진술할 수 있다."고 규정하고, 제30조에서 "타인의 범죄행위로 인하여 생명·신체에 대한 피해를 받은 국민은 법률이 정하는 바에 의하여 국가로부터 구조를 받을 수 있다."고 명시하고 있다. 따라서 피해자의 재판절차진술권과 범죄피해구조청구권은 헌법상 기본권으로 정리할 수 있다. 한편, 「헌법」제10조 후단에 따라 국가는 개인이 가지는 불가침의 기본적 인권을 확인하고 이를 보장할 의무를 진다. 따라서 국가는 범죄피해자 등의 고소권을 법적 근거 없이 제한할 수 없다고 해석해야만 한다. 한편, 헌법재판소는 범죄피해자의 기본권을 생존권적 기본권의 차원으로 인정하고 있다.[1]

2. 실정법규상 필요적 입건사유

1) 「형사소송법」상 고소·고발 전건입건제도

「형사소송법」제238조에서는 "사법경찰관이 고소 또는 고발을 받은 때에는 신속히 조사하여 관계서류와 증거물을 검사에게 송부하여야 한다."고 규정하고, 제237조 제2항에는 "검사 또는 사법경찰관이 구술에 의한 고소 또는 고발을 받은 때에는 조서를 작성하여야 한다."고 명시하며, 제257조에는 "검사가 고소 또는 고발에 의하여 범죄를 수사할 때에는 고소 또는 고발을 수리한 날로부터 3월 이내에 수사를 완료하여 공소제기여부를 결정하여야 한다."라고 규율하고 있다. 대학 기본서에서도 일관되게 고소·고발·자수가 있으면 즉시 수사가 개시된다고 소개하고 있다(김충남, 2008: 79; 배종대 등, 2012: 64; 신호진, 2014: 56; 임창호 등, 2021: 551).

따라서 형식적 의미의 법률인 「형사소송법」에서는 범죄피해자 등의 기본권에 해당되는 고소권을 제한할 수 있는 규정은 찾아볼 수 없다고 이해해야 한다.

2) 법규명령상 고소·고발 수리규정

법무부령인 「검찰사건사무규칙」제3조 제2호에서는 "검사가 고소·고발 또는 자수를 받은 경우(다만 진정사건으로 수리하는 경우는 제외)"에는 사건으로 수리해야 한다고 규정함으로써 검사는 원칙적으로 고소·고발을 수리할 의무를 지게 된다.

행정안전부령인 「경찰수사규칙」제21조 제1항에서는 "사법경찰관리는 진정인·탄원인 등 민원인이 제출하는 서류가 고소·고발의 요건을 갖추었다고 판

---

1) 헌법재판소 1989. 4. 17, 88헌마3 결정.

단하는 경우 이를 고소・고발로 수리한다."고 규정하고, 제2항에서는 "고소인 또는 고발인의 진술이나 고소장 또는 고발장에 따른 내용이 불분명하거나 구체적 사실이 적시되어 있지 않은 경우 및 피고소인 또는 피고발인에 대한 처벌을 희망하는 의사표시가 없거나 처벌을 희망하는 의사표시가 취소된 경우에는 진정으로 처리할 수 있다."고 명시하고 있다. 따라서 사법경찰관리 또한 원칙적으로 고소・고발을 수리할 의무를 지게 된다.

3) 법규명령상 필요적 입건 사유

대통령령인 「검사와 사법경찰관의 상호협력과 일반적 수사준칙에 관한 규정」 제16조 제1항과 법무부령인 「검찰사건사무규칙」 제35조에서는 ① 피혐의자의 수사기관 출석조사, ② 피의자신문조서의 작성, ③ 긴급체포, ④ 체포・구속영장의 청구 또는 신청, ⑤ 사람의 신체, 주거, 관리하는 건조물, 자동차, 선박, 항공기 또는 점유하는 방실에 대한 압수・수색 또는 검증영장의 청구 또는 신청 중어느 하나에 해당하는 행위에 착수한 때에는 수사를 개시한 것으로 보고, 이 경우 검사 또는 사법경찰관은 해당 사건을 즉시 입건해야 한다고 명시하고 있다.

3. 경찰의 필요적 입건의무 불이행시 제재방안

1) 형사적 제재

(1) 직무유기죄

「형법」 제122조에서는 "공무원이 정당한 이유 없이 그 직무수행을 거부하거나 그 직무를 유기한 때에는 1년 이하의 징역이나 금고 또는 3년 이하의 자격정지에 처한다."고 명시하고 있다.

구체적으로 살펴보면, ① 여기에서 '직무'는 「형사소송법」 및 「경찰관 직무집행법」에 따라 수행하여야 할 본래의 구체적인 직무를 말하고, ② 보호법익은 공무원의 성실의무가 아니라 국가의 기능이며, ③ 추상적 위험범으로 판단되기 때문에 직무수행을 거부하거나 유기함으로써 곧바로 기수가 되고, 이로 인하여 국민의 권리 및 국가의 기능이 침해되거나 이에 대한 구체적 위험이 발생할 필요는 없다고 해석할 수 있다(김성돈, 2013: 728-731; 임웅, 2020: 907-911).

　　법원도 사법경찰관리가 범죄혐의를 포착하였음에도 불구하고 수사에 착수하지 아니한 경우에 직무유기죄가 성립한다고 판시하고 있다.[2] 따라서 사법경찰관이 고소·고발·자수 및 피혐의자 조사 등 필요적 입건사유에 해당하는 업무를 정당한 이유 없이 거부하거나 유기하였다면 직무유기죄에 해당될 수 있다.

(2) 직권남용죄

　　「형법」 제123조에서는 "공무원이 직권을 남용하여 사람으로 하여금 의무 없는 일을 하게 하거나 사람의 권리행사를 방해한 때에는 5년 이하의 징역, 10년 이하의 자격정지 또는 1천만원 이하의 벌금에 처한다."고 규정하고 있다.

　　부연하면, ① 직권남용은 형식상 일반적인 직무권한에 속하는 사항에 관하여 직권의 행사에 가탁하여 실질적·구체적으로 위법·부당한 행위를 하는 것을 의미하고, ② 의무 없는 일을 하게 한다는 것은 법률상 의무 없는 일을 하도록 하는 경우뿐만 아니라 법률상 의무가 있는 일이라도 의무의 내용을 불합리하게 또는 과중하게 변경하는 경우를 포함하며, ③ 권리행사를 방해한다는 것은 법령상 인정되어 있는 권리를 방해하는 것을 말한다(김성돈, 2013: 736-738; 신호진, 2015: 848-851; 임웅, 2020: 919-923).

　　법원도 순경이 상사의 명령이 없고 입건되지도 아니한 경우 범죄수사를 빙자하여 허위의 명령서를 발부하여 의무 없는 서류제출을 하게 함은 허위공문서작성 및 직권남용죄에 해당한다고 판시하였다.[3] 결과적으로 경찰공무원이 직권을 남용하여 애초부터 입건할 의사 없이 피혐의자를 출석시켜 조사하거나 범죄피해자등의 고소권 행사를 방해하였다면 직권남용죄의 성립여부를 검토할 수 있다.

2) 징계책임

(1) 징계사유

　　「국가공무원법」 제78조 제1항에서는 공무원이 ① 「국가공무원법」 및 「국가

---

2) 피고인이 위 제1심 공동피고인의 신호위반 사실을 알고 있으면서도 수사에 착수하지 아니하고 그 후에도 그 작위의무를 수행하지 아니하는 위법한 부작위상태가 계속되어 그 가별적 위법상태는 계속 존재한 것이므로 피고인의 행위가 전체적으로 보아 1죄로서 직무유기죄에 해당한다(대법원 1997. 8. 29, 97도675 판결).
3) 대법원 1955. 10. 18, 4288형상266 판결 참조.

공무원법」에 따른 명령에 위반한 경우, ② 직무상의 의무(다른 법령에서 공무원의 신분으로 부과된 의무 포함)를 위반하거나 직무를 태만히 한 때, ③ 직무의 내외를 불문하고 그 체면 또는 위신을 손상하는 행위를 한 때에 각각 해당하면 징계의결을 요구하여야 하고 그 징계의결의 결과에 따라 징계처분을 하여야 한다고 규율하고 있다.

(2) 공무원의 성실의무(법령준수의무) 위반

「국가공무원법」 제56조에서는 "모든 공무원은 법령을 준수하며 성실히 직무를 수행하여야 한다."고 규정하고 있다. 같은 법 제78조 제1항 제2호에서는 직무상의 의무를 위반하거나 직무를 태만히 한 때에는 징계 의결을 요구하여야 하고 그 징계 의결의 결과에 따라 징계처분을 하도록 명시하고 있다. 따라서 공무원인 수사기관이 「수사준칙」 혹은 「검찰사건사무규칙」을 위반하였을 경우에는 징계책임을 지게 된다.

3) 국가배상

「헌법」 제29조 제1항에서는 "공무원의 직무상 불법행위로 손해를 받은 국민은 법률이 정하는 바에 의하여 국가 또는 공공단체에 정당한 배상을 청구할 수 있다."고 규정하고, 「국가배상법」 제2조 제1항에서는 "국가 또는 지방자치단체는 공무원이 그 직무를 집행함에 당하여 고의 또는 과실로 법령에 위반하여 타인에게 손해를 가하거나, 자동차손해배상보장법의 규정에 의하여 손해배상의 책임이 있는 때에는 이 법에 의하여 그 손해를 배상하여야 한다."고 규율하고 있다.

공무원이 그 직무를 집행함에 당하여 고의 또는 과실로 법령에 위반하여 타인에게 손해를 가하였을 때 국가배상책임이 발생하게 된다. 자세하게 소개하면, ① 공무원은 법률상 공무원뿐만 아니라 널리 공무를 위탁받아 실질적으로 그에 종사하는 사람을 포함하고, ② 직무행위에는 법률행위적 행정행위, 준법률행위적 행정행위, 사실행위, 행정지도, 작위, 부작위 등이 포함되며, ③ 고의는 위법한 작위나 부작위행위의 발생가능성을 인식하고서 그 결과를 의욕하거나 최소한 인용하는 것을 말하고, 과실은 마땅히 기울여야할 주의를 태만히 하거나 부주의로 인해 어떠한 위법한 결과가 초래되는 것을 의미하고, ④ 법령위반은 전체 법질서 차원에서 판단해야 하며, ⑤ 손해는 법익의 침해를 의미하며 재산적 손해와 비재산적 손해, 적극적 손해와 소극적 손해를 모두 포함한다(정세종, 2008: 292; 임창호 등 2021: 387-388).

따라서 수사경찰관이 고의 또는 과실로 위법하게 헌법과 법률에 따라 범죄피해자 등에게 보장된 기본적 권리를 침해함으로써 손해가 발생하였다면 국가와 당해 경찰관은 연대하여 그 손해를 배상하여야 한다.

4. 선행연구 검토

1) 「헌법」상 피해자의 권리에 관한 논의

이효원은 현대 국가에서 범죄피해자는 더 이상 범죄의 객체나 시혜적으로 보호되어야 할 대상이 아니라 실체적 진실을 규명하여 적정한 형사처벌을 실현함으로써 형사사법 정의를 구현하는 적극적인 권리의 주체라고 전제하였다(2009: 81). 아울러 범죄피해자 권리확대의 헌법적 정당성 근거는 헌법 제27조 제5항(재판절차진술권), 제30조(범죄피해자구조청구권), 제10조(인간의 존엄과 가치, 행복추구권) 등을 토대로 논의될 수 있다고 주장했다(이효원, 2009: 83).

주영은 행정규칙인 범죄수사규칙을 근거로 고소장 반려처분이 이루어지고 있고, 이러한 반려처분은 헌법상 피해자(고소인)의 평등권과 재판절차진술권 등이 침해될 소지가 크기 때문에 위헌이라 판단될 여지가 다분하다고 주장했다(2015: 190).

소병도는 적법절차의 원리가 '국가에 의한 기본권 제한의 절차'에 관한 것이라면 여기에 피해자를 배제시킬 필요는 없으며, 국가가 형사절차에서 피해자를 배제시키는 것은 적법절차원리를 위반함과 동시에 피해자의 기본권을 침해한 것이라고 설명했다(2016: 307-308).

황태정은 "국가는 개인이 가지는 불가침의 기본적 인권을 확인하고 이를 보장할 의무를 진다."는 「헌법」 제10조 후단을 근거로 국가의 범죄피해자 권리보장 의무를 강조했다(2019: 154). 그리고 형사절차에서 범죄피해자의 권리로 ① 고소권, ② 불기소처분에 대한 불복권, ③ 수사절차상 정보권, ④ 재판절차상 진술권 등을 제시했다(2019: 145-150).

2) 경찰실무상 고소(고발) 수리행태에 관한 논의

김혁은 수사기관의 입장에서만 남고소·고발의 문제를 바라보는 시각은 ① 자칫 고소인을 불필요한 업무 부담을 주는 존재로 이해하고, ② 고소·고발을 어떻게든 반려해야 할 대상으로 취급하여 범죄피해자의 권리를 소홀히 할 위험성을 내포하고 있다고 전제하고, 실체재판의 가능성이 있는 적법한 고소의 경우에는 수사기관은 반드시 수리하여야 할 의무가 있다고 해석해야 한다고 주장했다(2016: 52-64).

윤동호(2020)는 우리나라는 「형사소송법」 제238조와 제257조에 따라 수사기관은 모든 고소·고발사건에 대한 입건의무를 지는 전건입건법제를 채택하고 있다고 전제하고, 향후에는 고소·고발사건의 선별입건제도를 도입하여야 한다고 주장했다.

박봉균과 김문귀(2020: 339)는 적법한 고소의 경우 수사기관은 수리해야 하는 의무를 지게 되고, 만약 고소의 수리여부를 수사기관의 재량적 판단에 맡긴다면 수사기관의 판단에 따라 「형사소송법」상 고소인의 지위가 확정되므로 재판절차 진술권을 침해할 수도 있다고 설명한다.

황문규와 박봉균(2021: 51)은 고소의 방식이 아닌 112신고 등을 통해 범죄피해가 신고된 경우, 경찰이 고소로 처리하지 않는 실무관행에 대한 문제를 제기하면서, 이처럼 인지사건으로 처리할 경우 범죄피해자는 고소인으로서의 권리를 누리지 못하게 된다고 강조했다. 황문규 등은 결과적으로 범죄피해자가 112신고 등을 통해 신고했다면, 이는 「형사소송법」 제237조에 따라 '구술에 의한 고소'로 보아 범죄사실 및 처벌 유무 등의 확인을 위한 조서를 작성하여 고소사건으로 처리해야 한다고 주장하였다(2021: 51).

3) 필요적 입건사유 불이행시 제재방안에 관한 논의

오병두(2013: 551)는 직무유기죄에 관한 해석론상의 논란은 "직무" 개념과 "직무수행거부" 및 "직무유기"라는 실행행위의 성질과 연관되어 있기 때문에 결과적으로 직무유기죄는 공무원의 위법한 부작위를 처벌하는 규정으로서 진정부작위범으로 이해하여야 마땅하다고 주장하였다.

　　최병천은 직권남용죄의 성립을 부정한 대법원 판례들 즉, ① 당직대의 조장이 당직근무를 마치고 하급자에게 다른 이유로 기합을 준 행위,[4] ② 치안본부장이 국립과학수사연구소 법의학과장에게 고문치사자의 사망에 관하여 기자간담회에 참고할 메모를 작성하도록 한 행위,[5] ③ 대통령 경호실장이 전직 대통령의 주거지 마련을 위한 토지를 구입하고, 그 토지의 시계확보를 위하여 서울시장 등에게 주변 토지를 공용청사부지로 지정하도록 요청한 행위,[6] ④ 대검찰청 공안부장이 고등학교 후배인 한국조폐공사 사장에게 쟁의행위 및 구조조정에 관하여 전화통화를 한 행위[7]를 각각 언급하면서, 결과적으로 대법원이 피해자들이 권리행사를 방해받았거나 의무 없는 일을 하게 된 원인은 가해 공무원들이 지위와 수반된 직무를 행사할 가능성이 있었기 때문이라는 점을 간과하였다고 지적하였다(최병천, 2019: 45; 정세종, 2021: 257-258).

　　이재영(2017)은 2000년부터 2014년까지 경찰관의 직무집행을 대상으로 제기된 국가배상 청구소송 판례 41개를 분석하였다. 분석결과, 업무형태로는 수사관련 업무가 26건(63.4%)으로 나타났고, 소송원인이 된 경찰조치로는 직무상 의무위반 및 권한불행사가 21건(49%)을 차지했다.

Ⅲ. 주요 판례 검토

1. 범죄피해자의 권리에 대한 헌법규정과 국가의 의무[8]

　　헌법은 제10조에서 "모든 국민은 인간으로서의 존엄과 가치를 가지며 행복을 추구할 권리를 가진다. 국가는 개인이 가지는 불가침의 기본적 인권을 확인하고 이를 보장할 의무를 진다."라고 규정하고 있고, 제11조 제1항에 "모든 국민은 법앞에 평등하다…"라고 규정하고 있다. 또 제30조에서 "타인의 범죄행위로 인하여 생명·신체에 대한 피해를 받은 국민은 법률이 정하는 바에 의하여 국가

---

4) 대법원 1985. 5. 14, 84도1045 판결 참조.
5) 대법원 1991. 12. 27, 90도2800 판결 참조.
6) 대법원 1994. 4. 12, 94도128 판결 참조.
7) 대법원 2005. 4. 15, 2002도3453 판결 참조.
8) 헌법재판소 1989. 4. 17, 88헌마3 결정.

로부터 구조를 받을 수 있다."고 규정하고 있으며, 제27조 제5항에서는 "형사피해자는 법률이 정하는 바에 의하여 당해 사건의 재판절차에서 진술할 수 있다."라고 규정하고 있다.

국가가 존립하기 위한 최소요건은 영토와 국민의 보전이다. 국가는 이를 위해 국민에게 국방의 의무와 납세의 의무를 부과함과 아울러 국민에 대하여 국가 외부에서 초래되는 외적의 침입과 국가 내부에서 초래되는 범죄의 발생을 예방하고 이를 물리칠 의무를 스스로 부담하고 있는 것이다. 따라서 국가는 이미 범죄가 발생한 경우에는 범인을 수사하여 형벌권을 행사함으로써 국민을 보호하여야 할 것이고, 형벌권을 행사하지 아니하는 경우에도 최소한 형벌권을 행사하지 아니하는 것이 오히려 보다 더 나은 결과를 초래할 수 있다고 기대되는 경우에 한정되어야 할 것이다.

그런데, 헌법은 범죄로부터 국민을 보호하여야 할 국가의 의무를 소극적 차원에서만 규정하지 아니하고 이에 더 나아가 범죄행위로 인하여 피해를 받은 국민에 대하여 국가가 적극적인 구조행위까지 하도록 규정하여 피해자의 기본권을 생존권적 기본권의 차원으로 인정하였다.

2. 고소사건을 진정사건으로 수리하여 공람종결처분한 행위의 부당성[9]

청구인은 고소장에 직권남용죄 등의 범죄사실을 구체적으로 기재하여 검사 정○○을 고소하였고, 청구인의 위 고소가 부적법하다고 볼만한 사유나 검사 정○○에 대하여 동일한 사실로 반복하여 고소한 사실이 없음에도 불구하고, 피청구인이 "청구인의 고소사건은 검사 등 수사관련자들에 대한 수사절차상의 잘못을 주장하는 내용으로 구체성이 결여된 반복된 진정으로 보여지고, 청구인이 수사절차상의 잘못을 주장하는 청구인에 대한 사기 등 사건은 이미 기소된 후 대법원에서 상고기각되어 징역 6년이 확정되었다."는 이유로 청구인의 고소사건을 적법한 절차에 따라 고소사건으로 처리하지 아니하고 단순히 진정사건으로 보아 공람종결처분을 한 것은 부당하다.

---

9) 헌법재판소 1999. 1. 28, 98헌마85 결정.

3. 반려할 수 있는 고소장의 기준[10]

고소장에 기재된 사실이 분명하지 않거나 그 사실자체가 범죄를 구성하지 아니함이 명백한 경우 등 적법한 고소로 볼 수 없는 경우에는 검사는 고소를 수리하지 않고 반려할 수 있는 것이다.

4. 부당하게 고소장 접수를 반려한 경찰관과 국가의 책임[11]

구 범죄수사규칙(2015. 8. 28. 경찰청 훈령 제774호 개정되기 전의 것, 이하 '범죄수사규칙'이라 한다) 제42조 제4항, 제47조 등의 문언, 내용, 취지 등을 종합하여 보면, 경찰관은 고소·고발이 있는 때에는 원칙적으로 이를 수리하여 즉시 수사에 착수하여야 하나, 예외적으로 수사에 착수할 수 없는 특별한 사정, 즉 범죄수사규칙 제42조 제1항 각 호의 사유가 명백히 인정되는 경우에 한하여 수리하지 아니하고 반려할 수 있는 것이고, 이러한 경우에도 일단 고소 자체에 대한 접수 절차를 거쳐 그 내용을 검토하여야 하며 이를 수리하지 아니하고 반려할 때에도 고소인에게 반려 사유 및 이의를 제기할 수 있음을 반드시 고지함으로써 고소인의 권리가 부당히 침해되지 않도록 주의를 기울여야 한다.

살피건대, 원고가 관련 형사사건에 대하여 피고 B(경찰관)에게 고소장을 제출하고자 하였으나 피고 B는 위 고소장의 내용이 형사사건이 아닌 민사상 채무불이행 사건이라고 보아 이를 반려한 사실, 결국 원고가 수원지방검찰청에 관련 위 고소장을 제출하였고, D는 사기죄로 30만 원의 약식명령을 받은 사실이 앞서 본 바와 같고, 앞서 든 증거에 변론 전체의 취지에 의하여 인정되는 다음과 같은 사정 즉, ㉠ 관련 형사사건에서 원고와 F와의 운송계약을 연결해 준 D가 원고에게 운송료를 전달하기로 하고 F로부터 운송료를 지급받았음에도 이를 원고에게 송금하지 않아 횡령하였다는 이유로 원고가 D를 상대로 고소하였는데 위와 같은 종류의 사건이 실제 수사 결과 단순한 채무불이행 사건이 아니라 사기 등의 형사사건으로 드러나는 경우가 다소 존재하고 실제로도 D가 위 사건에서 사기죄로 형사처벌을 받았던 점, ㉡ 또한 피고 B가 민사상 채무불이행 사건

---

10) 헌법재판소 1999. 1. 28, 98헌마207 결정.
11) 수원지방법원 2019. 11. 7, 2019나56678 판결, 대법원 2021. 4. 29, 2019다296790 판결.

이라는 이유로 원고의 고소장 제출을 반려하였으나 원고는 거듭하여 고소장 접수를 요구하였던 점 등을 종합하여 볼 때, 피고 B로서는 관련 형사사건에 관하여 이를 민사상 채무불이행 사건으로 단정하지 않고 일단 원고로부터 고소장을 제출받아 범죄사건부에 등재하는 등 정식의 접수절차를 거쳐야 함이 옳고, 설령 고소사실이 범죄를 구성하지 않는 등 수사에 착수할 수 없는 사정이 명백하여 사실상 고소의 철회를 권유하였더라도 원고가 이를 따르지 아니하고 고소의 의사를 명확히 밝힌 이상, 일단 위와 같이 고소장을 접수하였어야 하였음에도 이를 이행하지 않고 이의제기절차를 충분히 고지하지도 않았던 것으로 보인다.

사정이 이와 같다면, 피고 B는 원고가 제출하는 고소장을 접수한 후 심사하여 이를 처리할 의무가 있음에도, 고의 또는 중과실로 기본적인 고소장 접수절차를 밟지 아니하고 이를 거부함으로써 경찰공무원으로서의 직무상 의무를 위반하는 위법행위를 저질렀고, 이로 인하여 원고가 정신적 고통을 당하였음은 경험칙상 인정되므로, 그에 대하여 원고가 입은 손해를 배상할 책임이 있고 피고 대한민국 또한 그 소속 공무원의 직무상 불법행위로 인하여 발생한 위 손해를 배상할 책임이 있다.

5. 시사점

위 판례들을 토대로 도출할 수 있는 시사점들은 다음과 같이 요약할 수 있다.

첫째, 범죄로부터 국민을 보호하여야 할 국가의 의무 혹은 범죄피해자의 기본권은 생존권적 기본권의 차원으로 파악하여야 한다.[12]

둘째, 고소사건을 적법한 절차에 따라 고소사건으로 처리하지 아니하고 단순히 진정사건으로 보아 공람종결처분을 한 것은 부당하다.[13]

셋째, 고소장에 기재된 사실이 분명하지 않거나 그 사실자체가 범죄를 구성하지 아니함이 명백한 경우 등 적법한 고소로 볼 수 없는 경우에만 고소를 수리하지 않고 반려할 수 있다.[14]

넷째, 민원인이 거듭하여 고소장 접수를 요구하면, 경찰관으로서는 관련 형사

---

12) 헌법재판소 1989. 4. 17, 88헌마3 결정 참조.
13) 헌법재판소 1999. 1. 28, 98헌마85 결정 참조.
14) 헌법재판소 1999. 1. 28, 98헌마207 결정 참조.

사건에 관하여 이를 민사상 채무불이행 사건으로 단정하지 않고 일단 고소장을 제출받아 범죄사건부에 등재하는 등 정식의 접수절차를 거쳐야 함이 옳고, 설령 고소사실이 범죄를 구성하지 않는 등 수사에 착수할 수 없는 사정이 명백하여 사실상 고소의 철회를 권유하였더라도 민원인이 이를 따르지 아니하고 고소의 의사를 명확히 밝힌 이상, 일단 고소장을 접수하여야만 한다. 결과적으로 수사 경찰관에게는 고소장을 접수한 후 심사하여 이를 처리할 의무가 있다. 따라서 고의 또는 중과실로 고소장 접수절차를 밟지 아니하고 이를 거부하는 것은 경찰공무원으로서의 직무상 의무를 위반하는 위법행위를 저지른 것이다.

Ⅳ. 논 평

1. 고소·고발을 전건 입건하여야 하는지 여부

수사권이 조정된 후 경찰에서 고소·고발사건의 접수자체를 거부하거나 임시 접수한 후 반려하는 사례가 빈번하고 이로 인해서 시민들의 불만이 이어지고 있다는 점은 이미 언급한 바와 같다. 이와 같은 경찰의 행태는 위법·부당하다고 생각한다. 왜냐하면, 첫째, 고소권은 실정법상 명백하게 인정되는 권리이고 이러한 권리를 제한하기 위해서는 법률유보의 원칙이 적용되어야만 하는데 기본권 제한의 법률적 근거를 찾기 어렵고, 둘째, 고소장에 기재된 사실이 분명하지 않거나 그 사실자체가 범죄를 구성하지 아니함이 명백한 경우 등 적법한 고소로 볼 수 없는 경우에만 고소를 수리하지 않고 반려할 수 있음에도, 객관적인 사실 확인 및 법률검토 과정을 생략한 채 막연히 형식적인 문서검토를 통해서 수리(접수) 여부를 판단한다는 것은 일반적인 상식에 맞지 않으며, 셋째, 고소의 수리여부를 수사기관의 재량적 판단에 맡긴다면 경찰의 판단에 따라 「형사소송법」상 고소인의 지위가 확정되므로 범죄피해자의 재판절차진술권이 침해될 개연성이 매우 높기 때문이다(박봉균·김문귀, 2020: 339).

2. 「범죄수사규칙」 제50조의 위법성

경찰청 훈령인 「범죄수사규칙」 제50조에서는 ① 고소·고발 사실이 범죄를 구성하지 않을 경우, ② 공소시효가 완성된 사건인 경우, ③ 동일한 사안에 대하여 이미 법원의 판결이나 수사기관의 결정(경찰의 불송치 결정 또는 검사의 불기소 결정)이 있었던 사실을 발견한 경우에 새로운 증거 등이 없어 다시 수사하여도 동일하게 결정될 것이 명백하다고 판단되는 경우, ④ 피의자가 사망하였거나 피의자인 법인이 존속하지 않게 되었음에도 고소·고발된 사건인 경우, ⑤ 반의사불벌죄의 경우, 처벌을 희망하지 않는 의사표시가 있거나 처벌을 희망하는 의사가 철회되었음에도 고소·고발된 사건인 경우, ⑥ 「형사소송법」에 따라 고소 권한이 없는 사람이 고소한 사건인 경우(다만, 고발로 수리할 수 있는 사건은 제외), ⑦ 「형사소송법」상 고소 제한규정에 위반하여 고소·고발된 사건인 경우에는 고소인 또는 고발인의 동의를 받아 이를 수리하지 않고 반려할 수 있다고 규정하고 있다.

한편, 「행정기본법」 제8조에서는 "행정작용은 법률에 위반되어서는 아니 되며, 국민의 권리를 제한하거나 의무를 부과하는 경우와 그 밖에 국민생활에 중요한 영향을 미치는 경우에는 법률에 근거하여야 한다."고 명시하고 있다.

따라서 「범죄수사규칙」 제50조는 규범체계의 형식면에서 위법의 소지가 매우 크다. 구체적으로 언급하면, 형식적 의미의 법률인 「형사소송법」에서는 고소인의 권리를 제한 할 수 있는 규정을 찾아보기 어렵고, 행정안전부령인 「경찰수사규칙」 제21조에서는 고소의 요건에 해당되지 않으면 최소한 진정으로 접수하도록 규정하고 있음에도 불구하고, 행정규칙(경찰청훈령)에 불과한 「범죄수사규칙」에서 이를 반려할 수 있도록 규정함으로써 국민의 권리를 더욱 더 제한할 수 있도록 규율하고 있기 때문이다.[15]

3. 피혐의자 등 조사 후 즉시 입건의무 불이행에 관한 평가

「검사와 사법경찰관의 상호협력과 일반적 수사준칙에 관한 규정」 제16조와 「검찰사건사무규칙」 제35조에서는 피혐의자가 수사기관에 출석하여 조사를 받은 때에는 수사를 개시한 것으로 보고 이 경우 검사 또는 사법경찰관은 해당 사건을 즉시 입건해야 한다고 명시하고 있다. 위 법규명령에서 이와 같이 규정

---

15) 물론 경찰측에서는 「범죄수사규칙」 제50조에서 "고소인 또는 고발인의 동의"를 받아서 반려할 수 있도록 규정하였으므로 법적 하자가 없다고 주장할 수 있다. 하지만 이는 설득력이 떨어진다. 왜냐하면, 상대적으로 법률지식이 부족한 대다수의 민원인들은 경찰관의 반려 권유 혹은 설득을 뿌리치기 어려운 것이 현실이기 때문이다.

한 이유는 "검사와 사법경찰관이 실질적 수사행위를 한 경우 의무적으로 입건하도록 하여 사건관계인의 절차적 권리를 보장하고 사법통제를 받도록 하며, 별건수사를 금지하고 내사를 통제"하기 위해서이다.[16]

따라서 경찰 등 수사기관에서는 피내사자를 소환하여 조사하거나 피의자신문조서를 작성하였다면 즉시 입건하여야 할 의무가 있다. 하지만 실무에서는 피내사자를 소환조사한 후 수개월이 지나도록 입건하지 않거나 참고인을 소환하여 피의자신문조서를 작성하고도 2개월이 지난 후에 입건하는 사례를 확인할 수 있다.[17]

결과적으로 수사기관은 필요적 즉시 입건의무를 이행하지 않으면 형사책임, 징계책임, 국가배상책임에서 자유롭지 못하다는 점에 주목하여야 하고, 국가수사본부 및 대검찰청 관리자들은 사무감사 등을 활용하여 이러한 법규위반 행위가 발생하지 않도록 관리·감독할 필요성이 절실하다.

4. 법치행정 vs 행정편의주의

수사권이 조정된 후 수사경찰의 업무는 급증한 반면, 이를 뒷받침 할 수 있는 인력, 예산, 장비 등의 확충이 미흡하여 수사경찰의 업무수행이 매우 어려워졌다는 점은 충분히 납득할 수 있다. 하지만 경찰이 수사권을 빙자하여 수사민원사건 접수를 꺼려하거나 반려하는 행태는 "법치행정"을 버리고 "행정편의주의"를 택했다고 비판받아 마땅하다.

남고소·고발이 형사사법시스템에 적지 않은 부작용을 야기한다는 점도 인정하지만, 남고소·고발의 원인에 대해서도 깊은 성찰이 필요하다. 그 원인은 ① 우리나라는 국가가 수사권과 형벌권을 독점하고 있기 때문에 사인소추가 허용되지 않고, ② 민사소송의 경우에도 변호사를 선임하지 않으면 사실상 승소하기 어렵고, 변호사 선임비용도 녹록하지 않으며, ③ 일반시민 입장에서는 민사소송에 필요한 사실관계를 적법하게 확인할 수 있는 기회를 얻기가 어렵기 때문일 것으로 조심스럽게 추측할 수 있다.

만약 수사행정의 초점을 "경찰의 업무부담"보다는 "시민들이 겪는 어려움"에

---

16) 2020. 9. 11. 연합뉴스, "경찰 출석해 조사만 받으면 피의자 된다?" 제하의 언론보도 참조.
17) 형사사건관계자들은 형사사법포털(KICS: www.kics.go.kr)을 통해서 수사진행사항을 검색할 수 있다. 따라서 사건관계자들은 소환조사 시점부터 입건된 시점 사이의 기간을 확인할 수 있는데 그 기간이 수사기관별로 천차만별이라는 지적이 많다.

맞추었다면 경찰에 대한 시민의 지지는 예상할 수 없을 만큼 높아졌을 것이라고 예상할 수 있다.

V. 결 론

수사권 조정 후 경찰관들이 업무량 과다를 이유로 고소·고발 등 수사민원사건의 접수를 꺼려하거나 반려하고 있고, 경찰수사역량의 한계가 쉽게 인지되며, 경찰의 법집행방식이 위법소지가 크다는 문제의식을 토대로 본 논문이 기획되었다.

실정법상 고소·고발 등의 수사민원이 제기되거나 피혐의자를 수사기관에 출석시켜 조사를 받는 등의 사유가 있으면 경찰은 필요적으로 입건하고 수사를 진행할 의무를 지게 된다. 만약, 이러한 의무를 이행하지 않으면 ① 직무유기죄 및 직권남용죄의 형사책임을 부담할 수 있고, ② 성실의무위반으로 징계책임을 질 수 있으며, ③ 국가와 연대하여 손해를 배상해야 하는 상황도 발생할 수 있다.

헌법재판소와 대법원도 ① 범죄로부터 국민을 보호하여야 할 국가의 의무 혹은 범죄피해자의 기본권은 생존권적 기본권의 차원으로 파악하여야 하고, ② 고소사건을 적법한 절차에 따라 고소사건으로 처리하지 아니하고 단순히 진정사건으로 보아 공람종결처분을 한 것은 부당하며, ③ 고소장에 기재된 사실이 분명하지 않거나 그 사실자체가 범죄를 구성하지 아니함이 명백한 경우 등 적법한 고소로 볼 수 없는 경우에만 고소를 수리하지 않고 반려할 수 있고, ④ 고의 또는 중과실로 고소장 접수절차를 밟지 아니하고 이를 거부하는 것은 경찰공무원으로서의 직무상 의무를 위반하는 위법행위를 저지른 것이라고 각각 판시하였다.

연구결과를 토대로 정책적 제언을 해보면 다음과 같다. 법집행기관인 경찰은 하루 빨리 "행정편의주의"에서 벗어나서 "법치행정"으로 나아가야 한다. 수사행정에 꼭 필요한 내용은 입법부를 설득하여 형식적 의미의 법률로 규율하거나 최소한 법규명령으로 규정하고, 탈법적으로 행정규칙을 활용하는 관행은 과감히 폐기해야 한다. 궁극적으로 국민 대부분이 경찰청 슬로건인 "가장 안전한 나라, 존경과 사랑받는 경찰"에 공감할 수 있도록 치안행정 패러다임 전환을 반드시 이루어야 할 것이다.

참고문헌

김성돈. (2013). 「형법각론」, 서울: 성균관대학교 출판부.

김충남. (2008). 「경찰수사론」, 서울: 박영사.

김 혁. (2016). "고소사건처리실무에 대한 비판적 고찰: 피해자 권리와의 균형적 관점에서", 「동아법학」, 73: 51-81.

박봉균·김문귀. (2020). "고소의 남용에 대한 대응방안", 「법이론실무연구」, 8(2): 327-345.

배종대·이상돈·정승환·이주원. (2012). 「신형사소송법」, 서울: 홍문사.

소병도. (2016). "범죄피해자의 헌법적 권리와 적법절차를 통한 보장", 「홍익법학」, 17(2): 307-332.

신호진. (2014). 「형사소송법요론」, 서울: 문형사.

_____. (2015). 「형법요론: 각론」, 서울: 문형사.

오병두. (2013). "직무유기죄의 성립범위에 관한 연구: 기존 해석론에 대한 비판과 그 대안", 「홍익법학」, 14(2): 551-570.

윤동호. (2020). "고소·고발사건 전건입건법제에서 선별입건법제로", 「비교형사법연구」, 22(1): 169-191.

이재영. (2017). "경찰직무관련 국가배상소송에 대한 판결문 내용분석", 「경찰학연구」, 17(3): 227-252.

이효원. (2009). "범죄피해자의 헌법상 기본권보호", 「서울대학교 법학」, 50(4): 81-109.

임 웅. (2020). 「형법각론」, 파주: 법문사.

임창호·정세종·함혜현·라광현. (2021). 「최신 경찰학」, 파주: 법문사.

정세종. (2008). "경찰의 직무수행과 관련된 국가배상실태와 개선방안", 「한국경찰학회보」, 10(1): 289-308.

_____. (2021). "경찰조직내 수사지휘에 관한 법적 쟁점과 논평", 「한국공안행정학회보」, 30(2): 245-274.

_____. (2021). "실정법규상 필요적 입건사유와 불이행에 대한 제재 방안", 「한국공안행정학회보」, 30(4): 227-250.

주 영. (2015). "사법경찰관의 고소장 반려처분에 관한 비판적 고찰: 경찰청범죄수사규칙 제42조 제1항을 중심으로", 「비교법연구」, 15(2): 179-206.

황문규·박봉균. (2021). "형사소송법상 고소제도에 관한 비판적 고찰: 고소제도의 운영에 있어 법이론과 실무현실의 괴리를 중심으로", 「형사정책」, 32(4): 37-63.

황태정. (2019). "헌법정신과 범죄피해자 보호", 「피해자학연구」, 27(2): 137-157.

제 2 편

수사의 진행

🚨 수사의 진행

피의사실공표! 경찰이 언론보도에 집착하는 이유는?

Ⅰ. 문제제기

10여 년 전 필자는 지방경찰청 수사부서 수사팀장으로 재직하고 있었다. 입수된 첩보를 토대로 내사를 거쳐 입건(범죄인지)한 후 사건을 검찰에 송치하려는 무렵 직속상관은 보도자료를 작성하라고 지시했다. 이에 따라 작성한 보도자료를 상관에게 전달했고, 그분은 이를 지방청 홍보부서를 통해서 기자들에게 배포했으며 결과적으로 기사화되었다. 위 사건이 보도되자 당시 피의자는 필자를 피의사실공표죄 및 명예훼손죄로 형사 고소함과 동시에 대한민국을 상대로 국가배상소송을 제기하였다.

당시 피의사실공표죄를 조사하던 검사는 "보도자료를 기자들에게 배포한 상관을 불어라! 이번 건을 계기로 경찰의 보도 관행을 바로잡겠다! 금고 이상의 형(집행유예)을 받으면 당신은 공무원을 그만 둘 수밖에 없어!"라는 취지로 진술을 강요했다. 하지만 필자는 젊은 치기(稚氣)로 '그래도 상관과 조직에 대한 의리를 지켜야지'라고 생각하고 시종일관 "제가 보도자료를 작성해서 기자실에 배포했습니다."라며 허위자백을 유지했다. 검사실에서 조사를 받고 집으로 돌아온 후부터 검찰처분[불기소(죄안됨)]이 나올 때까지 40여 일 동안 마음 졸이며 적지 않은 고통을 겪었다.

아울러, 법무부장관이 소송을 대리하는 국가배상소송에서도 공익법무관의 도움은 크게 받지 못한 것으로 기억된다. 소송의 답변서를 작성하는 것도 오롯이 필자의 몫이었다. 퇴근 후에 피의사실공표죄와 관련된 민사판례를 검토하고 형법 및 헌법교과서들을 탐독한 후 가까스로 답변서를 완성해서 제출하였고 원고 (당시 피의자)가 소를 취하함으로써 마무리되었다.

유쾌하지 못했던 당시 경험은 사회적으로 파장을 일으킬 수 있는 사건을 열심히 수사했고, 직속상관의 명령을 성실하게 수행했으며, 나름 경찰조직을 보호하려고 노력했던 지극히 평범한 경찰관 중 한 명이었던 필자가 혼자서 감당하기에는 너무나 혹독한 시련이었다고 요약할 수 있다.

한편, 필자가 겪었던 악몽 같은 사례가 최근 재현되었다. 구체적으로 소개하면, 2019년 1월 울산지방경찰청은 '면허 없이 약국에서 약을 지어준 여성을 구속했고, 기소 의견으로 검찰에 송치했다.'는 보도자료를 배포했다(이하 '본 사건'으로 명한다).1) 이에 울산지방검찰청은 구속된 여성이 공인에 해당하지 않는데도 경찰이 공소제기 전에 피의사실을 공표했다는 명목으로 울산지방경찰청 광역수사대장과 직속 팀장 등 2명을 2019년 6월 입건했다. 그러자 경찰관 측 변호인은 울산지검 산하 검찰시민위원회에 이 사건의 수사 여부를 검찰수사심의위에 안건으로 올려달라고 요청했지만,2) 대검찰청 산하 검찰수사심의위원회는 2019년 7월 22일 울산지검이 수사 중인 '경찰관 피의사실 공표 사건'을 계속 수사해야 한다고 의결했다.3)

사실관계를 정리해보면, 경찰은 무면허 약사를 수사한 후 구속하고, "가짜 약사로 인한 추가 피해를 예방한다는 공익적인 목적으로 공보준칙에 따라 상부 승인을 받고 자료"를 냈지만,4) 검찰이 이를 피의사실공표죄로 범죄인지하여 수

---

1) 조선일보, 2019. 7. 22. 「"檢, 경찰 피의사실 공표 사건 계속 수사하라"…큰 파장 부를 듯」 제하의 기사 참조.
2) 중앙일보, 2019. 7. 23. 「검찰 "경찰 피의사실 공표 수사 계속"…검경 전면전 되나」 제하의 기사 참조.
3) 동아일보, 2019. 7. 23. "檢, 경찰 피의사실 공표 수사 계속해야" 제하의 기사 참조.

사를 진행하였다고 요약할 수 있다.

여기에서 필자는 첫째, 왜 수사경찰이 보도자료 배포에 집착하는가? 둘째, 울산지방경찰청의 보도자료 배포행위가 피의사실공표죄에 해당하는가? 셋째, 만약 경찰청훈령에 따른 피의사실 공표행위가 위법하다면 형사책임의 범위는 어디까지일까? 넷째, 울산지검의 피의사실공표죄 인지수사는 적정한가?라는 문제의식을 가지게 되었다.

학계에서도 피의사실공표의 허용범위(김상겸, 2010), 보호법익 해석문제(김봉수, 2011: 74; 조기영, 2012), 입법론적 검토(문봉규, 2011; 주승희, 2011; 허경미, 2013; 하태훈, 2015), 위헌성 평가(문재완, 2014) 등에 관한 규범학적 논의가 진행되어 왔지만 경찰수사실무에 직접적으로 응용하기에는 다소 부족할 수 있다는 아쉬움이 남는다.

결과적으로 이 단원은 피의사실공표죄를 둘러싼 경찰수사실무상의 혼선을 줄여보고자 기획되었다. 이를 위해서 첫째, 피의사실공표죄의 구성요건과 보호법익을 살펴보고, 주요국가의 사례를 검토하며, 수사실무상 언론대응 기준과 선행연구의 경향을 소개한다(Ⅱ). 둘째, 피의사실공표죄와 관련된 민사소송 판례를 허용요건, 위법성 조각 사유를 중심으로 분석한다(Ⅲ). 셋째, 관련 쟁점을 도출하고 규범학적 논평을 시도한다(Ⅳ). 넷째, 정책적인 제언을 통해서 일선 수사경찰관들의 업무수행에 미미하나마 보탬이 되고자 한다(Ⅴ).

Ⅱ. 이론적 토대

1. 피의사실공표죄의 구성요건과 보호법익

「형법」 제126조에서는 "검찰, 경찰 기타 범죄수사에 관한 직무를 행하는 자 또는 이를 감독하거나 보조하는 자가 그 직무를 행함에 당하여 지득한 피의사실을 공판청구전에 공표한 때에는 3년 이하의 징역 또는 5년 이하의 자격정지에 처한다."고 규정하고 있다. 피의사실공표죄는 일반적으로 일정한 범죄수사 관련자들만 범할 수 있는 진정신분범이자, 불특정·다수인이 현실적으로 인식하

---

4) 한국일보, 2019. 7. 18. "'피의사실 공표죄'로 첫 기소될까" 제하의 기사 참조.

였음을 요구하지 않는 추상적 위험범으로 분류된다(이재상, 2010: 711-712; 신호진, 2014: 955). 따라서, 경찰관이 수사과정에서 대상자의 혐의내용을 공개할 경우에는 원칙적으로 본죄의 구성요건에 포섭되게 된다. 감정적으로 표현하면, 수사실무에서 흔히 볼 수 있는 기자간담회, 중간수사발표를 포함하는 브리핑, 보도자료 배포, 언론의 취재 협조 등의 행위는 피의사실공표죄의 구성요건에 해당되고 관련 수사경찰관들은 잠재적 범죄자의 신분에 처하게 된다.

피의사실공표죄의 보호법익은 국가의 범죄수사권과 피의자의 인권 양자 모두를 포함한다는 견해가 일반적이지만, "피의자의 기본권으로 일원화하여야 한다."는 주장(김봉수, 2011: 74)과 "피의자의 명예와 수사기관의 수사권 행사의 공정성 내지 순수성 및 정치적 중립성"이라는 의견(조기영, 2012: 14)도 유력하다.

피의사실공표죄는 1953년 형법 제정 때 입법화되었고 당시 법제 사법위원장 대리였던 엄상섭 의원의 입법취지 설명을 토대로 보호법익을 추론해보면 수사기관의 수사기능 보호에 있기도 하지만 법제사법 위원회에서 피의사실공표죄를 신설·수정한 이유는 무죄추정 원칙에 충실한 피의자인권보호에 있다고 평가할 수 있다(하태훈, 2015: 81-82).

사견으로는 현행 「형법」 제2편 각칙 제7장의 편제 형식에 지나치게 얽매이기보다는 법논리의 일관성을 확보하는 차원에서 본죄의 보호법익을 피의자의 기본권으로 한정하는 것이 바람직하다고 생각된다.

2. 수사실무상 언론대응 기준: 「경찰수사사건등의 공보에 관한 규칙」(경찰청훈령 제1030호)의 주요내용

1) 적용범위 및 비공개 원칙

수사사건등[5]의 공보에 관하여 다른 법령에서 특별한 규정이 있는 경우를 제외하고는 이 규칙에서 정하는 바에 따르고(제3조), ① 범죄유형과 수법을 국민들에게 알려 유사한 범죄의 재발을 방지할 필요가 있는 경우, ② 신속한 범인의 검거 등 인적·물적 증거의 확보를 위하여 국민들에게 정보를 제공받는 등 범

---

5) "수사사건등"이란 경찰이 수사 또는 입건 전 조사 중이거나 이를 종결한 사건을 말한다(제2조 제1호).

죄수사규칙 제101조부터 제103조에 따라 협조를 구할 필요가 있는 경우, ③ 공공의 안전에 대한 급박한 위험이나 범죄로 인한 피해의 급속한 확산을 방지하기 위하여 대응조치 등을 국민들에게 즉시 알려야 할 필요가 있는 경우, ③ 신속한 범인의 검거 등 인적·물적 증거의 확보를 위하여 국민들에게 수사사건등의 내용을 알려 협조를 구할 필요가 있는 경우, ④ 오보 또는 추측성 보도로 인하여 사건관계인의 인권이 침해되거나 수사에 관한 사무에 종사하는 경찰공무원의 업무에 지장을 초래할 것이 명백하여 신속·정확하게 사실관계를 바로 잡을 필요가 있는 경우를 제외하고는 사건관계인의 명예, 신용, 사생활의 비밀 등 인권을 보호하고 수사내용의 보안을 유지하기 위하여, 수사사건등에 관하여 관련 법령과 규칙에 따라 공개가 허용되는 경우를 제외하고는 피의사실, 수사사항 등을 공개하여서는 안 된다(제4조, 제5조).

2) 공보절차 및 방식

수사부서의 장이 공보책임자가 되고 수사사건등에 대한 공보는 서면을 원칙으로 한다(제6조 제1항, 제7조 제1항). 다만, ① 서면 공보자료만으로는 정확하고 충분한 내용전달이 곤란하여 문답식 설명이 필요한 경우, ② 효과적인 수사사건등의 공보를 위하여 시청각 자료 등을 활용할 필요가 있는 경우, ③ 언론의 취재에 대하여 즉시 답변하지 않으면 사건관계인의 명예 또는 사생활 등 인권을 침해할 우려가 있거나 수사에 지장을 초래할 우려가 있는 오보 또는 추측성 보도를 방지하기 어려운 경우, ④ 그 밖에 신속하게 공보할 필요가 있으나 보도자료를 작성·배포할 시간적인 여유가 없는 경우에 공보책임자는 브리핑 또는 인터뷰 방식으로 공보할 수 있다(제11조).

3) 사전보고 및 공보 제한 사항

공보책임자는 수사사건등을 공보하는 경우에는 미리 직근 상급 기관의 수사부서장 및 홍보부서장에게 공보내용 및 대상에 관하여 보고하여야 한다. 다만, 경찰청의 수사부서에서 수사사건등을 공보하는 경우에는 미리 경찰청장에게 보고하여야 한다(제12조). 수사사건등을 공보하는 경우에 ① 성명, 얼굴 등 사건관계자의 신원을 알 수 있거나 유추할 수 있는 정보, ② 개인의 신상 및 사생활에 관한 내용, ③ 구체적인 수사진행 사항 및 향후의 수사계획 등 범죄수사 또는 재판에 영향을 미칠 수 있는 내용, ④ 사건관계자의 범죄경력 또는 수사경력자료, ⑤ 범죄혐의 또는 사건에 대한 개인의 주관적 판단, ⑥ 범인검거 또는 증거수집에 활용된 수사기법, ⑦ 수사사건등 기록의 원본 또는 사본, ⑧ 국민불안을 야기할 수 있는 잔혹한 범죄수법 및 참혹한 피해상황 등, ⑨ 모방자살을 유발 또는 강화할 수 있는 구체적인 자살방법·수단·동기·장소 등 정보는 공개하여서는 아니 된다(제6조).

3. 비교법적 검토

1) 일 본

일본 「형법」 제230조 제1항에서는 "공연히 사실을 적시하여 사람의 명예를 훼손한 자는 그 사실의 유무에 관계없이 3년 이하의 징역이나 금고 또는 50만 원 이하의 벌금에 처한다."고 규정하고, 동법 제230조의2 제1항에서는 "전조 제1항의 행위가 공공의 이해에 관한 사실에 관계되고 또한 그 목적이 오로지 공익을 위함에 있었다고 인정되는 경우에는 사실의 진실 여부를 판단하여 진실이라는 증명이 있는 때에는 이를 벌하지 아니한다."고 명시하며, 동조 제2항에서는 "전항의 규정의 적용에 관하여는 아직 공소가 제기되지 아니한 사람의 범죄행위에 관한 사실은 공공의 이해에 관한 사실로 간주한다."고 적시되어 있다(법무부, 2007: 93).

일본의 경우에는 기소전에 범죄행위에 관한 사실을 발표하더라도 그 내용이 진실이라는 증명이 있으면 위법하지 않다고 평가하고 있다. 결과적으로 일본에서 피의사실공표는 범죄가 아니라고 정리할 수 있다(박혜진, 2011: 166; 문재완, 2014: 8).

2) 미 국

미국에서는 언론의 자유가 우월적으로 인정되기 때문에 형법상 직접적인 제한은 찾아보기 어렵다(박혜진, 2011: 165). 또한 체포기록은 국민에게 공개되어야 할 공적 기록으로 간주되고, 법원은 피의사실 공표행위 그 자체를 위법 또는 위헌으로 평가하지 않지만, 재판에 실질적으로 영향을 미치는 발언만을 규제할 수 있다고 한다(문재완, 2014: 6).

미국 연방검사업무지침(U.S. ATTORNEYS' MANUAL) 1-7.530(Disclosure of Information Concerning Ongoing Investigations)[6]에 따르면 ① 법무부 소속 인사들은 원칙적으로 공식적으로 공개되기에 앞서서(prior to the public filing of the document) 소환장의 발부 혹은 기각과 같은 수사진행 여부 혹은 수사사건의 성격 혹은 수사상황에 관한 질문에 답할 수 없지만, ② 사건이 이미 대중들에게 상당히 알려졌거나, 적절한 법집행기관에서 수사 중이라는 사실을 알려서 시민들을 안심시킬 필요가 있거나, 공익과 안전 및 복지를 보호하기 위하여 정보제공이 필요할 경우에는 연방검사 등 관련기관의 승인을 득한 후, 진행 중인 수사에 대한 확인이나 논평을 할 수 있도록 규정하고 있다(문재완, 2014: 7).

3) 독 일

독일 「형법」 제353조d에서는 "공판에서의 낭독 또는 소송절차종료 이전에 공소장 또는 형사소송절차·과태료부과절차·징계절차에 관한 기타 공적 문서의 전부 또는 주요부분을 원문대로 공연히 전달한 자"는 "1년 이하의 자유형 또는 벌금형에 처한다."고 규정하고 있다(법무부, 2008: 256). 구체적으로 살펴보면, 독일은 공소제기후 법원심리의 공표를 금지하면서, 문서의 전부 또는 주요부분을 원문대로 외부에 전달하는 행위를 범죄로 규정하고 형벌을 부과하고 있다(문재완, 2014: 8-9). 따라서 수사기관만이 주체가 되는 진정신분범이면서 공소제기 전 일체의 피의사실공개를 처벌하는 우리의 입법례와는 달리 공소제기 후의 상황을 논하고 원문을 요약하거나 변경하여 공개하는 경우에는 처벌할 수 없다는 점이 특이하다고 할 수 있다(박혜진, 2011: 165).

4) 소 결

비교법적 관점에서 현행 피의사실공표죄의 특이점은 첫째, 우리 형법에 규정된 다른 조문들과는 다르게 독일, 일본 등 대륙법계 국가로부터 미국 등 영미법계 국가들까지 유사한 규정을 찾아볼 수 없고(주승희, 2011: 153; 조기영, 2012: 3), 둘째, 현행 「형법」 제126조 조문을 엄격하게 해석할 경우에는 우리나라에서 경

---

6) https://www.justice.gov/archives/usam/archives/usam-1-7000-media-relations#1-7.530

찰수사단계의 언론보도는 사실상 금지될 수 있다는 것이다.

4. 선행연구 검토

김상겸(2010: 15-17)은 피의사실공표는 "공표의 필요성, 공표목적의 공익성과 공표 내용의 공공성, 공표된 피의사실의 객관성과 정확성, 공표절차와 형식에 있어서 정당성, 표현방법의 적절성, 피의사실공표로 인하여 파생되는 이해관계의 조화" 등을 기준으로 허용여부를 판단하고, 허용범위는 반사회적·반인륜적 범죄로 한정하고 피의자신상에 관해서는 익명 공표의 원칙을 준수해야 한다고 설명했다.

김봉수(2011: 74)는 피의사실공표죄(「형법」제126조)가 사문화된 근본적인 원인은 보호법익에 대한 명확한 이해가 부족했기 때문이므로 본 죄의 보호법익을 '피의자의 기본권'으로 일원화하여야 한다고 강조한다. 그럴 경우 [피의자(개인) 對 일반 시민(개인)], [피의자의 인격권(기본권) 對 시민의 알권리(기본권)], [비공개 원칙－예외적 공개]의 구조가 뚜렷하게 드러나고, 그에 따라 "피의자의 기본권을 보호하기 위한 [형법적 금지]와 알권리를 위한 [예외적 허용요구]간의 적절한 균형점"을 찾을 수 있는 이론적 여지가 생긴다고 주장했다.

문봉규(2011: 176-177)는 피의사실공표죄 개정방향에 대한 논의를 ① 현행유지 방안, ②「형법」제126조 삭제방안, ③ 개인적 범죄로 재편하자는 견해(체계 재편 방안), ④ 단서조항 추가방안으로 각각 정리하면서 결과적으로 "현행의 조문에 단서조항으로 '오로지 공공의 이익을 위한 때에는 벌하지 않는다.' 또는 '반인륜적이고 반사회적인 강력범죄사건일 경우에는 예외로 한다.'는 위법성조각 사유를 첨가하여 엄격하게 적용하는 것"이 타당하다고 주장했다.

조기영(2012)은 소위 "일심회" 사건의 판례를 논평하면서 피의사실공표죄의 보호법익은 피의자의 명예와 수사기관의 수사권 행사의 공정성 내지 순수성 및 정치적 중립성이라고 전제한다. 아울러, 1인 또는 특정 소수인에게 피의사실을 알게 하는 행위도 구성요건에 포섭되고, 언론보도 등에 의하여 이미 알려진 피의사실을 공표한 때에도 본죄가 성립한다고 주장했다(2012: 28-29).

허경미는 연예인 '박시후 사건'을 중심으로 경찰 수사실무에서의 피의사실공개 및 언론보도의 자유, 그리고 기본권 침해와의 갈등관계에 대해서 고찰하고 정책적 제언으로 ① 피의사실공표죄를 국가적 법익을 침해하는 범죄가 아닌 개인적 법익을 침해하는 범죄의 영역으로 포섭하고, ② 수사기관이 발표할 수 있는 피의사실의 범주 및 언론의 취재범위, 방법 등에 관한 특별법 제정이 필요하며, ③ 언론 관련법의 정비를 통하여 언론계의 취재범위 및 수단, 그리고 보도의 범주를 보다 구체적으로 명시하고, ④ 수사기관 종사자 및 시민의 의식구조를 개선함과 동시에 사건당사자의 적극적인 방어 및 대응이 필요하다고 주장했다(2013: 302-305).

문재완(2014: 1)은 피의사실공표죄는 다른 나라에서는 찾아볼 수 없는 대한민국 특유의 형벌조항이라는 점을 강조하면서 이 죄는 "피의자의 인권보호만 고려하고, 그와 상충하는 국민의 알 권리 내지 표현의 자유를 전혀 고려하고 있지 않아 그 적용범위가 축소될 수밖에 없으며, 궁극적으로 피의사실의 공표를 전면 금지하고 있기 때문에 법문대로 적용할 경우 위헌이 된다."고 역설했다.

하태훈은 검찰이 2010년 1월 12일 '인권보호를 위한 수사공보준칙'(법무부 훈령 제761호)을 시행하고도 ① 한명숙 전 국무총리와 곽노현 전 서울시 교육감을 대상으로 한 수사에서 피의사실을 심하게 공표하거나 혐의와 무관한 내용까지 언론에 흘리고, ② 내란음모죄 혐의를 받고 있던 이석기 통합진보당 의원과 관련한 녹취록을 공판 전 언론에 공개했으며(2013년), ③ 국가정보원의 대선·정치개입 의혹 사건 수사담당자의 언론 인터뷰를 통해서 혐의사실을 공표하고(2013년), ④ 고 성완종 경남기업 회장 리스트를 공개하였으며(2015년), ⑤ 민주사회를 위한 변호사 모임 출신 변호사들의 수임제한 변호사법위반 사건을 언론에 공개하는(2015년) 등 수사사건의 혐의사실 및 수사상황이 그대로 언론에 노출되는 일이 계속되어 왔다고 지적하면서 거의 사문화된 피의사실공표죄의 규범력을 살려낼 방안이 필요하다고 강조했다(2015: 61-62). 그리고 수사공보는 국민의 알 권리 vs 공정한 수사·재판의 원칙 및 인권보호와의 조화를 이룰 수 있도록 진행되어야만 하고 입법론으로는 피의사실공표를 정당화시켜줄 수 있는 법률적 근거를 마련하여야 한다고 주장했다(하태훈, 2015: 86).

주승희 또한 수사기관의 피의사실 공개에 관한 사항들은 "헌법상 보장된 무죄추정원칙 및 피의자의 공정한 재판을 받을 권리, 명예 등 기본권을 침해할 우려가 상당히 높다."는 점에서 법무부 훈령이나 경찰청 훈령 등 행정규칙으로 규율하기 보다는 형식적 의미의 법률 형식으로 규율하는 것이 합리적이라고 지적했다(2011: 178).

Ⅲ. 법원의 태도

1. 수사기관의 피의사실 공표행위가 허용되기 위한 요건[7]

일반 국민들은 사회에서 발생하는 제반 범죄에 관한 알권리를 가지고 있고 수사기관이 피의사실에 관하여 발표를 하는 것은 국민들의 이러한 권리를 충족하기 위한 방법의 일환이라 할 것이나, 한편 헌법 제27조 제4항은 형사피고인에 대한 무죄추정의 원칙을 천명하고 있고, 형법 제126조는 검찰, 경찰 기타 범죄수사에 관한 직무를 행하는 자 또는 이를 감독하거나 보조하는 자가 그 직무를 행함에 당하여 지득한 피의사실을 공판청구 전에 공표하는 행위를 범죄로 규정하고 있으며, 형사소송법 제198조는 검사, 사법경찰관리 기타 직무상 수사에 관계있는 자는 비밀을 엄수하며 피의자 또는 다른 사람의 인권을 존중하여야 한다고 규정하고 있는바, 수사기관의 피의사실 공표행위는 공권력에 의한 수사결과를 바탕으로 한 것으로 국민들에게 그 내용이 진실이라는 강한 신뢰를 부여함은 물론 그로 인하여 피의자나 피해자 나아가 그 주변 인물들에 대하여 치명적인 피해를 가할 수도 있다는 점을 고려할 때, 수사기관의 발표는 원칙적으로 일반 국민들의 정당한 관심의 대상이 되는 사항에 관하여 객관적이고도 충분한 증거나 자료를 바탕으로 한 사실 발표에 한정되어야 하고, 이를 발표함에 있어서도 정당한 목적하에 수사결과를 발표할 수 있는 권한을 가진 자에 의하여 공식의 절차에 따라 행하여져야 하며, 무죄추정의 원칙에 반하여 유죄를 속단하게 할 우려가 있는 표현이나 추측 또는 예단을 불러일으킬 우려가 있는 표현을 피하는 등 그 내용이나 표현 방법에 대하여도 유념하여야 한다.

2. 수사기관의 피의사실 공표행위의 위법성 조각 여부의 판단기준[8]

수사기관의 피의사실 공표행위가 위법성을 조각하는지의 여부를 판단함에 있

---

7) 대법원 1999. 1. 26, 97다10215 판결.
8) 위 판례.

어서는 공표 목적의 공익성과 공표 내용의 공공성, 공표의 필요성, 공표된 피의사실의 객관성 및 정확성, 공표의 절차와 형식, 그 표현 방법, 피의사실의 공표로 인하여 생기는 피침해이익의 성질, 내용 등을 종합적으로 참작하여야 한다.

1) 위법성이 조각되지 않는다고 판단한 경우

(1) 대법원 1999. 1. 26, 97다10215 판결

담당 검사가 피의자가 피의사실을 강력히 부인하고 있었음에도 불구하고 추가 보강수사를 하지 않은 채 참고인들의 불확실한 진술만을 근거로 피의자의 범행동기나 그가 유출한 회사기밀의 내용 및 경쟁업체 관계자들에 대한 향후 수사확대 방향 등에 관하여 상세히 언급함으로써 마치 피의자의 범행이 확정된 듯한 표현을 사용하여 각 언론사의 기자들을 상대로 언론에 의한 보도를 전제로 피의사실을 공표한 경우, 피의사실 공표행위의 위법성이 조각되지 않는다.

(2) 대법원 2001. 11. 30, 2000다68474 판결

피해자의 진술 외에는 직접 증거가 없고 피의자가 피의사실을 강력히 부인하고 있어 보강수사가 필요한 상황이며, 피의사실의 내용이 국민들에게 급박히 알릴 현실적 필요성이 있다고 보기 어려움에도 불구하고, 검사가 마치 피의자의 범행이 확정된 듯한 표현을 사용하여 검찰청 내부절차를 밟지도 않고 각 언론사의 기자들을 상대로 언론에 의한 보도를 전제로 피의사실을 공표한 경우, 피의사실 공표행위의 위법성이 조각되지 않는다.

2) 위법성이 조각된다고 판단한 경우[9][10]

경찰관들은 원고들을 기소하기 전에 보도자료를 배포하였고, 그로 인하여 원고들의 나이, 가족관계, 과거 경력, 피의사실 등이 보도된 사실을 인정할 수 있고, 형에 대한 무죄 판결이 확정되었으므로, 보도자료 배포로 인하여 원고들에 대한 피의사실이 공표되었고, 그로 인하여 원고들의 명예가 훼손되었다고 볼 수 있다. (… 중략 …) 동일 또는 유사한 수법의 범죄를 방지하기 위하여 피의사실

---

9) 리걸타임즈, 2019. 7. 11. "수갑 찬 피의자 경찰 조사 모습 촬영 허용…초상권·인격권 침해" 제하의 기사 참조.
10) 서울중앙지법, 2019. 6. 28, 2017가단5047454 판결.

을 알리는 것은 공표 목적의 공익성과 필요성이 인정되는 점, 보도자료에는 원고들의 범죄 혐의에 관한 표현이 다소 단정적으로 표현되어 있으나 경찰 수사 단계에서의 발표에 불과하고 일반인의 관점에서도 최종적인 판단은 재판 결과에 따라 확정될 것이라는 것을 인식할 수 있으며, 원고들의 성과 나이만을 밝힘으로써 익명의 형식을 취한 점, 이 사건 보도자료는 피의사실을 발표할 수 있는 권한을 가진 자가 공식적인 절차를 거쳐 배포한 것인 점, 형에 대한 무죄 판결의 이유에서 (⋯ 중략 ⋯) '피고인이 피해를 과장하여 보험금을 과다 수령하거나 또는 고의로 교통사고를 유발하고 보험금을 수령한 것이 아닌가 하는 의심이 들기는 한다.'라고 판단하였고, 동생에 대하여는 유죄 판결이 확정된 점 등을 종합하면, 담당 경찰관들의 피의사실 공표행위는 위법성이 조각된다.

3. '피의사실'의 의미와 피의사실을 공표한 것인지 단순한 의견을 표명한 것인지 판단하는 기준[11]

피의사실공표죄란 검찰, 경찰 기타 범죄수사에 관한 직무를 행하는 자 또는 이를 감독하거나 보조하는 자가 그 직무를 행함에 있어서 알게 된 피의사실을 공판청구 전에 공표함으로써 성립하는 범죄인데, 여기서 '피의사실'이란 수사기관이 혐의를 두고 있는 범죄사실로서 그 내용이 공소사실에 이를 정도로 구체적으로 특정될 필요는 없지만, 그것이 단순한 의견의 표명에 이르는 정도로는 피의사실을 공표한 것이라고 할 수 없다. 이때 그 발언이 피의사실인가 또는 의견인가를 구별함에 있어서는 언어의 통상적 의미와 용법, 문제 된 발언이 사용된 장소와 문맥, 그 발언이 행하여진 사회적 상황과 배경 등 전체적 정황을 종합적으로 고려하여 판단하여야 한다.

4. 소 결

현재까지 피의사실공표죄와 관련된 형사판례는 존재하지 않기 때문에 민사판례들을 중심으로 정리해보면 다음과 같다.

첫째, 수사기관의 발표가 원칙적으로 ① 일반 국민들의 정당한 관심의 대상이 되는 사항에 관하여, ② 객관적이고도 충분한 증거나 자료를 바탕으로 한 사

---

11) 대법원 2013. 11. 28, 2009다51271 판결.

실 발표에 한정되며, ③ 정당한 목적하에 수사결과를 발표할 수 있는 권한을 가진 자에 의하여 공식의 절차에 따라 발표가 행해지고, ④ 무죄추정의 원칙에 반하여 유죄를 속단하게 할 우려가 있는 표현이나 추측 또는 예단을 불러일으킬 우려가 있는 표현을 피하는 등 그 내용이나 표현 방법에 대하여도 상당한 주의를 기울일 때 피의사실 공표행위가 허용될 수 있다.

둘째, 위법성 조각 여부의 판단기준은 ① 공표 목적의 공익성과 공표 내용의 공공성, ② 공표의 필요성, ③ 공표된 피의사실의 객관성 및 정확성, ④ 공표의 절차와 형식, ⑤ 그 표현 방법, ⑥ 피의사실의 공표로 인하여 생기는 피침해이익의 성질, 내용 등을 종합적으로 참작하여야 한다.

셋째, 대법원은 ① 피의자가 피의사실을 강력히 부인하고 있었음에도 불구하고 추가 보강수사를 하지 않은 채 참고인들의 불확실한 진술만을 근거로 피의사실을 공표하거나 ② 피해자의 진술 외에는 직접 증거가 없고 피의자가 피의사실을 강력히 부인하고 있어 보강수사가 필요한 상황이며, 피의사실의 내용이 국민들에게 급박히 알릴 현실적 필요성이 없는 경우에는 위법성이 조각되지 않는다고 판결하였다.

넷째, 서울중앙지방법원은 ① 공표목적의 공익성과 필요성이 인정되고, ② 일반인의 관점에서도 최종적인 판단은 재판 결과에 따라 확정될 것이라는 것을 인식할 수 있으며, ③ 익명의 형식을 취하였고, ④ 보도자료가 피의사실을 발표할 수 있는 권한을 가진 자가 공식적인 절차를 거쳐 배포되었으며, ⑤ 일부 유죄판결이 확정되었다는 점을 토대로 위법성이 조각된다고 판단했다.

Ⅳ. 주요쟁점 및 논평

1. 수사경찰이 피의사실 공개에 집착하는 이유는?

수사경찰관들의 업무동기를 강화할 수 있는 가장 강력한 수단 중의 하나가 특별승진이라는 점은 부인하기 어렵다. 「경찰공무원법」 제19조 제1항 제3호에 따르면 직무수행 중 '현저한 공적'을 세운 자는 1계급 특별승진을 시킬 수 있도록 규정하고 있고, 살인·강도·조직폭력 등 '중한 범죄의 범인검거에 헌신분투

하여 그 공이 특히 현저한 자'를 특별승진의 대상에 포함시키고 있다(「경찰공무원 승진임용 규정」 제37조 제3항 제4호; 정세종, 2008: 48-49).

실무에서 위와 같은 공적을 평가하는데 있어서 언론보도의 양적 측면과 질적 측면 모두 적지 않은 영향을 미친다. 구체적으로 언급하면, '특별승진 추천대상자 공적기술서'와 '공적조서'에 언론보도 내용을 일시, 언론사별로 기재하도록 요구하고 특진심사 과정에서도 주요한 참고사항으로 반영하고 있다. 다시 말하면, 유사한 수준의 범인을 검거하였더라도 언론에 더 많이 노출될수록 현저한 공적으로 인정받을 가능성이 높아진다고 할 수 있다.

하태훈(2014: 68) 또한 "피의사실의 공개는 언론기관의 직접적인 취재보다는 수사기관이 수사실적을 알리고 홍보하기 위한 수단으로 언론에 흘리는 정보에 의하여 수사의 초기단계부터 이루어지고 있다."며 필자와 같은 취지의 주장을 펴고 있다.

한편, 조동시와 정대필(2009: 20-24)은 언론계 종사자와 언론학자를 대상으로 설문조사를 실시하였는데 '검찰/경찰이 피의사실을 공표하는 가장 큰 이유'에 대해서 응답자의 54.6%(225명)가 '검찰/경찰이 언론(보도)를 활용하기 위해'라고 대답했고, '피의사실 공표 보도를 하게 되는 가장 큰 이유'에 대해서는 응답자의 51.8%(242명)가 '언론사간 취재 경쟁'을 꼽았다고 밝혔다. 결과적으로 수사경찰과 언론사간의 특진과 실적, 특종을 매개로 한 공생관계가 현 상황의 주된 원인이라고 요약할 수 있다(이근우, 2008: 262-263).

2. 울산지방경찰청의 보도자료 배포행위가 피의사실공표죄에 해당하는가?

1) 사실관계 및 구성요건 해당성

언론보도를 중심으로 살펴본 본 사건의 사실관계는 2019년 1월 울산지방경찰청이 '면허 없이 약국에서 약을 지어준 여성을 구속했고, 기소 의견으로 검찰에 송치했다.'는 보도자료를 배포했다는 것이다.[12] 그리고 피의사실공표죄의 구성요건은 범죄수사에 관한 직무를 행하는 경찰관 또는 이를 감독하는자가 직무상 알게 된 피의사실을 공판청구전에 공표하는 행위이다. 따라서 본 사건은 피의사

---

12) 조선일보, 2019. 7. 22. 「"檢, 경찰 피의사실 공표 사건 계속 수사하라"…큰 파장 부를 듯」 제하의 기사 참조.

실공표죄의 구성요건에 해당됨이 명백하다.

2) 위법성 여부 판단

일반적으로 피의사실공표죄의 위법성 조각 사유로 정당방위, 긴급피난, 자구행위, 피해자의 승낙을 언급하지 않고 있다. 이하에서는 형법 제20조에서 규정하고 있는 정당행위를 중심으로 살펴보고자 한다.

(1) 법령에 의한 행위 혹은 업무에 의한 행위에 해당되는 지 여부

언론보도에 따르면 울산경찰청은 "가짜 약사로 인한 추가 피해를 예방한다는 공익적인 목적으로 공보준칙에 따라 상부 승인을 받고 보도자료"를 배포했다[13]고 주장하고 있다. 여기에서 말하는 '공보준칙'이 「경찰수사사건등의 공보에 관한 규칙」(경찰청 훈령)을 지칭하는 건지 구 「인권보호를 위한 수사공보준칙」[14](법무부 훈령)을 의미하는 것인지는 정확히 확인할 수 없지만, 형식적 의미의 법률인 「형법」에서 금지하고 있는 범죄를 행정규칙(훈령)에 부합된다는 이유로 위법성을 부정할 수는 없다.

또한 본 사건은 「특정강력범죄의 처벌에 관한 특례법」 제8조의2 제1항 제1호에서 규정하고 있는 "범행수단이 잔인하고 중대한 피해가 발생한 특정강력범죄 사건"에도 해당하지 않으므로 법령에 의한 행위로 포섭하기는 곤란하다.

울산지검에 입건된 피의자들은 울산경찰청 광역수사대장과 수사팀장이라고 알려졌다. 백번양보해서 광역수사대장은 「경찰수사사건등의 공보에 관한 규칙」 제6조에 따라 공보책임을 진다고 하더라도, 「형법」이 명문으로 금지하고 있는 행위가 훈령형태로 규정된 공보책임자의 업무라는 이유로 정당화될 수는 없다고 판단된다(이근우, 2008: 260; 박혜진, 2011: 176).

(2) 기타 사회상규에 반하지 않는 행위 여부

판례는 「형법」 제20조 소정의 '사회상규에 위배되지 아니하는 행위'라 함은 법질서 전체의 정신이나 그 배후에 놓여 있는 사회윤리 내지 사회통념에 비추어 용인될 수 있는 행위를 말하고, 어떠한 행위가 사회상규에 위배되지 아니하

---

13) 한국일보, 2019. 7. 18. "'피의사실 공표죄'로 첫 기소될까" 제하의 기사 참조.
14) 현재는 「형사사건 공개금지 등에 관한 규정」(법무부훈령 제1373호)로 변경되었다.

는 정당한 행위로서 위법성이 조각되는 것인지는 구체적인 사정 아래서 합목적
적, 합리적으로 고찰하여 개별적으로 판단해야 하므로, 이와 같은 정당행위를
인정하려면 첫째, 그 행위의 동기나 목적의 정당성, 둘째, 행위의 수단이나 방법
의 상당성, 셋째, 보호이익과 침해이익과의 법익 균형성, 넷째, 긴급성, 다섯째,
그 행위 외에 다른 수단이나 방법이 없다는 보충성 등의 요건을 갖추어야 한다
고 판시하고 있다(대법원 2008. 10. 23, 2008도6999 판결).

본 사건을 여기에 대입해보면, ① 보도된 피의자가 1심에서 유죄판결을 받았
고,[15] ② 무면허 약사로 인한 추가 피해를 예방한다는 공익적인 목적이 인정되
며, ③ 공보준칙에 따라 상부의 승인을 받고 공식적인 절차로 배포되었고, ④
익명의 형식으로 침해이익을 최소화 하는 등의 요건이 충족되었기 때문에 위법
성이 조각된다고 판단할 수 있다.

3. 만약 경찰청 훈령에 따른 본 사건 피의사실 공표행위가 위법하다면 형사 책임 대상의 인적 범위는?

「경찰수사사건등의 공보에 관한 규칙」 제12조에 따르면 공보책임자는 수사사
건등을 공보하는 경우에는 미리 직근 상급 기관의 수사부서장 및 홍보부서장에
게 공보내용 및 대상에 관하여 보고하여야 하고, 경찰청의 수사부서에서 수사사
건등을 공보하는 경우에는 미리 경찰청장에게 보고하여야 한다는 점은 이미 언
급한 바와 같다.

본 사건에 있어서도 위 규칙에 규정된 바대로 공보가 행해졌다면 울산지방경
찰청의 직근 상급기관인 경찰청 수사국장 및 경찰청 홍보담당관(대변인)에게는
공보 내용과 대상이 보고되었다고 쉽게 예상할 수 있다. 만일 본 사건 피의사실
공표가 위법하다면 경찰청 수사국장과 경찰청 홍보담당관의 형사책임 부담여부
가 문제된다.

「형법」 제32조 제1항에서는 "타인의 범죄를 방조한 자는 종범으로 처벌한
다."고 규정하고, 동법 제33조에서는 "신분관계로 인하여 성립될 범죄에 가공한
행위는 신분관계가 없는 자에게도 전3조의 규정을 적용한다. 단, 신분관계로 인

---

15) 문화일보, 2019. 7. 29. "'피의사실 공표죄' 논란 계기 '무면허 약사' 사건…피의자에 징역 1년
선고" 제하의 기사 참조.

하여 형의 경중이 있는 경우에는 중한 형으로 벌하지 아니한다."고 명시하고 있다. 따라서 경찰청 수사국장 및 경찰청 홍보담당관 모두 최소한 부작위에 의한 피의사실공표죄의 방조범에 해당될 가능성이 크다.[16] 참고로 피의사실공표죄의 공소시효는 5년인데, 만약 경찰청의 수사부서에서 별건으로 위법하게 피의사실을 공표하였다면 경찰청장까지 법적 책임을 질 수 있다.

4. 울산지검의 본 사건 인지수사의 적정성 여부

「형사소송법」 제196조에서 "검사는 범죄의 혐의가 있다고 사료하는 때에는 범인, 범죄사실과 증거를 수사한다."고 규정하고 있고, 본 사건이 피의사실공표죄의 구성요건에 해당하기 때문에 형식적 측면에서 살펴볼 때 울산지검의 인지수사가 적정하게 보일 수도 있다.

하지만 「검찰청법」 제4조에서는 검사는 공익의 대표자로서 그 직무를 수행할 때 국민 전체에 대한 봉사자로서 헌법과 법률에 따라 국민의 인권을 보호하고 적법절차를 준수하며, 정치적 중립을 지켜야 하고 주어진 권한을 남용하여서는 아니 된다고 규율하고 있다. 또한 범죄수사 등 형사사법은 형평성과 일관성이 담보되어야만 한다는 보다 실질적인 잣대로 평가해볼 때 이번 수사는 편파적이라거나 부적절하다는 비판에서 자유롭지 못하다.

그 이유로 첫째, 본 사건의 발단이 "'고래고기 환부 사건'과 '김기현 전 울산시장 측근 비리 사건' 등을 놓고 울산지역에서 경찰과 검찰이 갈등을 빚어오다가 수사권 조정 국면이 겹치면서 검찰이 '경찰 망신주기' 차원에서 수사를 진행했다는 의혹"이 제기되고 있다는 점이다.[17] 둘째, 검찰과거사위원회가 "검찰은 수사에 도움이 된다고 판단할 경우 피의사실을 흘려 피의자를 압박하고, 여론전을 벌이는 등 관행적으로 법을 위반하고 있다. 반대로 수사에 부담이 될 때는 언론 취재를 회피하는 수단으로 피의사실공표죄를 활용하고 있다."고 지적한

---

16) 형법상 방조는 작위에 의하여 정범의 실행행위를 용이하게 하는 경우는 물론, 직무상의 의무가 있는 자가 정범의 범죄행위를 인식하면서도 그것을 방지하여야 할 제반조치를 취하지 아니하는 부작위로 인하여 정범의 실행행위를 용이하게 하는 경우에도 성립된다 할 것이므로 은행지점장이 정범인 부하직원들의 범행을 인식하면서도 그들의 은행에 대한 배임행위를 방치하였다면 배임죄의 방조범이 성립된다(대법원 1984. 11. 27, 84도1906 판결).

17) 한겨레신문, 2019. 7. 22 [검찰 "울산 경찰관 피의사실 공표, 계속 수사"] 제하의 기사 참조.

바[18]와 같이 검찰 또한 피의사실 공표 행위의 청정지대가 아니기 때문이다.[19]

결과적으로 검찰이 자신들의 잘못된 피의사실공표 관행에 대해서는 관대하게 처분하면서도 상대적으로 법적 권한이 미약하고 언론접촉 빈도와 강도가 높은 경찰을 상대로 편파적이고 자의적으로 수사권과 공소권을 남용하려한다는 합리적인 의심을 들게 한다.

V. 정책적 제언

수사경찰관들을 잠재적 범죄자와 같은 불안정한 상황으로 내모는 현재의 상황을 타개하기 위해서는 입법론적 해결방안, 경찰의 언론대응 패러다임 전환, 경찰조직차원의 법무 지원 강화, 검찰의 자의적인 법집행 방지를 각각 정책적 제언으로 제시하고자 한다.

1. 입법론적 제언

피의사실공표죄에 관한 입법론적 개선방안으로 ① 명예훼손죄와 같이 개인적 법익에 대한 범죄유형으로 편제를 변경하자는 주장(문봉규, 2011: 175), ② 특별법을 제정하여 해결하자는 의견(하태훈, 2015: 86), ③ 위법성 조각사유를 단서조항으로 추가하자는 견해(문봉규, 2011: 175-176), ④「형법」제126조를 폐지하자는 주장(문재완, 2014) 등이 제시되고 있다.

개인적으로는 법집행의 일관성을 확보하고 경찰수사실무에서의 혼란을 방지하기 위해서는 현행「형법」제126조를 폐지하는 것이 바람직하다고 생각한다. 그 이유는 첫째, 현행 규정이 실질적으로 사문화되었다는 점은 부인할 수 없고, 둘째, 공소제기전 일체의 피의사실 공개를 금지하는 것은 헌법상 과잉금지의 원칙에 반할 소지가 있으며, 셋째, 비교법적으로 유사한 규정을 찾을 수 없고, 넷

---

18) 한겨레신문, 2019. 5. 28. [“검찰, 피의사실공표 관행적 위반…개선안 마련하라”] 제하의 기사 참조.
19) 세계일보, 2019. 8. 29. [김성태 측 “피의사실 공표는 중대 범죄”…檢 관계자 고소]; 경향신문, 2019. 8. 29. [“조국 낙마 노린다” 판단한 여당, ‘검찰 적폐와의 싸움’ 선포]; 서울경제, 2019. 8. 29. [與 “조국 겨냥 검찰 피의사실 공표, 구시대적 적폐 반복”]; 중앙일보, 2019. 8. 30. [“조국수사 일절 언급 말라”…檢, 전국 검사에 이례적 함구령] 등 제하의 기사 각각 참조.

째, 일본의 경우와 같이 명예훼손죄를 바탕으로 하여 진실성을 기준으로 위법성을 판단하더라도 피의자의 기본권을 보호하는데 별다른 문제가 없다고 판단되기 때문이다.

2. 수사경찰의 언론대응 패러다임 전환

수사경찰관들이 일선에서 피의사실공표죄로부터 자유로울 수 없는 이유는 경찰조직 내에서 언론보도의 양과 질에 따라 수사성과를 평가하고 특진, 포상 등의 인센티브를 제공하는 잘못된 언론대응 관행 때문이라고 감히 단언할 수 있다. 경찰관리자는 입법적으로 문제를 해결할 수 있는 방안을 찾지 못한다면 언론대응의 패러다임을 획기적으로 전환하여야만 한다. 다시 말하면, 공소제기 전 경찰단계에서는 「형법」 제22조에 규정된 긴급피난으로 위법성이 조각될 수 있는 '공개수배' 등을 제외하고는 원칙적으로 피의사실공표를 금지하여야 한다. 이로써 더 이상 범죄수사를 담당하는 경찰관이 「형법」에서 금지하고 있는 행위를 범하고 신분상 불안한 상황에 빠지는 불상사를 방지해야만 한다.

3. 경찰조직차원의 법률지원 강화

만약 울산지방경찰청 광역수사대장과 수사팀장의 피의사실공표행위가 위법하다면 경찰청 수사국장과 경찰청 대변인(홍보담당관) 또한 형사처벌의 대상이 될 수도 있고, 경찰청의 수사부서에서 다른 사건으로 위법하게 피의사실을 공표하였다면 경찰청장까지 법적 책임을 질 수 있다는 점은 위에서 언급한 바와 같다.

바꿔 말하면, 지방경찰청 이상의 수사부서에서 공식적으로 수사사건등에 관한 공보를 행한다는 것은 경찰청 차원에서 승인 혹은 방조가 있어야만 가능하다고 판단해야 한다. 따라서 경찰청에서는 입건된 일선 경찰관들에게만 법적 대응을 맡기기 보다는 규제개혁법무담당관실 법무계, 송무계, 소송지원계의 인력과 예산을 최대한 활용해서 법적 지원을 아끼지 말아야 할 것이다. 왜냐하면, 소속공무원에 대해서 그 권한의 행사를 지시하기 위하여 훈령(「경찰수사사건등의 공보에 관한 규칙」)을 발한 경찰청에서 법적 책임을 다하는 것이 조직관리의 일반 상식에 부합하기 때문이다.

4. 검찰의 자의적인 법집행 방지

본 사건을 인지수사한 검찰에 대해서 스스로의 잘못된 관행은 도외시 하고 경찰을 상대로 수사권과 공소권을 남용하려한다는 합리적인 의심을 가지게 되었다는 점은 이미 살펴본 바와 같다. 이러한 검찰의 자의적인 법집행을 방지하기 위해서는 법왜곡죄를 도입하거나 합리적인 수사권 조정이 절실하다고 생각한다.

독일 「형법」 제339조에서는 "법관, 기타 공무원 또는 중재법관이 법률사건을 지휘하거나 재판함에 있어 당사자 일방에게 유리하게 또는 불리하게 법률을 왜곡한 경우에는 1년 이상 5년 이하의 자유형에 처한다."고 규정하고(법무부, 2008: 251), 여기에서 법왜곡은 적용하여야 할 법규를 적용하지 않거나 법규를 그릇되게 적용함을 말한다(전지연, 2004: 194; 서보학, 2014: 241). 만약 법왜곡죄가 도입된다면 동일한 사안에 대해서 특정인에게만 유리하게 수사권과 공소권을 행사하지 않는 사례를 방지할 수 있을 것이다(정세종, 2017: 215).

마지막으로 경찰의 비리는 검찰에서 철저하게 수사해서 처벌하고 검찰 또한 경찰의 수사 대상에서 벗어날 수 없는 시스템을 구축함으로써 궁극적으로 검찰의 수사권 남용을 억제하는 것이 바람직하다(정세종, 2017: 217).

참고문헌

김봉수. (2011). "피의사실공표죄(형법 제126조)의 규범적 한계에 관한 고찰: 형법 제126조의 사문화 현상에 대한 원인분석과 해결방안을 중심으로", 「경찰법연구」, 9(1): 55-78.

김상겸. (2010). "피의사실공표의 허용범위와 한계", 「형사법의 신동향」, 27: 1-23.

문봉규. (2011). "피의사실공표죄의 형사법적 한계와 허용범위", 「외법논집」, 35(1): 167-179.

문재완. (2014). "피의사실공표죄의 헌법적 검토", 「세계헌법연구」, 20(3): 1-27.

박혜진. (2011). "형법적 시각에서 본 피의사실공표죄의 제문제", 「비교형사법연구」, 13(2): 159-183.

법무부. (2007). 「일본형법」, 과천: 법무부.

_____. (2008). 「독일형법」, 과천: 법무부.

서보학. (2014). "판사 및 검사의 법왜곡에 대한 대응방안: 법왜곡죄의 도입을 중심으로", 「경희법학」, 49(4): 221-254.

신호진. (2014). 「형법요론: 각론」, 서울: 문형사.

이근우. (2008). "중간수사발표에 대한 피의사실공표죄 적용의 몇 가지 쟁점", 「비교형사법연구」, 10(1): 253-272.

이재상. (2010). 「형법각론」, 서울: 박영사.

전지연. (2004). "법왜곡죄의 도입방안", 「형사법연구」, 22: 877-896.

정세종. (2008). "수사경찰관의 성과평가와 인센티브제도에 관한 연구", 「한국경찰연구」, 7: 37-60.

_____. (2017). "검찰의 축소기소에 관한 비판적 검토: '정운호' 사건을 중심으로", 「한국공안행정학회보」, 26(1): 197-222.

_____. (2019). "경찰수사실무와 피의사실공표죄", 「한국공안행정학회보」, 28(3): 449-476.

조기영. (2012). "피의사실공표죄의 구성요건요소 해석: '피의사실'과 '공표'의 의미를 중심으로", 「형사법연구」, 24(2): 195-226.

조동시・정대필. (2009. 8). "여론재판식 보도가 가장문제, 피의사실공표 잘못 64.2%", 「신문과방송」, pp. 20-25.

주승희. (2011). "피의사실공표죄의 법적 쟁점 검토: 공개수배 및 검찰수사공보의 정당성 요건을 중심으로", 「고려법학」, 63: 151-183.

하태훈. (2015). "수사공보준칙과 피의사실공표죄", 「안암법학」, 48: 59-90.

허경미. (2013). "수사기관의 피의사실 공표죄의 논쟁점", 「한국공안행정학회보」, 22(2): 281-310.

피의자신문과정에서 수사관은 진실만을 말해야 하나?

Ⅰ. 문제제기

수사경찰관의 주요업무 중의 하나가 자진출석하거나 체포·구속된 피의자를 신문하고 범죄혐의유무를 확인하며 각각의 사건을 종결하는 것이다. 2020년 경찰통계연보를 살펴보면, 2020년 총 범죄 검거건수가 1,289,129건으로 나타났다. 사건 1건당 피의자가 1명이라고 가장 보수적으로 해석하더라도 같은해 수사경찰관은 최소 1,289,129명의 피의자를 대면하고 신문하는 과정을 거쳤을 것이라는 사실을 쉽게 예측할 수 있다(경찰청, 2021: 220).

CSI와 같은 드라마에서 보여지는 것처럼 수사관이 개개 사건마다 과학적 수사기법을 동원하여 객관적인 증거를 수집하고 이를 통해서 사실관계를 확인하며 피의자 진술의 진위여부를 판단하는 것이 이상적이지만 수사현실은 녹록하지만은 않다.

수사경찰의 인적·물적 한계를 극복하기가 쉽지 않은 반면 실체적 진실발견을 요망하는 피해자들의 기대 또한 저버리기가 곤란하기 때문이다. 따라서 수사실무에서는 피의자신문과정에서 일정한 책략(deceptive interrogation techniques)[1]을 행사하고 있는 것으로 보인다.

여기에서 "그렇다면 수사기관에서 사용할 수 있는 있는 책략, 반대로 말하면 허용될 수 있는 책략의 범위가 어디까지 일까?"에 대한 논의가 필요하다고 생각된다. 이러한 쟁점에 대해서 일선 수사경찰관이 활용할 수 있는 판단기준은 실정법상 자백배제법칙과 우리나라 경찰수사교육기관과 미국 등에서 광범위하게 소개되어 활용되고 있는 소위 Reid 신문기법이라고 할 수 있다(Gohara, 2006: 117; 이기수 등, 2012). 하지만 각기 주장하는 취지가 상충되는 부분이 있기 때문에 구체적인 가이드라인으로 활용되기는 곤란하다.

구체적으로 살펴보면, 「헌법」 제12조 제7항에서 "피고인의 자백이 고문·폭행·협박·구속의 부당한 장기화 또는 기망 기타의 방법에 의하여 자의로 진술된 것이 아니라고 인정될 때 또는 정식재판에 있어서 피고인의 자백이 그에게 불리한 유일한 증거일 때에는 이를 유죄의 증거로 삼거나 이를 이유로 처벌할 수 없다."고 명시하고 있고, 「형사소송법」 제309조에서도 "피고인의 자백이 고문, 폭행, 협박, 신체구속의 부당한 장기화 또는 기망 기타의 방법으로 임의로 진술한 것이 아니라고 의심할 만한 이유가 있는 때에는 이를 유죄의 증거로 하지 못한다."고 규율함으로써 기망에 의한 자백에 대한 증거능력배제를 명확하게 밝히고 있다. 반면 Reid 신문기법에서는 미국 연방대법원의 판례들을 근거로 원용하면서 일정부분의 책략이 허용된다거나 심지어는 적극적인 행사를 권고하고 있는 실정이다(Inbau et al., 2004; Gohara, 2006: 118-119).

따라서 일선 수사경찰관들은 명확한 기준에 따른 신문기법을 구사하기 보다는 개개의 사안에 따라 직관적인 방식을 활용하는 등 혼선을 빚고 있는 경우를 적지 않게 볼 수 있다.

이러한 상황에도 불구하고, 책략의 허용여부 및 범위에 관한 논의는 사실상 전무하였다고 생각된다. 부연하면, 국내에서는 형사법분야에서 「형사소송법」 제309조 등에 규정된 자백배제법칙을 논의하면서 부수적으로 "기망에 의한 자백"

---

[1] "deceptive interrogation techniques"는 "피의자신문과정에서 사용되는 수사관의 기망적 수단"으로 번역될 수 있다. 하지만 우리 법제에서는 "기망"이라는 단어가 지니는 부정적인 이미지가 지나치게 크기 때문에 본서에서는 개인적으로 "책략"이라는 용어를 사용하기로 한다.

을 소개하는 선에 머물러 있고, 경찰학 및 범죄수사학 분야에서도 책략의 유형과 범위 및 그 한계에 대한 언급은 찾아보기가 힘들었다. 참고할 만한 대법원 판례 역시 찾아보기가 어려웠다.

그 이유는 아마도 우리 법제상 수사경찰관이 작성한 피의자신문조서는 재판 과정에서 피고인이 내용을 부인하면 원천적으로 증거능력을 부여받지 못하기 때문에 이러한 사건이 대법원까지 넘어가는 경우가 적었을 것이라고 예상된다. 이에 반하여, 미국 연방대법원은 수사관이 행사하는 일정수준의 책략을 비교적 광범위하게 허용하고 있고, 학계에서는 법원의 이러한 태도가 허위자백과 이에 따른 오심의 위험성을 높일 수 있다는 문제점을 제기하는 방향으로 논의가 전개 되고 있는 것으로 보인다.

이 단원에서는 우리나라 수사경찰관들이 일정수준의 책략을 행사하고 있다는 현실에 주목하였다. 그리고 실무에서 활용하고 있는 책략의 유형을 분류하고 미미하나마 그 한계를 설정해보려고 시도하였다. 고도의 염결성이 요구되는 범죄 수사업무를 담당하는 수사관이 행사하는 책략의 허용유무와 그 한계를 논하는 것은 매우 난해한 과정이고 궁극적으로는 법철학적인 측면에서 논의되어야 할 사안이다. 하지만 이 단원에서는 시론적 차원에서 살펴봄으로써 향후 학계 및 실무기관의 심도 깊은 논의의 단초를 제공하고자 하였다.

Ⅱ. 피의자신문과 책략의 유형

1. 피의자신문의 의의

1) 피의자신문의 개념

피의자신문이란 수사기관이 자진출석하거나 체포·구속된 피의자의 진술을 듣는 것을 말한다. 일반적으로 피의자신문은 면담(interview)과 신문(訊問, interrogation)으로 구분할 수 있는데(김종율, 2003: 4; Inbau et al., 2004), 수사실무상 면담은 피의자신문조서 작성 전에 피의자로부터 기초적인 상황을 확인하는 과정을 의미하고, 신문(interrogation)은 피의사실에 대해서 자세하게 추궁하면서 피의자신문조서를 작성하는 과정을 뜻하는 것으로 이해된다.

2) 피의자신문의 기능

수사기관의 입장에서 피의자신문은 혐의사실에 대한 전반적인 정보를 입수할 수 있는 유력한 수사방법이다. 피의자의 진술을 통하여 사안을 재구성하여 사건 해결의 실마리를 찾고, 피해자 혹은 목격자 진술의 진위여부를 확인하며, 수사기관이 수집한 증거의 관련성 여부를 확인하고, 기타 물적 증거의 소재를 파악하거나 자백을 획득하는 역할도 한다. 이에 반하여 피의자 입장에서는 혐의사실에 대해서 변명하고 스스로에게 이익 되는 사실을 주장할 수 있는 기회가 된다[2](이재상, 2012: 233; 배종대 등, 2012: 109; 박노섭 등, 2009: 325). 경찰단계에서는 절차상 피의자를 검거하지 못한 채 사건을 종결하는 기소중지의 경우를 제외하고 원칙적으로 모든 사건은 피의자신문과정을 거쳐야만 검찰로 송치할 수 있기 때문에 수사관에게는 상당한 부담으로 작용한다.

3) 피의자신문의 법적 성격

우리 「형사소송법」상 수사기관은 수사에 필요한 때에는 피의자의 출석을 요구하여 진술을 들을 수 있고(동법 제200조), 피의자를 신문하기 전에 ① "일체의 진술을 하지 아니하거나 개개의 질문에 대하여 진술을 하지 아니할 수 있다는 것", ② "진술을 하지 아니하더라도 불이익을 받지 아니한다는 것", ③ "진술을 거부할 권리를 포기하고 행한 진술은 법정에서 유죄의 증거로 사용될 수 있다는 것", ④ "신문을 받을 때에는 변호인을 참여하게 하는 등 변호인의 조력을 받을 수 있다는 것"과 같은 사항을 고지하여야만 하고(동법 제243조의 3), 정당한 사유가 없는 한 변호인을 피의자에 대한 신문에 참여하게 하여야 한다(동법 제243조의 2 제1항).

따라서 「형사소송법」상 피의자신문은 임의수사의 한 방식으로 보는 것이 마땅하다. 왜냐하면, 피의자의 출석의무가 강제되지 않고 진술거부권과 신문과정에서 변호인의 조력을 받을 수 있는 권리가 비교적 철저하게 보장되기 때문이다.

---

2) 「형사소송법」 제242조에서는 "검사 또는 사법경찰관은 피의자에 대하여 범죄사실과 정상에 관한 필요사항을 신문하여야 하며 그 이익 되는 사실을 진술할 기회를 주어야 한다."고 규정하고 있다.

2. 책략의 유형

일반적으로 언급되고 있는 수사관의 책략은 ① 거짓말을 통해서 라포 (rapport) 형성하기, ② 범죄사실의 성질(nature)이나 심각성(seriousness) 잘못 전달하기, ③ 범행의 도덕적 비난강도 줄이기, ④ 유죄판결 가능성 과장하기, ⑤ 허위의 증거제시 등으로 정리할 수 있다(Skolnick et al., 1992: 5-7; Khasin, 2009: 1037-1043; Gibert, 2010: 113-114).

1) 거짓말을 통해서 라포(rapport) 형성하기

범죄혐의의 심각성 여부를 불문하고 피의자신문과정에서 중요시 되는 것은 수사관과 피의자간에 라포(rapport)를 형성시키는 것이다. 일단 최소한의 라포가 형성되어야 피의자의 진술을 이끌어 내고 사안의 실체를 파악하며 사건을 종결 시킬 수 있는 기회를 얻게 된다. 이러한 라포를 형성하기 위해서 수사관은 진심 을 속이고 동정심을 표시하기도 하고, 가장된 학연, 지연, 종교 등을 활용하기도 하며, 심지어는 역할연기(role playing)까지 동원하기도 한다. 가장 흔히 활용되는 기법 중의 하나가 "좋은 경찰/나쁜 경찰(the bad cop/good cop)[3]" 연기이다. 여기 에서는 통상 2명 이상의 수사관이 참여하면서 일방은 냉정하고 강경한 태도를 보이고 다른 한편은 간단한 음료 등을 제공하면서 친밀함과 동정적인 태도를 보인다. 이 과정에서 피의자는 후자를 신뢰하고 의존하는 성향을 보이고 수사관 은 이를 활용하여 보다 깊은 라포를 형성시키고 피의자신문에 활용하게 된다.

2) 범죄사실의 성질(nature)이나 심각성(seriousness) 잘못 전달하기

수사관은 실체적 진실을 확인하기 위해서 때로는 범죄사실의 성질이나 심각 성에 관해서 거짓말을 하는 경우가 있을 수 있다. 예컨대, 살인 피의자를 신문 하면서 피해자가 아직 살아있다고 속이고 피의자의 반응을 살펴보거나, 절도 혹 은 횡령 피의자를 신문하면서 피해액수를 과대하게 주장하면서 피의자의 자백을 유도하기도 한다. 또한 실제로는 중대한 범죄혐의에 대해서 수사하고 있지만 피 의자에게는 이를 속이고 경미한 범죄를 수사하는 것처럼 신문하는 경우도 있다.

---

3) Skolnick et al., 1992: 6; Khasin, 2009: 1038.

예를 들면, 사실은 고위 공무원에 대한 뇌물사건을 수사하고 있지만 이를 속이고 증뢰혐의를 받고 있는 기업임원을 횡령사실에 대해서 수사하는 것처럼 신문하는 경우를 상정해 볼 수 있다(Skolnick et al., 1992: 5-6).

3) 범행의 도덕적 비난강도 줄이기

수사관은 피의자가 범행의 도덕적 죄책감을 적게 가지도록 거짓말하면서 자백을 유도하는 경우가 적지 않다. 예컨대, 강간범이나 성추행범에게 피해자가 원인제공을 한 것이라고 속이는 것이다(Khasin, 2009: 1039-1040). 소위 Reid 신문기법 제2단계에서는 이러한 방법을 적극적으로 사용하도록 권고하고 있다. 구체적으로 살펴보면, "유사한 조건이나 상황에서는 누구라도 같은 행동을 했을 것이라고 피의자를 동정하라.",4) "범죄에 대한 도덕적 비난강도를 줄여서 피의자의 죄책감을 줄여라.",5) "본건 범죄사실과는 달리 범행동기와 이유가 납득할 수 있고, 도덕적으로 용인될 수 있다는 사실을 주장하라.",6) "다른 사람을 비난하면서 피의자를 동정하라."7)라고 강조하고 있다(Inbau et al., 2004: 241-268).

4) 유죄판결 가능성 과장하기

수사경찰관은 피의자신문에 앞서 피의자의 진술외에도 범죄사실을 입증할 만한 독립된 증거물을 확보한 것인 양 행세하는 경우가 적지 않고, Inbau 등(2004: 95)은 이러한 방법을 적극적으로 구사하도록 권고하고 있다.8) 예를 들면, 존재하지 않은 CCTV 영상을 확인할 것이라고 말하거나, 범행현장에 피의자의 것으로 추정되는 지문, 모발 등이 발견되었고 이를 국립과학수사연구원에 감정을 의뢰할 것이라고 거짓말하거나, 목격자가 확인되어 출석할 것이라고 속이면서 피의자의 반응을 살펴보거나 자백을 유도하는 경우를 들 수 있겠다. 일반적으로

---

4) "Sympathize with the Suspect by Saying That Anyone Else Under Similar Conditions or Circumstances Might Have done the Same Thing"(Inbau et al., 2004: 241).
5) "Reduce the Suspect's Feeling of Guilt by Minimizing the Moral Seriousness of the Offence" Id. p. 244.
6) "Suggest a Less Revolting and More Morally Acceptable Motivation or Reasons for the Offences Than That Which Is Known or Presumed" Id. p. 247.
7) "Sympathize with Suspect by Condemning Others" Id. p. 254.
8) "the investigator should state, or intimate, that there are independent means to detect any lies told."

이러한 기법은 독립적인 증거의 존재를 암시하는 정도에서 마무리되기 때문에 후술하는 허위의 증거제시와는 차이가 있다(Khasin, 2009: 1041; Gibert, 2010: 114).

5) 허위의 증거제시

수사관이 피의자에게 허위의 증거를 제시하고 신문하는 경우도 예상해 볼 수 있다. 허위의 증거를 제시하는 방법은 타인의 진술을 조작하는 경우와 증거서류 등을 함께 조작하는 것으로 나눌 수 있다.

전자의 예로는 공범이 자백하면서 피의자가 범행에 관련되었다는 사실을 진술했다고 거짓말하거나 피의자의 범행을 입증할 수 있는 피해자 혹은 목격자의 진술을 확보했다고 속이면서 자백을 유도하는 것이다. 후자는 거짓말탐지기 분석결과서 또는 혈액 및 모발 감정서 등을 조작하여 제시하면서 자백을 유도하는 경우를 들 수 있겠다(Skolnick et al., 1992: 7; Khasin, 2009: 1041-1042).

Ⅲ. 책략의 허용범위

1. 주요논의

1) 국내의 논의

국내에서는 경찰학 및 범죄수사학 분야에서의 언급은 찾기가 쉽지 않았고 주로 규범학적 측면에서 「형사소송법」 제309조 등에 규정된 자백배제법칙(기망에 의한 자백)을 중심으로 논의가 전개되고 있는 것으로 보인다.

일반적으로 기망에 의한 자백은 '거짓말 혹은 위계를 사용하여 상대방을 착오에 빠뜨려 자백을 받은 것'으로 정의하면서 임의성을 의심할 만한 사유를 비교적 넓게 해석하고 있다. 구체적으로 살펴보면, 수사관이 공범은 이미 자백하였다고 거짓말을 하는 경우, 물적 증거가 발견되었다고 속이는 경우, 자백하더라도 그 진술이 공판절차에서 증거로 사용될 수 없다고 거짓말한 사안 등에서 진술의 임의성이 의심되고 결과적으로 증거능력이 부정되어야 한다고 주장한다(신동운, 2011: 1174; 이재상, 2012: 559; 임동규, 2012: 488; 배종대 등, 2012: 606-607). 더 나아가 조국은 "기망이 있었다는 그 자체만으로 자백의 임의성을 의심할 만한 경우이므로 자백의 증거능력을 의무적으로 배제되어야 한다.”고 강조하고 있다(2005: 220).

반면에 노명선 등은 우리 법제상 기망에 의한 자백은 임의성이 의심될 경우에만 증거능력이 배제될 수 있기 때문에 “기망에 의해 착오를 일으킨 사실인식으로 인하여 임의성 없이 자백하였는지” 여부를 검토하여야 한다고 주장하고 (2009: 520), 유두열 또한 “수사기관이 기망을 하였다는 사실 자체보다는 그 기망이 피의자에게 미친 영향이나 기타 강압적인 요소가 없었는지를 종합적으로 판단하여 신중하게 증거능력의 배제여부를 결정할 필요가 있다.”고 강조하였으며(2008: 110), 박용철도 “기망에 의하여 얻어진 자백이라 하더라도 그 임의성이 인정되는 경우가 있을 수 있음을 긍정” 함으로써 같은 취지의 견해를 표명하고 있다(2006: 73).

개인적인 견해로는 우리 「형사소송법」에서 피의자의 진술거부권과 피의자신문과정에서 변호인의 참여권을 적극적으로 보장하고 있는 점, 법문에서 “기망 기타의 방법으로 임의로 진술한 것이 아니라고 의심할 만한 이유가 있는 때”라고 명시하고 있는 점 등으로 보아 기망 그 자체만으로 증거능력을 의무적으로 배제하기 보다는 기타 전반적인 사유를 종합적으로 판단하여야 한다는 주장이 더욱 더 설득력이 있다고 판단된다.

2) 국외의 논의

미국에서 경찰관들은 일반적으로 임의성 있는 자백을 획득하기 위해서 거짓말을 하도록 교육받고 이러한 책략은 범죄통제라는 실리적인 이유로 인해서 정당화되고 있는 것으로 보인다. 부연하면, 수사관이 미란다원칙을 고지하고 피의자가 진술거부권 등의 권리를 일단 포기하게 되면 피의자 신문과정에서 행사되는 대부분의 책략은 본질적으로 정의감에 반하거나 경찰관의 터무니없는 위법행위가 없으면 허용되고 있다. 하지만 이러한 책략의 허용범위에 관해서 법규와 판례 모두 경찰관에게 실질적인 가이드라인을 제시하지 못하고 있다는 주장은 계속해서 제기되고 있다(Skolnick et al., 1992; Slobogin, 2001; Gohara, 2006; Alpert et al., 2009; Khasin, 2009).

Skolnick 등(1992)은 책략의 허용범위를 논의하는 것은 난해한 과제라고 전제하고 책략 그 자체만으로 자백의 임의성을 부정시키기는 어렵다고 주장한다. 이어서 Florida 주 대법원 판례(Florida v. Cayward)를 기준으로 책략의 허용범위를 설명하고 있다. Cayward 사건에서 Florida 대법원은 ① "피의자신문과정에서 수사관이 감정결과보고서를 조작한 후 이를 피의자에게 제시하면서 자백을 유도한 것은 헌법상 보장된 적법절차 원리에 반하고",9) ② "허위의 감정결과보고서를 제시하는 것은 허용될 수 있는 책략의 범위를 벗어난 것이다.10)"고 판시한 항소심 판결을 확정했다.11) Skolnick 등(1992)은 위 판결의 태도를 지지하면서 진술증거 혹은 물적 증거를 조작하고, 이를 피의자신문과정에서 제시하는 신문기법은 허용될 수 없다고 강조한다. 그 이유로는 허위자백(false confession)을 야기할 수 있는 위험성이 크다는 점을 지적한다. 결론적으로 경찰이 행사하는 책략은 경찰에 대한 시민의 신뢰를 무너뜨릴 수 있기 때문에 이에 대한 보다 진지한 고민이 필요하다고 제언했다.

Gohara(2006)는 수사관이 피의자신문과정에서 행사하는 책략 중 물리적인 증거를 조작해서 피의자에게 제시하고 이를 통해서 자백을 획득하는 기법을 제외하고 대부분 광범위하게 허용되고 있다는 점에 주목한다. 그리고 수사관의 책략은 허위자백과 오심(wrongful conviction)을 유발하는 주요한 원인 중의 하나이고, 형사사법기관의 염결성(integrity)을 훼손시키는 요인으로 작용될 수 있다고 설명한다. 이러한 문제를 해결하기 위해서는 최소한 수사기관이 물적 증거 및 진술증거의 존재를 거짓말하거나 증명력을 과장하는 신문기법만이라도 금지시키는 제도적인 장치를 마련해야 한다고 강조한다.

Khasin(2009) 또한 수사기관은 자백을 획득하기 위해서 통상적으로 책략을 사용하고 있다고 전제한다. 이러한 책략으로 인해서 허위자백 같은 심각한 문제점이 지적되고 있음에도 불구하고 법원에서는 이를 허용하고 의회에서는 이를 억제할 수 있는 입법론적 대책을 마련하지 못하고 있다고 비판한다. 이에 대한 개선방안으로는 진술증거의 임의성(voluntariness)에 더해서 신빙성(reliability)까지

---

9) "police action in fabricating laboratory reports and exhibiting them to defendant during interrogation in attempt to secure confession violated defendant's constitutional right to due process"

10) "presentation of false scientific documents overstepped line of permitted police deception"

11) Florida v. Cayward, 552 So. 2d 971 (1989).

도 함께 고려하는 시스템을 마련하고, 피의자신문과정에서 조작된 증거를 제시하는 것을 금지하며, 모든 피의자신문과정을 녹화하도록 강제하여야 한다고 강조한다.

정리해보면, 미국에서는 수사기관의 책략이 비교적 광범위하게 허용되고 있는 것으로 이해된다. 피의자신문과정에서 조작된 증거를 제시하는 기법이 허위자백과 이에 따른 오심(miscarriage of justice)을 초래할 가능성이 크다는 문제점과 형사사법체계에 대한 시민의 신뢰문제를 중심으로 논의가 진행되고 있다.

2. 판례의 태도

1) 대법원 판례

수사경찰관의 기망 혹은 책략에 대한 대법원 판례를 찾아보기는 어려웠다. 그 이유는 아마도 우리 「형사소송법」상[12] 수사경찰관이 작성한 피의자신문조서는 재판과정에서 피고인이 내용을 부인하면 원천적으로 증거능력을 부여받지 못하기 때문에 이러한 사건이 대법원까지 넘어가는 경우가 적었을 것이라고 예상해 볼 수 있다.

검찰단계에서 문제된 사안으로는 가벼운 형으로 처벌받게 해주겠다고 약속하고 자백을 받은 사안[13]과 보호감호를 청구하지 않겠다고 속이고 자백을 유도한 경우[14] 대법원은 기망에 의한 자백을 이유로 임의성과 증거능력을 부정하였다.

---

12) 「형사소송법」 제312조 제3항에서는 "검사 이외의 수사기관이 작성한 피의자신문조서는 적법한 절차와 방식에 따라 작성된 것으로서 공판준비 또는 공판기일에 그 피의자였던 피고인 또는 변호인이 그 내용을 인정할 때에 한하여 증거로 할 수 있다."고 규정하고 있다.

13) "피고인이 처음 검찰조사시에 범행을 부인하다가 뒤에 자백을 하는 과정에서 금 200만원을 뇌물로 받은 것으로 하면 특정범죄가중처벌등에관한법률 위반으로 중형을 받게 되니 금 200만원 중 금 30만원을 술값을 갚은 것으로 조서를 허위작성한 것이라면 이는 단순 수뢰죄의 가벼운 형으로 처벌되도록 하겠다고 약속하고 자백을 유도한 것으로 위와 같은 상황하에서 한 자백은 그 임의성에 의심"이 간다(대법원 1984. 5. 9, 83도2782 판결).

14) "피고인의 자백이 심문에 참여한 검찰주사가 피의사실을 자백하면 피의사실부분은 가볍게 처리하고 보호감호의 청구를 하지 않겠다는 각서를 작성하여 주면서 자백을 유도한 것에 기인한 것이라면 위 자백은 기망에 의하여 임의로 진술한 것이 아니라고 의심할 만한 이유"가 있다(대법원 1985. 12. 10, 85도2182 판결).

2) 미국 연방대법원의 주요 판례

(1) Frazier v. Cupp[15]

① 사실관계

1964년 9월 24일 16시 15분경 Frazier(이하 피고인)는 그의 사촌 Rawls와 함께 살인혐의로 체포되었다. 수사관은 미란다 원칙을 고지 받은 피고인이 진술을 꺼려하자 그의 사촌 Rawls이 범행사실을 자백하였다고 거짓말하고 이에 속은 피고인은 범행사실을 자백했다. 그 후 피고인은 법원에 수사관의 거짓진술에 의한 자백은 임의성이 없다고 주장했고 결국 연방대법원에서 판단하게 되었다.

② 판결내용

연방대법원은 수사관이 공범 Rawls이 자백했다고 거짓말한 사실만으로는 피고인의 자백의 임의성을 부정하기에 충분하지 않다는 취지로 판결했다.[16]

(2) Moran v. Burbine[17]

① 사실관계

Rhode Island 주 Cranston 시 경찰은 Burbine(이하 피고인)을 주거침입 혐의로 체포하였다. 체포 후 피고인이 Providence 시에서 발생된 여성 살해사건과 관련되어 있다는 추가혐의를 발견하고 Providence 경찰에 통보하였다. 이에 Providence 경찰은 Cranston 경찰국으로 와서 피고인의 살인혐의에 대해서 신문하였다.

피고인의 살인혐의에 대해서 알지 못했던 피고인의 누나는 주거침입혐의에 대해서 변호인을 선임하였고, 선임된 변호인은 Cranston 경찰국에 전화를 걸어 피고인을 신문할 경우 참여하겠다고 하자, Cranston 경찰은 다음날까지는 신문할 예정이 없다고 답변함으로써 변호인이 Providence 경찰이 피고인을 살인혐의로 수사하고 있다는 사실을 알지 못하게 하였다. 1시간 정도가 지난 후에

---

15) 394 U.S. 731 (1969).
16) "The fact that the police misrepresented the statements that Rawls had made is, while relevant, insufficient, in our view, to make this otherwise voluntary confession inadmissible."(394 U. S. p. 740).
17) 475 U.S. 412 (1986).

Providence 경찰은 피고인에게 변호인이 선임되었다는 사실은 알리지 않은 상태에서 미란다 원칙을 고지하고 피의자신문을 진행하였고, 피고인은 진술거부권과 변호인의 조력을 받을 권리 등을 포기하고 살인혐의에 관한 자백을 하게 되었다.

그 후 피고인은 법원에 경찰이 변호인의 접촉 시도를 고지하지 않았기 때문에 자신이 포기한 진술거부권 등은 효력이 없다고 주장하였고 결국 연방대법원에서 판단하게 되었다.

② 판결내용

연방대법원은 경찰이 변호인이 전화했다는 사실을 알려주지 않은 사실만으로는 피고인이 진술거부권과 변호인의 조력을 받을 권리의 포기 여부를 판단하는데 본질적인 정보를 박탈한 것으로 보기 어렵다는 취지로 판결하였다[18](Inbau etc, 2004: 485).

(3) Colorado v. Spring[19]

① 사실관계

1979년 2월 Spring(이하 피고인)은 Colorado 주에서 Walker를 총으로 쏘아 살해하였다.

같은 해 3월 30일 알코올·담배·무기 수사국(Bureau of Alcohol, Tobacco, and Firearms; 이하 ATF)은 피고인을 무기밀매혐의로 체포하였다. ATF는 피고인에게 미란다 원칙을 고지하였고 피고인은 진술거부권 등을 포기하였다. 이어 ATF는 피고인에게 무기밀매혐의에 대한 신문과 동시에 "지금까지 누구를 총으로 쏘아 본 경험이 있느냐?"고 물었고, 피고인은 "다른 한 남자를 한번 쏘아 본 적이 있다."고 답변했다. ATF는 다시 피고인에게 총으로 쏜 사람이 Walker가 맞느냐는 취지의 질문을 하였고, 피고인은 "아니요"라고 답변하였다.

1979년 5월 26일 Colorado 법집행기관에서 피고인에 대한 살인혐의를 수사하면서 피고인에게 미란다원칙을 고지하였고, 피고인은 진술거부권 등을 포기하고 Walker에 대한 살인혐의를 자백하였다.

---

18) "The police's failure to inform respondent of the attorney's telephone call did not deprive him of information essential to his ability to knowingly waive his Fifth Amendment rights to remain silent and to the presence of counsel"(475 U.S. p. 414).

19) 479 U.S. 564 (1987).

그 후 피고인은 법원에 대해서 1979년 3월 30일 ATF가 자신을 신문할 시점에서 살인에 대한 범죄사실을 고지하여 주지 않았기 자신이 포기한 진술거부권 등은 효력이 없다고 주장하였고 결국 연방대법원에서 판단하게 되었다.

② 판결내용

연방대법원은 ATF 요원이 피고인에게 신문하고 있는 범죄사실을 알려주지 않았다는 사실이 피고인이 진술거부권 등을 포기하는데 심각한 영향을 미친 것은 아니라는 취지로 판결하였다.[20]

(4) 검토

미국 연방대법원에서는 피의자신문과정에서 행사되는 수사관의 책략, 그 자체만으로 자백의 임의성을 배제하기 보다는 상황의 총체성(totality of the circumstances) 심사를 통해서 임의성 인정여부를 판단하는 것으로 보인다(Gohara, 2006: 108). 상황의 총체성이란 "자백의 임의성을 결정함에 있어 판단의 자료로 사용되어져야 하는 증거는 단순히 하나의 요소(factor)에 국한하지 않고 그러한 자백을 하게 된 모든 정황이 포함되어야 한다."는 것이다(박용철, 2006: 69). 따라서 연방대법원에서는 이미 언급한 책략의 종류 중에서 ① 거짓말을 통해서 라포(rapport) 형성하기, ② 범죄사실의 성질(nature)이나 심각성(seriousness) 잘못 전달하기, ③ 범행의 도덕적 비난강도 줄이기, ④ 유죄판결 가능성 과장하기 모두 비교적 광범위하게 허용하고 있는 것으로 보인다.

Ⅳ. 논 평

1. 책략의 허용여부

법집행기관의 염결성 유지와 허위자백과 이에 따른 오심의 위험성을 근거로 상당수의 학자들이 피의자신문과정에서 수사관의 책략행사에 대한 부정적인 견

---

20) "the ATF agents' failure to inform respondent of the subject matter of the interrogation could not affect his decision to waive that privilege in a constitutionally significant manner."(479 U. S. 564).

해를 피력하고 있다(조국, 2005; 신동운, 2011; 이재상, 2012; 권영법, 2012; 임동규, 2012; 이기수 등, 2012; 배종대 등, 2012). 경청할 만한 주장이지만 실체적 진실 발견을 위한 피의자신문의 특수성을 감안하고 우리 법제상 허위자백과 오심을 방지할 수 있도록 마련된 제도적 장치 등을 고려해 볼 때 일정한 책략행사는 불가피하다고 생각한다.

1) 피의자신문의 특수성

윤리적 혹은 당위적 측면에서만 본다면 수사기관이 피의자를 대상으로 책략을 사용한다는 것은 용납될 수 없다고 할 수 있다. 그럼에도 불구하고, 국내외 수사기관에서는 일정수준의 책략을 사용하고 있다. 그 이유 중 하나로 피의자신문의 본질적인 성질을 감안할 필요성이 제기된다.

부연하면, "과연 피의자 신문절차가 상식적이고 일반적인 의사소통과정으로 볼 수 있을까?"라는 질문에 고민해 보아야 한다는 점이다. 만약 수사기관은 정직하게 명료한 용어들을 구사하여 신문하고, 범죄혐의자도 이에 부합되게 양심에 따라 사실만을 답변한다면 이러한 논의는 불필요할 지도 모른다. 하지만 일반적으로 피의자들은 자신의 과오를 숨기는데 진력을 다하고 수사관들은 직업적으로 그들의 범행을 밝혀내고 처벌받게 함으로써 사회정의를 실현해야만 하는 것이 숙명이다. 따라서 다소간의 책략이 사용될 수밖에 없다는 점은 안타깝지만 부인할 수 없는 현실이다.

2) 허위자백 및 오심을 방지하기 위한 현행 제도

「형사소송법」 제243조의2 제1항에서는 피의자신문과정에서 변호인의 참여권을 원칙적으로 보장하고 있다. 특히 경찰실무에서는 피의자신문과정에서 변호인의 참여를 제한하는 경우는 거의 찾아보기가 어렵다고 해도 과언이 아니고 이는 주요국가와 비교했을 경우에도 매우 드문 경우라고 할 수 있다.[21]

또한 사법경찰관이 작성한 피의자신문조서의 증거능력을 제한하고(동법 제312조 제3항), 피고인의 자백이 그 피고인에게 불이익한 유일의 증거인 때에는 이를

---

21) 비교법적으로 살펴보면, ① 변호인의 참여권을 불인정: 일본, ② 경찰수사단계에서 불허: 독일, 프랑스, ③ 체포 혹은 구속된 피의자·피고인에 한해서 인정: 미국, 영국, 호주 등으로 나누어 볼 수 있다(최석윤, 2012: 76).

유죄의 증거로 사용하지 못하게 하며(동법 제310조), 장애인 등 특별히 보호를 요하는 자의 경우에는 직권 또는 피의자・법정대리인의 신청에 따라 피의자와 신뢰관계에 있는 자를 동석하게 할 수 있도록 규정하고(동법 244조의5),[22] 피의 자진술에 관하여 영상녹화할 수 있도록 명시하고 있다(동법 제244조의2). 결과적 으로 학계에서 주로 논의되고 있는 허위자백 및 오심의 가능성 등은 위와 같은 규정들이 일정부분 막아주고 있다.

2. 책략의 허용범위

일반적으로 논의되고 있는 수사관의 책략은 ① 거짓말을 통해서 라포(rapport) 형성하기, ② 범죄사실의 성질(nature)이나 심각성(seriousness) 잘못 전달하기, ③ 범행의 도덕적 비난강도 줄이기, ④ 유죄판결 가능성 과장하기, ⑤ 허위의 증거제시 등이다.

첫째, 수사관이 거짓말 등을 통해서 피의자와의 라포를 형성하거나 심화시키 는 방법과 피의자의 범행의 도덕적 비난강도를 줄임으로써 범죄사실을 시인하게 하는 기법은 피의자에게 미칠 수 있는 해악이 비교적 경미하다는 점에서 일반 사회통념상 허용될 수 있는 책략(excusable lies)이라고 생각된다(Alpert et al., 2009: 241).

둘째, 범죄사실의 성질이나 심각성을 오도(misrepresentation)하고 피의자의 반 응을 살펴보거나 자백을 유도하는 기법에 대해서 국내에서는 대체적으로 수사기 관이 피의자에게 법률문제나 사실관계에 대해서 적극적으로 알려주지 않고 침묵 하는 경우, 이미 착오에 빠져있는 피의자의 상황을 활용하는 정도[23]까지는 허용 되는 것으로 이해되고(노명선 등, 2009: 520; 신동운, 2011: 1174; 권영법, 2012: 103; 이재상, 2012: 559; 임동규, 2012: 488; 배종대 등, 2012: 607), 미국의 경우에는 Colorado v. Spring 판례를 기준으로 범죄사실의 요지를 고지하지 않는 경우까 지 좀 더 폭넓게 허용하고 있다. 개인적인 생각으로는 피의자신문의 특수성을

---

22) 동석하게 할 수 있는 피의자는 ① 피의자가 신체적 또는 정신적 장애로 사물을 변별하거나 의사를 결정・전달할 능력이 미약한 때, ② 피의자의 연령・성별・국적 등의 사정을 고려하 여 그 심리적 안정의 도모와 원활한 의사소통을 위하여 필요한 경우이다(「형사소송법」 제244 조의5 제1호, 제2호).

23) 경향신문, 2012. 2. 20. "최시중, '가짜' 돈다발 사진에 속아 혐의 시인" 제하의 기사 참조.

감안할 때, 이러한 책략은 일반인의 상식에 반하지 않고 허위자백을 초래하지 않는 정도에 그친다면 정당화 될 수 있는 거짓말(justifiable lie)에 해당된다고 할 수 있다(Alpert et al., 2009: 242).

셋째, 수사관이 범죄사실을 입증할 만한 독립된 증거물을 확보한 것처럼 행세하면서 피의자의 반응을 살펴보거나 자백을 유도하는 기법은 허용되어야 한다고 생각한다. 왜냐하면 만약 피의자가 무고(innocent)하다면 독립된 증거물을 제시하라고 요구하면서 스스로의 결백을 주장할 수 있는 계기로 활용할 수 있고, 반면에 유책(guilty)하다면 곧 발견될 증거에 두려움을 느끼고 자백하게 될 것이기 때문이다. 결과적으로 이러한 책략으로 인한 부작용은 상대적으로 경미할 것으로 예상된다(Khasin, 2009: 1041).

넷째, 수사관이 피의자신문과정에서 조작된 진술증거 혹은 물적 증거를 제시하고 피의자를 추궁하는 기법은 허용되어서는 안된다. 이러한 기법은 무고한 사람에게도 심각한 착오 혹은 혼란을 초래함으로써 허위자백을 유발할 수 있고 수사경찰관의 신뢰성 또한 심각하게 훼손할 수 있기 때문이다.

Ⅴ. 요 약

이 단원에서는 수사경찰관이 피의자신문과정에서 행사하는 책략의 허용유무와 허용범위에 관해서 시론적으로 살펴보고 개인적인 견해를 피력함으로써 수사실무에 조금이나마 도움을 주려는 의도에서 구성되었다.

일반적으로 언급되고 있는 수사관의 책략은 ① 거짓말을 통해서 라포(rapport) 형성하기, ② 범죄사실의 성질이나 심각성 잘못 전달하기, ③ 범행의 도덕적 비난강도 줄이기, ④ 유죄판결 가능성 과장하기, ⑤ 허위의 증거제시 등으로 정리된다.

국내에서는 「형사소송법」 제309조 등에 규정된 기망에 의한 자백을 중심으로 논의가 진행되고 있는데 법집행기관의 염결성 유지와 허위자백 및 이에 따른 오심의 위험성 등을 근거로 수사관의 책략행사에 대한 부정적인 태도를 보이는 경향이 짙다.

이에 반하여 미국에서는 수사관이 미란다원칙을 고지하고 피의자가 진술거부권 등의 권리를 일단 포기하게 되면 피의자 신문과정에서 행사되는 대부분의 책략은 본질적으로 정의감에 반하거나 경찰관의 터무니없는 위법행위가 없으면 허용되고 있는 것으로 보인다. 특히 미국 연방대법원은 수사관의 책략, 그 자체만으로 자백의 임의성을 배제하기 보다는 "상황의 총체성" 심사를 통해서 임의성 인정여부를 판단함으로써 결과적으로 수사관의 책략을 광범위하게 허용하고 있다.

개인적으로는 실체적 진실 발견을 위한 피의자신문의 특수성을 감안하고 우리 법제상 허위자백과 오심을 방지할 수 있도록 마련된 제도적 장치 등을 고려해 볼 때 일정한 책략행사는 허용될 수밖에 없다고 생각된다.

책략의 허용범위에 있어서는 조작된 증거를 제시하고 피의자를 추궁하는 기법은 본질적으로 금지되어야 한다는 점에 대해서는 이론이 있을 수 없다. 왜냐하면 이러한 방법은 일반인의 상식에 반하고, 수사기관의 염결성을 심각하게 훼손시킬 수 있으며, 허위자백과 같은 부작용을 초래할 위험성이 크기 때문이다.

그 외의 책략의 허용한계는 일률적으로 규정하기 보다는 수사상황에 따라 유연하게 판단할 필요성이 있다고 생각된다. 예를 들면, 범행의 종류, 피의자의 상황, 피의자신문의 단계 등이 고려사항이 될 수 있다. 먼저 혐의사실이 지인간의 절도, 소액의 사기, 단순폭행 등 비교적 경미한 범죄일 경우에는 허용범위를 비교적 넓게 인정할 수 있는 반면 강력범죄와 같은 중범죄의 경우에는 좁게 인정하는 것이 바람직하다. 다음으로 자진출석한 피의자를 조사할 때 보다는 체포·구속된 피의자를 신문할 경우와 면담(interview) 보다 신문(interrogation) 단계에서 보다 엄격하게 해석할 필요성이 크다고 생각된다.

참고문헌

경찰청. (2021). 「2020 경찰통계연보」, 서울: 경찰청.

권영법. (2012). "현대 심리신문기법과 허위자백: 현대 심리신문기법에 의한 허위자백 유발에 대한 원인분석과 형사소송법상 대응책의 검토를 중심으로", 「형사정책연구」, 23(3): 91-127.

김종율. (2002). 「수사심리학」, 서울: 학지사.

노명선·이완규. (2009). 「형사소송법」, 서울: 성균관대학교 출판부.

박노섭·이동희. (2009). 「수사론」, 서울: 경찰공제회.

박용철. (2006). "기망에 의한 자백의 임의성에 대한 비교법적인 고찰: 미국법을 중심으로", 「서강법학」, 8: 61-78.

배종대·이상돈·정승환·이주원. (2012). 「신형사소송법 제4판」, 서울: 홍문사.

신동운. (2011). 「신형사소송법 제3판」, 파주: 법문사.

유두열. (2008). "위법수집증거배제법칙과 자백배제법칙의 관계: 개정 형사소송법과 판례를 중심으로", 「법학논집」, 30(2): 89-142.

이기수·김지환. (2012). "피의자신문기법의 문제점과 개선방안에 관한 연구: Reid Technique과 PEACE 모델 비교·검토를 중심으로", 「한국경찰연구」, 11(4): 233-257.

이재상. (2012). 「형사소송법 제9판」, 서울: 박영사.

임동규. (2012). 「형사소송법 제8판」, 파주: 법문사.

정세종. (2013). "피의자신문과정에서 허용될 수 있는 책략의 범위", 「한국민간경비학회보」, 12(4): 217-242.

조 국. (2006). 「위법수집증거 배제법칙」, 서울: 박영사.

최석윤. (2012), "변호인의 피의자신문참여권에 대한 비교법적 연구", 「형사정책연구」, 23(4): 63-90.

Alpert. G. P. & Noble. J. J. (2009). Lies, True Lies, and Conscious Deception: Police Officers and the Truth. *Police Quarterly*, 12(2): 237-254.

Gilbert. J. N. *Criminal Investigation*(8th ed.). Upper Saddle River, NJ: Prentice Hall.

Gohara, M. S. (2006). A Lie for a Lie: False Confession and the Case for Reconsidering the Legality of Deceptive Interrogation Techniques.

Fordham Urban Law Journal, 33(3): 100-150.

Inbau. F. E., Reid. J. E., Buckley. J. P., & Jayne. B. C. (2004). *Criminal Interrogation and Confessions*(4th ed.). Sudbury, MA: Jones and Bartlett.

Khasin. Irina. (2009). Honesty Is the Best Policy: A Case for the Limitation of Deceptive Police Interrogation Practice in the United States. *Vanderbilt Journal of Transnational Law*, 42: 1029-1061.

Skolnick. J. H. & Leo. R. A. (1992). The Ethics of Deceptive Interrogation. *Criminal Justice Ethics*, 3: 3-12.

Slobogin. Christoper. (2001). An Empirically Based Comparison Of American And European Regulatory Approaches to Police Investigation. Michigan *Journal of International Law*, 22: 423-456.

범죄자 프로파일링은 과연 만병통치약일까?

Ⅰ. 문제제기

살인, 강간 등 강력범죄가 발생하면 그 피해자들은 물론이거니와 일선 수사관들은 가해자를 검거하고 그 사건을 해결하는데 골몰하게 된다. 일반적인 사건들은 수사관들의 열정과 역량으로 인해서 곧잘 해결되고 이를 통해서 피해자들을 포함한 시민들은 미흡하나마 안도감을 갖게 된다. 하지만 수사관들의 열정과 역량으로도 해결하기 벅찬 난해하고 엽기적인 범죄가 종종 발생하고 이를 둘러싼 시민들의 불안과 수사기관 특히 수사경찰의 무능에 대한 비판이 반복되어 왔으며 이에 대한 반동으로 범죄수사학(criminalistics) 혹은 범죄수사기법이 발전되어 왔다는 것은 부인할 수 없는 사실이다.

역사적으로 살펴보면, 1898년경에 Juan Vucetich에 의해 지문분류기법이 도입되어 보다 체계적인 범죄자 식별(criminal identification)의 길이 열렸고 1901년경 Karl Landsteiner가 발견한 A, B, O식 혈액형 분류법을 통해서 소극적인 범죄자 식별이 가능하게 되었으며 1984년에 이르러 Alec Jeffreys에 의해 DNA분석, 소위 유전자 지문분류법이 개발·활용되면서 범죄수사 분야에 획기적인 발전을 가져왔다(Gilbert, 2010).

한편, 이러한 지문분류, 혈액형 분석, DNA감정과 버금갈 정도로 수사관들과 시민들의 기대와 관심을 받아온 분야가 바로 1970년대 미국 FBI의 행동과학부 (Behavioral Science Unit)가 본격적으로 활용하고 발전시킨 범죄자 프로파일링 (criminal profiling)이라고 할 수 있다.

범죄자 프로파일링이란 간단하게 말하면, 범죄현장을 분석하고 범죄현장에 남겨진 결정적인 특징들을 해석함으로써 범행동기와 용의자의 유형을 추정하는 기법이다(Ressler, Burgess & Douglas, 1995: 136). 우리나라에서는 '양들의 침묵', '한니발', '크리미널 마인드' 등의 영화(드라마)와 '살인자들과의 인터뷰', '마인드 헌터'와 같은 번역서들이 소개되면서 범죄자 프로파일링에 관한 시민들의 흥미가 폭증했고, 최근에는 사회의 이목을 집중시킬만한 강력사건이 발생하면 자칭 타칭 프로파일러라고 불리는 학자들 또는 경찰관들의 인터뷰를 언론에 보도하는 것이 일반화되었다고 할 수 있다.[1]

만약, 전가의 보도처럼 범죄자 프로파일링이 과학적 타당성과 효용성을 지닌다면 범죄수사기관들, 특히 일선 강력형사들에게는 정말 달가운 일이라고 하지 않을 수 없다. 왜냐하면 그들의 궁극적인 목표는 당해 사건을 해결하는데 있기 때문이다. 하지만 국내언론의 긍정적인 태도와는 달리 학계에서는 범죄자 프로파일링의 타당성과 효용성에 관한 일관되고 신뢰할 만한 연구결과를 도출하지 못하고 있는 것으로 보인다. 국내 학계에서는 비교적 호의적인 태도를 보이고 있는 반면, 국외의 경우에는 신랄하게 비판하는 논문을 적지 않게 찾아볼 수 있다. 이러한 점에 착안하여, 이 단원에서는 범죄자 프로파일링에 관한 이론적인 토대를 간략하게 살펴보고, Muller(2000)와 Devery(2010) 및 Snook 등(2007, 2008)에 의해 제기된 주요비판들과 이에 대한 Dern 등(2009)의 반론을 중심으로 주요 쟁점들을 정리하고 이에 대해서 비판적으로 검토해보고자 한다.

---

1) 박지선과 최낙범은 프로파일링 관련 신문기사에 드러난 범죄자 프로파일링에 관한 인식을 조사하였는데, 긍정적 인식(61.1%)이 부정적 인식(1.9%)에 비하여 월등히 높은 것으로 나타났다. 구체적으로 살펴보면 긍정적인 측면에서는 활약기대(22.9%), 효과입증(18.5%), 사건해결 (15.9%), 기타(3.8%) 순으로, 부정적 측면에 있어서는 과대포장(1.3%), 만능 아님(0.6%) 순으로 나타났다(박지선·최낙범, 2011: 46-47).

Ⅱ. 범죄자 프로파일링의 개념과 이론적 토대

1. 범죄자 프로파일링의 개념 및 유형

1) 범죄자 프로파일링의 개념

동일인에 의한 범죄는 공통성을 지닌다는 가정에 기초하여 범죄전의 준비행적, 범죄행위의 특성, 피해자의 특성, 범죄후의 행적 등의 소위(modus operandi: MO)를 파악하여 범죄자의 유형을 추정하는 수사기법이 "범죄자 프로파일링(criminal profiling)", "심리학적 프로파일링(psychological profiling)", "행동학적 프로파일링(behavioral profiling)" 등의 용어로 지칭되고 있다(박광배·배현정, 2001: 2; 홍성열, 2011: 17).[2]

2) 범죄자 프로파일링의 유형

범죄자 프로파일링은 다양한 접근방식을 가지는데, 본서에서는 가장 기초적이고 대표적인 것으로 여겨지는 CSA(Crime Scene Analysis)와 IP(Investigative Psychology)를 중심으로 살펴보고자 한다.

(1) CSA(Crime Scene Analysis)

CSA는 FBI의 행동과학부(Behavioral Science Unit)가 본격적으로 활용하고 발전시킨 기법이라고 할 수 있다. CSA는 먼저, 연쇄살인범죄자들을 성격적 특성과 범죄현장 특징을 기준으로 체계적이고 반사회적인 유형(organized nonsocial)과 비체계적이고 비사회적인 유형(disorganized asocial)으로 대별한다.[3] 다음으로 연쇄강력범죄가 발생하면 범죄와 범죄현장의 특성을 분석한 후 용의자를 위 두 범주 중의 하나로 분류하고 보다 세부적인 프로파일링을 진행하는 기법이다.

---

2) 본서에서는 가장 널리 사용되고 있다고 여겨지는 '범죄자 프로파일링'이란 용어로 통일해서 사용하고자 한다.

3) 체계적이고 반사회적인 유형(organized nonsocial)과 비체계적이고 비사회적인 유형(disorganized asocial)의 성격적 특성과 범죄현장 특징의 구체적인 내용은 Resser et al., 1995: 121-124 참조.

(2) IP(Investigative Psychology)

IP는 영국의 환경심리학자인 David Canter 교수에 의해서 제안되고 발전하고 있다. 흔히 5요인 모델(five-factor model)이라고 불리는 IP 모델은 ① 대인관계의 일관성(interpersonal coherence), ② 시간과 장소의 중요성(significance of time and place), ③ 범죄자 특성(criminal characteristics), ④ 범죄경력(criminal career), ⑤ 법과학적 지식(forensic awareness)으로 구성된다(Turvey, 2011: 85).

첫째, 대인관계의 일관성(interpersonal coherence)은 범죄자는 일상에서 타인과 상호작용하는 방식대로 피해자를 대하는 경향이 짙다는 의미이다. 예컨대, 일상생활에서 친구와 가족 및 직장동료들에게 이기적인 태도를 보이는 강간범은 범행시 피해자에게도 이기적인 성향을 나타낸다. 마찬가지로, 미국의 연쇄살인범들은 범행대상자로 자신과 동일한 인종을 선택하는 경우가 많다. 따라서 범죄피해자의 특성을 확인하거나 가해자가 피해자와 상호작용한 유형을 파악하면 결과적으로 용의자의 유형을 파악하기가 수월할 수 있다(Muller, 2000).

둘째, 시간과 장소의 중요성(significance of time and place)은 범죄자는 평상시 자신이 편하게 느끼고 자신 있게 행동할 수 있는 시간과 장소를 선택할 것이라는 가정으로 범행시간대와 장소를 통하여 범죄자를 추론할 수 있다는 것이다(허경미, 2007: 90).

셋째, 범죄자 특성(criminal characteristics)은 간단하게 말하면 범죄현장과 범행수법의 분석을 토대로 용의자의 유형을 분류할 수 있다는 것이다. 이는 CSA에서 범죄자를 체계적이고 반사회적인 유형(organized nonsocial)과 비체계적이고 비사회적인 유형(disorganized asocial)으로 분류하고 용의자의 범위를 축소하는 것과 유사한 메커니즘이다.

넷째, 범죄경력(criminal career)은 범행수법(MO)을 면밀히 살펴보고 용의자의 상습성 유무를 판단하는 것이다. 예를 들면, 성범죄자가 최근의 범행에서 피해자를 로프 등의 도구를 사용하여 묶거나 재갈을 물리는 수법을 활용했다면 그 이전의 범행에서 피해자의 육체적인 반항이나 비명을 경험했을 것으로 추정할 수 있다.

마지막으로, 법과학적 지식(forensic awareness)은 범죄자가 과거에 형사사법체계에 편입된 경험을 바탕으로 습득한 수사방해 기법을 의미한다. 예를 들면, 강간범이 콘돔을 사용하거나 범행 후 피해자에게 샤워를 강요하거나 음부를 빗으로 빗도록 강제하여 범행증거를 인멸하였다면 과거 유사한 유형의 범죄로 수사기관에 접촉하였을 가능성이 높고 결과적으로 수사기관에서 관리하고 있는 자료 등을 이용하여 용의자를 추정할 수 있다(임준태, 2004; 허경미, 2007; Turvey, 2011).

2. 범죄자 프로파일링의 이론적 토대

범죄자 프로파일링의 기본적인 토대는 정신분석학을 근간으로 범죄자들을 성격적 특성과 범죄현장 특징을 기준으로 여러 유형으로 분류하고 이를 통해서 용의자를 추론할 수 있다는 범죄자 유형분류론(typologies)과 범죄행위는 범죄자의 내재된 성향(disposition)에 따라 결정된다는 기질이론(trait theory)이라고 할 수 있다(Muller, 2000; Snook et al., 2008).

1) 정신분석학적 접근법

Muller는 범죄자 프로파일링의 기본 배경으로 정신분석학적 접근법을 지목한다. 즉 개인이 유년기에 훌륭한 롤 모델(role model)을 가지지 못했거나 학대받은 경험과 같은 부정적 조건에 접하게 되면 자극(stimulation)과 만족(gratification)에 대한 환상을 가지게 된다. 만약 그가 음란물(pornography) 혹은 폭력물(violent fiction)에 접할 기회를 가지면 위의 환상은 폭력과 통제를 포함할 가능성이 높아지게 되고 마침내 이러한 환상은 개인이 통제하지 못할 상황에 이르게 된다. 결과적으로 개인은 스스로의 환상을 완벽하게 충족시키거나 검거될 때까지 계속적으로 범죄를 저지르게 되고 이러한 점에 착안하여 범죄자 유형분류 및 범죄자 프로파일링이 전개된다(Muller, 2000: 248-249).

2) 기질이론

대부분의 범죄자 프로파일링은 범죄행위는 범죄자의 내재된 성향(disposition)에 따라 결정된다는 기질이론(trait theory)에 근거를 두고 있다. 이 이론에 따르면 범죄자들은 상황적 요인보다는 내재적인 기질에 따라 일관된 범죄행태를 보인다. 결과적으로 이러한 범죄행태는 범죄자들의 일상활동과 유사한 형태로 발현된다(Snook et al., 2008: 1260).

3) 범죄자 유형분류

현재까지 가장 잘 알려져 있는 유형분류방식은 FBI의 2분법 즉, 범죄자들을 체계적이고 반사회적인 유형(organized nonsocial)과 비체계적이고 비사회적인 유형(disorganized asocial)으로 나누는 것이다. 이 분류법의 기본 가정은 ① 범죄현장에 나타난 행동특성을 바탕으로 범죄를 체계적인 유형과 비체계적인 유형으로 분류할 수 있고, ② 범죄자들 역시 성격적 특성을 토대로 체계적인 유형과 비체계적인 유형으로 구별 할 수 있으며, ③ 결과적으로 범죄와 범죄자들간에는 일관성을 보인다는 것이다. 예를 들면, 체계적인 유형의 범죄자들은 체계적인 범행을 저지르고 비체계적인 범죄자들은 비체계적인 유형의 범죄를 저지른다(Snook et al., 2008: 1259).

Ⅲ. 주요논쟁 및 비판적 검토

1. 주요논쟁

1) 논의의 쟁점

범죄자 프로파일링에 관련된 논의의 대표적인 쟁점은 첫째, "과연 범죄자 프로파일링의 이론적 토대가 과학적 타당성을 지니는가?"라는 의문과 둘째, "소위 프로파일러가 작성한 범죄자 프로파일이 범죄수사에 활용할 수 있을 정도로 정확한가?"라는 점으로 요약할 수 있다.

2) 이론적 토대의 과학적 타당성

Muller(2000)는 CSA에 대해서 첫째, 옹호론자들이 자신들의 주장을 과학적으로 검증할 필요성을 느끼지 못하고, 둘째, FBI의 범죄자유형론은 구별기준에 대한 구체적인 근거를 제시하지 못하고 있으며, 셋째, 연쇄살인범들은 폭력적 혹은 성적인 환상을 가지고 있고 이를 실현하려고 범죄를 저지른다는 가장 초보적인 가정에 대해서도 검증하지 못했다고 지적한다. 반면에, IP는 CSA에 비하여

과학적이라고 여겨질 개연성은 높지만 전과자의 특성(상습성)이 범죄현장에 반영될 수 있다는 가정과 용의자가 보여준 법과학적 지식을 토대로 범죄자의 특성을 추정할 수 있다는 주장 등도 과학적으로 검증되지 못했다는 취지의 비판을 제기하고 있다.

마찬가지로, 캐나다 인권위원회(Canadian Human Rights Commission) 보고서에서도 범죄자 프로파일링의 문제점과 그 개선방안을 제시하고 있다.

이 보고서는 다음과 같은 네 가지 문제점들을 지적했다. 첫째, 프로파일링이 체계적이라고 논리적으로 결론지을 수 없다. 둘째, 범죄현장의 특성들과 범죄자의 일상적인 행동 그리고 범죄자의 성격을 일관되게 연관지을 수 있는 이론적인 근거와 경험적인 타당성을 찾을 수 없다. 셋째, 다수의 범죄자 프로파일링 모형들은 실질적으로 수사관들이 용의자를 추정하는데 도움을 주지 못한다. 넷째, 결과적으로 프로파일링이 경찰수사에 도움을 줄 가능성이 있다고 하더라도 이는 과학이라기보다는 기술(art)이라고 볼 수 있다.

위 보고서는 개선방안에 대해서도 아래와 같이 세 가지를 주장했다. 첫째, 범죄자 프로파일링의 접근방식이 체계화 되어야 한다. 둘째, 프로파일링의 실행기준이 마련되어야 한다. 마지막으로, 그 효용성에 대한 경험적인 연구가 수행되어야 한다(Bourque, et al., 2009: 43-44).

특히, Snook 등은 통상적으로 사용되고 있는 범죄자 유형분류기법은 실질적으로 잘못된 것이라고 신랄하게 비판한다. 그 근거로서 FBI의 이분론은 Canter 등(2004)의 연구에 의해서 그 타당성을 잃어버렸고, Keppel과 Walter의 성적인 연쇄살인범죄자(serial sexual homicide) 분류 모형 또한 Melnyk 등(2007)의 연구에 의해서 이를 입증할 어떠한 증거도 찾지 못했다는 점을 들고 있다(Snook et al., 2008: 1259-1260). 그들은 또한 기질이론에 토대를 둔 프로파일링 모형은 근본적으로 잘못된 것이라고 단언한다. 그 이유로는 첫째, 심리학계에서 40년 전부터 인간의 행위를 주로 기질 혹은 내재된 성향에 따라 예측할 수 있다는 기질이론은 타당하지 않고, 상황적인 요인(situational factor) 또한 기질 못지않게 중요한 예측인자로 작용한다는 공감대가 형성되어 왔고, 둘째, 현재까지도 범죄행위에 있어서 상황적 요인에 비하여 범죄자의 기질 혹은 내재된 성향이 더 큰 영향을 미친다는 일관된 경험적 연구결과를 도출하지 못하였으며, 셋째, 프로파일러들이 이러한 연구경향과 그 함의를 이해하지 못하고 있다는 점을 들고 있다(Snook et al., 2008: 1261-1262).

이에 반하여, Dern 등(2009)은 Snook 등(2008)의 이러한 비판에 대해서 아래와 같이 조목조목 반박한다. 첫째, Snook 등은 자신들은 프로파일링에 대한 직접적인 경험이 없으면서 피상적으로 이를 비판한다는 비난을 면하기 어렵다. 둘째, 프로파일링 접근방식을 지나치게 단순하게 해석한 후 이를 평가하였다. 셋째, 독일의 경우에는 프로파일러들이 팀을 이루어 작업함으로써 오류가능성을 최소화하고 있다. 넷째, 프로파일링의 주요한 목표는 일반인들이 생각하는 것과 달리 용의자의 유형을 추론하는 것이 아니라 당해 사건에 관한 심도 있는 견해를 수사관들에게 제공함으로써 수사역량을 강화하는데 있다. 다섯째, 실제로 범죄자 유형분류는 프로파일링의 참고자료에 불과할 뿐이지 절대적인 영향을 미치지는 않는다. 여섯째, 독일의 경우 프로파일러들도 기질이론의 오류가능성을 충분히 인식하고 있고 결과적으로 범죄자 프로파일이 법정에 증거로 사용되어서는 안된다고 주장하고 있다.

3) 범죄자 프로파일링의 효용성 실험

Pinizzotto와 Finkel(1990)은 연구대상자들을 프로파일러 집단, 수사관 집단, 심리학자 집단, 대학생 집단으로 구분하였다. 그리고 연구대상자들에게 해결된 살인사건과 강간사건의 수사자료들[4]을 각각 제시하였다. 다음으로, 각 대상자들에게 두 사건에 대한 프로파일을 작성하고 용의자의 특성을 묻는 객관식 문항들에 답변하도록 한 후 집단별로 그 타당성 혹은 정확성을 검증하였다.

작성된 프로파일에 대한 분석에서는 살인사건과 강간사건 모두에서 프로파일러 집단이 다른 집단들에 비해서 더욱 풍부하고 구체적이며 정확한 예측을 한 것으로 나타났지만 프로파일을 구성하는 절차 혹은 방식에 있어서는 프로파일러 집단은 다른 집단들과 비교했을 때 질적인 차이를 보이지는 못했다.

다음으로, 용의자의 특성에 관한 객관식 답변들에 대한 분석에서는 프로파일러 집단이 강간사건에 대해서는 다른 집단들에 비해서 비교적 정확한 답변을 한 것으로 파악되었지만 살인사건에 있어서는 유의미한 차이를 보이지 못했다.

---

4) 제시된 자료들은 범죄현장사진, 피해자 보고서, 검시보고서, 범죄현장보고서 등이다.

　Kocsis 등(2000)도 연구대상자들을 프로파일러 집단, 경찰관 집단, 심리학자 집단, 대학생 집단, 심령술사(psychics) 집단으로 구분하고 해결된 살인사건의 수사자료들5)을 제시하였다. 그리고 각 대상자들에게 첫째, 위 사건의 프로파일을 작성하고, 둘째, 용의자의 특성을 묻는 객관식 문항들에 대해서 답변하며, 셋째, 용의자의 성격적 특성을 묻는 형용사 체크리스트(Adjective Check List)에 기입하도록 요구하였다. 그 후 객관식 문항에 대한 답변들과 형용사 체크리스트를 집단별로 분석하였다. 분석결과 프로파일러 집단이 다른 각각의 집단들에 비해서 정확한 예측을 한다고 단정할 수 있는 결과를 도출할 수 없었고 일부 하위척도에서는 심리학자 집단보다는 낮은 수치를 보였다.6)

　Kocsis(2004)는 또한 연구대상자들을 경찰수사관 집단, 화재조사관 집단, 프로파일러 집단, 화학전공 대학교 2학년생 집단으로 구분하고 해결된 연쇄방화사건의 수사자료들을 제시하였다. 그리고 각 대상자들에게 용의자를 추정하는 객관식 문항들에 대해서 답변하도록 하였다. 대상자들의 답변들을 분석한 결과 프로파일러 집단이 다른 각각의 집단에 비하여 정확한 응답을 한 수치가 높게 나타났고 이는 통계적7)으로 유의미하였다.

　Snook 등(2007)은 기존의 경험적 연구들8)에 대해서 2단계로 나누어서 메타분석(Meta-Analysis)을 실시하였다. 첫 번째 분석은 프로파일러와 경험 많은 수사관들로 이루어진 집단과 비경찰집단(심리학자와 대학생 등으로 이루어진 집단)의 용의자에 대한 예측의 정확도를 비교하였다. 분석결과, 프로파일러/수사관 집단은 용의자의 전반적인 추정(r=.24)과 신체적인 특징(r=.10)에 관하여 비경찰집단에 비하여 보다 정확하게 예측하였지만 용의자의 인지과정(r=−.06), 범행형태(r=.00), 사회경력 및 습성(r=−.09)에 있어서는 비경찰집단과 같은 수준이거나 심지어는 부정확한 예측력을 보여주었다. 하지만 95% 신뢰구간(Confidence Interval)이 비교적 넓어서 효과크기(Effect Size)들은 부정확한 것으로 해석될 수 있다고 강조하였다.9) 두 번째 분석은 프로파일러 집단과 비프로파일러 집단(경찰관과 심리학

---

5) 제시된 자료들은 범죄현장사진, 검시보고서, 법탄도학 보고서, 피해자 보고서 등이다.
6) 자세한 것은 Kocsis et al.(2000), p. 320을 참조할 것.
7) p<.05.
8) 자세한 내용은 Snook et al.(2007), p. 444을 참조할 것.
9) 자세한 내용은 Snook et al.(2007), p. 446, 표-2를 참조할 것.

자 등으로 이루어진 집단)의 용의자에 대한 예측의 정확도를 비교하였다. 분석결과, 프로파일러 집단이 모든 측정지표에서 더욱 정확한 예측력을 보였다. 하지만 Snook 등은 신뢰구간이 지나치게 넓기 때문에 효과크기들은 부정확한 것으로 해석될 수 있고 따라서 이러한 결과들은 잠정적인 것으로 해석해야 한다고 지적했다.[10]

Devery는 프로파일링의 효용성에 관한 학계의 지지도 부족하지만 프로파일링이 난해한 연쇄강간 혹은 연쇄살인을 해결하는데 실질적인 기여를 했다는 사례 혹은 증거를 발견할 수 없었다고 강조한다. 때때로, 사건이 해결된 후에 프로파일이 비교적 정확했다고 밝혀지기도 한다. 예를 들면, 미국 역사상 가장 많은 피해자들을 살해했다고 여겨지는 연쇄 살인범 Garry Ridgway는 DNA 분석으로 검거되었고 당시 John Douglas가 작성한 프로파일이 상당히 정확했다고 밝혀졌다. 하지만 프로파일링이 사건을 해결하는데 직접적인 도움을 주지 못했다면 용의자를 검거한 후에 프로파일과 용의자가 상당히 일치했다는 사실만으로 프로파일링이 범죄수사에 유용한 도구라고 주장하는 것은 논리적으로 모순이라고 강조한다. Devery는 또한 부정확한 범죄자 프로파일링의 영향으로 무고한 시민들이 범죄자로 몰리거나 유죄판결을 받은 후 DNA 분석으로 누명을 벗게 된 여러 사례들[11]을 제시하면서 프로파일링의 오류가능성을 지적하였다. 더 나아가 현재 학계에서도 이러한 프로파일링의 위험성에 혹은 잘못된 사례들에 대한 언급을 거의 찾아볼 수 없다는 점에 대해서도 신랄하게 비판했다(Devery, 2010: 404-406).

2. 비판적 검토

1) 이론적 토대의 과학적 타당성

이미 언급한 바와 같이, 범죄자 프로파일링의 이론적인 토대는 정신분석학을 근간으로 범죄자들을 성격적 특성과 범죄현장 특징을 기준으로 여러 유형으로

---

10) 자세한 내용은 Snook et al.(2007), p. 447, 표-3을 참조할 것.
11) Devery는 ① 1996년 Atlanta 올림픽 폭파사건, ② Kirk Bloodsworth 사건(미국), ③ Guy Paul Morin 사건(캐나다), ④ Jeffrey Deskovic(미국) 등을 사례로 제시하고 있다(Devery, 2010: 404-406).

분류하고 이를 통해서 용의자를 추론하는 범죄자 유형론[12]과 범죄행위는 범죄자의 내재된 성향에 따라 결정된다는 기질이론이라고 할 수 있다.

먼저, Freud의 정신분석이론은 한 개인이 범죄자로 발전하게 되는 원인에 대해서 비교적 일관되게 설명할 수 있는 장점이 있다. 하지만 유년기에 학대 등을 받은 자들 중 일부만이 범죄성향을 띤다는 점, 모든 연쇄강력범죄자들이 환상, 특히 성적 환상을 가지거나 이를 충족시키려고 범행을 저지르지는 않았다는 점, 그리고 결과적으로 이러한 가정들을 경험적으로 검증할 수 없다는 치명적인 결함에서 벗어날 수는 없다고 생각된다.

범죄자 유형론은 첫째, 사건이 해결되지 않은 단계에서 범행현장에 남아있는 범행흔적 등을 토대로 범죄의 유형을 분류할 수 있다는 가정은 일견 납득할 수 있는 주장이지만 범죄자가 범행현장을 의도적으로 조작했거나,[13] 범죄자가 예상하지 못했던 상황적 요인으로 인해서 범죄현장이 변경될 가능성도 배제할 수 없다는 점에서 오류가능성이 적지 않다고 할 수 있다. 둘째, 범죄자의 성격적 특성에 따라 유형을 분류하기 위해서는 모든 범죄자, 최소한 특정 강력범죄자들의 세부적 자료들의 데이터베이스가 구축되어 있어야 하나 현 단계에서는 그렇지 못하다. 따라서 오류의 가능성에서 자유로울 수는 없다.

기질이론에 토대를 둔 프로파일링 모형에 대한 비판은 Snook 등(2008)의 주장이 설득력이 매우 크다고 생각한다. 범죄행위를 설명하기 위해서는 기질 혹은 내재된 성향 못지않게 상황적인 요인(situational factor)도 중요하다고 판단되며 특히, 범죄행위에 있어서 상황적 요인에 비하여 범죄자의 기질 혹은 내재된 성향이 더 큰 영향을 미친다는 일관된 경험적 연구결과를 찾아볼 수 없다는 점에 주목하지 않을 수 없기 때문이다.

전과자의 특성(상습성)이 범죄현장에 반영될 수 있다는 가정에 대해서는 초범일 경우라도 상당한 시간을 할애해서 범행을 준비하고 용의주도하게 범죄를 실행했다면 상습범에 견주었을 경우에도 보다 세련된 범행수법을 보일 수 있다는

---

12) 김용화(2002: 39) 또한 FBI의 연쇄살인범 이분법은 공격성과 성격장애에 관한 정신분석 이론에 기초하였고, 따라서 정신분석이론이 프로파일링에 큰 영향을 주었다고 강조한다.
13) 예를 들면, 상습적으로 타인의 주거에 침입하여 강간을 일삼는 범인이 특정한 피해자가 의도하지 않게 저항하자 살해하고 이를 치정사건으로 위장하기 위하여 피해자의 복부위에 범행도구인 식칼을 올려놓은 사례를 들 수 있다.

비판이 가능하고, 용의자가 보여준 법과학적 지식을 토대로 범죄자의 특성을 추정할 수 있다는 주장에 대해서도 형사사법기관과의 접촉외의 다양한 경로로 법과학적 지식을 습득할 수도 있다는 가능성을 간과했다는 비판을 제기할 수 있다.

2) 범죄자 프로파일링의 효용성

효용성 논쟁에 관한 연구들은 집단비교연구들[14]과 Snook 등(2007)의 메타분석 그리고 Devery(2010)의 사례연구로 나누어 볼 수 있다.

먼저, Pinizzotto와 Finkel의 연구(1990)에서는 프로파일러 집단이 다른 집단들에 비해서 구체적이고 정확한 프로파일을 제시할 수 있다는 가능성을 보여주었다는 점에 의의를 둘 수 있지만 일관된 결과를 제시하지 못하였다는 점[15]과 특히, 프로파일러 집단이 비프로파일러 집단들과 유사한 방식으로 프로파일을 구성한다는 점[16]에서 그 한계를 찾을 수 있다.

Kocsis 등(2000)의 연구에서는 프로파일러 집단이 다른 각각의 집단들에 비해서 정확한 예측을 한다고 단정할 수 있는 결과를 도출할 수 없었고, 일부 하위 척도에서는 심리학자 집단보다는 낮은 수치를 보였다는 점에 대해서 특히 주목할 필요가 있다. 한편, Kocsis(2004)의 연구에서는 프로파일러 집단이 다른 각각의 집단에 비하여 정확한 응답을 한 수치가 높게 나타났다. 하지만 이 연구에서는 참여한 프로파일러의 수가 3명에 불과하여 통계적으로 상당한 문제점을 나타냈다.

다음으로, Snook 등(2007)의 메타분석에서도 프로파일러 집단이 다른 집단들에 비해서 비교적 정확한 프로파일을 제시할 수 있다는 가능성을 나타냈지만 일부 측정지표에서는 다른 집단과 같은 수준이거나 심지어는 부정확한 예측력을 보여주었고 신뢰구간이 지나치게 넓었기 때문에 그 결과를 신뢰할 수 없다고 생각한다.

프로파일링이 난해한 연쇄강력범죄를 해결하는데 실질적인 기여를 했다는 사례 혹은 증거를 발견할 수 없고 사건이 해결된 후에 프로파일과 범죄자를 비교

---

14) Pinizzoto와 Finkel(1990), Kocsis 등(2000) 그리고 Kocsis(2004)를 들 수 있다.
15) 객관식 문항분석결과 살인사건에서는 유의미한 차이를 나타나지 못했다.
16) 다시 말하면, 프로파일러 집단이 독창적으로 구사하는 전문적 기술(expertise)을 발견할 수 없었다는 점이다.

하는 방식으로 프로파일링의 효용성을 평가하는 것은 모순이며, 잘못된 프로파일링으로 인해서 억울한 옥살이를 한 사례가 적지 않다는 Devery의 주장에는 십분 공감할 수 있다.

정리해보면, 여러 집단비교연구에서도 프로파일링의 효용성을 입증할 수 있는 일관된 연구결과가 제시되지 못했고 집단비교연구는 말 그대로 비교연구일 뿐 프로파일러들이 작성한 프로파일의 적중률(a hitting ratio)을 평가하였다고 볼 수 없으며, 심지어 이러한 비교연구들에 대한 메타분석 또한 범죄자 프로파일링의 효율성을 담보할 수 없었다. 그리고 Devery가 제시한 사례들은 프로파일링의 위험성 혹은 오류가능성을 예리하게 지적하고 있다고 할 것이다. 따라서 프로파일링의 효용성에 대한 객관적이고 경험적인 연구결과가 도출될 때까지는 그 평가를 미룰 수밖에 없고 수사기관에서 이를 활용하는데 있어서도 매우 조심스러운 접근이 필요하다고 생각된다.

Ⅳ. 경찰관들을 대상으로 한 조사연구

1. 외국의 연구

Copson은 영국 경찰관들을 대상으로 설문조사를 실시하였다. 분석결과, 응답자의 82.6%는 프로파일이 수사과정에서 도움을 주었고, 92.4%는 향후 프로파일링을 다시 활용할 의사가 있다고 밝혔다. 프로파일링이 수사에 도움이 된 이유에 대해서는 60.9%는 사건에 대한 이해를 도와주었기 때문이고, 52.9%는 기존의 수사방향에 확신을 주기 때문이라고 답변했다. 하지만 응답자들의 단지 2.7%만 프로파일이 범죄자 특정에 도움을 주었고, 오직 14.1%가 사건해결에 도움이 되었다고 밝혔다(Copson, 1995; Snook · Taylor · Bennell, 2007).

Trager와 Brewster는 미국에서 범죄자 프로파일링을 활용한 경험이 있는 경찰관 48명을 대상으로 연구를 진행하였다. 분석결과, 첫째, 프로파일링이 사용된 범죄는 살인(79.2%), 강간(75.0%), 유괴(20.8%), 방화(18.8%), 강도(12.5%), 주거침입(6.3%) 등의 순으로 나타났다. 둘째, 프로파일링의 효용성에 대해서는 신문전략(interrogation strategies)으로 도움을 받음(62.2%), 수사방향설정(directing the investigation)에 도움을 받음(58.1%), 용의자의 향후 행위를 예측(prediction of future behavior)하는 데 도움을 받음(52.4%), 용의자 특정(identification of a suspect)에 도움을 받음(37.8%)의 순위를 보였다(Trager · Brewster, 2001). 결과적으로 미국에서 조사대상 경찰관들은 범죄자 프로파일링에 대해서 비교적 긍정적으로 평가하고 있다고 정리할 수 있다.

Snook 등은 캐나다에서 강력범죄수사를 담당하고 있는 경찰관 51명을 대상으로 먼저 범죄자 프로파일링에 관한 일반적 인식을 조사하였다. 조사결과는 <표 6-1>에 나타난 바와 같고, 동의란에 기재된 수치는 응답자들이 각 진술문에 대해서 2="동의한다"와 1="매우 동의한다"를 선택한 비율을 합산한 것이다(Snook · Taylor · Bennell, 2007).

표 6-1 프로파일링에 대한 일반적 인식(%)

진술문	동의
1. 프로파일러들은 수사관들이 사건을 심도 있게 이해하는데 도움을 준다.	84.3
2. 범죄자 프로파일링은 가치 있는 수사기법이다.	88.2
3. 프로파일러들은 범죄수사에 있어 필요한 존재이다.	92.2
4. 프로파일러들은 사건해결에 도움을 준다.	94.2
5. 수사관들은 비록 사건해결에 도움이 되지 않는다고 생각하더라도 모든 수사기법을 활용해야만 한다.	80.4
6. 프로파일러들은 일반인들에 비해서 탁월한 기술을 가지고 있다.	80.4
7. 프로파일러들은 수사관들이 범죄자를 특정하는데 도움을 준다.	78.4
8. 프로파일러들은 범죄수사에 긍정적인 영향을 준다.	74.5
9. 프로파일러들은 범죄자의 심리파악에 능숙하다.	70.5
10. 프로파일러들은 과학적인 기법을 활용한다.	58.8
11. 프로파일러들의 효용성이 과소평가되고 있다.	60.8
12. 프로파일러들은 수사관들은 미처 접근하기 어려운 정보를 제공해준다.	54.9
13. 범죄수사과정에서 프로파일러들을 통상적으로 참여시켜야만 한다.	51.0
14. 프로파일러들은 범죄자들의 특성을 정확하게 예측할 수 있다.	65.1
15. 범죄자 프로파일링은 법정의 증거로 활용되어야만 한다.	33.3
16. 범죄자 프로파일링은 모든 종류의 범죄에 활용되어야만 한다.	13.7
17. 범죄자 프로파일링으로 인해서 수사의 오류가 발생될 위험은 없다.	5.9

구체적으로 살펴보면, 응답자의 94.2%는 "프로파일러들은 사건해결에 도움을 준다."고 인식하고, 92.2%는 "프로파일러들은 범죄수사에 필요한 존재이다."는 점에 동의했으며, 88.2%는 "범죄자 프로파일링은 가치 있는 수사기법이다."라고 응답했다. 하지만 응답자의 13.7%만이 "범죄자 프로파일링은 모든 종류의 범죄에 활용되어야만 한다."에 동의했고, 특히 5.9%만이 "범죄자 프로파일링으로 인해서 수사의 오류가 발생될 위험은 없다."고 지적하였다.

Snook 등은 범죄자 프로파일링을 활용한 경험이 있다고 응답한 경찰관 29명을 대상으로 추가 조사를 진행하였다. 분석결과 응답자들이 프로파일링을 적용한 범죄는 살인(55.2%), 성폭력(37.9%), 주거침입(3.4%), 가중폭력(3.4%) 등의 순으로 나타났다. 다음으로 범죄수사에 있어서 프로파일러들의 효용성을 측정(10점 척도: 1=동의하지 않는다, 10=동의한다)하였는데 그 결과는 <표 6-2>에 나타난 바와 같다. 응답자들은 전반적인 프로파일링의 효용성은 보통이상으로 평가하면서도 사건해결의 기여도는 상대적으로 낮게 평가하고 있는 것으로 보인다(Snook·Taylor·Bennell, 2007).

표 6-2 프로파일링의 효용성

질문	평균	표준편차
1. 실무상 프로파일러들의 조언이 어느 정도로 효용성이 있는가?	6.41	2.40
2. 프로파일러들은 어느 정도로 정확하게 용의자의 특성을 예측하는가?	6.07	3.16
3. 새로운 수사방향을 설정하는데 프로파일러의 조언은 어느 정도로 중요한가?	5.24	2.79
4. 프로파일러의 조언은 사건을 해결하는데 얼마나 중요한가?	4.07	2.79

Snook 등의 연구의 결과를 정리해보면, 캐나다의 조사대상 경찰관들은 전반적으로 범죄자 프로파일링의 효용성에 대해서 긍정적으로 평가하고 있지만 프로파일링의 적용한계와 오류가능성을 강하게 지적하고 있다고 할 수 있다(Snook·Taylor·Bennell, 2007).

2. 국내연구

1) 조사 대상

광주지방경찰청 산하의 모든 경찰서(동부, 서부, 남부, 북부, 광산 경찰서) 형사과 강력팀에 근무하는 형사들을 대상으로 하였다. 왜냐하면 강력팀 형사들은 살인, 강도, 강간, 방화 등 강력사건을 전담하기 때문에 범죄자 프로파일링이 적용되는 사례를 비교적 빈번하게 경험하였을 것이라고 쉽게 예상할 수 있었기 때문이었다.

먼저 각 경찰서에서 형사업무를 총괄하는 형사과장을 면담하여 연구의 취지를 충분히 설명하고 협조를 요청하였다. 2014년 7월 28일부터 7월 31일 사이에 각 경찰서 강력팀 형사들을 대상으로 설문지 135부를 배포하였고, 회수된 설문지 115부 중에서 무성의한 반응을 보인 설문지 2부를 제외하고 113부를 SPSS 21.0을 활용하여 분석하였다.

조사대상자의 연령은 30세 미만은 2명(1.8%), 30세~39세 21명(18.6%), 40세~49세 71명(62.8%), 50세 이상 19명(16.8%)을 나타냈고, 계급은 경장 이하 17명(15%), 경사 35명(31.0%), 경위 이상 61명(54.0%)을 보이고, 학력은 고졸 이하 23명(20.4%), 전문대졸 35명(31.0%), 대졸 이상 53명(46.9%)을 나타냈으며, 경찰경력은 평균 17.62년(표준편차 6.90), 수사경력은 평균 11.61년(표준편차 6.65), 강력수사경력은 평균 10.25년(표준편차 6.60)의 분포를 보였다.

2) 측정지표

측정변인은 첫째, 연령, 계급, 학력, 경찰경력 등 인구사회학적 특성, 둘째, 범죄자 프로파일링에 대한 기본적 인식과 개인적인 견해(개방형 질문), 셋째, 범죄자 프로파일링을 활용한 경험이 있는 형사들만을 대상으로 활용 사건의 수, 사건의 죄명, 도움이 되었는지 여부, 도움 된 이유(개방형 질문), 향후 활용여부, 향후 활용이유(개방형 질문)의 세 가지 범주로 구분된다.

범죄자 프로파일링의 개념의 다의적 해석을 방지하기 위해서 설문지에 "범죄자 프로파일링이란 범죄현장, 범죄행위의 특성, 범죄피해자의 특성, 범죄후의 행적 등을 분석하여 범죄자의 유형(성격, 직업, 혼인유무, 주거형태, 연령 등)을 추정하는 수사기법을 말합니다."라고 명시하고 설문을 진행하였다.

한편, 범죄자 프로파일링에 대한 기본적 인식에 관한 질문은 Snook 등이 2007년에 캐나다 경찰관들을 대상으로 한 진술문을 우리나라 실정에 맞도록 번역하여 활용하였다. 측정방법은 각 진술문들을 제시하고 이에 대한 동의 정도를 5점 척도로 파악하였다(1=매우 그렇다, 2=그렇다, 3=보통, 4=아니다, 5=전혀 아니다)(Snook · Taylor · Bennell, 2007).

3) 조사결과

(1) 범죄자 프로파일링에 관한 일반적 인식

5점 척도로 측정한 프로파일링의 일반적 인식(역코딩)의 기술통계량을 살펴보면, 평균이 3.4703이고 표준편차는 0.53585이다. 이는 응답자들이 범죄자 프로파일링에 대해서 평균적으로 보통(3점) 보다 높게 평가하고 있고, Cronbach α 값이 0.93으로 나타나 내적 일관성도 높은 것으로 확인되었다. 하지만 연령, 계급, 학력에 따른 평균치의 차이점을 확인하기 위해서 각각 분산분석을 실시하였으나 통계적인 유의성을 발견하지 못했고, 경찰근무경력, 수사경력, 강력수사경력과의 상관관계도 통계적으로 유의미한 관계를 보이지 않았다.

조사대상자들의 범죄자 프로파일링에 대한 인식은 <표 6-3>과 같고, 동의 란에 기재된 수치는 응답자들 각 진술문에 대해서 4="그렇다"와 5="매우 그렇다"를 선택한 비율을 합산한 것이다.

자세하게 언급하면, 응답자의 63.7%는 "범죄자 프로파일링은 가치 있는 수사기법이다."는 점에 동의했고, 62.8%는 "프로파일러들은 범죄수사에 있어 필요한 존재이다."라고 인식하고 있었다. 하지만 응답자의 31.8%만이 "프로파일러들은 범죄자의 특성을 정확하게 예측할 수 있다."에 동의했고, 특히 15.0%만이 "범죄자 프로파일링으로 인해서 수사의 오류가 발생될 위험은 없다."고 지적하였다.

다음으로 범죄자 프로파일링에 대한 개인적 견해를 묻는 개방형 질문에 대해서는 "검거이후 분석만 하고 있다.", "모든 사건에 적용할 수 없다.", "범죄자에게 심리적 안정을 제공한다.", "사이코패스에 대한 이해가 용이하다.", "형사들에게 프로파일링에 관한 교육이 필요하다." 등을 기술하였다.

표 6-3 프로파일링에 대한 일반적 인식(%)

진술문	동의
1. 프로파일러들은 수사관들이 사건을 심도 있게 이해하는데 도움을 준다.	49.6
2. 범죄자 프로파일링은 가치 있는 수사기법이다.	63.7
3. 프로파일러들은 범죄수사에 있어 필요한 존재이다.	62.8
4. 프로파일러들은 사건해결에 도움을 준다.	53.1
5. 수사관들은 비록 사건해결에 도움이 되지 않는다고 생각하더라도 모든 수사기법을 활용해야만 한다.	77.8
6. 프로파일러들은 일반인들에 비해서 탁월한 기술을 가지고 있다.	53.1
7. 프로파일러들은 수사관들이 범죄자를 특정하는데 도움을 준다.	43.3
8. 프로파일러들은 범죄수사에 긍정적인 영향을 준다.	58.4
9. 프로파일러들은 범죄자의 심리파악에 능숙하다.	56.6
10. 프로파일러들은 과학적인 기법을 활용한다.	58.4
11. 프로파일러들의 효용성이 과소평가되고 있다.	40.7
12. 프로파일러들은 수사관들은 미처 접근하기 어려운 정보를 제공해준다.	47.8
13. 범죄수사과정에서 프로파일러들을 통상적으로 참여시켜야만 한다.	42.5
14. 프로파일러들은 범죄자들의 특성을 정확하게 예측할 수 있다.	31.8
15. 범죄자 프로파일링은 법정의 증거로 활용되어야만 한다.	40.7
16. 범죄자 프로파일링은 모든 종류의 범죄에 활용되어야만 한다.	39.9
17. 범죄자 프로파일링으로 인해서 수사의 오류가 발생될 위험은 없다.	15.0

(2) 범죄자 프로파일링의 효용성

조사대상자 113명 중에 범죄자 프로파일링을 활용한 경험이 있다고 응답한 자는 총 20명(17.7%)으로 나타났다. 평균 활용건수는 2건이고 표준편차는 1.05409이다. 이들이 프로파일링을 활용한 범죄(다중응답)는 살인 8건(30.8%), 성폭력 8건(30.8%), 강도 4건(15.4%), 유괴 2건(7.7%), 강도강간 1건(3.8%), 절도 1건(3.8%), 방화 1건(3.8%), 감금치사 1건(3.8%)의 순으로 나타났다.

다음으로 프로파일링이 당해 사건해결에 도움이 되었는지에 여부를 묻는 질문에 13명만이 응답하였다. 그 중 8명(61.5%)은 도움이 되었다고 응답한 반면, 5명(38.5%)은 도움이 되지 않았다고 대답했다. 도움이 된 이유로는 "피의자에 대한 심리적 이해", "자백획득 용이", "범인추정에 도움" 등을 제시하였고, 도움이 되지 않은 이유로는 "수사방향 혼선초래", "개별사건을 해결하기 보다는 연구자료로 활용", "사건해결보다는 검거 후에 피의자 심리파악에 치중" 등을 기술하였다.

향후 활용여부에 대한 질문에 대해서는 총 14명이 응답하였는데 10명(71.4%)은 향후 활용할 것이라고 대답했고, 4명(28.6%)은 활용하지 않을 것이라고 응답했다. 향후 활용할 이유로는 "범죄를 전체적으로 세밀하게 분석할 수 있어서", "범죄자 특성을 파악하기 용이하기 때문에", "자백획득에 용이하기 때문" 등으로 제시하였고, 활용하지 않을 이유로는 "피의자 특정에 도움 되지 않음", "수사의 방해요소" 등으로 기술하였다.

설문조사결과를 정리해보면, 우리나라의 조사대상 경찰관들은 전반적으로 범죄자 프로파일링의 효용성에 대해서 긍정적으로 평가하고 있지만 프로파일러의 범죄자 특성 예측의 한계와 프로파일링의 오류가능성을 강하게 지적하고 있다고 할 수 있다.

V. 요 약

이 단원에서는 범죄자 프로파일링의 개념과 이론적인 토대를 간략하게 살펴보고, Muller(2000)와 Devery(2010) 및 Snook 등(2007, 2008)에 의해 제기된 주요 비판들과 이에 대한 Dern 등(2009)의 반론을 중심으로 주요 쟁점들을 도출하였다. 그리고 각 쟁점들에 대한 논쟁들을 정리하고 이에 대해서 비판적으로 검토했으며 국내외에서경찰관들을 대상으로 한 설문조사 결과를 소개하였다.

범죄현장과 범행수법을 분석하고 해석함으로써 용의자의 유형을 추론할 수 있다는 범죄자 프로파일링은 수사기관은 물론 일반 시민들의 관심과 흥미를 끌 만한 충분한 매력을 지니고 있다. 하지만 최근 우리사회에서는 매스미디어를 중심으로 프로파일링을 지나치게 포장하고 이를 맹신하는 분위기가 조성되고 있어 이를 바로잡을 필요성 또한 제기된다.

비판가들은 먼저, 범죄자 프로파일링의 이론적 토대에 대해서 애초부터 경험적으로 검증하기 어려운 가정들이고 이를 입증하는 연구결과 역시 희박하기 때문에 과학적 근거가 부족하다고 지적한다. 그리고 그 효용성에 있어서는 프로파일링이 연쇄범죄를 해결하는데 실질적인 기여를 했다는 사례 혹은 증거나 이를 긍정하는 경험적인 연구결과들이 도출되지 않았다는 점을 부각시키며 부정적인 태도를 견지하고 있다. 이에 반하여, 옹호론자들은 전문적인 프로파일러들도 그 이론적 토대의 한계를 충분히 인식하고 있고 일반인들이 생각하는 것처럼 프로파일링의 활용범위는 용의자의 유형을 추론하는 것에만 한정되는 것이 아니라 당해 사건에 관한 심도 있는 견해를 수사관들에게 제시하는 등 비교적 다양한 용도로 활용될 수 있다고 주장한다. 아울러 여러 집단비교연구들을 통해서 경험적으로 프로파일링의 효용성이 입증되었다고 강조한다.

한편, 국내외에서 경찰관들을 대상으로 한 설문조사에서는 경찰관들은 범죄자 프로파일링의 효용성에 대해서 긍정적으로 평가하고 있다는 사실을 확인할 수 있었다.

정리해보면, 범죄자 프로파일링의 이론적 토대에 대한 과학적인 근거가 부족하다는 점은 인정되지만 범죄자 프로파일링이 학문이기 보다는 수사기법의 하나로서 제안되고 발전되어 왔다는 점, 범죄자 프로파일을 경험하였던 일선 수사경찰관들이 그 효용성을 긍정하고 있는 점, 용의자 유형 추정에 더해서 피의자신문방향 제시 등 다양한 분야에서 활용할 수 있다는 점 등을 감안한다면 범죄수사분야에 도움을 줄 수 있는 충분한 잠재력이 있다고 판단된다.

참고문헌

김용화. (2002). "한국의 살인범 Profiling 모형에 관한 연구", 「박사학위논문」, 동국대학교 대학원.

박광배·배현정, (2001). "범죄자 프로파일링의 유용성: 수사실무를 위한 미시적 활용과 정책평가를 위한 거시적 활용", 「한국심리학회지」, 21(1): 1-24.

박지선·최낙범, (2011). "범죄자 프로파일링 관련 신문기사 내용분석", 「한국경찰연구」, 10(3): 35-53.

임준태. (2004). "강력범죄에서의 범죄자 유형 분석기법(Criminal Profiling)의 도입에 관한 연구: 연쇄살인범을 중심으로", 「한국공안행정학회보」, 17: 351-387.

정세종. (2012). "범죄자 프로파일링에 관한 비판적 고찰", 「한국범죄심리연구」, 8(2): 149-164.

_____. (2014). "범죄자 프로파일링의 효용성 평가", 「한국콘텐츠학회논문지」, 14(11): 686-694.

허경미. (2007). "연쇄강간범의 프로파일링 과정에 관한 연구", 「교정연구」, 34: 85-108.

홍성열. (2011). 「범죄자 프로파일링」, 서울: 학지사.

Bourque, J., LeBlanc, S., Utzschneider, A., & Wright, C., (2009). *The effectiveness of profiling from a national security perspective*. Ottawa, Canada: Canadian Human Rights Commission.

Dern, H., Dern, C., Horn, A., & Horn, U., (2009). "The Fire Behind the Smoke: A Reply to Snook and Colleagues", *Criminal Justice and Behavior*, 36: 1085-1090.

Devery, C., (2010). "Criminal Profiling and Criminal Investigation", *Journal of Contemporary Criminal Justice*, 26(4): 393-409.

Gilbert, J. N., (2010). *Criminal Investigation*(8th eds), New Jersey: Prentice Hall.

Kocsis, R. N., Irwin, H. J., Hayes, A. F., & Nunn, R., (2000), "Expertise in Psychological Profiling: A Comparative Assessment", *Journal of Interpersonal Violence*, 15: 311-331.

Kocsis, R. N., (2004). "Psychological Profiling of Serial Arson Offenses an Assessment of Skills and Accuracy", *Criminal Justice and Behavior*, 31:

341-361.

Muller, D. A., (2000). "Criminal Profiling: Real science or Just wishful thinking?", *Homicide Studies*, 4: 234-263.

Pinizzotto, A. J & Finkel, N. J., (1990). "Criminal Personality Profiling: An Outcome and Process Study", *Law and Human Behavior*, 14(3): 215-233.

Ressler, R. K., Burgess A. W., & Douglas, J. E., (1995). *Sexual Homicide: Patterns and Motives*, New York: The Tree Press.

Snook, B., Eastwood, J., Gendreau, P., Goggin, C., & Cullen, R. M., (2007). "Taking Stock of Criminal Profiling: A Narrative Review and Meta-Analysis", *Criminal Justice and Behavior*, 34: 437-453.

Snook, B., Taylor, P. and Bennell, C., (2007). "Criminal Profiling Belief and Use: A Study of Canadian Police Officer Opinion", *The Canadian Journal of Police and Security Services*, Vol.5, pp. 1-11.

Copson, G. *Coals to Newcastle? Part One: A study of offender profiling*, Police Researcher Group, Home Office Police Department, 1995. In Snook, B., Taylor, P. and Bennell, C. "Criminal Profiling Belief and Use: A Study of Canadian Police Officer Opinion", *The Canadian Journal of Police and Security Services*, Vol.5, pp. 1-11, 2007.

Snook, B., Cullen, R. M., Bennell, C., Taylor, P., & Gendreau, P., (2008). "The Criminal Profiling Illusion: What's Behind the Smoke and Mirrors?", *Criminal Justice and Behavior*, 35: 1257-1276.

Trager, J. and Brewster, J. "The Effectiveness of Psychological Profiles", *Journal of Police and Criminal Psychology*, Vol.16, No.1, pp. 20-28, 2001.

Turvey, B. E., (2011). *Criminal Investigation(4th eds): An Introduction to Behavioral Evidence Analysis*, New York: Academic Press.

검찰 축소기소! 유전무죄, 무전유죄?[1)]

Ⅰ. 문제제기

대한민국은 국가가 형벌권을 독점하고 있다. 범죄가 발생하면 경찰, 검찰 등 수사기관만이 수사를 개시·진행할 권한을 가지고 수사를 통해서 범죄혐의가 밝혀진 경우에도 오직 검사만이 형사재판을 청구할 수 있으며 법원은 공소제기된 사실에 한정해서 심판하게 된다. 그리고 만약 유죄판결을 받게 되면 검사의 지휘에 따라 교정기관에서 형을 집행한다(정세종, 2012: 164).

다시 말하면, 설령 범죄피해자라고 하더라도 일반 시민들은 원칙적으로 수사, 기소, 재판, 형집행에 관여할 수 없는 구조를 띠고 있다. 따라서 경찰, 검찰, 법원, 교정기관을 아우르는 형사사법기관들이 각기 신실(信實)하고 공정하게 법집행활동을 수행해야만 시민들이 신뢰할 수 있는 적절한 형벌권 행사가 이루어질 수 있다.

그러나 필자는 '정○○' 사건에 관한 언론보도와 판결문들을 검토하면서 검찰

---

1) 검찰의 축소기소는 경찰수사와 직접적인 관련성은 없지만 검찰과 경찰의 수사권조정 혹은 수사와 기소 분리 차원에서 논의할 실익이 크기 때문에 본서에서 다루고자 한다.

이 탈법적으로 기소권을 행사할 수 있고 이로 인해서 국가의 형벌권행사가 심각하게 왜곡될 수 있으며 결과적으로 형사사법에 대한 시민의 신뢰가 심각하게 훼손될 수 있다는 사실을 확인하게 되었다.

구체적으로 언급하면, 2016년 5월 2일 한겨레신문 제1면에 "'정○○ 횡령' 정황에도 검찰, 도박만 기소했다"는 제목의 기사가 실렸다. 이 기사에서는 "1심 재판 판결문과 검찰 관계자들의 증언을 토대로 검찰 출신 변호사들의 로비에 따라 검찰이 ㈜A 대표 정○○의 회삿돈 횡령 정황을 확인하고도 상습도박 혐의만으로 축소 기소했다는 의혹"을 다루고 있었다.

처음에는 위 기사내용을 전적으로 신뢰할 수 없었다. 단순한 추측성 보도이거나 오보일 가능성에 더 큰 비중을 두었다. 왜냐하면, 기업체 대표가 상습적으로 해외 카지노를 방문하여 100억원 이상의 도박을 하였을 경우에는 외환거래의 특성상 회사(법인)자금을 활용할 수밖에 없다는 점에 초점을 맞추고 수사를 진행하는 것이 기본이기 때문이었다.

하지만 ① 정○○의 상습도박 사건 1심 판결문,[2] ② 정○○의 특정경제범죄가중처벌등에관한법률위반(횡령) 사건 1심 판결문[3]을 살펴본 결과, 위 보도내용을 전적으로 부정할 수 없었다.

사실관계는 첫째, 검찰이 정○○의 횡령혐의 등을 누락하고 상습도박만으로 축소기소 했다. 둘째, 이러한 사실이 언론보도 등으로 시중에 알려지자 검찰은 여론의 거센 뭇매를 맞았다. 셋째, 비난 여론을 의식한 검찰은 정○○를 특정범죄가중처벌법위반(횡령)으로 각각 수사 및 기소하였고 유죄 확정판결을 받았다고 정리할 수 있다.

이와 같이 검찰이 여러 건의 범죄혐의를 인식하였더라도 피고인의 형량을 낮추는 등의 편의를 봐주기 위해서 공소사실을 누락시키는 행위를 '축소기소'로 정의하고 논의를 진행하고자 한다. 왜냐하면, 지금까지도 학계에서는 검찰의 이러한 탈법적인 기소행위를 공론화하지 못했고 결과적으로 적절하게 통용될 수 있는 용어를 개념화하지 못했기 때문이다.

선행연구들은 ① '일부기소'를 공소불가분의 원칙과 관련해서 검토한 연구(윤

---

2) 서울중앙지방법원 2015. 12. 18, 2015고단6337 판결.
3) 서울중앙지방법원 2017. 1. 13, 2016고합612 판결.

동호, 2014), ② '누락기소', '선별기소', '차별기소' 등을 공소권 남용이론을 적용해서 논의한 연구(이보영, 2007; 이창섭, 2009; 이찬엽, 2010), ③ 공소장변경의 범위와 효력에 관한 연구(안동준, 2007; 이존걸, 2015), ④ 검찰의 불기소처분과 불복방법에 관한 연구(김재윤, 2009; 조상제, 2009; 윤영철, 2009), ⑤ 시민참여를 통한 검찰의 기소권 통제에 관한 연구(정한중, 2009; 김태명, 2010; 장승일, 2013), ⑥ 법왜곡죄 도입에 관한 연구(허일태, 1998; 전지연, 2004; 서보학, 2014) 등으로 요약할 수 있다. 하지만 축소기소를 연구문제로 설정하고 주요 사건과 판결문의 분석을 토대로 법적 쟁점들을 도출하며 이를 토대로 개선방안을 도모한 연구들은 찾아보기 어려웠다.

따라서 본 단원에서는 축소기소라는 탈법 혹은 편법행위를 가능하게 만드는 법리들을 검토하고 이를 억제할 수 있는 현행 제도들의 적용가능성과 그 한계를 살펴보며 궁극적으로 입법론적 제언을 모색하고자 한다.

Ⅱ. 관련 판결문 분석

1. 정○○의 상습도박 사건 1심 판결문[4]

1) 범죄사실의 요지

피고인은 ㈜A의 대표이사이고, ㈜B를 실질적으로 운영하고 있다. 피고인은 2012. 3.경부터 2014. 10.경까지 사이에 마카오 소재 씨오디호텔 등과 마닐라 소재 솔레오호텔에서 상습적으로 한화 약 101억원 상당의 돈을 걸고 바카라 도박을 수백회 이상 하였다.

2) 판결요지

재판부는 유죄(징역 1년)를 선고하고, 그 이유를 "피고인은 2012. 3.경부터 2014. 10.경까지 도박을 위하여 마카오, 필리핀 등으로 출국하여 현지 도박업자로부터 수십억원의 도박자금을 빌려 1회 베팅액이 수억원에 이르는 도박을 하고 한국에서 환치기 업자를 통하여 국외로 송금하여 도박 빚을 갚는 방식으로

---

4) 서울중앙지방법원 2015. 12. 18, 2015고단6337 판결.

상습적으로 고액의 국외 원정도박을 하였는바, 그 액수가 합계 100억 원 이상에 달한다. … 그 범행 과정에서 도박자금의 국외 송금이 이루어짐에 따라 국내 자금의 불법적인 국외 유출이 초래되는 등 부수적인 사회적 해악과 부작용도 상당하다. 이러한 점을 고려할 때 피고인에 대한 엄중한 처벌이 필요하다."라고 밝혔다.

3) 검토

판결문에는 아래와 같은 내용이 범죄사실의 전제사실로써 명시되어 있다.

> "피고인은 마카오, 필리핀 등 동남아 일대 카지노의 고액 원정도박 전용 정켓(Junket)방(카지노에 보증금을 내고 빌리는 바카라 하우스를 의미함)에서 위 정켓방을 운영하는 조직폭력배 등으로부터 수십억 원의 카지노 칩을 빌려 1회 최고 베팅액이 수억 원에 이르는 바카라 도박을 한 후, 한국으로 돌아와 '환치기' 조직원에게 도박대금을 지급해 마카오 등지로 외화를 송출하고, 수사기관의 원정도박 단속을 피하기 위해 ㈜A와 ㈜B 등이 보유하는 자금을 이용해 도박빚 정산대금을 세탁하기도 하였다."

필자 입장에서는 위와 같은 내용을 기재한 이유에 대해서 구체적으로 확인할 수는 없지만 언론보도내용,[5] 관련 법령,[6] 실무교재[7] 등을 토대로 추정해보면 재판부에서는 정○○의 횡령 혹은 외국환관리법위반 혐의를 확인했으나 상습도박에 대해서만 판결한다는 아쉬움을 간접적으로 표현했을 것이라고 판단된다.

여기에서 탄핵주의, 불고불리의 원칙, 공소장변경요구 가능성 등이 주요한 법적 쟁점으로 도출되고 이러한 검찰의 축소기소를 통제할 수 있는 현행제도와 그 한계를 검토할 필요성이 제기된다.

---

5) 한겨레신문은 "재판부가 검찰의 '봐주기 기소'를 겨냥해 의도적으로 이를 적시한 게 아니냐는 말이 나온다."고 보도했다(2016년 5월 2일 제3면).

6) 「형사소송법」 제323조 제1항에서는 "형의 선고를 하는 때에는 판결이유에 범죄될 사실, 증거의 요지와 법령의 적용을 명시하여야 한다."고 규정하고 있다.

7) "유죄판결에서 명시하여야 할 '범죄될 사실'이란 공소사실의 범위 내에서 법원이 인정하는 범죄사실"을 의미한다(사법연수원, 2012: 113). 하지만 본 판결문에서는 '전제사실'이라는 제목 하에 위와 같이 명시하였다.

2. 정○○의 특정경제범죄가중처벌법위반(횡령) 1심 판결문[8]

1) 범죄사실의 요지

피고인은 ㈜A의 대표이사이고, ㈜B를 실질적으로 운영하고 있다.

(1) ㈜A 법인자금 횡령

피고인은 위 회사의 법인자금을 업무상 보관하던 중, 2015. 1. 2.경부터 같은 해 2. 12.까지 합계 17억 9,200만원을 허위 회계처리하는 방법을 통해 임의로 인출하여 도박채무 정산, 생활비 등 개인적인 용도에 임의 사용하여 횡령하였다.

(2) ㈜B 법인자금 횡령

피고인은 위 회사의 법인자금 90억원을 업무상 보관 중, 2015. 2. 13. 30억원, 같은해 6. 4.경 38억 600만원 등을 도박채무 정산, 생활비 등의 개인적인 용도에 임의 사용하는 등 ㈜B의 법인자금 총 90억 원을 횡령하였다.

2) 판결요지

재판부는 피고인이 ㈜A의 자금을 인출하는 과정에서 기안 등 내부 절차를 거치거나 이자나 변제기의 약정을 한 사실은 없다는 점과 절차상 ㈜B의 회사 돈을 인출할 수 없다는 사실을 알면서도 임의로 인출하였다는 점을 모두 인정하고 유죄를 선고하였다.

3) 검토

2016년 5월 2일 한겨레신문 제3면에서는 최초 정○○의 횡령 등 혐의를 수사하지 않은 이유에 대해서 검찰 관계자 등이 "당시 정씨가 제출한 회계 관련 자료를 보니, 회사 계좌에 개인돈을 수시로 넣고 빼고 한 것으로 나타났다. 정씨의 개인돈이 워낙 많은데다, ㈜A가 비상장이고 개인회사 비슷해서 횡령이라고 보기 어려웠다. 그리고 정씨가 여러 차례에 걸쳐 100억원을 송금했기 때문에 외국환거래법[9]에서 정한 신고금액을 넘지 않았었다."고 해명했다는 사실을 보도

---

8) 서울중앙지방법원 2017. 1. 13, 2016고합612 판결.
9) 「외국환거래법」에서는 거주자(대한민국에 주소 또는 거소를 둔 개인과 주된 사무소를 둔 법

했다. 하지만 초보적인 법률지식을 지닌 사람이라도 위와 같은 변명을 쉽게 납득할 수 없을 것이다.

구체적으로 살펴보면, 재판부는 판결문에서 횡령죄의 기본적인 법리를 다음과 같이 언급했다. ① 회사의 대표이사 또는 그에 준하여 회사 자금의 보관이나 운용에 관한 사실상의 사무를 처리하여 온 자가 회사를 위한 지출 이외의 용도로 거액의 회사 자금을 가지급금 등의 명목으로 인출·사용하면서 이사회 결의 등 적법한 절차를 거치지 않았음은 물론 이자나 변제기의 약정조차 없었다고 한다면 이는 통상 용인되는 직무권한이나 업무의 범위를 벗어나 대표이사 등의 지위를 이용하여 회사 자금을 사적인 용도로 대여·처분하는 것과 다를 바 없고, 이러한 행위는 형법상 횡령죄에 해당한다.[10] ② 주식회사는 주주와는 독립한 별개의 권리주체로서 회사와 주주 사이에 그 이해관계가 반드시 일치하는 것은 아니므로, 회사의 자금을 회사의 업무와 무관하게 주주나 대표이사 개인의 채무 변제, 증여나 대여 등과 같은 사적인 용도로 지출하였다면 횡령죄의 죄책을 면할 수 없고, 이는 1인 회사의 경우에도 마찬가지이다.[11] ③ 횡령죄에 있어서 불법영득의사란 자기 또는 제3자의 이익을 꾀할 목적으로 임무를 위배하여 보관하고 있는 타인의 재물을 자기의 소유인 경우와 같이 처분하는 의사를 말한다. 사후에 이를 반환하거나 변상, 보전하려는 의사가 있다 하더라도 불법영득의 의사를 인정함에는 지장이 없으며, 그와 같이 사후에 변상하거나 보전한 금액을 횡령금액에서 공제해야 하는 것도 아니다.[12] ④ 주식회사의 주식이 사실상 1인 주주에 귀속되는 1인 회사에 있어서도 회사와 주주는 분명히 별개의 인격이어서 1인 회사의 재산이 곧바로 그 1인 주주의 소유라고 볼 수 없다. 따라서 사실상 1인 주주라고 하더라도 회사의 자금을 임의로 처분한 행위는 횡령죄를 구성한다.[13]

인)간에 외국환업무취급기관을 통하지 아니하고 지급 또는 수령을 하는 경우에는 대통령령으로 정하는 바에 따라 그 지급 또는 수령의 방법을 기획재정부장관에게 미리 신고하여야 하고, 신고의무를 위반한 금액이 5억원 이상의 범위에서 25억원을 초과하는 자는 1년 이하의 징역 또는 1억원 이하의 벌금에 처하도록 규정하고 있다(「외국환거래법」 제3조 제14호, 제16조 제4호, 제29조 제3호, 「외국환거래법 시행령」 제40조 제1항 제1호 참조).

10) 대법원 2006. 4. 27, 2003도135 판결 등 참조.
11) 대법원 2005. 4. 29, 2005도741 판결 등 참조.
12) 대법원 2010. 5. 27, 2010도3399 판결 등 참조.
13) 대법원 2010. 4. 29, 2007도6553 판결 등 참조.

결과적으로 사실상 1인 회사라도 대표이사 등이 적법한 절차를 거치지 않고 법인자금을 사적인 용도로 사용하였다면 사후에 이를 반환할 의사가 있었다고 하더라도 횡령죄가 성립한다고 정리할 수 있다. 따라서 수사 및 법률전문가인 검찰이 주식회사 대표이사가 벌인 101억 상당의 해외원정 상습도박행위를 기소 하면서 국내외에서 지출된 도박자금을 순전히 개인자금으로만 충당했다는 주장을 곧이곧대로 받아들였다는 점은 납득하기가 곤란하고 축소기소 혹은 소위 봐주기 기소를 하였을 것이라고 추정해 볼 수 있다.

Ⅲ. 축소기소의 법적 쟁점

이하에서는 축소기소와 관련된 법적 쟁점들인 ① 기소유예와 이동(異同), ② 공소권 남용이론의 적용가능성, ③ 법원의 공소장변경요구와 그 한계, ④ 축소 기소에 대한 불복수단과 그 한계, ⑤ 축소기소행위에 대한 형사책임을 중심으로 논의를 진행하고자 한다.

1. 기소유예와 구별

「형사소송법」 제247조에서는 "검사는 「형법」 제51조의 사항[14]을 참작하여 공 소를 제기하지 아니할 수 있다."고 규정함으로써 기소편의주의를 채택하고 있 다. 기소편의주의는 검사에게 객관적 혐의가 존재하고 유죄판결의 가능성이 높 음에도 불구하고 형사정책적인 고려에서 기소유예처분을 할 수 있도록 허용하는 절차상의 원칙이라고 할 수 있다(조상제, 2009: 592).

검찰실무에서 기소유예는 그 기록이 수사경력자료로써 관리되기 때문에 공식 적인 수사종결방식으로 다루어진다.[15] 이에 반하여 축소기소는 비공식적이거나 묵시적으로 이루어질 가능성이 크기 때문에 기소되지 않은 나머지 범죄사실을 은폐하는데 악용될 소지가 더 크다.

---

14) 「형법」 제51조에서는 양형의 조건으로 ① 범인의 연령, 성행, 지능과 환경, ② 피해자에 대한 관계, ③ 범행의 동기, 수단과 결과, ④ 범행 후의 정황을 규정하고 있다.

15) 「형의 실효 등에 관한 법률」 제2조, 제8조의2 참조.

2. 공소권 남용이론의 적용가능성

공소권 남용은 공소권의 행사가 형식적으로 적법하나 실질적으로 부당한 경우를 말하고 공소권 남용이론이란 공소권 남용이라고 인정될 경우에는 공소기각 또는 면소 판결 등 형식 재판에 의하여 소송을 종결시켜야 한다는 이론을 말한다(임동규, 2011: 282).

공소권 남용의 유형으로는 ① 무혐의 사건의 기소, ② 피의사건의 성격이나 내용, 정상관계 등을 비추어 봤을 때 기소유예를 해야 마땅함에도 공소를 제기하는 경우,[16] ③ 동일한 사건으로 입건된 여러 피의자들 중 일부만 기소하고 나머지는 기소유예 하는 경우,[17] ④ 검사가 동시에 수사하여 함께 기소함이 당연한 사건의 일부를 누락하여 먼저 기소한 사건에 대하여 항소심판결이 선고된 후에 누락된 사건을 기소하는 경우[18] 등이 언급되고 있다(이보영, 2007: 175-176; 윤영철, 2009: 320; 배종대 등, 2011: 231-235; 임동규, 2011: 282-286).

하지만 공소권 남용은 공소권의 행사가 실질적으로 부당한 경우를 의미하므로 공소권의 부당한 불행사, 즉 부당한 불기소처분은 여기에 포함되지 않는다고 해석해야 한다(이보영, 2007: 166). 왜냐하면 검사의 공소권 남용으로부터 피고인을 보호하기 위해서 개발된 법리가 공소권 남용이론이라고 할 수 있기 때문이다(임동규, 2011: 282). 따라서 축소기소에 공소권 남용이론을 적용하기는 어렵다.

3. 법원의 공소장 변경요구와 그 한계

정○○의 상습도박 1심 재판 판결문에는 전제사실로 "피고인은 … '환치기' 조직원에게 도박대금을 지급해 마카오 등지로 외화를 송출하고, … ㈜B 등이 보유하는 자금을 이용해 도박빚 정산대금을 세탁하기도 하였다."고 명시되어 있

---

16) '소추재량권의 일탈'로 논의되고, 판례는 "검사가 자의적으로 공소권을 행사하여 소추재량권을 현저히 일탈하였다고 보여지는 경우에는 이를 공소권 남용으로 보아 공소제기의 효력을 부인할 수 있다."는 태도를 보인다(대법원 2001. 10. 9, 2001도3106 판결). 이 판례에 대해서 윤영철(2009: 320)은 대법원이 검사의 기소재량권 일탈기준으로 제시한 것은 "피고인에게 실질적인 불이익"을 초래한 경우라고 강조했다. 따라서 피고인에게 유리한 축소기소는 소추재량권 일탈로 보기는 어렵다.
17) 일반적으로 '선별기소' 혹은 '차별기소'라고 명명된다.
18) 일반적으로 '누락기소'라고 불린다.

다는 점은 이미 언급한 바와 같다. 여기에서 법원이 소송진행 과정에서 축소기소를 바로잡을 수 있었다면 형사사법시스템의 왜곡을 막을 수도 있었다는 아쉬움이 남는다. 이하에서는 형사소송법에 규정된 법원의 공소장 변경요구를 중심으로 살펴보고자 한다.

우리나라의 형벌권 발동체계는 불고불리(不告不理)의 원칙과 국가소추주의를 근간으로 하고 있다. 즉, 형사소송은 검사의 공소제기에 의해 개시되고 법원은 검사가 기소하지 않은 범죄사실에 대해서는 심판할 수 없다(「형사소송법」 제246조; 배종대 등, 2011: 409-410). 그럼에도 불구하고, 동법 제298조 제2항에서는 "법원은 심리의 경과에 비추어 상당하다고 인정할 때에는 공소사실 또는 적용법조의 추가 또는 변경을 요구하여야 한다."고 규정하고 있다. 하지만 이 조항은 최초 공소사실에 대한 동일성이 인정되는 범위 내에서 피고인의 방어권을 보호하거나 무죄판결을 억제하는 한도에서 소극적으로 해석하여야만 하고 검찰의 축소기소에 대해서 재판부의 공소장변경요구는 실정법상 곤란하다고 판단된다(이존걸, 2015: 167-169).

대법원 또한 "형사재판에 있어서 법원의 심판대상이 되는 것은 공소장에 기재된 공소사실과 예비적 또는 택일적으로 기재된 공소사실, 그리고 소송의 발전에 따라 추가 또는 변경된 사실에 한 하는 것이고, 공소사실과 동일성이 인정되는 사실이라 할지라도 위와 같은 공소장이나 공소장변경신청서에 공소사실로 기재되어 현실로 심판의 대상이 되지 아니한 사실은 법원이 그 사실을 인정하더라도 피고인의 방어에 실질적 불이익을 초래할 염려가 없는 경우가 아니면 법원이 임의로 공소사실과 다르게 인정할 수 없다."고 소극적인 태도를 보이고 있다.[19]

4. 축소기소에 대한 불복수단과 그 한계

일반적으로 검사의 불기소 처분에 대한 불복방법으로는 검찰항고(재항고), 재정신청, 헌법소원 등이 언급되고 있고 이하에서 이러한 제도들이 축소기소를 통제할 수 있는지 살펴보고자 한다.

---

19) 대법원 1991. 5. 28, 90도1977 판결 참조.

(1) 검찰항고(재항고)

검사의 불기소처분에 불복하는 고소인이나 고발인은 그 검사가 속한 지방검찰청 또는 지청을 거쳐 서면으로 관할 고등검찰청 검사장에게 항고할 수 있고, 그 항고를 기각하는 처분에 불복하거나 항고를 한 날부터 항고에 대한 처분이 이루어지지 아니하고 3개월이 지났을 때에는 그 검사가 속한 고등검찰청을 거쳐 서면으로 검찰총장에게 재항고할 수 있다(「검찰청법」 제10조 제1항, 제3항). 여기에서 검찰항고(재항고)의 주체는 불기소처분에 불복하는 고소인이나 고발인에 한정된다는 점에 주목할 필요가 있다. 따라서 고소・고발사건이 아닌 검찰에서 범죄첩보를 입수하고 내사를 거쳐 수사를 개시・진행하는 소위 '인지사건'에는 원천적으로 적용이 배제된다. 또한 고소・고발 사건이라도 검사동일체의 원칙에 충실하고 조직보호를 우선시 하는 분위기가 팽배한 상황에서 사실상 검찰항고(재항고)가 축소기소를 통제하기는 어렵다고 볼 수 있다.

(2) 재정신청

고소권자로서 고소를 한 자[20]는 검사로부터 공소를 제기하지 아니한다는 통지를 받은 때에는 검찰항고를 전치한 후 그 검사 소속의 지방검찰청 소재지를 관할하는 고등법원에 그 당부에 관한 재정을 신청할 수 있다(「형사소송법」 제260조 제1항, 제2항). 재정신청의 경우에도 신청권자는 원칙적으로 고소인에 한정된다. 따라서 도박, 성매매, 마약, 법인대표의 횡령, 배임 등 피해자를 특정하기 곤란하거나 사실상 고소하기 어려운 범죄에 대한 축소기소에 대해서 재정신청제도는 무용지물이라고 할 수 있다.

(3) 헌법소원

「헌법재판소법」 제68조 제1항에서는 "공권력의 행사 또는 불행사(不行使)로 인하여 헌법상 보장된 기본권을 침해받은 자는 법원의 재판을 제외하고는 헌법재판소에 헌법소원심판을 청구할 수 있다. 다만, 다른 법률에 구제절차가 있는 경우에는 그 절차를 모두 거친 후에 청구할 수 있다."고 규정하고 있다. 따라서 불기소처분을 받은 고소인이 아닌 범죄피해자는 검사의 불기소처분으로 인한 법정진술권과 평등권이 침해되었다는 취지의 헌법소원을 제기할 수 있다(윤영철,

---

20) 「형법」 제123조부터 제126조까지의 죄에 대하여는 고발을 한 자를 포함한다.

2009: 332). 헌법소원도 재정신청과 마찬가지로 피해자가 이의를 제기하기 곤란한 범죄에 대한 축소기소를 통제하기는 현실적으로 어렵다고 여겨진다.

5. 축소기소 행위에 대한 형사 책임

만약 검찰이 정○○의 횡령혐의를 확인하고도 의도적으로 상습도박만으로 축소기소 하였다면 이에 대한 형사책임을 물을 수 있을지 여부와 가능하다면 어떠한 범죄로 처벌할 수 있을까?에 대한 검토가 필요하다. 이하에서는 직무유기를 중심으로 살펴보고자 한다.

일반적으로 직무유기죄는 공무원이 정당한 이유 없이 그 직무수행을 거부하거나 그 직무를 유기한 경우에 성립한다(「형법」 제122조). 따라서 ① '직무'의 범위, ② 실행행위(직무수행거부 및 직무유기)로 나누어서 살펴보는 것이 바람직하지만 공소의 제기는 검사의 직무에 명확하게 포함되기 때문에 실행행위를 중심으로 논의한다(「검찰청법」 제4조 제1항 제1호).

일반적으로 직무수행거부는 직무를 능동적으로 수행할 의무가 있음에도 불구하고 이를 수행하지 않는 것을 말하고, 직무유기는 직무에 관한 의식적인 방임 내지는 포기 등 정당한 이유 없이 그 직무를 수행하지 않는 경우를 의미한다(이재상, 2010: 709; 오병두, 2013: 588; 신호진, 2014: 949).

한편, 판례는 ① 직무유기죄는 공무원이 법령·내규 등에 의한 추상적 충근의무를 태만히 하는 일체의 경우에 성립하는 것이 아니라, 직장의 무단이탈이나 직무의 의식적인 포기 등과 같이 국가의 기능을 저해하고 국민에게 피해를 야기시킬 구체적 위험성이 있고 불법과 책임비난의 정도가 높은 법익침해의 경우에 한하여 성립하고,[21] ② 어떠한 형태로든 직무집행의 의사로 자신의 직무를 수행한 경우에는 그 직무집행의 내용이 위법한 것으로 평가된다는 점만으로 직무유기죄의 성립을 인정할 수 없다[22]는 태도를 보이고 있다.

따라서 본건 검찰의 축소기소는 공소권에 내포된 다소간의 재량과 형식적이나마 일부의 수사 및 기소가 이루어진 점 등을 고려해볼 때 위법의 여지는 크지만 직무유기죄로 포섭하기는 어려울 것으로 보인다(서보학, 2014: 235).

---

21) 대법원 2012. 8. 30, 2010도13694 판결 등 참조.
22) 대법원 2007. 7. 12, 2006도1390 판결 등 참조.

Ⅳ. 검찰의 축소기소 억제방안

검찰의 축소기소는 비공식적이고 묵시적으로 행해질 수 있다는 점에서 전관 예우 등 법조비리의 토양을 제공하는 등 다양한 문제점들을 유발하지만 공소권의 불행사라는 점에서 공소권 남용이론을 적용할 수 없고 불고불리의 원칙상 법원이 개입하기도 불가능하며 피해자를 특정하기 곤란한 범죄에 대해서는 사실상 불복할 수 있는 수단이 없다는 점은 이미 언급한 바와 같다. 이하에서는 이를 억제할 수 있는 방안에 대해서 살펴보고자 한다.

1. 법왜곡죄 도입

축소기소행위만을 오롯이 처벌할 수 있는 실정법적 근거를 찾아보기 어려웠다. 따라서 입법론으로 독일, 러시아, 중국 등에서 적용하고 있는 법왜곡죄의 도입을 조심스럽게 검토할 필요성이 크다(허일태, 1998; 전지연, 2004; 서보학, 2014).

독일 「형법」 제339조에서는 "법관, 기타 공무원 또는 중재법관이 법률사건을 지휘하거나 재판함에 있어 당사자 일방에게 유리하게 또는 불리하게 법률을 왜곡한 경우에는 1년 이상 5년 이하의 자유형에 처한다."고 규정하고 있다(법무부, 2008: 251). 서보학(2014: 239)은 위 죄를 일정한 신분을 가진 자만이 범할 수 있는 신분범인 동시에 의무범의 성격을 갖는다고 해석한다.

법왜곡은 적용하여야 할 법규를 적용하지 않거나 법규를 그릇되게 적용함을 말하고, ① 사실관계 조작, ② 실체법 및 절차법에서의 기본법규 및 원칙의 위반, ③ 재량권 남용으로 분류되고 있다(전지연, 2004: 194; 서보학, 2014: 241). 만약 법왜곡죄가 도입된다면 이 단원의 사례처럼 검찰이 당사자 일방이 유리하게 공소권을 왜곡되게 행사한다면 법왜곡죄로 처벌받을 수 있게 된다.[23] 이는 축소기소에 대한 가장 강력한 억제책이 될 수 있을 것으로 쉽게 예상할 수 있다.

---

23) 전지연(2004: 215)은 "판사, 검사 기타 법률사건을 담당하는 공무원이 법률사건을 처리함에 있어 법을 왜곡하여 당사자 일방을 유리 또는 불리하게 만든 때에는 1년 이상의 유기징역에 처한다."라고, 서보학(2014: 250)은 "판사, 검사가 법률사건을 처리함에 있어 법을 왜곡하여 당사자 일방을 유리 또는 불리하게 만든 때에는 1년 이상의 유기징역에 처한다."라고 각각 법률안을 제시하고 있다.

2. 불기소처분에 대한 시민참여 방안 모색

검찰의 불기소처분에 시민들이 직접 참여하여 투명성과 민주성을 확보할 수 있는 방안도 살펴볼 가치가 적지 않다. 이하에서는 비교법적으로 일본의 검찰심사회 제도를 소개하고 국내 도입가능성을 검토하고자 한다.

검찰심사회는 ① 검찰의 불기소 처분의 당부[24]를 심사하고 검찰사무의 개선에 관한 건의나 권고를 하는 것을 임무로 하고, ② 원칙적으로 중의원 선거권을 가진 국민들 중 무작위로 추출된 11명으로 구성하며, ③ 전원의 출석이 요구되고 과반수로 의사결정[25]을 내리지만 '기소상당' 결정을 함에 있어서는 8인의 찬성이 요구되고, ④ 궁극적으로 '기소상당' 결정은 법원의 공소를 강제하게 된다(정한중, 2009: 223-225; 표성수, 2009: 192-195; 김태명, 2010: 166-169).

검찰심사회 제도는 한마디로 일반 시민들이 검찰불기소의 당부를 심사하고 만약 검찰처분이 부당하다면 의결을 통해서 공소를 강제할 수 있는 민주적 검찰통제시스템이라고 요약할 수 있다. 개인적으로는 이 제도가 반드시 벤치마킹 되어야 한다고 생각한다. 물론 적지 않은 행정비용이 소요되고 구성원들의 법적 지식이 미미할 수 있다는 비판도 예상되지만 무엇보다도 검찰처분의 투명성과 형사사법에 대한 시민들의 신뢰를 제고할 수 있기 때문이다.

3. 재정신청권자의 범위 확대

「형사소송법」 제260조에 따를 때, 검사의 불기소처분에 대해서 원칙적으로 고소인만이 고등법원에 그 당부에 관한 재정을 신청할 수 있다. 따라서 사실상 고소하기 어려운 범죄에 대해서는 재정신청제도를 활용할 수 없다는 점은 이미 언급한 바와 같다. 여기에서 고발인에게도 재정신청을 할 수 있는 권한을 부여할 필요성이 제기된다.

범죄의 피해자 또는 그와 일정한 관계가 있는 고소권자만이 수사기관에 범죄

---

24) 고소인·고발인·범죄피해자의 신청을 받아 심사를 진행하는 것이 원칙이나 과반수의 의결이 있는 때에는 스스로 지득한 정보에 의하여 직권으로 불기소의 당부를 심사할 수 있다(표성수, 2009: 193).

25) 심의결과, 기소가 상당하다고 판단되면 '기소상당', 불기소 처분이 부당하면 '불기소 부당', 불기소처분이 상당하면 '불기소 상당' 결정을 각각 내리게 된다(김태명, 2010: 168).

사실을 신고하고 범인의 처벌을 구하는 고소를 제기할 수 있지만 누구든지 범죄가 있다고 사료하는 때에는 '고발'은 할 수 있다(형사소송법 제223조~제227조, 제234조). 따라서 만약 고발인도 재정신청을 할 수 있도록 개정된다면 사실상 검찰의 모든 불기소처분에 대해서 법원의 재심사 가능성을 열어놓게 된다. 결과적으로 축소기소에 대한 효과적인 억제책으로 활용될 수 있다.[26]

하지만 악의적인 고발을 적절하게 통제하지 못한다면 경찰, 검찰, 법원 모두 업무량의 폭증을 경험할 것이라고 쉽게 예상할 수 있다. 따라서 타인으로 하여금 형사처분 또는 징계처분을 받게 할 목적으로 수사기관에 허위로 고발할 경우에는 무고죄를 엄격하게 적용하고, 「형사소송법」 제188조[27]에 따라 소송비용을 부담하게 하는 등의 방법으로 부작용을 최소화하여야 할 것이다.

4. 경찰과 검찰의 수사권 조정

만약 언론을 통해서 공론화되지 않았다면 정○○에 대한 축소기소는 그대로 묻히고 말았을 것이다. 검찰이 축소기소라는 무리수를 둘 수 있었던 배경에는 수사권과 공소권을 독점하고 있는 자신들은 수사의 성역에 존재한다는 오만함이 도사리고 있다.

법왜곡죄를 도입하고 이미 시행되고 있는 「청탁금지법」을 엄격하게 적용한다면 축소기소에 대한 통제수단으로 활용될 수 있다는 점은 이미 언급한 바와 같다. 하지만 경찰과 검찰사이에 합리적인 수사권 배분이 선행되어 위와 같은 성역을 무너뜨리지 못한다면 아무리 훌륭한 법률이라도 실효성을 확보하기 곤란하다.

경찰에게 수사권을 넘기고 검찰은 공소권만을 행사하라는 주장에 공감하는 바는 아니다. 경찰은 독자적 권한을 토대로 수사에 전념하고, 검찰은 공소권 행사와 더불어 공무원 범죄 등 사회의 거악을 도려내는 업무를 계속해야 한다. 경찰의 비리는 검찰에서 철저하게 수사해서 처벌하고 검찰 또한 경찰의 수사대상에서 벗어날 수 없는 시스템을 구축함으로써 궁극적으로 형사사법에 대한 시민들의 신뢰를 회복시켜야 할 것이다.

---

26) 같은 취지의 형사소송법 일부개정법률안(2017. 1. 18. 박영선 등 11인, 의안번호: 5144) 참조.
27) 「형사소송법」 제188조에서는 "고소 또는 고발에 의하여 공소를 제기한 사건에 관하여 피고인이 무죄 또는 면소의 판결을 받은 경우에 고소인 또는 고발인에게 고의 또는 중대한 과실이 있는 때에는 그 자에게 소송비용의 전부 또는 일부를 부담하게 할 수 있다."고 규정하고 있다.

V. 요 약

이 단원에서는 '정○○' 사건에 관한 언론보도와 판결문들을 분석함으로써 축소기소의 문제점을 인지하고, 이를 둘러싼 법적 쟁점들을 도출하며, 개선방안을 제시하고자 하였다.

먼저 '정○○' 사건은 첫째, 검찰이 정○○의 횡령혐의 등을 누락하고 상습도박만으로 축소기소 했다. 둘째, 이러한 사실이 언론보도 등으로 시중에 알려지자 검찰은 여론의 거센 뭇매를 맞았다. 셋째, 비난 여론을 의식한 검찰은 정○○를 특정범죄가중처벌법위반(횡령)으로 각각 수사 및 기소하였고 유죄 확정판결을 받았다고 정리할 수 있다.

다음으로 축소기소에 관한 법적 쟁점으로 ① 기소유예와 이동(異同), ② 공소권 남용이론의 적용가능성, ③ 법원의 공소장변경요구와 그 한계, ④ 축소기소에 대한 불복수단과 그 한계, ⑤ 축소기소행위에 대한 형사책임을 중심으로 살펴보았다.

검토결과, 축소기소는 비공식적이고 묵시적으로 행해질 수 있다는 점에서 전관예우 등 법조비리의 토양을 제공하는 등 다양한 문제점들을 유발하지만 공소권의 불행사라는 점에서 공소권 남용이론을 적용할 수 없고, 불고불리의 원칙상 법원이 개입하기도 불가능하며 피해자를 특정하기 곤란한 범죄에 대해서는 사실상 불복할 수 있는 수단을 찾을 수 없었다.

입법론으로는 첫째, 검사가 당사자 일방이 유리하게 공소권을 왜곡되게 행사하는 축소기소에 대해서 독일 등에서 시행되고 있는 법왜곡죄를 도입하여 처벌하고, 둘째, 일반 시민들이 검찰불기소의 당부를 심사하고, 만약 검찰처분이 부당하다면 의결을 통해서 공소를 강제할 수 있는 민주적 검찰통제시스템인 일본의 검찰심사회 제도를 벤치마킹하며, 셋째, 고발인도 재정신청을 할 수 있도록 형사소송법을 개정함으로써 사실상 검찰의 모든 불기소처분에 대해서 법원의 재심사 가능성을 남겨두고, 넷째, 경찰과 검찰사이에 합리적인 수사권 배분을 통해서 수사기관 사이에 견제와 균형을 확보할 것을 각각 제안하였다.

참고문헌

김재윤. (2009). "검사의 소추재량권에 대한 민주적 통제방안", 「형사법연구」, 21(4): 111-134.

김태명. (2010). "검찰시민위원회 및 기소심사회 제도에 대한 비판적 고찰: 미국의 대배심제도와 일본의 검찰심사회제도를 참고하여", 「형사정책연구」, 21(4): 149-191.

박호현·김종호·백일홍. (2016). "형사사법절차에서 시민참여에 관한 고찰: 검찰시민위원회를 중심으로", 「치안정책연구」, 30(2): 119-152.

배종대·이상돈·정승환·이주원. (2011). 「신형사소송법 제4판」, 서울: 홍문사.

법무부. (2008). 「독일형법」, 과천: 법무부.

사법연수원. (2012). 「형사판결서작성실무」, 일산: 사법연수원.

서보학. (2014). "판사 및 검사의 법왜곡에 대한 대응방안: 법왜곡죄의 도입을 중심으로", 「경희법학」, 49(4): 221-254.

신호진. (2014). 「형법요론: 각론」, 서울: 문형사.

안동준. (2007). "공소장 변경과 게임의 룰", 「법학논총」, 27(1): 299-320.

오병두. (2013). "직무유기죄의 성립범위에 관한 연구: 기존 해석론에 대한 비판과 그 대안", 「홍익법학」, 14(2): 551-570.

윤영철. (2009). "검사의 기소재량권에 대한 통제제도의 현황과 사전적·민주적 통제방안에 관한 소고", 「법학논고」, 30: 315-352.

윤영철·이창수. (2016). "국민의 직접 참여를 통한 검찰 기소권의 효과적인 통제방안에 관한 고찰", 「법학연구」, 27(3): 199-242.

이보영. (2007). "공소권의 본질과 공소권 남용론에 관하여", 「비교법학연구」, 7: 165-186.

이재상. (2010). 「형법각론 제7판」, 서울: 박영사.

이존걸. (2013). "형사소송에서의 객관적 심판대상", 「법학연구」, 52: 281-299.

_____. (2015). "공소장변경의 신청과 요구", 「법학연구」, 57: 161-181.

이찬엽. (2010). "공소권행사의 한계에 관한 소고", 「홍익법학」, 11(1): 305-329.

이창섭. (2010). "법원의 법률적용과 공소장변경의 필요성", 「법학연구」, 50(21): 235-260.

임동규. (2011). 「형사소송법 제7판」, 파주: 법문사.

장승일. (2013). "검사의 기소재량권 통제와 시민참여제도에 대한 검토", 「강원법학」, 39: 345-374.

전지연. (2004). "법왜곡죄의 도입방안", 「형사법연구」, 22: 877-896.

정세종. (2012). "개정 검찰사건사무규칙에 관한 비판적 고찰", 「한국경찰학회보」, 14(4): 163-185.

_____. (2017). "검찰의 축소기소에 관한 비판적 검토: 정운호 사건을 중심으로", 「한국공안행정학회보」, 26(1): 197-222.

정한중. (2009). "시민참여형 공소권통제제도 모색", 「법학연구」, 12(1): 213-245.

조상제. (2009). "불기소처분 및 기소유예제도에 관한 연구", 「동아법학」, 44: 591-609.

표성수. (2009). "재판 전 형사절차에 있어서 국민 참여제도에 관한 연구: 미국의 대배심제도와 일본의 검찰심사회제도를 중심으로", 「저스티스」, 113: 178-210.

허일태. (1998). "검찰의 법왜곡행위와 이에 대한 대책", 「형사법연구」, 11: 308-331.

성명불상 피의자를 기소중지하면 피해자는?

Ⅰ. 서 론

대한민국은 범죄수사, 공소제기, 형사재판, 형집행 모두를 국가가 독점하고 있다. 그 이면에는 경찰, 검찰, 법원 등 형사사법기관들이 시민들의 권한을 위임받아 공정하고 성실하게 업무를 수행함으로써 사회정의를 실현하여 줄 것이라는 신뢰가 기초하고 있다. 하지만 형사사법체계 곳곳에서 이러한 기본적인 약속들을 무너뜨리는 사례들을 목격하게 될 때 마다 적지 않은 회의감을 느끼게 되고 관련 쟁점들을 도출하여 학계의 관심을 끌어내야 한다는 개인적인 의무감 또한 저버릴 수 없다. 이 단원에서는 헌법재판소 결정례를 토대로 수사기관의 위헌적인 업무행태를 가공(架空)해보고 입법론적 논의를 전개하고자 한다.

1. 사례 제시

A는 甲광역시 부시장으로 재직하고 있고 A의 아들 B는 甲광역시 홍보팀에 계약직으로 근무하고 있다.

2020. 12. 2. 지역신문에 "A의 아들B(남, 27세, ○○대졸, ○○동 거주)가 A의 도움을 받아 2019. 9. 7. 甲광역시 홍보팀에 부정취업 하였다."라는 취지의 기사가 보도되었다.

위 보도의 진위를 파악하던 甲광역시 감사팀장은 간부회의 석상에서 "2020. 11. 초경부터 甲광역시 인사팀에서 B의 신상정보를 수차례 조회했다."고 보고했다.

이에 B는 본인의 신상정보를 수차례 조회한 인사팀 직원을 구체적으로 특정할 수 없어 "인사팀 직원 성명불상자가 본인의 개인정보를 정보주체의 동의 없이 제3자에게 제공하거나 누설하였다."는 혐의(개인정보보호법위반 혐의)로 관할 乙경찰서에 고소하였다.

乙경찰서 사이버범죄 수사팀은 甲광역시 인사팀 근무 C와 D가 B의 개인정보를 전산으로 수차례 조회했다는 로그기록을 확보하였으나 단순히 호기심 해결차원에서 몇 차례 조회하였을 뿐이라는 C와 D의 변명을 받아들인 후 위 고소사건에 대해서 성명불상자를 대상으로 기소중지 의견으로 丙지방검찰청으로 송치하였다.

丙지방검찰청 검사 또한 별다른 추가 수사 없이 이 고소사건에 대해서 성명불상자를 대상으로 기소중지 처분을 하였다.

B는 성명불상자를 대상으로 한 위와 같은 기소중지 처분에 대해서 검찰항고, 재정신청을 각각 제기하였으나 모두 기각되었다.

2. 문제제기

사례에서 B는 경찰 등 수사기관에서 甲광역시 인트라넷 로그기록을 확인하면 본인의 신상정보를 불법적으로 조회한 인사팀 직원을 특정할 수 있다는 전제하에 인사팀 소속 성명불상자를 대상으로 개인정보보호법위반으로 고소한 것이라고 쉽게 추측할 수 있다.[1] 아울러 「지방공무원법」 제73조 제3항[2]에 따라 경찰 등 수사기관은 소속 공무원에 대한 수사를 시작했을 때와 마쳤을 때 10일 이내

---

[1] 판례도 "고소는 범죄의 피해자등이 수사기관에 대하여 범죄사실을 신고하여 범인의 소추처벌을 구하는 의사표시이므로 그 범죄사실 등이 구체적으로 특정되어야 할 것이나, 그 특정의 정도는 고소인의 의사가 수사기관에 대하여 일정한 범죄사실을 지정신고하여 범인의 소추처벌을 구하는 의사표시가 있었다고 볼 수 있을 정도면 그것으로 충분하고, 범인의 성명이 불명이거나 또는 오기가 있었다거나 범행의 일시·장소·방법 등이 명확하지 않거나 틀리는 것이 있다고 하더라도 그 효력에는 아무 영향이 없다."는 태도를 보이고 있다(대법원 1984. 10. 23, 84도1704 판결 참조).

[2] 제73조 제3항에서는 "감사원과 검찰·경찰, 그 밖의 수사기관 및 제1항에 따른 행정기관은 조사나 수사를 시작하였을 때와 마쳤을 때에는 10일 이내에 소속 기관의 장에게 해당 사실을 알려야 한다."고 규정하고 있다.

에 해당사실을 甲광역시장에게 통보할 것이며, 甲광역시에서는 이를 통하여 내부규정에 따라 사실관계를 규명하고 위법하거나 행정규칙에 위배되는 사안이 확인되면 징계절차를 진행하리라고 믿었을 것으로 예상할 수 있다. 하지만 경찰과 검찰에서는 B의 신상정보를 조회한 인사팀 직원 C와 D를 특정하고도 입건(범죄인지)하지 않고 막연히 성명불상자를 상대로 기소중지 처리함으로써 결과적으로 고소인 B의 기대를 저버리게 되었다.

이에 반하여 헌법재판소에서는 일관되게 피고소인을 특정하여 소환·조사한 후 종국결정을 할 수 있음에도 불구하고 기소중지라는 중간처분을 하여 수사를 중단하였다면 이는 검사의 자의적인 사건처리로 당해 고소인을 차별대우하고 있다고 아니할 수 없는 것이므로 그 고소인은 헌법상의 기본권인 평등권·재판절차진술권을 침해당하였다는 결정을 내리고 있다.[3] 검찰실무에서도 피의자가 소재불명상태이더라도 피의자에 대한 조사 없이 혐의없음 또는 기소유예 등의 종국처분이 가능하다면 종국처분을 하여야 하고 기소중지는 중간처분이므로 가능한 한 억제하여야 한다는 점이 강조되고 있다(사법연수원, 2012: 174).

결과적으로 위 사례는 경찰과 검찰이 甲광역시 인사팀 직원 C와 D를 피고소인으로 특정할 수 있었음에도 불구하고 성명불상자를 상대로 기소중지 처리함으로써 「헌법」상 보장되는 B의 평등권과 재판절차진술권을 침해함과 동시에 甲광역시장의 소속 공무원에 대한 수사개시 및 종결사실을 통보받을 수 있는 기회까지도 박탈하였다고 요약할 수 있다.

한편, 본 논문의 주제와 관련해서 학계에 발표된 논문들을 찾아보기가 어려웠다. 그 이유는 아마도 첫째, 검사의 불기소 처분에 관한 절차들이 「형사소송법」이 아니라 「검찰사건사무규칙」(법무부령)에 규정되어 있고, 둘째, 성명불상자를 대상으로 한 기소중지 문제는 실무적인 영역이며, 셋째, 「형사소송법」(법률 제8496호)에서 재정신청 대상범죄가 모든 범죄로 확대됨으로써 검사의 불기소처분은 헌법소원심판 대상에서 제외되었기 때문에 학자들이 관심을 갖기가 상당히 어려웠을 것이라고 추측할 수 있다. 이러한 문제의식을 토대로 본 단원에서는 성명불상자를 대상으로 한 기소중지의 위헌성과 불복수단의 실효성을 따져보고

---

3) 헌법재판소 1991. 4. 1, 90헌마115 결정; 1995. 2. 23, 94헌마54 결정; 1999. 2. 25, 98헌마108 결정.

자 한다.

Ⅱ. 이론적 토대

1. 기소중지의 의의

1) 불기소처분

불기소처분이란 검사가 피의사건에 대하여 공소를 제기하지 않기로 한 결정이나 처분을 말한다. 즉, 수사결과 범죄의 혐의가 없거나 증거가 불충분한 경우, 특별한 사유로 인하여 수사를 종결할 수 없는 경우, 피의사건이 죄가 되지 않는 경우, 소송조건을 구비하지 못한 경우, 범죄혐의가 있더라도 정상을 참작하여 공소를 보류함이 상당하다고 인정되는 경우 등 사안에 따라 기소유예, 혐의없음, 죄가안됨, 공소권없음, 각하, 기소중지, 참고인중지, 공소보류 등을 결정하게 된다(양태규, 2004: 465).

2) 종국처분과 중간처분

검사의 불기소처분은 기소를 제외한 모든 처분을 의미하고 이에는 검사의 최종적인 결정인 종국처분과 그 이전의 단계인 중간처분으로 다시 나눌 수 있다. 종국처분에는 혐의없음, 죄가안됨, 공소권없음, 각하와 같은 협의의 불기소처분과 기소유예가 포함되고, 중간처분에는 기소중지, 참고인중지, 이송, 공소보류 등이 해당된다(양태규, 2004: 465; 사법연수원, 2012: 147-148).

3) 중간처분으로서 기소중지

(1) 기소중지의 개념

기소중지는 피의자 소재불명 등의 사유로 인하여 수사를 종결할 수 없는 경우에 그 사유가 해소될 때까지 행하는 중간처분이고 장래에 그 사유가 해소되면 반드시 재기하여 종국처분을 내려야 한다(사법연수원, 2012: 172; 배종대 등, 2012: 219; 신호진, 2014: 201). 그리고 검사가 기소중지결정을 하는 경우에는 기소중지 사건기록에 공소시효 만료일을 명백히 기재하여야 한다(「검찰사건사무규칙」

제122조 제1항).

(2) 기소중지 결정사유

가. 범인의 불명

범인이 누구인지가 전혀 불명인 상태로서 단기간에 판명되기 어려운 경우를 말하고 범인의 불명은 범인이 누구인지는 판명되었으나 단지 그 성명만이 불명인 상태와는 구별되며 기록상으로서는 양자 모두 피의자를 "성명을 알 수 없음"이라고 기재한다(양태규, 2004: 537; 사법연수원, 2012: 173).

나. 피의자 소재불명

피의자가 누구인지는 확인되었으나 피의자가 도피 등 사유로 인하여 행방을 알 수 없는 경우를 말하며 일시 출가한 경우 등은 소재불명에 해당하지 않는다(양태규, 2004: 537).

(3) 기소중지 억제

기소중지는 기소 또는 협의의 불기소처분 등 종국처분을 내리기 어려운 경우에 제한적으로 행해져야 하므로 고소사건에 대하여 당연히 조사해야 할 사항에 대해 현저히 조사를 소홀히 하고 형평에 반하는 자의적인 수사와 판단에 따라 기소중지처분을 한 경우에는 헌법이 보장한 평등권과 재판절차진술권을 침해한 것으로 보아야 한다(임동규, 2011: 268).[4] 다시 말하면, 기소중지는 중간처분이므로 최대한 억제하여야 한다. 예컨대, 피의자가 소재불명상태이더라도 피의자에 대한 조사 없이 혐의없음 또는 기소유예 등의 종국처분이 가능하다면 종국처분을 하여야 한다(사법연수원, 2012: 174).

2. 기소중지 처분에 대한 불복수단

1) 검찰항고 · 재항고

(1) 검찰항고

검사의 불기소처분에 불복하는 고소인이나 고발인은 그 검사가 속한 지방검

---

4) 헌법재판소 1994. 4. 1, 90헌마115 결정; 1995. 2. 23, 94헌마54 결정 참조.

찰청 또는 지청을 거쳐 서면으로 관할 고등검찰청 검사장에게 항고할 수 있다.[5] 이 경우 해당 지방검찰청 또는 지청의 검사는 항고가 이유 있다고 인정하면 그 처분을 경정하여야 한다(「검찰청법」 제10조 제1항). 고등검찰청 검사장은 항고가 이유 있다고 인정하면 소속 검사로 하여금 지방검찰청 또는 지청 검사의 불기소처분을 직접 경정하게 할 수 있다. 이 경우 고등검찰청 검사는 지방검찰청 또는 지청의 검사로서 직무를 수행하는 것으로 본다(동법 제10조 제2항).

(2) 재항고

검찰항고를 한 자[6]는 그 항고를 기각하는 처분에 불복하거나 항고를 한 날부터 항고에 대한 처분이 이루어지지 아니하고 3개월이 지났을 때에는 그 검사가 속한 고등검찰청을 거쳐 서면으로 검찰총장에게 재항고할 수 있다.[7] 이 경우 해당 고등검찰청의 검사는 재항고가 이유 있다고 인정하면 그 처분을 경정하여야 한다(동법 제10조 제3항).

2) 재정신청

고소권자로서 고소를 한 자[8]는 검사로부터 공소를 제기하지 아니한다는 통지를 받은 때에는 그 검사 소속의 지방검찰청 소재지를 관할하는 고등법원에 그 당부에 관한 재정을 신청할 수 있다. 다만, 「형법」 제126조의 죄에 대하여는 피공표자의 명시한 의사에 반하여 재정을 신청할 수 없다(「형사소송법」 제260조 제1항).

재정신청을 하려는 자는 원칙적으로 「검찰청법」 제10조에 따른 항고를 거쳐야 하고, 항고기각 결정을 통지받은 날부터 10일 이내에 지방검찰청 검사장 또는 지청장에게 재정신청서를 제출하여야 한다(동법 제260조 제2항, 제3항).

법원은 재정신청서를 송부받은 날부터 10일 이내에 피의자에게 그 사실을 통지하여야 하고, 3개월 이내에 항고의 절차에 준하여 ① 신청이 법률상의 방식에 위배되거나 이유 없는 때에는 신청을 기각하며, ② 신청이 이유 있는 때에는 사

---

5) 검찰항고는 불기소 등 처분통지를 받은 날부터 30일 이내에 하여야 한다.
6) 「형사소송법」 제260조에 따라 재정신청을 할 수 있는 자는 제외한다.
7) 재항고는 항고기각 결정을 통지받은 날 또는 항고 후 항고에 대한 처분이 이루어지지 아니하고 3개월이 지난 날부터 30일 이내에 하여야 한다.
8) 「형법」 제123조부터 제126조까지의 죄에 대하여는 고발을 한 자를 포함한다.

건에 대한 공소제기를 결정한다(동법 제262조 제1항, 제2항). 그리고 공소제기결정에 따른 재정결정서를 송부받은 관할 지방검찰청 검사장 또는 지청장은 지체 없이 담당 검사를 지정하고 지정받은 검사는 공소를 제기하여야 한다(동법 제262조 제6항). 한편, 재정신청사건의 심리 중에는 관련 서류 및 증거물을 열람 또는 등사할 수 없다(동법 제262조의2).

3. 성명불상자를 대상으로 한 기소중지의 실질적 효과

기소중지 처분은 중간처분의 성격을 띠고 피의자의 소재가 발견되는 등 그 사유가 해소되면 필수적으로 재기하여 종국처분을 내려야 한다는 점은 이미 언급한 바와 같다. 하지만 성명불상자를 대상으로 기소중지 결정을 내리면 첫째, 피의자의 소재를 발견할 수 있는 가능성은 희박하다. 왜냐하면, 성명불상자를 상대로 지명수배를 내릴 수 없기 때문이다. 둘째, 만약 성명불상인 피의자가 국가공무원, 지방공무원, 사립학교 교원 등일 경우에 소속 공무원(교직원)에 대한 수사기관의 수사개시 및 종결통지 의무를 이행할 수 없게 된다.[9] 셋째, 기소중지 처분에 대해서 고소인은 검찰항고를 활용할 수 있지만 검사동일체의 원칙이 중시되는 검찰의 내부 분위기를 감안할 때 인용되는 사례는 많지 않다. 넷째, 만약 검찰항고가 기각되면 고소인은 고등법원에 재정신청을 할 수 있지만 법원은 「형사소송법」 제262조 제2항에 따라 재정신청기각과 공소제기결정 중 택일할 수밖에 없기 때문에 법원의 직권 조사 혹은 검찰에 대한 수사개시 명령 등 효과적인 수단을 기대하기가 곤란하다. 다섯째, 재정신청 기각결정은 법원의 재판에 해당되고 「헌법재판소법」 제68조 제1항에 따라 헌법소원심판대상에서 제외되기 때문에 고소인은 헌법소원심판을 청구할 수도 없게 된다.

결과적으로, 만약 수사기관에서 성명불상자를 대상으로 한 기소중지를 악의적으로 활용한다면 피의자들이 사법시스템에서 탈법적으로 도피할 수 있는 길을 터주게 되기 때문에 엄격하게 통제할 필요성이 매우 크다.

---

9) 「국가공무원법」 제83조 제3항, 「지방공무원법」 제73조 제3항, 「사립학교법」 제66조의3 제1항 각 참조.

4. 선행연구 검토

1) 선행연구의 경향

(1) 검사의 불기소처분에 관한 논의

조상제(2009: 604)는 국민의 기본권과 직접적인 관련을 맺고 있는 불기소처분이 「형사소송법」에 그 기본적인 근거를 두지 않은 채 「검찰사건사무규칙」에만 규정된 점은 「헌법」상 요청인 법률유보원칙에 위반될 우려가 크고 국민의 신뢰확보에도 부정적인 영향을 준다고 주장했다.

김정한(2013: 56)은 수사를 개시하였으면 완료해야 하는 것이 당연하지만 특별한 사정에 의하여 완료할 수 없는 경우에는 그 사정이 없어질 때까지 임시적인 종결상태로 두는 처분이 불가피하다고 전제한다. 그러나 수사를 종결할 수 없는 경우 일응 중지하는 대상은 '수사행위'이지 '기소처분'이 아니기 때문에 '기소중지'가 아닌 '수사중지'라는 명칭을 사용하여야 한다고 제언했다.

박강우(2017: 34)는 검사의 기소재량은 합리적으로 통제되어야만 한다고 전제하고 검찰항고, 재정신청, 헌법소원과 같은 현행법상의 사후적이고 사법적인 통제방법에 더해서 새로운 사전적·민주적 통제방식, 즉, 시민이 기소단계에 직접참여하는 의결방식인 미국식 기소배심제도를 결합하는 2원적 통제시스템을 제언하였다.

표성수(2018: 13)는 검사의 불기소는 사법적·종국적 판단이라는 점에 주목하고 원칙적으로 「형사소송법」에 별도의 장으로 두고 국회의 논의를 거쳐 결정의 유형과 절차, 요건, 불복 제도 등을 규정하여야 한다고 강조했다.

(2) 재정신청제도에 관한 논의

조기영은 검사의 불기소 처분에 대해서 재정신청권자가 헌법소원심판을 청구할 수 있는지 여부와 재정법원이 검사에게 공소제기가 아닌 수사의 개시·진행을 명하는 결정을 할 수 있는지에 대한 논평을 시도했다. 첫째, 「헌법재판소법」제68조 제1항에서는 "공권력의 행사 또는 불행사로 인하여 헌법상 보장된 기본권을 침해받은 자는 법원의 재판을 제외하고는 헌법재판소에 헌법소원심판을 청구할 수 있다. 다만, 다른 법률에 구제절차가 있는 경우에는 그 절차를 모두 거친 후에 청구할 수 있다.”고 규정하고 있고 재정신청 기각결정은 ‘법원의 재판’에 해당하기 때문에 재정결정에 대한 헌법소원청구는 허용되지 않는다고 설명했다(조기영, 2008: 150). 둘째, 「형사소송법」 제262조에 ‘수사명령’은 규정되어 있지 않지만 재정법원은 사실관계에 대한 전반적인 또는 광범위한 수사가 필요한 예외적인 경우에 한해서 검사에게 필요한 수사를 행할 것을 명하는 내용의 결정을 내릴 수 있다고 평가했다(조기영, 2008: 162).

이홍락(2010: 273)은 재정법원의 조사권의 범위와 한계, 증거수집 및 조사의 방식, 검사나 경찰에 대한 수사 명령 내지 촉탁 가능 여부를 주요 쟁점으로 도출하였다. 그리고 ① 재정법원은 항고의 절차에 준하여 심리하되 필요한 경우 증거 조사를 할 수 있도록 보충적인 조사권을 가질 뿐 강제처분은 내릴 수 없고, ② 소송관계인들에게 기록 열람·등사가 허용되지 않으며, ③ 재정법원이 작성한 조서나 수집된 증거의 증거능력에 대한 이론(異論)의 여지가 크고, ④ 현행법상 검사에게 수사명령을 내리는 것도 쉽지 않다고 정리하면서 결과적으로 재정신청 제도의 실효성이 높지 않다고 지적했다(이홍락, 2010: 317-318).

하태훈(2010: 60) 또한 재정법원이 제도운영에 매우 소극적이라는 점을 지적하면서 이를 개선하기 위해서는 재정법원은 범죄피해자보호라는 관점에서 재정신청인 또는 그 대리인인 변호사의 심리절차참여를 최대한 보장하고 증거조사 등 법원의 권한을 적극적으로 행사해야 한다고 강조했다.

박홍식(2013: 492)은 재정법원이 검사에게 수사명령을 내릴 수 있는지 여부에 관하여 법원은 필요한 경우 스스로 사실조사를 하거나 증거를 조사하여 신청사건에 대하여 심리한 후 기각결정 혹은 공소제기 결정을 내릴 수 있을 뿐 검사에게 수사개시나 보충수사를 하도록 명하는 결정을 내릴 수는 없다고 평가했다.

한영수는 현행 「형사소송법」 제262조 제2항에서는 법원은 “신청이 법률상의 방식에 위배되거나 이유 없는 때에는 신청을 기각” 하거나 “신청이 이유 있는 때에는 사건에 대한 공소제기를 결정”하도록 택일적으로 규정하고 있다고 강조한다. 따라서 수사미진으로 재정신청이 이유 있는지 판단하기 어려운 때에는 재정법원은 불가피하게 기각결정을 할 수밖에 없고 재정신청인은 종전처럼 헌법소원을 통해 구제받을 수도 없기 때문에 불공정한 결과가 발생한다고 설명한다. 이러한 모순을 극복하기 위해서는 「형사소송법」을 개정하여 재정담당변호사에게 보완수사를 명하여 미진한 수사를 진행하게 하여야 한다고 제언했다(한영수, 2016: 119-120).

박경규는 독일의 기소강제절차를 첫째, 검사의 절차중단 결정이 있을 것, 둘째, 검찰 내 상급관청에 절차중단항고를 제기하였지만 항고기각 결정이 내려질 것, 셋째, 검찰의 항고기각결정에 불복하여 법원에 재정을 신청할 것이라는 3단계로 요약했다(박경규, 2017: 407-408). 그리고 독일 「형사소송법」 제173조 제3항에서는 "법원은 재정판단을 준비하기 위해 수사를 명할 수 있고, 수명법관 또는 수탁판사에게 이를 위탁할 수 있다."고 규정함으로써 우리 법제와 다소 차이가 있다고 소개했다(법무부, 2012: 170; 박경규, 2017: 419).

이경렬(2018: 94)은 고소사건의 재정신청기각결정에 대해서도 헌법소원 청구가 가능하도록 「헌법재판소법」을 개정한다면, 검찰항고 → 재정신청 → 즉시 항고 → 헌법소원심판청구라는 절차를 통해서 헌법재판소의 사후적 통제를 강화할 수 있을 것이라고 강조했다.

2) 시사점

성명불상자를 대상으로 한 기소중지 문제를 직접적으로 다룬 선행연구는 찾아보기가 어려웠다. 하지만 기소중지 처분과 관련된 검사의 불기소 처분에 관한 통제방안과 이에 대한 불복수단인 재정신청 제도에 관한 연구는 간간히 진행되고 있었다.

먼저, 불기소처분에 관해서는 국민의 기본권에 적지 않은 영향을 미치는 불기소처분이 법무부령에 불과한 「검찰사건사무규칙」에만 근거를 두고 있는 점은 법률유보원칙에 반하기 때문에 「형사소송법」에 별도의 장으로 두고 국회의 논의를 거쳐 결정의 유형과 절차, 요건, 불복 제도 등을 규정할 것을 제언하고 있다(조상제, 2009: 604; 표성수, 2018: 13).

다음으로, 재정신청제도에 대해서는 재정법원이 검사에게 공소제기 명령 외에 수사의 개시·진행을 명할 수 있는지가 주요 쟁점으로 대두되었다. 재정법원은 사실관계에 대한 전반적인 또는 광범위한 수사가 필요한 예외적인 경우에 한해서 검사에게 필요한 수사를 행할 것을 명하는 내용의 결정을 내릴 수 있다는 의미 있는 주장도 제기되었지만 다수의 학자들은 현행법상 검사에게 수사개시나 보충수사를 하도록 명하는 결정을 내릴 수는 없다고 평가하고 있다(조기영, 2008: 162; 이흥락, 2010: 317-318; 박홍식, 2013: 492; 한영수, 2016: 119-120).

Ⅲ. 헌법재판소의 태도

1. 기소중지처분의 조건과 평등권 침해[10]

1) 결정요지

(1) 기소중지는 가급적 억제되어야 하는 것으로서 이미 피의자신문을 마쳐 그의 진술을 충분히 청취하였거나 또는 피의자신문은 아니 하였다 하더라도 그 밖의 증거자료에 의하여 공소제기나 불기소처분 등 종국처분을 하기에 부족함이 없는 경우에는 기소중지처분을 하여서는 아니되고 원칙에 좇아 종국처분을 하여 야 한다.

(2) 검사가 사건을 수사함에 있어 재기수사 전후에 걸쳐 피의자신문을 비롯 하여 더 이상 수사를 할 필요가 없을 만큼 충분한 수사가 되어 있어 종국결정 을 하기에 부족함이 없음에도 불구하고 피의자 중의 한사람이 단순히 현재 소 재불명이라는 이유로 그에 대하여서 뿐만 아니라 다른 피의자까지도 기소중지처 분을 하는 것은 형평을 잃은 처사로서 기소중지권의 남용에 해당한다.

2. 불기소처분취소[11]

1) 사실관계

피고소인 박○○은 ○○부동산중개주식회사 대표이사이다.

(1) 1990. 1. 7.경 제주시 연동 소재 주식회사 한보 사무실에서, 사실은 피고 소인이 제주도 남제주군 성산읍 수산리 임야 45,768평(이하 수산리 임야라 한다) 의 소유자 박○○ 등으로부터 매도위임을 받은 바 없고, 같은 군 표선면 가시리 임야 32,681평(이하 가시리 임야라 한다)은 소유자 현○○ 등으로부터 1억 4천만 원에 매도해 달라고 위임받았음에도 불구하고, 고소인에게 제주도에 있는 좋은

---

10) 헌법재판소 1991. 4. 1, 90헌마115 결정.
11) 헌법재판소 1995. 2. 23, 94헌마54 결정.

땅을 매수하여 주겠다는 등 거짓말을 하여 이에 속은 동인으로부터 즉석에서 계약금명목으로 2,400만원을 받은 것을 비롯하여 그때부터 같은 해 2. 12.경까지 사이에 4회에 걸쳐, 매매대금 명목으로 합계 4억 350만원을 교부받고, 위 수산리 임야 대신 가시리 임야에 대하여 매매계약을 체결하여 주고, 매도인에게는 1억 4천만원만 지급하여 그 차액 2억 6,350만원을 편취하고,

　(2) 1990. 1. 15.경 서울 강남구 피고소인 사무실에서, 사실은 남제주군 안덕면 상천리 임야 29,600평은 소유자 최○○로부터 1억 5천만원에 매도해 달라고 위임받았음에도 불구하고, 고소인에게는 이를 3억443만6천원에 매입하여 주겠다고 거짓말을 하여 이에 속은 동인으로부터 그 시경 매매대금 일부조로 1억원을 받은 것을 비롯하여 그때부터 같은 해 2. 14.까지 사이에 4회에 걸쳐, 매매대금 명목으로 합계 3억 7,580만원을 교부받고, 위 임야에 대한 매매계약을 체결하여 주고, 매도인에게는 1억 5천만원만 지급하여 그 차액 2억 2,580만원을 편취하였다.

2) 검사의 처분 및 청구인의 헌법소원심판 청구

검사는 위 사건을 수사한 후 피고소인이 범행을 부인하면서 고소인을 속인 사실이 없고 매매대금으로 받은 돈은 모두 소개인 김○○에게 넘겨주었다고 변명하자 1993. 8. 30. 위 김○○의 소재불명을 이유로 기소중지 처분을 하였다. 청구인은 이미 수사된 내용만으로도 피고소인에 대한 사기의 혐의가 인정될 수 있고 그렇지 않다 하더라도 피청구인은 거래수표와 은행계좌추적 등 필요한 수사를 다하지 아니한 채 피고소인에게 유리하게 편파적으로 수사처리함으로써 청구인의 평등권과 재판절차진술권을 침해하였다며 헌법소원심판을 청구하였다.

3) 헌법재판소의 판단

검사는 위 고소사건을 수사함에 있어서 당연히 의심을 가지고 조사하여야 할 중요한 사항들에 대하여 조사를 제대로 하지 않은 채 형평에 반하는 자의적인 수사와 판단에 따라 결정을 함으로써 청구인의 헌법상 평등권과 재판절차진술권을 부당하게 침해하였다고 판단되므로 이 사건 불기소처분을 취소한다고 결정하였다.

또한 검사는 최소한 ① 피고소인에 대한 추궁조사, ② 관계인에 대한 대질수

사, ③ 매매계약서 등에 대한 필적 감정, ④ 자금추적 등 수사, ⑤ 과다수령금
에 대한 수사를 한 다음 기소여부를 결정하였어야 했다고 부연했다.

3. 성명불상자를 대상으로 한 기소중지 처분 취소[12]

1) 사실관계

피고소인 성명불상자는 서울 영등포구 여의도동 소재 KBS 기자이다. 피고소
인 성명불상자는 1995. 5. 8. 서울 서초구 소재 서울지방검찰청 출입기자실 및
서울지방법원 출입기자실에서 청구인의 전처인 김○○으로부터 청구인이 간통
혐의로 고소 및 이혼소송을 당하였다. 청구인이 지난 87년 지방의 판사로 근무
할 때 알게 된 여대생과 2년 전부터 동거에 들어갔다. 청구인이 여직원을 채용
하는 과정에서 면접을 하러온 여대생을 성희롱하여 말썽을 빚어 93년 변협의
징계처분을 받았다는 취지가 기재된 고소장과 이혼소송소장을 건네받아 그 진실
여부를 확인하지 아니한 채 그대로 기사를 작성하여 송고함으로써 같은 날
19:00 KBS 뉴스에 방송되도록 하여 공연히 허위의 사실을 적시하여 청구인의
명예를 훼손함과 동시에 가정법원에서 처리 중에 있는 사건에 관하여 본인임을
인지할 수 있을 정도의 사실을 방송하였다.

2) 검사의 처분 및 청구인의 헌법소원심판 청구

검사는 성명불상자에 대하여는 소재불명이라는 이유로 기소중지 처분을 하였
다. 청구인은 위 불기소처분에 불복하여 검찰청법이 정하는 절차에 따라 항고,
재항고를 하였으나 모두 기각되었다. 그러자 청구인은 위 기소중지 처분으로 인
하여 헌법상 보장된 평등권 및 재판절차진술권을 침해받았다고 주장하면서
1998. 4. 8. 위 불기소처분의 취소를 구하는 헌법소원심판을 청구하였다.

3) 헌법재판소의 판단

검사가 고소 또는 고발이나 기타 수사의 단서에 의하여 수사를 개시한 때에
는 충분한 수사를 한 끝에 공소를 제기하거나 공소를 제기하지 아니하는 불기
소처분을 하여 사건을 종결지어야 하고 이와 같이 하는 것은 검사의 책무이기

---

12) 헌법재판소 1999. 2. 25, 98헌마108 결정.

도 하다. 따라서 피고소인을 특정하여 소환·조사한 후 종국결정을 할 수 있음에도 불구하고 기소중지라는 중간처분을 하여 수사를 중단하였다면 이는 검사의 자의적인 사건처리로 당해 고소인을 차별대우하고 있다고 아니할 수 없는 것이므로 그 고소인은 헌법상의 기본권인 평등권·재판절차진술권을 침해당하였다고 할 것이다(90헌마115).

이 사건의 경우 피청구인은 이 사건 보도 당시의 KBS 법조취재팀장 김○○을 조사하였으나 위 기사를 취재한 기자가 누구인지 확인이 불가능하다고 진술하고 달리 신원이나 소재를 밝힐 자료가 없다는 이유로 기소중지처분을 하였다.

그러나, 기록에 의하면 위 기사는 1995. 5. 8. 검찰청출입기자실 또는 법원출입기자실에서 취재한 것임이 명백하여 범행 일시·장소의 특정이 어렵지 아니하고 당시의 한국방송공사 법조출입기자는 모두 7~8명에 불과하다는 것이므로 취재기자가 누구였는지를 밝히려고 한다면 별다른 어려움이 없었을 것이다. 즉 당시의 법조출입기자 명단을 입수하여 일일이 조사하여 보거나 당시 피고소인과 같이 취재하여 보도한 행위로 조사를 받은 바 있는 다른 언론사 기자 등을 조사하는 과정에서 한국방송공사의 취재기자가 누구였는지 확인을 하는 방법 또는 한국방송공사에 보관된 당시의 취재파일이나 방송녹화기록 또는 컴퓨터보존자료 등을 압수수색하여 보거나 보도책임자를 소환조사하는 등의 방법으로 용이하게 취재기자인 피고소인 성명불상자를 특정할 수 있었을 것임에도 이러한 조사를 전혀 하지 아니한 채 위 김○○ 한사람만 만연히 형식적으로 조사한 후 피고소인을 밝힐 수 없다며 기소중지 처분하였다.

더구나 피고소인과 동일한 기회에 같은 내용의 기사를 취재하여 보도한 조선일보사 기자와 잡지 퀸의 기자에 대하여는 출판물에의한명예훼손죄 등으로 공소제기하면서 피고소인에 대하여는 기소중지처분을 하고 있어 이는 사건처리의 형평성도 잃고 있다. 그렇다면 이 사건 기소중지처분은 검사가 검찰권을 행사함에 있어 청구인의 평등권과 재판절차진술권을 침해한 것이라고 아니 할 수 없어 검사로 하여금 성명불상자를 조사한 후 종국결정을 하도록 하기 위하여 피고소인에 대한 기소중지처분을 취소하기로 한다.

4. 불기소처분취소[13)

1) 사실관계

피고소인 허○○은 청구인 경영의 ◇◇학원을 인수하려고 하였던 사람이고, 피고소인 양○○은 위 허○○의 처제이며, 피고소인 강○○은 위 양○○과 이종사촌 사이이다.

(1) 피고소인 양○○, 강○○, 성명불상자는 공동하여

2002. 4. 24. 20:10경 서울 서초구 서초동 소재 ◇◇학원에서 피고소인 양○○은 발과 손으로 청구인의 무릎정강이와 머리를 구타하고, 피고소인 강○○은 청구인의 얼굴을 뜯어버리겠다고 위협하고, 위 성명불상자는 이에 가세하여 청구인에게 위해를 가할 듯한 태도를 보여 동인을 협박하고,

(2) 피고소인 성명불상자는 강○○과 공동하여

2002. 4. 30.경 위 ◇◇학원에서 위 권리금 1,500만원을 반환하지 아니하였다는 이유로 동인을 구타하여 요치 3주의 두피좌상 등을 가한 것이다.

2) 검사의 처분 및 청구인의 헌법소원심판 청구

검사는 이 사건을 수사한 후 2003. 9. 29. 피고소인 허○○ 등 3명에 대하여는 '혐의없음', 피고소인 성명불상자에 대하여는 '기소중지'의 불기소처분을 하였고, 청구인은 이에 불복하여 「검찰청법」에 정하여진 절차에 따라 항고·재항고하였으나 모두 기각되자 2004. 6. 25. 이 사건에 대한 헌법소원심판을 청구하였다.

3) 헌법재판소의 판단

검사의 불기소처분에는 그 결정에 영향을 미친 중대한 판단유탈 및 수사미진의 잘못이 있고 이로 인하여 청구인의 평등권과 재판절차진술권이 침해되었으므로 불기소 처분을 취소한다고 결정하였다.

헌법재판소는 불기소처분 취소결정의 이유로 첫째, 청구인은 피고소인들의

---

13) 헌법재판소 2005. 2. 24, 2004헌마511 결정.

공범으로서 폭력배로 보이는 성명불상자가 자신의 학원에 찾아와 협박에 가담하였다고 주장하나, 피고소인 허○○, 강○○은 동행한 사람이 없었으며 협박이나 폭력행위 등을 한 사실이 없다고 고소사실을 부인하고 있는 상황에서, 만일 피고소인들의 진술대로 피고소인 허○○, 강○○ 이외에 위 ◇◇학원에 간 사람이 없다면 혐의없음 처분을 하여야 할 사안임에도 피청구인이 위 성명불상자의 존재를 인정하고 기소중지의 불기소처분을 한 점, 둘째, 위 학원의 강사였던 청구외 윤○○에 의하면 2002. 4. 30. 강○○ 이외에 남자 1명이 학원으로 찾아와 청구인을 데리고 교실 안으로 들어갔다고 진술하고, 청구외 박○○도 위 성명불상자에 대한 인상착의를 정확하게 진술하고 있으므로 위 참고인들에 대한 보강수사를 통하여 공범인 성명불상자의 존재 및 가담여부를 규명하여야 함에도 피청구인은 위 부분에 대한 수사를 하지 아니하였다는 점을 각각 명시하고 있다.

5. 시사점

헌법재판소의 결정례들은 다음과 같이 정리할 수 있다. 첫째, 헌법재판소는 검사의 불기소 처분은 고소인(피해자)의 헌법상 기본권을 침해할 수 있다고 전제하고 있다. 둘째, 기소중지는 가급적 억제되어야 하고 공소제기나 불기소처분 등 종국처분을 내리기에 충분한 경우에는 원칙에 맞게 반드시 종국처분을 하여야 한다. 셋째, 검사가 당연히 의심을 가지고 조사하여야 할 중요한 사항들에 대하여 조사를 제대로 하지 않은 채, 형평에 반하는 자의적인 수사와 판단에 따라 기소중지를 결정한 것은 헌법상 평등권과 재판절차진술권을 부당하게 침해한 것이다. 넷째, 피의자가 누구였는지를 밝히려고 한다면 별다른 어려움이 없었음에도 불구하고 이러한 조사를 전혀 하지 아니한 채 성명불상자를 대상으로 기소중지 처분하였다면 고소인의 평등권과 재판절차진술권을 침해한 것이다. 다섯째, 공범인 성명불상자의 존재 및 가담여부를 규명하여야 함에도 위 부분에 대한 수사를 하지 아니하고 기소중지 처분을 내린 것은 고소인 평등권과 재판절차진술권을 침해한 것이다.

Ⅳ. 입법론적 제언

1. 재정신청 제도 개선

우리 「형사소송법」 제262조 제2항에서는 법원은 재정신청이 법률상의 방식에 위배되거나 이유 없는 때에는 신청을 기각하거나 신청이 이유 있는 때에는 사건에 대한 공소제기를 결정하도록 명시하고 있다. 이에 반하여 독일 「형사소송법」 제173조 제3항에서는 법원은 재판을 준비하기 위한 수사를 명할 수 있고, 수명법관 또는 수탁판사에게 이를 위탁할 수 있도록 규정함으로써 수사명령을 발할 수 있는 법적 근거를 마련해두고 있다.

반대로 말하면 우리는 독일과 달리 수사미진으로 재정신청이 이유 있는지 여부를 판단하기 어려운 경우에 재정법원은 불가피하게 기각결정을 할 수밖에 없다(한영수, 2016: 119). 따라서 현행 재정신청제도에 관한 무용론까지 제기되고 있는 실정이다.[14] 이러한 문제점을 개선하기 위해서는 검사에게 수사명령을 내리거나 재정담당변호사에게 보완수사를 명하여 미진한 수사를 진행하게 할 수 있도록 「형사소송법」을 개정할 필요성이 크다(한영수, 2016: 119-120).[15]

2. 헌법소원심판 대상 확대: 재판소원 도입

「헌법재판소법」 제68조 제1항에서는 "공권력의 행사 또는 불행사로 인하여 헌법상 보장된 기본권을 침해받은 자는 법원의 재판을 제외하고는 헌법재판소에 헌법소원심판을 청구할 수 있다. 다만, 다른 법률에 구제절차가 있는 경우에는 그 절차를 모두 거친 후에 청구할 수 있다."고 규정하고 있고 재정신청 기각결정은 '법원의 재판'에 해당하기 때문에 재정결정에 대한 헌법소원청구는 허용되지 않는다는 점은 이미 언급한 바와 같다(조기영, 2008: 150; 헌법재판소법 제72조 제3항 제1호).

하지만 이러한 재판소원금지에 관해서 학계에서는 지속적으로 위헌성을 지적

---

14) 세계일보, 2019. 9. 29. "'유명무실' 검찰 불기소처분 불복하는 재정신청 … 공소제기율 0%대" 제하의 기사 참조.
15) 법률신문, 2019. 4. 22. "재정신청에 대한 단상" 제하의 기고 참조.

하고 있고 헌법재판소도 법원 판결을 헌법소원 심판 청구 대상이 될 수 있도록 하는 법 개정 의견을 제시한 바 있다.[16)]

먼저 이희훈은 재판소원금지 규정은 위헌이라고 전제한다. 그 이유는 ① 재판권의 행사나 불행사로 인해 기본권이 침해되었을 때 이에 대한 구제책이 부재하기 때문에 헌법소원제도의 본질에 반함과 동시에 국민의 재판청구권을 침해하고, ② 공권력에는 입법권과 행정권 및 사법권(법원의 재판)이 모두 포함되며, ③ 기본권을 침해하는 법원의 재판을 헌법소원을 통해서 심사하는 것은 대법원의 권한과 지위를 훼손하거나, 심급의 문제에 해당하지 않기 때문에 권력분립의 원칙에 반하지 않고, ④ 헌법소원이 폭주되어 발생하는 폐해는 재판소원의 심사기준과 인정범위에 대한 엄격한 기준을 설정하고, 헌법 정책적인 여러 방안들을 마련하여 해결할 수 있는 문제라는 점들을 들고 있다(이희훈, 2009: 448-451).

정연주 또한 재판소원금지는 ① 헌법소원제도를 형해화시킴으로써 헌법소원제도의 본질에 반하고, ② 헌법 제27조 제1항에 의해 보장된 재판청구권을 합리적 이유 없이 과도하게 침해하며, ③ 기능적 권력분립의 원칙에 위반되고, ④ 헌법재판소법 제68조 제1항의 내용 중 "법원의 재판을 제외하고는"과 "다른 법률에 구제절차가 있는 경우에는 그 절차를 모두 거친 후에 청구할 수 있다."는 규정은 상호 모순·충돌한다고 강조한다(정연주, 2020: 7-9).

서론에서 제시한 사례를 재판소원금지와 연결시켜 검토해보면, 개인정보가 침해되었다고 피고소인을 처벌하여 달라는 고소인의 요청에 대해서 경찰은 피고소인이 특정되었음에도 불구하고 성명불상자를 대상으로 기소중지 의견으로 검찰에 송치하였고, 검찰은 경찰사건기록을 그대로 인용하면서 기소중지 처분을 내렸으며, 고등검찰청과 고등법원에서는 항고와 재정신청을 각각 기각하였다. 결과적으로 고소인의 평등권과 재판절차진술권을 침해당하였다고 평가할 수 있으나 이에 대한 실질적인 불복수단을 찾을 수 없다. 개인적으로는 재판소원금지로 인하여 기본권 침해에 대한 구제가 곤란해지고 이를 악용하는 수사기관의 위헌적 행위가 목격되는 점, 독일, 스위스 등 재판소원을 인정하는 입법례가 존재하는 점 등을 고려할 때 「헌법재판소법」 제68조 제1항을 개정하여 재판소원을 허

---

16) 대한변협신문, 2013. 7. 1. "법원 판결 헌법소원 대상되나?" 제하의 기사 참조.

용하는 것이 마땅하다고 평가한다(이희훈, 2009: 432-434).

3. 법왜곡죄 도입

헌법재판소 결정례들을 검토하면서 우리나라 수사기관의 업무처리에 상당한 문제점이 있을 수 있다는 사실을 확인할 수 있었다. 「헌법」과 법률과 양심에 따라 수사와 검찰사무를 수행하는 것이 마땅하지만 만약 의도적으로 법왜곡을 행했다면 「형법」을 고치는 한이 있더라도 이러한 관행을 바로잡을 필요성이 매우 크다(정세종, 2018: 409).

한편, 독일 「형법」 제339조에서는 "법관, 기타 공무원 또는 중재법관이 법률사건을 지휘하거나 재판함에 있어 당사자 일방에게 유리하게 또는 불리하게 법률을 왜곡한 경우에는 1년 이상 5년 이하의 자유형에 처한다."고 규정함으로써 법왜곡죄를 처벌하고 있고, 법왜곡 행위에는 "① 사건을 허위조작하는 경우, ② 법을 제대로 적용하지 않는 경우, ③ 재량권을 남용하는 경우, ④ 진실규명의무를 위반하는 경우, ⑤ 허용되지 아니하는 처분을 명하는 경우" 등이 포함될 수 있다(법무부, 2008: 251; 이진국, 2019: 170).

국내에서도 법왜곡죄 도입을 위한 법률안이 지속적으로 상정되고 있다. 발의 순서대로 소개하면 ① "법관이나 검사가 재판 또는 수사 중인 사건의 처리에 있어서 법을 왜곡하여 당사자 일방을 유리 또는 불리하게 만든 때에는 1년 이상의 유기징역에 처한다.",[17] ② "경찰공무원, 검사, 법관 등 범죄수사나 재판에 관한 직무를 행하는 공무원이 그 직무를 행함에 있어서 법을 왜곡하여 당사자를 유리하게 하거나 불리하게 한 때에는 7년 이하의 징역 또는 7천만원 이하의 벌금에 처한다.",[18] ③ "판사, 검사 또는 경찰공무원 등 범죄수사나 재판에 관한 직무를 행하는 공무원이 그 직무를 행함에 있어 위법 또는 부당한 목적을 가지고 사실관계를 왜곡·조작하거나 법규를 부당하게 적용하는 등 법을 왜곡하는 때에는 7년 이하의 징역, 10년 이하의 자격정지 또는 7천만원 이하의 벌금에 처한다."[19]이다.

---

17) 형법 일부개정법률안(심상정의원 대표발의), 의안번호: 15764, 발의연원일: 2018. 9. 28.
18) 형법 일부개정법률안(주광덕의원 대표발의), 의안번호: 20908, 발의연원일: 2019. 6. 11.
19) 형법 일부개정법률안(김남국의원 대표발의), 의안번호: 1090, 발의연월일: 2020. 6. 26.

개인적으로는 위 ①~③법안 중 ③안이 가장 타당하다고 생각된다. 왜냐하면 행위주체, 주관적 구성요건, 법왜곡의 구체적 구성요건적 행위가 상대적으로 명확하게 규정되어 있고 서론에서 제시한 사례에 적용해 보았을 때에도 법적용의 실효성이 확보될 수 있다고 기대하기 때문이다.

V. 요 약

이 장은 성명불상자를 대상으로 한 기소중지 사례를 제시하고 이 처분의 위헌성과 불복수단의 실효성을 따져보고자 기획되었다. 기소중지는 피의자 소재불명 등의 사유로 인하여 수사를 종결할 수 없는 경우에 그 사유가 해소될 때까지 행하는 중간처분으로 매우 제한적으로 활용해야만 한다.

하지만 성명불상자를 대상으로 기소중지 결정을 내리면 ① 피의자의 소재를 발견할 수 있는 가능성이 매우 희박해지고, ② 만약 피의자가 공무원, 사립학교 교원 등일 경우에는 소속 공무원(교직원)에 대한 수사기관의 수사개시 및 종결통지 의무를 이행할 수 없게 되며, ③ 검찰항고는 인용되는 사례가 많지 않고, ④ 재정신청 또한 재정법원의 선택지가 신청기각과 공소제기결정밖에 없어 실효성이 떨어지고, ⑤ 재정신청 기각결정은 헌법소원심판대상에서 제외되기 때문에 고소인은 헌법소원심판을 청구할 수도 없게 된다. 결과적으로 수사기관에서 성명불상자를 대상으로 한 기소중지를 악의적으로 활용한다면 피의자들이 형사사법시스템에서 탈법적으로 도피할 수 있는 길을 터주게 된다.

헌법재판소는 ① 검사의 불기소 처분은 고소인의 헌법상 기본권을 침해할 수 있다고 전제하고, ② 기소중지는 가급적 억제되어야 하고 종국처분을 내리기에 충분한 경우에는 원칙에 맞게 반드시 종국처분을 내려야 하며, ③ 검사가 당연히 의심을 가지고 조사하여야 할 중요한 사항들에 대하여 조사를 제대로 하지 않은 채, 형평에 반하는 자의적인 수사와 판단에 따라 기소중지를 결정한 것은 평등권과 재판절차진술권을 부당하게 침해한 것이고, ④ 피의자가 누구였는지를 밝히려고 한다면 별다른 어려움이 없었음에도 불구하고 이러한 조사를 전혀 하지 아니한 채 성명불상자를 대상으로 기소중지 처분하였다면 평등권과 재판절차진술권을 침해한 것이며, ⑤ 공범인 성명불상자의 존재 및 가담여부를 규명하여야 함에도 위 부분에 대한 수사를 하지 않고 기소중지 처분을 내린 것은 평등권과 재판절차진술권을 침해한 것이라고 일관되게 결정하고 있다. 이상의 논의를 토대로 필자는 재정신청제도 개선, 헌법소원심판 대상 확대, 법왜곡죄 도입과 같은 입법론적 개선방향을 제시하였다.

참고문헌

김정한. (2013). "불기소처분의 주문 유형에 대한 실무적 고찰", 「인권과정의」, 437: 44-59.

박강우. (2017). "시민참여에 의한 검사의 기소재량 통제방안", 「한국정책논집」, 17: 27-38.

박경규. (2017). "독일의 기소강제절차를 통해 살펴본 재정신청제도 개선논의의 방향", 「법학논고」, 60: 405-430.

박흥식. (2013). "재정절차의 성격 및 관련 쟁점: 형사소송법 제262조 제2항의 '증거를 조사할 수 있다'는 규정의 해석을 중심으로", 「법학연구」, 24(1): 459-507.

배종대·이상돈·정승환·이주원. (2012). 「신형사소송법」, 서울: 홍문사.

법무부. (2012). 「독일 형사소송법」, 과천: 법무부.

_____. (2008). 「독일 형법」, 과천: 법무부.

사법연수원. (2012). 「검찰실무 I」, 고양: 사법연수원.

신호진. (2014). 「형사소송법요론」, 서울: 문형사.

양태규. (2004). 「수사종결론」, 서울: 대왕사.

이경렬. (2018). "기소유예처분의 헌법소원에 관한 형사사법적인 평가: 피의자 재정신청제도 도입을 위한 시론", 「원광법학」, 34(1): 75-103.

이진국. (2019). "독일 형법상 법왜곡죄의 구성요건과 적용", 「비교형사법연구」, 21(1): 163-184.

이홍락. (2010). "재정법원 조사권의 범위와 한계", 「형사소송 이론과 실무」, 2(1): 265-332.

이희훈. (2009). "헌법재판소법상 재판소원 금지규정에 대한 연구", 「헌법학연구」, 15(3): 424-460.

임동규. (2011). 「형사소송법」, 파주: 법문사.

정세종. (2018). "유사수신행위의 주요쟁점과 억제방안: '도나도나 사건'을 중심으로", 「한국공안행정학회보」, 27(3): 387-416.

_____. (2020). "성명불상자를 대상으로 한 기소중지의 위헌성과 불복수단에 관한 논의", 「한국공안행정학회보」, 29(4): 407-434.

정연주. (2020). "현행 헌법재판제도의 문제점과 개선방안", 「법학연구」, 23(1): 1-36.

조기영. (2008). "재정신청절차의 해석론적 쟁점", 「형사법 연구」, 20(1): 137-165.

조상제. (2009). "불기소처분 및 기소유예제도에 관한 연구", 「동아법학」, 44: 591-609.

표성수. (2018). "검사의 불기소 결정의 법적 정비를 위한 제언", 「인권과정의」, 477: 6-21.

하태훈. (2010). "재정신청제도 활성화 방안과 재개정 논의", 「사법」, 13: 35-64.

한영수. (2016). "재정신청제도의 문제점과 개선방안: 재정신청제도 개선을 위한 형사소송법 일부 개정 법률안을 중심으로", 「인권과정의」, 461: 107-131.

수사관은 상관의 명령을 거부할 수 있을까?

Ⅰ. 문제제기

1. 경찰행정 패러다임 변화

2021년 1월 1일부터 경찰조직은 행정 패러다임의 변화를 맞이하였다고 해도 과언이 아니다. 구체적으로 언급하면, 「경찰법」이 폐지되고 「국가경찰과 자치경찰의 조직 및 운영에 관한 법률」[1]이 시행됨으로써 ① 경찰업무가 '국가경찰사무(공공안전)', '범죄수사', '자치경찰사무'로 3원화되고, ② 경찰청장은 개별 사건의 수사에 대하여 구체적으로 지휘·감독할 수 없게 되었다. 결과적으로 경찰은 사실상 '국가경찰'과 '자치경찰'로, '행정경찰'과 '사법경찰'로 각기 분화되었다. 아울러, 개정 「형사소송법」에 따라 경찰은 수사개시·진행권과 1차적 수사종결권을 확보하였기 때문에 범죄수사에 있어서 검사의 지휘를 더 이상 받지 않게 되었다.

중앙집권적인 국가경찰제도와 검사의 수사지휘를 양대 축으로 하는 일사불란한 지휘체계에서 벗어남에 따라 경찰의 독립성과 민주성은 높아질 것으로 기대

---

1) 이하 「통합경찰법」으로 지칭한다.

되지만 공공의 안녕과 공공질서에 대한 위험을 방지하고 범죄를 예방·진압·
수사하는 경찰 본연의 임무를 탄탄하게 수행할 수 있는 시스템을 구축했느냐에
관해서는 적지 않은 의구심이 든다.

2. 사법경찰관의 1차적 수사종결('불송치 결정')의 법적 성격

사법경찰관이 범죄를 수사한 결과, 범죄의 혐의가 없다고 인정하는 경우에는
그 이유를 명시한 서면과 함께 관계 서류와 증거물을 지체 없이 검사에게 송부
하여야 한다. 이 경우 검사는 송부 받은 날부터 90일 이내에 사법경찰관에게 반
환하여야 한다(「형사소송법」 제245조의5 제2호). 구체적으로 소개하면, 사법경찰관
은 사건을 수사한 결과 ① 혐의없음, ② 죄가안됨, ③ 공소권없음, ④ 각하의
사유에 각각 해당하면 '불송치 결정'을 내려야 한다(「검사와 사법경찰관의 상호협력
과 일반적 수사준칙에 관한 규정」 제51조 제1항 제3호; 「경찰수사규칙」 제108조 제1항).
이와 같은 사법경찰관의 '불송치 결정'은 검사의 '불기소 처분'과 동일하게 법적
성격을 '처분'으로 부여하여야 할 것으로 판단된다. 왜냐하면, 경찰의 '불송치 결
정'은 단독제 관청인 검사의 '불기소 처분'과 법리적으로 동일한 메커니즘을 지
니고 있기 때문이다(임창호 등, 2020: 234).

3. 「통합경찰법」과 「형사소송법」의 충돌

「형사소송법」상 사법경찰관은 경무관, 총경, 경정, 경감, 경위가 해당되고 불
송치 행위의 주체도 '사법경찰관'으로 규율하고 있다(동법 제197조 제1항, 제215조
의5). 그런데 「경찰관 직무집행법」에 따르면 경찰은 범죄수사를 직무로 하고,
「통합경찰법」에서도 경찰공무원은 상관의 지휘·감독을 받아 직무를 수행하고,
구체적 사건수사와 관련된 지휘·감독의 적법성 또는 정당성에 대하여 이견이
있을 때에는 이의를 제기할 수 있도록 규정하고 있다(「경찰관 직무집행법」 제2조
제2호, 「통합경찰법」 제6조 제1항, 제2항).

'불송치 결정권'이 사법경찰관에게 부여된 상황에서 사법경찰관에 해당하지 않
는 경찰청장(치안총감), 국가수사본부장(치안정감), 시·도경찰청장(치안정감, 치안
감)의 수사지휘, 특히 '불송치 결정' 지시에 관한 합법성 논쟁이 발생할 수 있다.

4. '불송치 결정'의 발령권자

'불송치 결정'의 법적 성격을 '처분'으로 이해할 경우 발령권자의 법적 자격이 문제될 수 있다. 일반적으로 '처분'(행정행위)은 경찰행정관청이 구체적인 사실에 관한 법집행으로서 행하는 외부에 대하여 직접·구체적인 법적 효과를 발생시키는 권력적 단독행위인 공법행위를 말한다(박균성·김재광, 2011: 228). 따라서 법리적으로는 '불송치 결정'의 주체는 행정관청인 경찰서장, 시·도경찰청장, 경찰청장에 한정되게 된다. 여기에서 사법경찰단계에서 단독제 관청제도 도입 혹은 국가수사본부장의 행정관청화 등에 관한 심도 있는 논의가 요청된다.

5. 논의의 쟁점

「형사소송법」상 수사경찰관은 수사의 주체인 사법경찰관과 수사 보조자인 사법경찰리로 구분되지만 수사실무에서는 팀원, 팀장, 과장, 경찰서장, 시·도경찰청 수사부장(수사차장), 시·도경찰청장, 국가수사본부장 등의 순으로 계층제를 이루고 있다. 아울러 경찰업무는 국가경찰사무(공공안전), 범죄수사, 자치경찰사무로 3원화되었는데 학교폭력 등 소년범죄, 가정폭력, 아동학대 범죄, 교통사고 및 교통 관련 범죄에 관한 수사사무는 자치경찰사무로 편입되었으며, 경찰의 수사에 관하여 각 시·도경찰청장과 경찰서장 및 수사부서 소속 공무원을 지휘·감독하는 국가수사본부장은 경찰청장의 보조기관으로 편제되었다(「통합경찰법」 제16조). 그리고 「범죄수사규칙」(경찰청훈령) 제17조에서는 국가수사본부장은 일반적인 사건수사에 대한 지휘를 시·도경찰청장에게 위임할 수 있도록 규율하였다. 결과적으로 수사경찰의 지휘체계는 전문가들조차도 쉽게 알아볼 수 없을 만큼 난해해졌다고 평가할 수 있다.

이러한 문제의식을 토대로 이 단원은 아래와 같은 쟁점들을 도출하고 시론적 차원에서의 논의를 전개함으로써 향후 학계 및 실무기관의 심도 깊은 논의의 단초를 제공하고, 일선 수사경찰관들의 실무에서의 혼란을 조금이나마 줄여주고자 기획되었다.

첫째, 순경, 경장, 경사로 구성되는 사법경찰리는 독자적인 수사개시·진행권을 가지는가?

둘째, 국가수사본부장과 시·도경찰청장은 '불송치 결정'의 주체가 될 수 있는가?

셋째, 국가수사본부장이 시·도경찰청장에게 일반적인 사건수사 지휘권을 위임할 수 있도록 규정한 「범죄수사규칙」 제17조는 적법한가?

넷째, 「통합경찰법」 제6조 제2항에 규정된 이의제기권의 실효성을 담보할 수 있는가?

Ⅱ. 이론적 토대

1. 경찰조직내 수사지휘관련 현행 규정

1) 경찰수사의 법적 근거

「통합경찰법」 제3조 제2호 및 「경찰관 직무집행법」 제2조 제2호에서 "수사"를 경찰의 임무 혹은 경찰의 직무로 각각 명시하고 있다.

「형사소송법」 제197조 제1항에서는 "경무관, 총경, 경정, 경감, 경위는 사법경찰관으로서 범죄의 혐의가 있다고 사료하는 때에는 범인, 범죄사실과 증거를 수사한다."고 규정하고, 제2항에서는 "경사, 경장, 순경은 사법경찰리로서 수사의 보조를 하여야 한다."고 규율하고 있다.

2) 경찰조직내 수사지휘의 법적 근거

(1) 직무수행 및 수사지휘에 대한 이의제기

「통합경찰법」 제6조 제1항에서는 "경찰공무원은 상관의 지휘·감독을 받아 직무를 수행하고 그 직무수행에 관하여 서로 협력하여야 한다."고 명시하고, 제2항에서는 "경찰공무원은 구체적 사건수사와 관련된 제1항의 지휘·감독의 적법성 또는 정당성에 대하여 이견이 있을 때에는 이의를 제기할 수 있다."고 규정하고 있다.

(2) 경찰청장 등의 수사지휘권

가. 경찰청장

경찰청장은 경찰의 수사에 관한 사무의 경우에는 개별 사건의 수사에 대하여 구체적으로 지휘·감독할 수 없다. 다만, 국민의 생명·신체·재산 또는 공공의 안전 등에 중대한 위험을 초래하는 긴급하고 중요한 사건의 수사에 있어서 경찰의 자원을 대규모로 동원하는 등 통합적으로 현장 대응할 필요가 있다고 판단할 만한 상당한 이유가 있는 때에는 국가수사본부장을 통하여 개별 사건의 수사에 대하여 구체적으로 지휘·감독할 수 있다(「통합경찰법」제14조 제6항).

나. 국가수사본부장

경찰청에 국가수사본부를 두며 국가수사본부장은 치안정감으로 보한다. 국가수사본부장은 「형사소송법」에 따른 경찰의 수사에 관하여 각 시·도경찰청장과 경찰서장 및 수사부서 소속 공무원을 지휘·감독한다(「통합경찰법」제16조 제1항, 제2항).

다. 시·도경찰청장 및 경찰서장

시·도경찰청장은 수사에 관한 사무에 대해서는 국가수사본부장의 지휘·감독을 받아 관할구역의 소관 사무를 관장하고 소속 공무원 및 소속 경찰기관의 장을 지휘·감독한다(동법 제28조 제3항). 경찰서장은 시·도경찰청장의 지휘·감독을 받아 관할구역의 소관 사무를 관장하고 소속 공무원을 지휘·감독한다.

3) 경찰조직내 수사지휘에 관한 행정규칙

(1) 국가수사본부장의 지휘권 위임

국가수사본부장은 다음 각 항의 사항을 제외한 일반적인 사건수사에 대한 지휘는 시·도경찰청장에게 위임할 수 있다: ① 수사관할이 수 개의 시·도경찰청에 속하는 사건, ② 고위공직자 또는 경찰관이 연루된 비위 사건으로 해당 관서에서 수사하게 되면 수사의 공정성이 의심받을 우려가 있는 경우, ③ 국가수사본부장이 수사본부 또는 특별수사본부를 설치하여 지정하는 사건, ④ 그 밖에 사회적 이목이 집중되거나, 파장이 큰 사건으로 국가수사본부장이 특별히 지정하는 사건(「범죄수사규칙」제17조).

(2) 시·도경찰청장, 경찰서장, 수사간부의 수사지휘권

시·도경찰청장은 체계적인 수사 인력·장비·시설·예산 운영 및 지도 등을 통해 합리적이고 공정한 수사를 위하여 그 책임을 다하여야 한다(동규칙 제18조). 경찰서장은 해당 경찰서 관할 내의 수사에 대하여 지휘·감독하며, 합리적이고 공정한 수사를 위하여 그 책임을 다하여야 한다(동규칙 제19조). 수사를 담당하는 경찰관서의 수사간부는 소속 경찰관서장을 보좌하고 그 명에 의하여 수사의 지휘·감독을 하여야 한다(동규칙 제20조).

(3) 사건지휘와 수사보고 요구

경찰관서장과 수사간부는 소속 경찰관이 담당하는 사건의 수사진행 사항에 대하여 명시적인 이유를 근거로 구체적으로 지휘를 하여야 하고 필요한 경우 수사진행에 관하여 소속 경찰관에게 수사보고를 요구할 수 있으며 수사경찰관은 이에 따라야 한다(동규칙 제22조).

(4) 수사지휘의 방식

시·도경찰청장은 경찰서에서 수사 중인 사건을 지휘할 필요성이 있다고 인정될 때에는 구체적 수사지휘를 할 수 있고(동규칙 제24조 제2항), 수사지휘권자가 경찰관서 내에서 사건에 대한 구체적 지휘를 할 때에는 형사사법정보시스템을 통해 수사지휘서를 작성하여 송부하거나 수사서류의 결재 수사지휘란에 기재하는 방식으로 하여야 한다(동규칙 제25조 제1항).

2. 수사지휘와 관련된 법적 책임

1) 수사지휘와 직권남용죄

(1) 직권남용죄의 구성요건

「형법」 제123조에서는 "공무원이 직권을 남용하여 사람으로 하여금 의무 없는 일을 하게 하거나 사람의 권리행사를 방해한 때에는 5년 이하의 징역, 10년 이하의 자격정지 또는 1천만원 이하의 벌금에 처한다."고 규정하고 있다.

직권남용죄의 구성요건을 구체적으로 언급하면 ① 공무원이, ② 형식적으로 일반적 직무권한에 속하는 사항에 대하여 목적·방법 등에 있어서 실질적으로 위법한 조치를 취하여(직권을 남용하여), ③ 법령상 일정한 작위의무가 없는 사람에게 이를 하게 하거나, ④ 법령상 인정된 권리를 행사하지 못하게 방해하는 것이다(이재상, 2010: 714-716; 김성돈, 2013: 736-738; 신호진, 2015: 848-853).

(2) 적용사례

위법한 수사지휘와 관련해서 사회적 이목이 집중되었던 사례로는 '한화그룹 김승연 회장 보복폭행 로비 사건',[2] '국정원 댓글 수사 축소 의혹 사건',[3] '신승남 전 검찰총장의 내사종결 지시 사건'[4] 등을 들 수 있다. 이 사례에 공통적으로 「형법」 제123조(직권남용)가 적용되었다. 구체적인 내용은 제3장(Ⅲ. 주요 판례 검토)에서 소개하기로 한다.

2) 복종의무와 징계책임

(1) 수사경찰관의 복종의무와 이의제기권

「국가공무원법」 제57조에서는 "공무원은 직무를 수행할 때 소속 상관의 직무상 명령에 복종하여야 한다."고 명시하고 있기 때문에 국가공무원인 수사경찰관도 당연히 복종의무를 진다. 하지만 「통합경찰법」 제6조 제2항에서는 구체적 사건수사와 관련된 지휘·감독의 적법성 또는 정당성에 대하여 이견이 있을 때에는 이의를 제기할 수 있도록 규정하고 있다는 점은 이미 언급한 바와 같다. 여기에서 복종의무와 이의제기권 사이의 긴장관계를 살펴볼 필요성이 제기된다.

(2) 이의제기의 절차 및 방법

가. 경찰서 소속 경찰관의 이의제기 절차

① 경찰관은 구체적 수사와 관련된 소속 수사부서장의 지휘·감독의 적법성 또는 정당성에 이견이 있는 경우에는 해당 상관에게 이의제기서를 작성하여 이의를 제기할 수 있고, ② 이의제기를 받은 상관은 신속하게 이의제기에 대해 검

---

2) 머니투데이, 2008. 1. 24. "'보복폭행' 로비 최기문 前경찰청장 등 실형" 제하의 기사 참조.
3) 법률신문, 2015. 1. 30. "'국정원 댓글 수사 축소 의혹' 김용판 前청장 무죄 확정" 제하의 기사 참조.
4) 한겨레, 2016. 12. 20. "대법, 뇌물사건 내사종결 지시한 검찰총장도 '직권남용' 인정" 제하의 기사 참조.

토한 후 그 사유를 적시하여 수사지휘서에 따라 재지휘를 하여야 하며, ③ 재지휘에 대해서도 이견이 있는 경우에는 경찰서장에게 수사지휘에 대한 이의제기서를 작성하여 다시 이의를 제기할 수 있고, ④ 경찰서장은 이의제기에 대해 신속하게 판단한 후 그 사유를 적시하여 수사지휘서에 따라 지휘하여야 한다. ⑤ 경찰서장의 지휘에 따르는 것이 위법하다고 판단하는 해당 경찰관은 시·도경찰청장에게 이의제기서를 작성하여 다시 이의를 제기할 수 있고, ⑥ 이의제기를 받은 시·도경찰청장은 신속하게 수사이의심사위원회의 의견을 들어 판단한 후, 그 사유를 적시하여 수사지휘서에 따라 지휘하여야 한다(「범죄수사규칙」 제30조 제1항~제6항).

나. 시·도경찰청 소속 경찰관의 이의제기 절차

① 시·도경찰청 소속 경찰관은 구체적 수사와 관련된 소속 수사부서장의 지휘·감독의 적법성 또는 정당성에 이견이 있는 경우에는 해당 상관에게 이의제기서를 작성하여 이의를 제기할 수 있고, ② 이의제기를 받은 상관은 신속하게 이의제기에 대해 검토한 후 그 사유를 적시하여 수사지휘서에 따라 재지휘를 하여야 하며, ③ 재지휘에 대해서도 이견이 있는 경우에는 시·도경찰청장에게 수사지휘에 대한 이의제기서를 작성하여 다시 이의를 제기할 수 있고, ④ 시·도경찰청장은 이의제기에 대해 신속하게 판단한 후 그 사유를 적시하여 수사지휘서에 따라 지휘하여야 한다. ⑤ 시·도경찰청장의 지휘에 따르는 것이 위법하다고 판단하는 해당 경찰관은 국가수사본부장에게 이의제기서를 작성하여 다시 이의를 제기할 수 있고, ⑥ 이의제기를 받은 국가수사본부장은 신속하게 경찰수사정책위원회의 의견을 들어 판단한 후, 그 사유를 적시하여 수사지휘서에 따라 지휘하여야 한다(동규칙 제30조 제6항~제8항).

(3) 이의제기에 대한 지휘·수명, 불이익 금지

이의제기를 한 경찰관, 경찰서장, 시·도경찰청장은 각각 시·도경찰청장과 국가수사본부장의 지휘를 따라야 한다. 그리고 이의제기를 한 경찰관, 경찰서장, 시·도경찰청장은 그 이의제기를 이유로 인사상, 직무상 불이익한 조치를 받아서는 아니 된다(동규칙 제33조, 제35조).

3) 징계사례: 복종의무 위반

수원지방검찰청 여주지청장 이었던 검사 윤석열은 ① 2013. 10. 16. 서울중앙지검장의 정당한 지시에 위반하여 보고 및 결재 없이 국정원 직원들에 대한 체포영장 및 압수수색영장을 청구하고, 10. 17. 이를 집행하고, ② 2013. 10. 17. 서울중앙지검장으로부터 직무배제명령을 받았음에도 불구하고, 서울중앙지검 공공 형사수사부장 박형철과 함께 10. 18. 보고 및 결재 없이 원세훈 전 국정원장에 대한 공직선거법위반 등 피고사건에 관하여 공소장변경신청함으로써 각각 검사로서의 직무상의무 위반하였다는 등의 사유로 윤석열은 정직 1월, 박형철은 감봉 1월의 징계처분을 받았다[법무부 공고 제2013-289호, 관보 제18172호(2013. 12. 31.)].

3. 선행연구 검토

1) 경찰조직내 수사지휘에 관한 논의

조국과 김준호(2013)는 수사지휘의 주체, 수사지휘 조직, 수사지휘 방식에 관하여 한국과 일본의 법령과 제도를 비교하고 시사점을 제시하고자 하였다. 그들은 한국의 경우 「형사소송법」상 사법경찰관의 범위와 「통합경찰법」상 수사지휘권자의 범위가 상충된다는 점을 지적하였다.[5]

박노섭(2006: 90)은 직접적인 수사지휘계선을 대폭 축소함으로써 수사의 효율성과 수사경찰의 독립성을 확보하여야 한다고 주장하였다. 구체적으로 언급하면 "첫째, 현장지휘 가능성을 기준으로 수사지휘권자와 수사통제권자로 구분하고, 둘째, 범죄현장에 직접 출동하여 현장에서 수사권을 지휘할 수 있는 현장책임자(수사팀장 혹은 수사과장)까지는 수사방향 등 구체적 지휘가 가능한 수사지휘권을 부여하고, 그 위 상급자는 수사의 감독 혹은 통제권만을 갖도록 하여야 한다."

임창호 등(2020)은 현직 수사경찰관들을 대상으로 한 심층면접(FGI)과 설문조

---

5) 「형사소송법」상 사법경찰관은 경무관이하 경위까지의 계급을 의미하지만 「통합경찰법」에서는 경찰청장(치안총감), 국가수사본부장(치안정감), 시·도경찰청장(치안정감 및 치안감)에게 수사지휘권을 부여하고 있기 때문에 수사지휘권자의 범위를 규정함에 있어 두 법률의 충돌이 발생할 수 있다.

사를 토대로 팀장 책임수사체제를 강화할 것을 강조하면서, 구체적인 방안으로 ① 팀장에 대한 선별적 사건 배당, ② 팀장 권한강화, ③ 실질적인 서면 수사지휘체계 확립, ④ 수사팀내 연대의식 공유를 제시하였다.

2) 직권남용죄에 관한 논의

최병천(2019: 45)은 직권남용죄의 성립을 부정한 대법원 판례들 즉, ① 당직대의 조장이 당직근무를 마치고 하급자에게 다른 이유로 기합을 준 행위,[6] ② 치안본부장이 국립과학수사연구소 법의학과장에게 고문치사자의 사망에 관하여 기자간담회에 참고할 메모를 작성하도록 한 행위,[7] ③ 대통령 경호실장이 전직 대통령의 주거지 마련을 위한 토지를 구입하고 그 토지의 시계확보를 위하여 서울시장 등에게 주변 토지를 공용청사부지로 지정하도록 요청한 행위,[8] ④ 대검찰청 공안부장이 고등학교 후배인 한국조폐공사 사장에게 쟁의행위 및 구조조정에 관하여 전화통화를 한 행위[9]를 각각 언급하면서 결과적으로 피해자들이 권리행사를 방해받았거나 의무 없는 일을 하게 된 원인은 가해 공무원들이 지위와 수반된 직무를 행사할 가능성이 있었기 때문이라는 점을 지적했다.

김성돈(2019: 205)은 대법원은 '권한 없이 남용 없다.'는 논리를 토대로 '남용'을 직무권한 범위내에서의 위법·부당한 직무수행이라고 이해하면서도 '남용여부'를 판단함에 있어서 직무목적, 필요성, 상당성이라는 실질적인 기준을 활용함으로써 행정법상의 재량권남용 판단기준과 구별하기 어렵게 만들었다고 주장한다. 아울러, 대법원의 이러한 해석태도는 남용여부 뿐만 아니라 남용대상인 직무권한의 범위확정을 가변적이고 불확정적으로 만들어 예측가능성과 법적 안정성을 위태롭게 만들고 있다고 강조했다.

오병두(2020: 173) 또한 대법원은 「형법」 제123조 전단인 '직권남용'은 넓게 인정하면서도 후단인 '의무강요 혹은 권리행사방해'를 엄격하게 해석하고 있기 때문에 법관의 판단에 정책적, 정치적 판단이 개입할 여지가 커질 수 있다고 평가했다.

---

6) 대법원 1985. 5. 14, 84도1045 판결.
7) 대법원 1991. 12. 27, 90도2800 판결.
8) 대법원 1994. 4. 12, 94도128 판결.
9) 대법원 2005. 4. 15, 2002도3453 판결.

3) 공무원의 복종의무와 '이의제기'제도에 관한 논의

이계수(2009: 133-134)는 전통적 의미에서 직무명령이 적법·유효하기 위해서는 형식적으로는 ① 권한이 있는 상관이 발할 것, ② 부하공무원의 직무의 범위 내에 속하는 사항일 것, ③ 부하공무원의 직무상 독립의 범위에 속하는 사항이 아닐 것, ④ 법정의 형식·절차가 있으면 이를 갖출 것 등의 요건을 충족해야 하고, 실질적으로는 ① 그 내용이 법령 또는 공익에 적합하여야 하거나, ② 그 내용이 명백하고 실현가능하며 적법한 것이어야 한다고 설명했다.

우미형(2017: 358-359)은 독일 「연방공무원법」상 '이의제기'제도를 소개했다. 동법 제63조 제1항에서는 "공무원은 직무상 행위의 합법성과 관련하여 완전한 개인 책임을 진다."고 규정하고, 제2항에서는 "직무상 명령의 합법성이 의심되면 공무원은 즉각 직속상관에게 그 점에 대해 주장해야 한다. 그럼에도 불구하고 명령이 유지되고 그 명령의 합법성에 대한 의심을 떨칠 수 없다면 공무원은 직속상관의 상관 혹은 그 위의 상관에게 의견을 개진해야 한다. 그래도 여전히 직무명령이 유지되면 공무원은 이를 집행해야 하지만 당해 명령의 집행에 대한 개인책임은 면책된다. 이는 명령된 행위가 인간의 존엄에 반하거나 형벌 혹은 질서벌의 대상이 되고 공무원의 가벌 혹은 질서벌 대상 가능성을 인식한 경우에는 해당이 없다. 명령에 대한 (이의제기의) 확인은 신청이 있는 경우 문서로 해야 한다."고 명시하고 있으며, 제3항에서는 "(임무를) 지체할 경우 위험이 존재하고 직속상관의 상관의 결정이 적시에 이루어질 수 없다는 이유로 직속상관이 명령의 즉시 수행을 요구할 경우 제2항의 제3문과 제4문이 준용된다."고 규율하고 있다. 정리해보면, 독일 「연방공무원법」 제63조에서는 ① 직속상관의 직무명령의 합법성이 의심이 될 경우 수명공무원에게 의견제시(1단계) 의무를 부과하고, ② 1단계 의견제시에도 불구하고 명령이 유지된다면 차상위 상관에게 2단계 의견을 제시하여야 하며, ③ 2단계 의견제시 절차가 모두 완료되었음에도 직무명령이 그대로 유지될 경우 공무원의 복종의무는 유지되지만 개인책임은 면제되도록 규율하고 있다.

Ⅲ. 주요 판례 검토

1. '한화그룹 김승연 회장 보복폭행 로비 사건'[10]

1) 판시사항

「형법」제123조의 직권남용권리행사방해죄에서 말하는 '권리'는 법률에 명기된 권리에 한하지 않고 법령상 보호되어야 할 이익이면 족한 것으로서 공법상의 권리인지 사법상의 권리인지를 묻지 않는다고 봄이 상당하다.

「경찰관 직무집행법」제1조 제2항은 "이 법에 규정된 경찰관의 '직권'은 그 직무수행에 필요한 최소한도 내에서 행사되어야 하며 이를 남용하여서는 아니된다."고 규정하고 있고, 같은 법 제2조 제1호는 '범죄의 예방·진압 및 수사'를 그 직무로 규정하고 있으므로, 사법경찰관리는 범죄를 수사할 직권을 가지고 있다고 인정할 수 있고, 이는 수사의 단서가 발견된 때에는 외부의 조직이나 권력으로부터, 나아가 경찰 내부 상급자의 위법·부당한 지시로부터 방해받지 아니하고 범죄를 수사할 수 있는 권리이며, 위와 같은 '법령'에 의하여 행사할 수 있는 '권리'라고 봄이 상당하다.

수사권은 상급 사법경찰관의 지휘·감독을 받는다 하더라도 그 하위 사법경찰관리에게 수사권이 없다고 볼 수 없으며, 공무원의 직권남용에 의하여 방해되는 권리는 법령상 인정된 권리이면 족할 뿐 타인의 지휘·감독을 받지 아니하고 독립하여 행사할 수 있는 권리임을 따로 요하는 것은 아니다.

수사를 내사 다음 단계라고 파악할 수도 있으나 오히려 이를 넓게 파악하여 '범죄혐의 유무의 확인과 범인의 체포 및 증거수집을 위한 수사기관의 활동' 또는 '수사기관이 범죄의 혐의가 있다고 사료하는 때에 행하는 범인, 범죄사실과 증거의 조사 활동'이라고 보는 것이 일반적인 견해인 점 등을 종합하면 내사 또한 넓은 의미의 수사에 포함되는 것으로 볼 수 있다.

상급 경찰관이 직권을 남용하여 부하 경찰관들의 수사를 중단시키거나 사건을 다른 경찰관서로 이첩하게 한 경우, 일단 '부하 경찰관들의 수사권 행사를 방해한 것'에 해당함과 아울러 '부하 경찰관들로 하여금 수사를 중단하거나 사건

---

10) 서울중앙지방법원 2008. 7. 24, 2008노546 판결, 대법원 2010. 1. 28, 2008도7312 판결.

을 다른 경찰관서로 이첩할 의무가 없음에도 불구하고 수사를 중단하게 하거나 사건을 이첩하게 한 것'에도 해당된다고 볼 여지가 있다.

2) 시사점

사법경찰관리는 수사의 단서가 발견된 때에는 외부의 조직이나 권력으로부터 나아가 경찰 내부 상급자의 위법·부당한 지시로부터 방해받지 아니하고 범죄를 수사할 수 있는 직무상 권리를 가지고 내사 또한 넓은 의미의 수사에 포함되며, 상급 경찰관이 직권을 남용하여 부하 경찰관들의 수사를 중단시키거나 사건을 다른 경찰관서로 이첩하게 한 경우, 직권남용권리행사방해죄가 성립한다.

2. '국정원 댓글 수사 축소 의혹 사건'[11]

1) 공소사실

피고인은 서울경찰청장으로서 2012. 12. 16.~12. 19.까지 수서경찰서에 대한 정당한 지도·감독권의 행사인 것처럼 그 직권을 남용하여 수서경찰서장 이○○과 수사과장 권○○, 지능범죄수사팀장 김○○, 사이버범죄수사팀장 유○○ 등 수서경찰서 수사팀 관계자들로 하여금 디지털증거분석 결과도 알지 못한 채 실체를 은폐한 허위의 중간수사 결과 보도자료를 수서경찰서 홈페이지에 게시하게 함과 아울러 언론 배포 및 브리핑을 하게 함으로써 의무 없는 일을 하게 하고, 제18대 대통령선거일 전날까지 수서경찰서의 디지털증거분석 결과물 회신 요구를 계속 거부함으로써 위 이○○과 권○○ 등 수서경찰서 수사팀 관계자들의 정당한 수사권 행사를 방해하였다.

2) 판결내용

(1) 검사의 주장이 증명된다면 피고인의 행위가 직권남용에 해당하는지 여부

구 「경찰법」 제14조 제2항에 의하면 지방경찰청장은 경찰청장의 지휘·감독을 받아 관할구역의 국가경찰사무를 관장하고 소속 공무원 및 소속 국가경찰기관의 장을 지휘·감독한다고 규정되어 있는 바, 중간수사결과 발표 및 분석결과

---

11) 서울중앙지방법원 2014. 2. 6, 2013고합576 판결; 서울고등법원 2014. 6. 5, 2014노530 판결; 대법원 2015. 1. 29, 2014도7309 판결.

물 송부도 국가경찰사무의 일환이므로 이에 관한 지휘는 서울지방경찰청장이었던 피고인의 일반적 권한에 속하는 사항이다.

만일 피고인이 선거에 관여하기 위하여 수서경찰서 경찰관들에게 허위 또는 축소된 내용으로 중간수사발표 등을 시켰다면, 이러한 지시는 불법적인 것으로 수서경찰서 경찰관들이 이에 따를 의무가 없으며, 피고인은 수서경찰서의 수사에 관하여 구체적으로 지시를 할 권한은 없으므로 수서경찰서에는 분석결과물을 송부해주지 말 것을 지시하였다면 수서경찰서 경찰관들의 수사권을 방해한 것이라고 할 것이다.

(2) 결론

국가정보원 직원이 임의제출한 노트북 등 컴퓨터 2대의 분석범위를 설정하게 된 이유와 그 분석결과의 판단과정, 디지털증거분석결과 보고서·보도자료의 작성 및 언론브리핑이 이루어진 경위 및 그 내용, 두 차례에 걸쳐 이루어진 수서경찰서 수사팀에 대한 분석결과물의 회신 경위 및 회신된 분석결과물의 범위와 내용 등 공소사실에 관한 검사의 논증이 단순한 의혹 또는 추측을 넘어 법관으로 하여금 합리적인 의심의 여지가 없을 정도로 유죄의 확신이 드는 정도에는 이르지 못하였다고 판단한다.

3) 시사점

구 「경찰법」 제14조 제2항에 의하면 지방경찰청장은 경찰청장의 지휘·감독을 받아 관할구역의 국가경찰사무를 관장하고 소속 공무원 및 소속 국가경찰기관의 장을 지휘·감독한다고 규정되어 있는 바, 중간수사결과 발표 및 분석결과물 송부도 국가경찰사무의 일환이므로 이에 관한 지휘는 서울지방경찰청장의 일반적 권한에 속하는 사항이다(서울고등법원 2014. 6. 5, 2014노530 판결).

3. '신승남 전 검찰총장 내사종결 지시 사건'[12]

1) 공소사실

피고인은 1999. 6. 9.부터 2001. 5. 25.까지 대검찰청 차장검사로 재직하면서

---

12) 대법원 2007. 6. 14, 2004도5561 판결.

검찰총장을 보좌하여 각급 검찰청의 검찰사무를 통할하는 직무를 수행하고, 2001. 5. 26.부터 2002. 1. 15.까지 검찰총장으로 재직하면서 검찰 사무를 통할하고 검찰청의 공무원을 지휘, 감독하는 직무를 수행하였는데,

2001. 5. 초순 서울 서초구 서초동 대검찰청 차장검사 사무실에서, 공소외 ○○○으로부터 울산지방검찰청 특별수사부에서 울산시장의 수뢰 의혹 첩보를 바탕으로 내사를 진행하여 뇌물공여 혐의뿐 아니라 불법대출 등의 비리에 관한 수사 단서를 포착하고 같은 달 2.경 압수·수색을 실시하여 그 혐의에 대한 증거를 수집한 다음 본격적인 수사에 착수하려 한 ○○종건에 대하여 선처하여 달라는 취지의 전화 부탁을 받고, 위 검찰청 검사장에게 전화를 걸어 위 내사사건과 관련한 수사상황을 확인한 다음 내사를 중단하여 달라는 취지로 "아는 사람의 부탁이니 특별한 일이 없으면 그 회사에 대하여 잘 되도록 하여 달라"는 지시를 하고, 2001. 5. 26. 대검찰청에서 검찰총장 취임식을 전후하여 면담을 하게 된 위 검사장에게 재차 위 회사에 대한 내사를 가부간에 빨리빨리 종결하라는 취지의 독촉 지시를 하여, 같은 달 28.경 위 검사장으로 하여금 위 검찰청 특수부장을 통하여 위 내사사건의 수사검사에게 위 사건을 곧바로 내사 종결하도록 지시하게 하여, 위 수사검사로 하여금 각종 범죄혐의의 단서 및 이를 뒷받침할 물적 증거도 확보되어 이에 대한 수사는 물론 이를 토대로 울산시장의 수뢰 혐의에 대한 수사도 가능한 위 내사사건의 수사를 중단한 채 2001. 5. 26. 범죄 혐의 없음을 이유로 내사종결처분을 하도록 함으로써 직권을 남용하여 수사 검사로 하여금 의무 없는 일을 하게 하였다.

2) 판결내용

피고인이 평소 친분관계가 있는 공소외 ○○○으로부터 부탁을 받고 대검찰청 차장검사 혹은 검찰총장이라는 지위를 이용하여 면담 혹은 전화 통화 등의 방법으로 울산지방검찰청 검사장에게 ○○종건에 대한 내사보류와 종결을 지시하였다고 인정하기에 충분하고, 피고인의 주장과 같이 위 피고인이 울산지방검찰청 검사장에게 단지 내사진행이 외부로 공개되지 않도록 하라는 뜻으로 말하였을 뿐이라고 하더라도, 이미 수개월간 내사가 진행되어 사무실과 임원의 거주지에 대한 압수수색까지 진행된 사안에 대하여 압수수색 결과 확보된 자료에

대한 충분한 검토도 하지 못한 상태인 압수수색 직후의 시점에서 더 이상 내사
진행이 외부로 공개되지 않도록 하라고 언급하였다면 그 언급만으로도 내사 담
당자로서는 현실적으로 더 이상 추가적인 내사진행을 추진하기 어려울 것이므
로, 위와 같은 언급 역시 ○○종건에 대한 내사중단의 지시로 평가될 수밖에 없
으며, 위와 같은 내사중단 지시에 의하여 담당 검사로 하여금 구체적인 혐의 사
실을 발견하여 정상적인 처리절차를 진행 중이던 ○○종건 내지 울산시장에 대
한 내사를 중도에서 그만두고 종결처리토록 한 행위는 대검찰청 차장검사 혹은
검찰총장의 직권을 남용하여 담당 검사로 하여금 의무 없는 일을 하게 한 행위
에 해당한다.

3) 시사점

검찰의 고위 간부가 단독제 행정관청인 내사 담당 검사로 하여금 내사를 중
도에서 그만두고 종결처리토록 한 행위도 직권남용권리행사방해죄에 해당한다
(대법원 2007. 6. 14, 2004도5561 판결).

4. '재심사건 무죄 구형' 임은정 검사 징계처분취소[13]

1) 사실관계

"임은정 검사는 서울중앙지검 공판2부 검사였던 2012년 12월, 고 윤길중 전 국
회부의장의 유족이 청구한 재심사건에서 검찰 내부 방침을 어기고 무죄를 구형했
다. 당시 검찰은 과거사 재심사건에서 '법과 원칙에 따라 적절하게 선고해달라'는
소위 '백지구형'을 할 것을 내부 방침으로 정해두고 있었다. 임 검사는 다른 검사
에게 사건을 넘기라는 공판2부장의 지시를 받고도 법정으로 통하는 검사 출입문을
잠근 채 자신이 직접 무죄를 구형한 뒤, 검찰 내부 게시판인 '이프로스'에 무죄 구
형을 하게 된 경위와 의견을 담은 글을 올렸다. 법무부는 2013년 2월 임 검사가
검찰 상부의 지시를 따르지 않아 직무상 의무를 위반했다며 정직 4개월의 징계를
내렸다."[14]

---

13) 대법원 2017. 10. 31, 2014두45734 판결.
14) 한겨레, 2017. 10. 31. "'재심사건 무죄 구형' 임은정 검사 정직처분 취소판결" 제하의 기사
   참조.

2) 판결내용

「검찰청법」 제7조의2 제2항은 검찰총장, 각급 검찰청의 검사장 및 지청장은 소속 검사의 직무를 다른 검사에게 이전할 수 있는 것으로 규정하고 있다. 그런데 같은 조 제1항은 검찰청의 장은 자신의 직무를 소속 검사에게 위임할 수 있는 것으로 규정하고 있고, 여기의 직무에는 같은 조 제2항에서 정한 직무이전에 관한 직무도 포함되므로, 검찰청의 장은 소속 검사에게 검사 직무의 이전에 관한 직무를 위임할 수 있다.

원래 검사 직무의 위임·이전 및 승계에 관한 규정은 상명하복의 검사동일체 원칙을 규정하고 있던 구 「검찰청법」 제7조에 함께 있었다. 그런데 위 조항이 2004. 1. 20. 법률 제7078호로 개정되면서 상명하복이 검찰사무에 관한 지휘·감독으로 완화됨과 아울러 검사는 구체적 사건과 관련된 상급자의 지휘·감독의 적법성 또는 정당성에 대하여 이의를 제기할 수 있다는 규정이 새로이 추가되었고 검사 직무의 위임·이전 및 승계에 관한 규정을 신설된 제7조의2에 옮겨 별도로 두게 되었다.

이러한 「검찰청법」의 개정 취지와 목적, 규정 체계에 비추어 보면, 검사가 구체적 사건과 관련된 상급자의 지휘·감독의 적법성 또는 정당성에 대하여 이의한 상황에서 검찰청의 장이 아닌 상급자가 이의를 제기한 사건에 관한 검사의 직무를 다른 검사에게 이전하기 위해서는 검사 직무의 이전에 관한 검찰청의 장의 구체적·개별적인 위임이나 그러한 상황에서의 검사 직무의 이전을 구체적이고 명확하게 정한 위임규정 등이 필요하다고 보아야 한다. 결국 이 사건 직무이전명령은 권한 없는 자에 의한 것으로서 위법하므로 이 사건 직무이전명령에 불복한 점은 징계사유가 되지 않는다.

3) 시사점

검사가 구체적 사건과 관련된 상급자의 지휘·감독의 적법성 또는 정당성에 대하여 이의한 상황에서 그 이의를 제기한 사건에 관한 검사의 직무를 다른 검사에게 이전하기 위해서는 검사 직무의 이전에 관한 검찰청의 장의 구체적·개별적인 위임이나 구체적이고 명확한 위임규정 등이 필요하다.

Ⅳ. 논 평

수사권이 조정되기 전에는 경찰조직내 수사지휘의 법적 한계에 관한 논의는 별 다른 실익을 갖지 못했다. 왜냐하면, 검사가 수사의 주재자로서 경찰수사에 관한 전면적인 권한을 지니고 있었기 때문에 경찰관 입장에서는 검사가 아닌 조직내 상관의 수사지휘에 별다른 의미를 둘 필요가 없었기 때문이다. 하지만 「형사소송법」이 개정됨에 따라 수사개시, 진행, 1차적 종결권이 경찰로 넘어가게 되면서 그 한계에 관한 정리가 요급해지게 되었다. 이하에서는 제1장(Ⅰ. 문제제기)에서 제시한 4가지 쟁점에 관한 논평을 전개하고자 한다.

1. 순경, 경장, 경사로 구성되는 사법경찰리는 독자적인 수사개시 · 진행권을 가지는가?

경찰작용의 일반법인 「경찰관 직무집행법」 제2조와 경찰조직법인 「통합경찰법」 제3조에서는 '수사'를 각각 '경찰'의 '직무' 혹은 '임무'로 규정하고 있다. 하지만 형사절차에 관한 특별법 성격을 지니는 「형사소송법」 제197조 제2항에서는 "경사, 경장, 순경은 사법경찰리로서 수사의 보조를 하여야 한다."고 명시하고 있다.

여기에서 '수사의 보조'의 해석에 유의할 필요가 있다. 규정상으로는 긴급체포, 의견서 작성, 범죄인지, 영장신청, 피의자 출석요구 등은 사법경찰관이 행하여야 하지만 수사실무에서는 크게 구속받지 않는 것으로 알려져 있다. 좀 더 심층적으로 논의를 진행해보면, "수사보조자인 사법경찰리가 독자적으로 수사를 개시 · 진행할 수 있는가?"로 초점을 맞출 수 있다.

사견으로는 경찰의 수사 진행과정과 결과가 시민들에게 미치는 영향력이 심대하다는 점과 사법경찰리의 수사역량 등을 고려해 볼 때 제한적으로 해석하는 것이 마땅하다고 판단된다. 하지만, 사법경찰관리는 수사의 단서가 발견된 때에는 외부의 조직이나 권력으로부터 나아가 경찰 내부 상급자의 위법 · 부당한 지시로부터 방해받지 아니하고 범죄를 수사할 수 있는 직무상 권리를 가진다는 법원의 태도[15]를 존중하는 것이 법집행 현장에서의 혼선을 막을 수 있다.

---

15) 서울중앙지원 2008. 7. 24, 2008노546 판결, 대법원 2010. 1. 28, 2008도7312 판결.

아울러, 1차적 수사종결권이 사법경찰관에게 부여된 상황에서 경찰수사의 전문성과 책임성을 확보할 수 있도록 사법경찰관의 자격, 경력, 계급, 학력 수준 등을 상향시킬 수 있는 정책마련이 절실하다(김성언·정세종: 2007).

2. 국가수사본부장과 시·도경찰청장은 '불송치 결정'의 주체가 될 수 있는가?

형사절차에 관한 특별법인 「형사소송법」 제197조 제1항에서는 "경무관, 총경, 경정, 경감, 경위는 사법경찰관으로서 범죄의 혐의가 있다고 사료하는 때에는 범인, 범죄사실과 증거를 수사한다."고 규정하고, 동법 제245조의5 제2호, 「수사준칙」 제51조 제1항 제3호, 「경찰수사규칙」 제108조 제1항에서 일관되게 '불송치 결정'의 주체를 '사법경찰관'이라고 명시하고 있지만, 국가수사본부장과 시·도경찰청장은 사법경찰관에 포함되지 않는다는 점은 이미 언급한 바와 같다. 한편, 법원은 수사업무도 국가경찰사무의 일환이므로 이에 관한 지휘는 지방경찰청장의 일반적 권한에 속하는 사항이라는 취지로 판단하고 있다(서울고등법원 2014. 6. 5, 2014노530 판결).

여기에서 「형사소송법」과 「통합경찰법」의 충돌문제가 발생한다. 사견으로는, 특별법우선의 원칙에 따라 국가수사본부장과 시·도경찰청장은 '불송치 결정'을 내릴 수 없다고 해석하는 것이 법리적으로는 당연하다고 생각된다. 하지만, 첫째, 「형사소송법」에서 사법경찰관의 계급범위를 제한한 취지가 과거 검찰의 부당한 간섭을 막고자하는 차원인 점, 둘째, 현행법의 개정과 시행이 급박하게 진행된 점, 셋째, '불송치 결정'의 법적 성격을 '처분'으로 이해할 경우 행정관청 명의로 발령되어야 한다는 점 등을 고려해 볼 때, 지금 당장은 합목적적인 해석을 용인하여야 할 것이다. 하지만, 조속하게 현실을 반영할 수 있도록 「형사소송법」이 개정되기를 기대한다.

3. 국가수사본부장이 시·도경찰청장에게 일반적인 사건수사 지휘권을 위임할 수 있도록 규정한 「범죄수사규칙」 제17조는 적법한가?

「범죄수사규칙」(경찰청훈령) 제17조에서 "국가수사본부장은 … 일반적인 사건수사에 대한 지휘를 시·도경찰청장에게 위임할 수 있다."고 규정하고 있다는 점은 이미 언급한 바와 같다. 여기에서는 경찰청장의 보조기관에 불과한 국가수사본부장이 행정관청인 시·도경찰청장에게 수사지휘권한을 위임할 수 있느냐는 또 다른 법리적 쟁점이 발생한다.

만약 적법하다면, 경찰청장은 개별 사건 수사에 대하여 구체적으로 지휘·감독할 수 없도록 규정하여 행정경찰권과 사법경찰권의 분리를 도모한 「통합경찰법」의 도입취지를 무색하게 할 수 있다. 왜냐하면, 시·도경찰청장은 인사, 재정, 감찰, 감사 등 사실상 경찰청장의 지휘·감독에서 벗어나기 어렵기 때문이다.

「행정권한의 위임 및 위탁에 관한 규정」(대통령령) 제2조 제1호에서는 "위임"을 "법률에 규정된 행정기관의 장의 권한 중 일부를 그 보조기관 또는 하급행정기관의 장이나 지방자치단체의 장에게 맡겨 그의 권한과 책임 아래 행사하도록 하는 것을 말한다."라고 명시하고, 「정부조직법」 제6조 제1항에서도 "행정기관은 법령으로 정하는 바에 따라 그 소관사무의 일부를 보조기관 또는 하급행정기관에 위임하거나 다른 행정기관·지방자치단체 또는 그 기관에 위탁 또는 위임할 수 있다."고 규정하고 있다.

또한 권한의 위임은 법령으로 정해진 경찰관청의 권한을 다른 경찰관청으로 이전해 권한의 법적 기속을 변경하는 효과를 가져 오기 때문에 반드시 법적 근거를 요하고, 법령의 근거가 없는 권한의 위임은 무효이다(이철호, 2014: 67).

요약해보면, 일반적인 사건 수사에 대한 국가수사본부장의 지휘권한을 시·도경찰청장에게 위임할 수 있도록 규정한 「범죄수사규칙」 제17조는 첫째, 국가수사본부장은 행정관청이 아니라 보조기관에 불과하고, 둘째, 법령의 명확한 근거가 없기 때문에 무효라고 해석해야만 한다.

4. 「통합경찰법」 제6조 제2항에 규정된 이의제기권의 실효성을 담보할 수 있는가?

「통합경찰법」 제6조 제2항에서는 구체적 사건수사와 관련된 상관의 지휘·감독의 적법성 또는 정당성에 대하여 이견이 있을 때에는 이의를 제기할 수 있도록 규정하고 있다. 그리고 「범죄수사규칙」 제30조에서는 경찰서 소속 경찰관은 ① 해당 상관, ② 경찰서장, ③ 시·도경찰청장에게, 시·도경찰청 소속 경찰관은 ① 해당 상관, ② 시·도경찰청장, ③ 국가수사본부장에게 순차적으로 각각 서면으로 이의제기를 할 수 있고, 이의제기 경찰관은 각 단계별 지휘권자의 서면지휘에 구속되도록 명시하고 있다는 점은 이미 설명한 바와 같다.

얼핏 보기에서는 수사경찰 조직 내부의 민주성과 공정성을 확보할 수 있는 것처럼 보이지만 아래와 같은 문제점들이 발생할 것이라는 것을 쉽게 예상할 수 있다.

첫째, 수사절차 및 수사결과와 관련된 민사상, 형사상 혹은 행정법상 책임을 수사실무자가 아닌 서면 수사 지휘권자가 부담해야 한다. 따라서 사실관계가 모호하거나 법적 쟁점이 첨예하게 대립하는 경우 최상위 지휘권자에게 판단을 미룰 개연성이 크다.

둘째, 같은 맥락에서 수사절차 및 수사결과를 대상자에게 통보하는 경우에 구체적인 결정권자를 명시해야 할 필요성도 제기된다. 왜냐하면, 수명경찰관은 지휘권자의 서면지휘에 복종해야 하고 결과적으로 면책되어야만 하기 때문이다.

셋째, 수사기관은 최대한 신속하고 공정하게 사건을 수사해야 할 의무를 진다. 하지만, 수사과정에서 3단계의 이의제기 과정을 거치게 된다면 피해자와 가해자 모두에게 적지 않은 부담을 주게 된다. 독일「연방공무원법」제63조에서도 이의제기 절차를 2단계로 한정하고 있다는 점도 참고할 필요성이 크다.

요약해보면, 이의제기 절차와 관련된 현행 규정은 실효성을 담보하기가 쉽지 않아 보인다. 규정을 입안하고 시행하는 과정에서 좀 더 심도 있는 고민이 있었으면 하는 아쉬움도 크다. 이러한 문제점을 극복하기 위해서는 사법경찰관 단계에서 단독제 관청 도입방안과 국가수사본부장의 행정관청화 방안 등을 심각하게 논의할 필요성이 절실하다(임창호 등, 2020).

Ⅴ. 요 약

이 단원에서는 수사지휘관련 현행 규정을 소개하고, 비교법적으로는 독일「연방공무원법」을 살펴보았다. 다음으로 수사지휘와 관련된 법적 책임에 관해서 형사법적으로는 직권남용죄를, 행정법적으로는 복종의무와 이의제기절차와 방법을 검토하였다.

그리고 주요 사례로는 ① '한화그룹 김승연 회장 보복폭행 로비 사건', ② '국정원 댓글 수사 축소 의혹 사건', ③ '신승남 전 검찰총장의 내사종결 지시 사건', ④ "'재심사건 무죄 구형' 임은정 검사 징계처분취소 사건", ⑤ 복종의무위반 검사 징계 사례를 각각 소개하였다.

이상의 논의를 토대로 이 단원에서는 다음과 같은 네 가지 쟁점을 도출하고 시론적인 논평을 전개하였다. 첫째, 순경, 경장, 경사로 구성되는 사법경찰리는 독자적인 수사개시·진행권을 가지는가? 둘째, 국가수사본부장과 시·도경찰청장은 '불송치 결정'의 주체가 될 수 있는가? 셋째, 국가수사본부장이 시·도경찰청장에게 일반적인 사건수사 지휘권을 위임할 수 있도록 규정한 「범죄수사규칙」 제17조는 적법한가? 넷째, 「통합경찰법」 제6조 제2항에 규정된 이의제기권의 실효성을 담보할 수 있는가?

위 쟁점들에 대한 분석결과를 정리하면 다음과 같다. 첫째, 경찰의 수사 진행 과정과 결과가 시민들에게 미치는 영향력이 심대하다는 점과 경찰의 수사역량 등을 고려해 볼 때, 사법경찰리의 독자적 수사개시·진행권을 제한적으로 해석할 필요성이 있다. 둘째, 법리적 측면에서만 바라볼 경우, 특별법우선의 원칙에 따라 국가수사본부장과 시·도경찰청장은 '불송치 결정'을 내릴 수 없다고 이해해야 한다. 셋째, 「범죄수사규칙」 제17조는 국가수사본부장은 행정관청이 아니라 보조기관에 불과하고, 법령의 명확한 근거가 없기 때문에 무효일 가능성이 높다. 넷째, 이의제기 절차와 관련된 현행 규정은 실효성을 담보하기가 어렵고, 이를 극복하기 위해서는 사법경찰관 단계에서 단독제 관청 도입방안과 국가수사본부장의 행정관청화 방안 등을 심각하게 논의할 필요성이 크다.

참고문헌

김성돈. (2013). 「형법각론」, 서울: 성균관대학교 출판부.

_____. (2019). "직권남용죄, 남용의 의미와 범위", 「법조」, 68(3): 205-232.

김성언·정세종. (2007). "수사경찰제의 운용평가", 「한국공안행정학회보」, 16(1): 265-304.

박균성·김재광. (2011). 「경찰행정법 제2판」, 서울: 박영사.

박노섭. (2006). "수사경찰의 조직내 독자성에 관한 연구", 「경찰학연구」, 6(2): 72-96.

신호진. (2015). 「형법요론: 각론」, 서울: 문형사.

오병두. (2020). "직권남용죄의 성립요건에 관한 검토", 「형사법연구」, 32(2): 139-178.

우미형. (2017). "공무원의 복종의무와 그 한계: 헌법 제7조와의 관계를 중심으로", 「일감법학」, 38: 355-380.

이계수. (2009). "공무원의 복종의무의 내용 및 한계에 대한 규범적, 행정법사회학적 연구", 「민주법학」, 40: 125-171.

이재상. (2010). 「형법각론」, 서울: 박영사.

이철호. (2013). 「경찰행정법」, 서울: 대영문화사.

임창호·정세종·김성환. (2020), "수사부서 과·팀장의 역할, 책임한계 및 지휘역량 제고방안", 경찰청 연구용역 보고서.

정세종. (2021). "경찰조직내 수사지휘에 관한 법적 쟁점과 논평", 「한국공안행정학회보」, 30(2): 245-274.

조 국·김준호. (2013). "경찰 내부 수사지휘의 합리적 운용방식에 대한 연구: 일본의 수사지휘 제도와 그 시사점을 중심으로", 경찰청 연구용역 보고서.

최병천. (2019). "직권남용권리행사방해죄: 공무원의 직권남용을 중심으로", 「경찰법연구」, 17(2): 23-50.

주요범죄 수사

제2, 제3의 '조희팔' 사건이 계속되는 이유는?

Ⅰ. 문제제기

2018년 8월경 러일전쟁 때 침몰한 러시아 군함 '돈스코이호'에 150조 원 상당의 보물이 실려 있고 이를 인양하면 천문학적인 이익을 낼 수 있다고 홍보하면서 수십억 원 이상의 투자금을 유치한 사건이 발생했고 서울지방경찰청 지능범죄수사대에서 수사를 진행했다.[1] 결과적으로 위 사건의 관련자들은 사기 등 혐의로 징역 5년 등이 선고되었다.[2]

과거 수사경찰관 시절을 떠올려보면 법리적 측면에서 난이도가 높고 업무량도 상상을 초월하며 피해의 질적, 양적 규모도 무시할 수 없는 범죄 중의 하나

---

[1] 중앙일보, 2018. 8. 17. 「'돈스코이호' 태풍의 눈 유승진 "87억 모아 80억 썼다."」 제하의 기사; 연합뉴스, 2018. 8. 8. 「'돈스코이호 사기' 신일그룹, 투자금 유용했나… 경찰, 계좌추적」 제하의 보도 참조.

[2] 한국일보, 2021. 5. 15. "'보물선 돈스코이호 사기' 공범, 2심서도 징역 5년" 제하의 기사; 중앙일보, 2021. 12. 12. 「"울릉도에 150조 보물선"… 그들은 왜 '~카더라'를 믿었을까」 제하의 가사 참조.

가 유사수신행위라고 자신 있게 말할 수 있다. 유사수신행위는 한마디로 금융당국의 인·허가를 받지 않고 투자금 등을 유치하는 것을 업(業)으로 하는 범죄를 말하는데, '조희팔 사건',[3] '교수공제회 사건',[4] '인덱코 영농조합 사건',[5] '도나도나 사건'[6]을 대표적인 사례로 들 수 있다. 이러한 유형의 범죄는 첫째, 사법당국에서 적발하거나 형벌을 부과하는 데까지 오랜 시간이 걸리고('교수공제회 사건': 10년 이상), 둘째, 피해규모가 상당하고 사회 병리적 파급효과가 심각하며('조희팔 사건': 7만명, 4조 9천억 원 상당, 30여명 사망), 셋째, 범행사실을 확인하고 법적 조치를 취하더라도 피해구제가 쉽지 않다는 점 등의 공통점을 가진다.

한편, 유사수신행위가 우리 사회에 끼치는 해악은 매우 크지만 이에 대한 국가의 대응은 매우 미흡하다는 비판에서 자유로울 수 없다. 구체적으로 언급하면, ① 「유사수신행위 규제에 관한 법률」[7]의 홍보부족, ② 부적절한 법정형과 가벼운 처벌, ③ 범죄수익 환수 미흡, ④ 관련기관인 금융위원회, 금융감독원, 경찰, 검찰 등의 업무협조 부족, ⑤ 유사수신행위 예방시스템 미흡 등이 빈번하게 등장하고 있다(이기수, 2016a: 11-19).

이러한 문제의식을 토대로 이 단원은 유사수신행위를 둘러싼 수사실무상 그리고 법적 쟁점들을 도출하고 이에 관한 논평과 더불어 억제방안을 검토하는 것을 목적으로 준비되었다. 이를 위해서 '도나도나 사건'의 판결문 분석을 중심으로 논의를 진행하고자 한다. 왜냐하면, 첫째, 확정된 판결문을 기준으로 사실

---

3) '조희팔 사건'은 "조희팔이 2004년부터 2008년까지 약 4년여 동안 전국에 수십 개의 유사수신 업체를 차려두고 7만여 명으로부터 약 4조 8천 800억 원을 가로챈 사기사건을 말하고, 피해자들 중에서 자살하거나 사망한 사람이 30여명에 이른다."(이기수, 2016: 4-6).

4) '교수공제회 사건'은 피고인 등이 2000년부터 금융감독원 허가 없이 교수공제회를 운영하면서 자산규모 등을 부풀리는 수법으로 교수 5,500여명으로부터 예·적금 명목으로 2,800여억 원을 받아 챙긴 사건이다(한국일보, 2016. 09. 19. "교수공제회 사건 사기죄 추가 … 배상은 각하" 제하의 기사 참조).

5) '인덱코 영농조합 사건'은 피고인 등이 2013년 7월 충남 보령시 내 4만 2천여㎡의 부지에 버섯농장용 비닐하우스 5개 동을 짓고, 목이버섯을 재배하면 연간 수익이 1,000억 원이 된다고 홍보하며, 2013년 10월부터 2014년 4월까지 7개월여 동안 681명으로부터 130억 원의 투자금을 모집한 사건이다(이동임, 2014: 155; 부산일보, 2014. 4. 25. 「"버섯 재배로 고수익 …" 130억대 유사수신 영농조합 적발」 제하의 기사 참조).

6) '도나도나 사건'은 피고인 최모씨 등이 2009년부터 2013년까지 어미 돼지 1마리당 500만~600만 원을 투자하면 새끼 돼지를 20마리 낳아 수익을 낼 수 있다며 투자자 1만여 명에게서 2,400여억 원을 투자받은 사건으로 요약할 수 있다(서울경제, 2017. 8. 16. "우병우 수임 논란 얽힌 '도나도나 사건' 2심서 징역 9년" 제하의 기사 참조).

7) 이하 「유사수신행위법」으로 약칭한다.

관계 및 법리를 살펴보는 것이 오류가능성을 최소화할 수 있고, 둘째, 이 사건은 유사수신행위로의 포섭여부와 관련해서 1심과 2심에서 무죄, 대법원에서는 유죄취지 파기환송, 파기환송심에서 유죄가 확정되었기 때문에 법리 다툼을 뚜렷하게 파악할 수 있으며, 셋째, 언론에서 지적해 온 소위 '몰래 변론' 혹은 전관예우에 따른 소극적 수사 및 축소기소에 대한 의혹도 함께 검토해볼 수 있기 때문이다.[8]

Ⅱ. 이론적 토대

1. 유사수신행위의 개념 및 특성

1) 유사수신행위의 개념

유사수신행위는 「유사수신행위법」에서 규율하고 있다. 동법 제2조에서는 "이 법에서 '유사수신행위'란 다른 법령에 따른 인가·허가를 받지 아니하거나 등록·신고 등을 하지 아니하고 불특정 다수인으로부터 자금을 조달하는 것을 업(業)으로 하는 행위로서 ① 장래에 출자금의 전액 또는 이를 초과하는 금액을 지급할 것을 약정하고 출자금을 받는 행위, ② 장래에 원금의 전액 또는 이를 초과하는 금액을 지급할 것을 약정하고 예금·적금·부금·예탁금 등의 명목으로 금전을 받는 행위, ③ 장래에 발행가액(發行價額) 또는 매출가액 이상으로 재매입(再買入)할 것을 약정하고 사채(社債)를 발행하거나 매출하는 행위, ④ 장래의 경제적 손실을 금전이나 유가증권으로 보전(補塡)하여 줄 것을 약정하고 회비 등의 명목으로 금전을 받는 행위를 말한다."고 정의하고 있다.

쉽게 풀어서 설명하면, 첫째, 금융당국의 인가·허가·감독을 받지 않고, 둘째, 장래에 최소한 투자원금을 보장하거나 그 이상의 수익을 지급할 것을 약정하고, 셋째, 출자금(투자금), 예금, 사채(社債)발행, 회비 등의 명목으로 자금을 끌어 모으는 것을 업(業)으로 하는 행위를 유사수신행위로 요약할 수 있다.

---

8) 「JTBC, 2016. 8. 28. '이규연의 스포트라이트' "황금돼지와 전관 변호사"」, 「KBS2, 2017. 3. 8. "돈의 전쟁, 법조계 전관예우"」, 서울경제, 2018. 8. 14. "검찰전관이 '몰래 변론'한 사건 들춰본다." 제하의 기사 각각 참조.

그리고 누구든지 유사수신행위를 하여서는 아니 되고(동법 제3조),[9] 유사수신행위를 하기 위하여 불특정 다수인을 대상으로 하여 그 영업에 관한 표시 또는 광고를 하는 행위도 금지되며(동법 제4조),[10] 그 상호(商號) 중에 금융업으로 인식될 수 있는 명칭으로서 대통령령으로 정하는 명칭[11]을 사용하여서는 안된다(동법 제5조).[12]

2) 법원의 태도: 대법원 2007. 10. 25. 2007도6241 판결

대법원은 "유사수신행위규제법 제3조는 '누구든지 유사수신행위를 하여서는 아니 된다.'고 규정하고 있고, 제2조 제1호는 다른 법령에 따른 인가·허가 등을 받지 아니하고 불특정 다수인으로부터 자금을 조달하는 것을 업으로 하는 행위로서 '장래에 출자금의 전액 또는 이를 초과하는 금액을 지급할 것을 약정하고 출자금을 받는 행위'를 유사수신행위의 하나로 규정하고 있다. 이와 같이 유사수신행위를 금지하는 입법 취지는 관계법령에 의한 인가·허가 등을 받지 아니하고 불특정 다수인으로부터 출자금, 예금 등의 명목으로 자금을 조달하는 행위를 규제하여 선량한 거래자를 보호하고 건전한 금융질서를 확립하려는 데에 있다. 이러한 유사수신행위규제법의 입법 취지나 법 규정상 '출자금'이라는 용어의 의미에 비추어 보면, 실질적으로 상품의 거래가 매개된 자금을 받는 행위는 출자금을 받는 행위라고 보기 어렵고 그것이 상품의 거래를 가장하거나 빙자한 것일 뿐 사실상 금전의 거래라고 볼 수 있는 경우에 한하여 유사수신행위규제법이 금지하는 유사수신행위로 볼 수 있다."고 일관되게 판시하고 있다.

3) 사기죄와의 관계

유사수신행위는 단기간에 고수익을 올릴 수 있다는 명목으로 금융당국으로부터 인·허가를 받지 않고 투자금을 끌어 모으는 것이다. 그러나 유사수신업체가 피해자들에게 제시한 수익모형과 보상계획은 거짓인 경우가 대부분이어서「형

---

9) 5년 이하의 징역 또는 5천만원 이하의 벌금에 처한다(동법 제6조 제1항).
10) 2년 이하의 징역 또는 2천만원 이하의 벌금에 처한다(동법 제6조 제2항).
11) 금융 또는 파이낸스, 자본 또는 캐피탈, 신용 또는 크레디트, 투자 또는 인베스트먼트, 자산운용 또는 자산관리, 펀드·보증·팩토링 또는 선물의 명칭을 말한다(「유사수신행위의 규제에 관한 법률 시행령」 제2조).
12) 5천만원 이하의 과태료를 부과한다(동법 제8조 제1항).

법」상 사기죄[13])에도 해당되는 경우가 많다.

서구에서는 이런 유형을 '폰지 스킴'(Ponzi scheme) 혹은 '피라미드 스킴' (Pyramid scheme)이라고 명명한다. 구체적으로 언급하면, 이는 투자사기 수법 중 하나로써 실제로 이윤을 창출하지 못하면서 후(後)순위 가입자들의 출자금을 이용하여 선(先)순위 투자자들에게 약정한 배당금(투자원리금)을 지급하는 소위 '아랫돌 빼어 윗돌 괴는 방식'의 '다단계 금융사기'이고 결과적으로 후(後)순위 가입자들의 무한 확대가 이루어지지 않은 이상 파산할 수밖에 없다는 본질적 한계를 지니며 자금모집 시스템이 갑작스레 무너지면 피해가 대규모로 발생할 수밖에 없다(김현수, 2017: 109).

따라서 수사실무에서는 ① 사업설명회 등에서 투자자들에게 설명한 사업의 실체성 여부, ② 사업의 구체적인 수익구조인 소위 '보상플랜(마케팅플랜)'의 실현가능성, ③ 투자원리금 배당자금 출처를 수사한 후, 사업의 지속가능성과 일명 '돌려막기식' 배당방식 여부를 반드시 확인하고 사기죄가 추가적으로 성립된다는 점을 입증할 필요가 크다(김현수, 2017: 128).

4) 금융피라미드(사행적 판매원 확장)와의 구별

일반적으로 "금융피라미드" 혹은 "불법다단계"라고 하면 다단계판매조직 또는 이와 비슷하게 단계적으로 가입한 자로 구성된 조직을 이용하여 재화 등의 거래 없이 금전거래를 하거나 재화 등의 거래를 가장하여 사실상 금전거래를 하는 「방문판매 등에 관한 법률」 제24조 제1항[14])을 위반한 것을 의미하고 이러한

---

13) 「형법」 제347조 제1항에서는 "사람을 기망하여 재물의 교부를 받거나 재산상의 이익을 취득한 자는 10년 이하의 징역 또는 2천만원 이하의 벌금에 처한다."고 규정하고, 「특정경제범죄 가중처벌 등에 관한 법률」(이하 「특정경제범죄법」으로 약칭한다) 제3조에서는 사기죄로 ① 이득액이 50억원 이상일 때에는 무기 또는 5년 이상의 징역, ② 이득액이 5억원 이상 50억원 미만일 때에는 3년 이상의 유기징역으로 가중처벌 하도록 명시하고 있다.

14) 「방문판매 등에 관한 법률」 제24조(사행적 판매원 확장행위 등의 금지) ① 누구든지 다단계 판매조직 또는 이와 비슷하게 단계적으로 가입한 자로 구성된 조직을 이용하여 다음 각 호의 어느 하나에 해당하는 행위를 하여서는 아니 된다.
  1. 재화등의 거래 없이 금전거래를 하거나 재화등의 거래를 가장하여 사실상 금전거래만을 하는 행위로서 다음 각 목의 어느 하나에 해당하는 행위
    가. 판매원에게 재화등을 그 취득가격이나 시장가격보다 10배 이상과 같이 현저히 높은 가격으로 판매하면서 후원수당을 지급하는 행위
    나. 판매원과 재화등의 판매계약을 체결한 후 그에 상당하는 재화등을 정당한 사유 없이 공급하지 아니하면서 후원수당을 지급하는 행위

사행적 판매원 확장행위를 범하면 7년 이하의 징역 또는 2억원 이하의 벌금에 처할 수 있으며, 판매 또는 거래대금 총액의 3배에 해당하는 수익금액이 2억 원을 초과할 경우에는 7년 이하의 징역 또는 해당 수익금액의 3배에 해당하는 금액 이하의 벌금을 부과할 수 있다(문상일, 2016: 54).

하지만, 유사수신행위는 이에 더해서 첫째, "관할당국의 인·허가를 받지 않고", 둘째, "장래에 출자금의 전액 또는 이를 초과하는 금액을 지급할 것을 약정할 때"에 비로소 성립하고 이 두 죄는 구성요건과 보호법익을 달리하므로 실체적 경합관계에 있다(이동임, 2014: 161).

2. 선행연구 검토

한국형사정책연구원(2002)은 유사수신행위 수법을 ① 고객유인방법에 따라 공개형과 피라미드형으로, ② 원리금 지급방식에 따라서 '특정기간단위 기준형'과 '일(日) 단위 이자지급형'으로, ③ 투자심리유형에 따라 '무조건 투자형', '피라미드형', '치고 빠지기형'[15)으로 각각 구분하고 유사수신행위 변화추이, 주요검거사

다. 그 밖에 판매업자의 재화등의 공급능력, 소비자에 대한 재화등의 공급실적, 판매업자와 소비자 사이의 재화등의 공급계약이나 판매계약, 후원수당의 지급조건 등에 비추어 그 거래의 실질이 사실상 금전거래인 행위
2. 판매원 또는 판매원이 되려는 자에게 하위판매원 모집 자체에 대하여 경제적 이익을 지급하거나 정당한 사유 없이 후원수당 외의 경제적 이익을 지급하는 행위
3. 제20조제3항에 위반되는 후원수당의 지급을 약속하여 판매원을 모집하거나 가입을 권유하는 행위
4. 판매원 또는 판매원이 되려는 자에게 가입비, 판매 보조 물품, 개인 할당 판매액, 교육비 등 그 명칭이나 형태와 상관없이 10만원 이하로서 대통령령으로 정하는 수준을 초과한 비용 또는 그 밖의 금품을 징수하는 등 의무를 부과하는 행위
5. 판매원에 대하여 상품권을 판매하는 행위로서 다음 각 목의 어느 하나에 해당하는 행위
   가. 판매업자가 소비자에게 판매한 상품권을 다시 매입하거나 다른 자로 하여금 매입하도록 하는 행위
   나. 발행자등의 재화등의 공급능력, 소비자에 대한 재화등의 공급실적, 상품권의 발행규모 등에 비추어 그 실질이 재화등의 거래를 위한 것으로 볼 수 없는 수준의 후원수당을 지급하는 행위
6. 사회적인 관계 등을 이용하여 다른 사람에게 판매원으로 등록하도록 강요하거나 재화등을 구매하도록 강요하는 행위
7. 판매원 또는 판매원이 되려는 사람에게 본인의 의사에 반하여 교육·합숙 등을 강요하는 행위
8. 판매원을 모집하기 위한 것이라는 목적을 명확하게 밝히지 아니하고 취업·부업 알선, 설명회, 교육회 등을 거짓 명목으로 내세워 유인하는 행위
15) "업체의 자금모집행위가 불법이며 원리금이 하위투자자로부터 모집된 자금으로 지급된다는

례, 판례 등을 소개하고 있다.

도중진(2009: 451)은 유사수신행위를 "일정 기간 동안 장래 원금반환과 이자 지급을 목적으로 상대방을 신용하고 자금을 융통하는 금융거래행위를, 다른 법 령에 의한 인가·허가를 받지 아니하거나 등록·신고 등을 하지 아니하고, 불특 정다수인으로부터 자금을 조달하는 것을 업(業)으로 하는 것"으로 정의하고 이 러한 행위는 정부의 관리 감독을 받지 않기 때문에 유사금융 회사에 대한 투자 금 역시 정부로부터 아무런 법적 보장을 받을 수 없다는 점에 초점을 맞추고 「형법」상 사기죄와의 관련성을 분석했다.

이동임(2014)은 금융사기 피해의 발생 원인으로 ① 단기간 고수익 미끼, ② 피해자 경제관념 부족, ③ 타인의 말을 쉽게 믿는 성격, ④ 낮은 처벌 형량을 제시하였다. 아울러, 피해방지 및 회복방안으로 ① 은행거래 감시감독 프로그램, ② 내·외부신고 포상금제, ③ 피해자에 대한 교육 및 치료, ④ 소개자 수당 및 이익금 반환규정 마련, ⑤ 합리적인 처벌을 강조하였다.

박상진(2015: 344-346)은 유사수신행위와 같은 금융사기 범죄에 대해서는 "현 실적인 재산피해가 발생하기 이전 단계에서 조직설립 그 자체를 처벌하거나 거 래 시의 행위에 엄격한 조건을 붙이거나 개입하는 소위 형사법익 보호의 '조기 화'가 고려되어야 한다."는 점을 강조하면서 독일 「형법」상 추상적 위험범으로 규정된 투자사기[16]와 신용사기죄[17] 구성요건을 소개하였다.

이기수(2016a)는 언론보도를 중심으로 '조희팔 사건' 개요, 범행수법, 피해의

사실을 알면서도 남보다 먼저 투자하여 본인의 수익만을 챙기고 그만두겠다며 투자하는 유 형"으로 피해자로 볼 것이냐 아니면 유사수신범죄의 공범으로 볼 것이냐에 관한 논쟁의 주제 가 될 수 있다(한국형사정책연구원, 2002: 154).

16) 독일 「형법」 제264조a(투자사기) 제1항에서는 "① 유가증권, 신주인수권, 기업이윤 참가를 보 장하는 지분의 판매, ② 당해 지분에 대한 출자를 증대하는 제안과 각각 관련하여 재산상태 를 전망, 설명 또는 개관함에 있어 매입이나 투자증대의 결정에 대한 중요한 상황에 관하여 수인에 대하여 유리한 허위의 진술을 하거나 불리한 사실을 은폐한 자는 3년 이하의 자유형 또는 벌금형에 처한다."고 규정하고 있다(박상진, 2015: 345).

17) 독일 「형법」 제265조b(신용사기) 제1항에서는 "사업소나 기업 또는 피기망 사업소나 기업을 위하여 신용대출의 허가, 기간연기 또는 조건변경의 신청과 관련한 사업소나 기업에 대하여 ① 경제적 관계에 대하여 a) 부정확하거나 불충분한 문서 특히 대차대조표, 손익계산서, 재산 명세서 또는 평가서의 제출 b) 신용수신자에게 유리하고 당해 신청에 관한 결정에 중요한 부 정확하거나 불충분한 서면진술자는 3년 이하의 자유형 또는 벌금형에 처한다."고 규율하고 있다(박상진, 2015: 345).

극단적인 확산이유 등을 분석하고 문제점을 도출하며 대응방안을 제시하였다. 상술하면, 첫째, 조기에 예방하지 못한 점, 둘째, 타 범죄와의 균형을 잃은 가벼운 처벌, 셋째, 범죄수익 환수 곤란 등을 문제점으로 지적했고, 대응방안으로 ① 유사수신행위 위법성과 피해예방을 위한 홍보활동 강화, ② 법정형과 양형기준 조정을 통한 처벌강화, ③ 범죄수익 환수 실효성 확보를 제시하였다.

이기수(2016b)는 유사수신범죄환경을 경제·사회적 측면과 형사사법적 측면으로 나누고, 전자로 ① 저금리 기조 지속, ② 불경기 장기화로 경제적 여건 악화, ③ 취약계층인 노년층의 증가, ④ 인터넷과 스마트폰의 대중화를 지적하고, 후자로 ① 범죄와 재범 용이성, ② 가벼운 형량과 처벌, ③ 범죄수익 환수 어려움을 제시했다.

김현수(2017)는 유사수신행위 불법구조를 유형별로 구분하고 자금모집방식을 연도별로 분석하였으며 향후 유사수신범죄 경향을 예측하였다. 특히, 유사수신행위 대표적인 자금모집유형을 ① 비상장 주식 등 금융상품 투자 빙자, ② 가상화폐(Virtual Currency, Coin) 투자 명목, ③ 협동조합 및 영농조합 투자 빙자, ④ 부동산 관련 사업 투자 빙자로 구분하고 주요사례를 소개했다.

정리해보면, 선행연구들은 언론보도, 수사사례, 판례를 토대로 유사수신행위 실태 및 피해 심각성을 부각시키고 있다. 그리고 관련 법률인 「유사수신행위법」, 「방문판매등에 관한 법률」, 「형법」상 사기죄의 구조와 특징을 분석하고 수사기법 혹은 실천적·입법론적 개선방안을 제시하고 있다. 개별 사례들을 모아 설명하거나 판례들을 소개함으로써 전반적인 현황과 대응방법을 이해하는데 도움을 주었다는 점은 부인할 수 없지만 유사수신행위에 관한 정확한 사실관계와 법리논쟁을 심층적으로 분석하지 못했다는 점은 아쉽게 생각한다. 이러한 점들을 보완하기 위해서 이 단원에서는 '도나도나 사건'의 1심, 2심, 상고심, 파기환송심 판결문을 세밀하게 검토함으로써 사실관계와 법리다툼의 논점을 특정하고 입법적·정책적 제언을 도모하고자 한다.

Ⅲ. '도나도나 사건'의 사실관계와 재판 경과

피고인 최○○ 등에게 적용된 죄명은 ① 특정경제범죄가중처벌등에관한법률

위반(횡령), ② 유사수신행위의규제에관한법률위반, ③ 사문서위조, ④ 위조사문서행사, ⑤ 특정경제가중처벌등에관한법률위반(사기), ⑥ 사기, ⑦ 가축분뇨의관리및이용에관한법률위반, ⑧ 업무상횡령이다. 이하에서는 유사수신행위의규제에관한법률위반 행위에 한정해서 논의를 진행하고자 한다.[18]

1. 사실관계

1) 유사수신행위법위반 공소사실의 요지[19]

(1) 피고인 최○○ 등은 위탁양돈(委託養豚)사업을 위하여 불특정 다수인으로부터 자금을 조달하기로 공모한 다음, 2009년 4월 13일경부터 2013년 4월 30일경까지 서울 강남구 소재에 있는 주식회사 S의 사무실 등지에서 불특정 다수의 위탁자들에게 "양돈위탁관리업체인 주식회사 T는 다른 양돈업체와 달리 대규모 양돈사업으로 사료비를 절감함으로써 많은 수익을 내고 있다. 1구좌당 500만원 (2011년 7월경부터는 600만원)을 투자하면, 모돈(母豚: 어미돼지) 1마리를 빌린 다음 그로부터 생산된 자돈(仔豚: 새끼돼지) 20마리를 사육·판매함으로써 수익을 낼 수 있다. 수익금은 장차 생산될 자돈(仔豚) 20마리를 투자자로부터 미리 매수하는 선물(先物)매매계약을 체결한 후, 매매대금 명목으로 다음 달부터 12개월 동안 연 60%(2010년 1월경부터 2011년 6월경까지는 연 48%, 2011년 7월경부터는 연 24%)의 금원을 분할 지급하고 14개월째에는 원금을 지급하는 방법으로 주겠다. 모돈(母豚)을 위탁자마다 개별적으로 지정해 주며, 실제 그 모돈(母豚)에서 생산되는 자돈(仔豚)을 부동산처럼 실물로 확보할 수 있으니 걱정하지 않아도 된다." 는 취지로 설명하는 방법으로 10,958회에 걸쳐 위탁자들로부터 위탁대금 명목으로 합계 2,429억 2,100만원을 받음으로써 불특정 다수인으로부터 장래에 출자금의 전액 또는 이를 초과하는 금액을 지급할 것을 약정하고 출자금을 받는 유사수신행위를 업으로 하고,

(2) 피고인 최○○은 2013년 7월 19일경부터 2013년 12월 9일경까지 서울 강남구 소재에 있는 주식회사 U 사무실에서 상담사를 통하여 불특정 다수의 위탁자들에게 "1구좌당 500만원을 투자하면, 양돈위탁사육을 통해 모돈(母豚) 1마

---

18) 서울고등법원 2017. 8. 16, 2016노2832, 2017노645(병합) 판결.
19) 본건 사실관계는 대법원 2016. 9. 8, 2015도14373 판결문을 기준으로 정리하였다.

리를 빌려 그 모돈(母豚)에서 자돈(仔豚) 21마리를 생산·판매하여 수익을 낼 수 있다. 수익금은 21마리에 대한 선물(先物)매매계약을 체결한 후 다음 달부터 12개월 동안 연 24%의 수익금을 지급하고 원금은 14개월째에 주겠다."는 취지로 설명하는 방법으로 위탁자들로부터 양돈위탁사육금 명목으로 합계 132억 2,700만원을 받음으로써 불특정 다수인으로부터 자금을 조달하면서 장래에 출자금의 전액 또는 이를 초과하는 금액을 지급할 것을 약정하고 출자금을 받는 유사수신행위를 업으로 하였다.

2) 참고사항: 본건 돼지들을 저축은행 등에 양도담보로 제공하고 864억원을 대출받은 사실[20]

피고인 최○○가 이 사건 위탁양돈사업을 위하여 운영한 양돈농장은 대부분 주식회사 T명의로 취득하였다. 그런데 피고인 최○○가 2011. 5. 27.경부터 2013. 1. 30.경까지 5차례에 걸쳐 새로이 설립한 특수목적법인들인 주식회사 W, 주식회사 X, 주식회사 Y, Z 주식회사, 주식회사 AA를 차주로 하여 저축은행 등 대주단으로부터 5차례에 걸쳐 합계 864억원을 순차로 대출받으면서 주식회사 T 등 소유의 양돈농장 31곳에서 사육하는 돼지 모두를 순차적으로 해당 특수목적법인들에게 양도하였고 특수목적법인들은 이를 모두 대주단에게 양도담보 목적물로 제공하였다. 이로써 주식회사 T는 양도담보로 제공된 돼지들에 대하여는 그 소유자인 특수목적법인들의 위탁을 받아 사육하는 상황이 되었고 그 돼지들에 대한 처분권을 상실하였다. 그리고 특수목적법인들과 대주단의 대출약정에 따르면 주식회사 T가 위탁받아 사육하는 특수목적법인들 소유의 돼지들 출하대금은 주식회사 T에 대한 사육비 지급 등 특수목적법인들의 비용 지출과 대출금 상환에 우선적으로 사용하도록 되어 있다. 그런데 이와 같이 특수목적법인들에게 양도되어 양도담보 목적물로 제공된 돼지들 중에는 이 사건 위탁양돈사업을 통하여 위탁자들을 모집·배정한 농장들에서 사육되는 돼지들도 상당수 포함되어 있다.

---

20) 이 사실관계는 대법원 2016. 9. 8, 2015도14373 판결문과 서울고등법원 2017. 8. 16, 2016노2832, 2017노645(병합) 판결문을 기준으로 정리하였다.

2. '도나도나 사건'의 재판 경과

1) 1심판결(서울중앙지방법원 2014. 8. 22. 2013고합1199 판결): 무죄

재판부는 이 사건 위탁양돈사업[21]은 사실상 위탁자에게 원금 이상을 보장해 주는 것을 전제로 한 거래로서 피고인들과 위탁자들 사이에 위탁대금에 대한 원금보장약정이 존재하였다고 평가했다. 하지만 이 사건 위탁양돈사업은 돼지의 사육과 판매라는 양돈업을 기본적인 수익모델로 한 것으로서 그 과정에 이루어 진 피고인들의 위탁대금 수입행위는 실질적인 실물돼지의 거래가 매개된 자금수 입에 해당하는 것으로 볼 여지가 크다는 이유로 무죄를 선고했다.

2) 2심판결(서울고등법원 2015. 8. 28. 2014노2678 판결): 무죄

(1) 검사의 항소이유

이 사건 위탁양돈사업과 관련하여, 피고인들이 위탁양돈계약 외에 성돈(成豚)에 대한 선물매매계약을 체결하여 위탁자에게 성돈이 아닌 원금 이상의 금전을 지급하는 내용의 사실상 원금보장을 약정하였고, 대부분의 위탁자들 또한 돼지 보다는 위탁대금 이상의 투자금 회수에 관심이 더 있었으며, 실제 돼지를 교부 받은 사실도 없고, 수익금 및 원금 지급시기가 확정적으로 정해져 있었으며, 위 탁자들은 위탁양돈사육에 제공된 돼지 중 어느 돼지가 자신에게 배정되었는지 조차 특정할 수도 없었던 사정들을 종합하면, 피고인들이 불특정다수 투자자들 로부터 모두 2,429억 2,100만원이 넘는 위탁대금을 수신한 행위는 양돈사업을 빙자하여 출자금을 초과하는 이익지급을 약속하고 출자금을 모집한 유사수신행 위에 해당한다. 그럼에도 피고인들에 대한 이 부분 공소사실에 대하여 무죄를 선고한 원심판결에는 사실오인 및 법리오해의 위법이 있다.

(2) 재판부의 판단

피고인 최○○ 등이 이 사건 위탁양돈사업을 진행하면서 양돈위탁계약 및 성

---

21) 피고인들이 투자자들로부터 1구좌당 500만원 내지 600만원을 위탁대금 명목으로 지급받은 후 그에 상응하는 모돈 1마리를 빌려 그 모돈으로부터 생산된 자돈 20마리를 판매하여 수익을 창출하는 방식의 사업을 의미한다(서울고등법원 2014노2678).

돈(成豚)선물매매계약을 통하여 사실상 위탁자들에게 1구좌당 500만원 또는 600만원의 위탁대금에 대하여 14개월 내에 원금과 최대 60%의 수익금을 확정적으로 지급한다고 약정하였고 위탁자들도 위탁대금 원금과 수익금 지급에 주된 관심을 가지기는 하였지만, ① 피고인 최○○가 종전부터 양돈사업을 하여 왔고 이 사건 위탁양돈사업을 위하여 양돈 농장을 추가로 매수하는 등 위탁자 구좌 수에 상응하는 모돈(母豚) 수를 확보하기 위하여 노력한 점, ② 주식회사 T의 매출이 지속적으로 증가하여 돼지 출하대금으로 위탁대금 상당 부분을 상환하여 온 점, ③ 1구좌당 위탁대금이 실제 돼지 사육비용을 반영하여 변동된 것으로 보이는 점, ④ 위탁자들과 성돈(成豚)의 인도 대신 성돈을 미리 매수하기로 하는 내용의 선물매매계약을 체결한 것은 위탁대금의 회수를 원하는 위탁자들로부터 자금을 유치하기 위한 불가피한 조치로 보이는 점, ⑤ 위탁자 구좌 수에 비하여 모돈 수가 턱없이 부족하지는 아니하였던 것으로 보이는 점, ⑥ 피고인 최○○가 저축은행 등에게 일부 농장의 돼지들을 양도담보로 제공하였지만 그 후에도 실제로 돼지를 사육하면서 그 출하대금으로 대출원리금을 상환하여 온 점 등에 비추어, 피고인 최○○ 등의 이 사건 위탁양돈사업을 위한 자금유치 행위는 실질적인 상품의 거래가 매개된 자금을 받은 것이라고 볼 여지가 있고 양돈위탁 및 성돈매도라는 외형으로 상품의 거래를 가장하거나 빙자한 것이어서 사실상 금전의 거래라고 단정하기 어렵다고 보아, 피고인 최○○ 등의 행위가 유사수신행위법 제2조 제1호에 정한 유사수신행위에 해당하지 아니한다고 판단하였다.

3) 3심판결(대법원 2016. 9. 8, 2015도14378 판결): 유죄취지 파기환송

대법원은 이 사건 위탁양돈사업을 위한 자금유치행위는 「유사수신행위규제법」 제2조 제1호에 정한 유사수신행위에 해당하므로 이 부분 사건을 서울고등법원에 환송하였다. 그 이유를 정리해보면 아래와 같이 요약된다.

① 피고인 최○○ 등의 이 사건 위탁양돈사업을 위한 자금유치는 한편으로 주식회사 S 등의 명의로 위탁자들이 위탁대금 500만원 또는 600만원을 납입하면 이 돈으로 돼지를 사육하여 14개월 후에 성돈 20마리를 인도하기로 하는 내용의 양돈위탁계약을 체결함과 동시에, 다른 한편으로 주식회사 T 명의로 위탁자들로부터 그들이 14개월 후에 인도받을 성돈 20마리를 약정한 매매대금에 미

리 매수하기로 하는 내용의 성돈 선물매매계약을 체결하는 것이다.

② 동일한 위탁자를 상대로 이러한 두 가지 내용의 계약을 동시에 체결함으로써 양돈위탁계약의 당사자인 주식회사 S 등은 위탁자들로부터 위탁대금을 지급받더라도 14개월 후에 위탁자들에게 성돈을 인도할 필요가 없고 그 대신 주식회사 T가 위탁자에게 선물매매계약상 약정된 매매대금을 지급하면 된다. 이러한 객관적인 계약내용상 두 계약 당사자들 모두에게 농장에서 사육된 현물인 성돈을 인도하거나 인도받는 것은 계약의 실질적인 목적이 아니었다.

③ 위탁자들은 대부분 양돈위탁계약과 동시에 성돈 선물매매계약을 체결하였고 성돈 선물매매계약 대신 위탁판매계약을 체결한 경우는 거의 없었다. 그리하여 위탁자들이 선물매매대금 명목으로 돈을 지급받지 아니하고 실제로 성돈 실물을 인수하거나 돼지고기 실물을 인수한 경우는 거의 없었다.

④ 나아가 주식회사 T가 위탁자와 성돈 선물매매계약을 체결한 것도 실물 거래의 외형을 갖추기는 하였지만 실질적으로는 위탁자에게 매매대금 명목으로 위탁대금 원금과 수익금을 지급하기 위한 것으로 보인다.

⑤ 피고인 최○○가 이 사건 위탁양돈사업을 위하여 운영한 양돈농장은 대부분 주식회사 T 명의로 취득하였다. 그런데 최○○가 2011. 5. 27.경부터 2013. 1. 30.경까지 5차례에 걸쳐 새로이 설립한 특수목적법인들인 주식회사 W 등을 차주로 하여 저축은행 등 대주단으로부터 5차례에 걸쳐 합계 864억원을 순차로 대출받으면서 주식회사 T 등 소유의 양돈농장 31곳에서 사육하는 돼지 모두를 순차적으로 해당 특수목적법인들에게 양도하였고 특수목적법인들은 이를 모두 대주단에게 양도담보 목적물로 제공하였다. 이와 같이 최○○가 이 사건 위탁양돈사업에 제공된 돼지들을 특수목적법인들에게 양도하거나 그로 인하여 처분권을 상실한 돼지들을 이 사건 위탁양돈사업에 제공한 것을 보아도 수탁자들이 위탁자들의 위탁을 받아 자돈(仔豚)을 사육한다거나 사육된 성돈을 인도하는 것이 명목에 불과함을 알 수 있다.

⑥ 피고인 최○○는 이 사건 위탁양돈사업을 통하여 거액의 위탁대금을 모집하는 한편 새로 설립한 특수목적법인들을 차주로 하여 저축은행 등으로부터 거액을 순차로 대출받아 주식회사 T 등 명의로 양돈농장을 인수·취득함으로써 양돈사업의 규모를 빠르게 확장하였다. 이와 같이 피고인 최○○가 양돈농장을

인수하는 등으로 모돈과 자돈을 확보한 것은 주식회사 T 등의 양돈사업을 확장한 것일 뿐 위탁자들과 체결한 양돈위탁계약에 따라 돼지를 위탁 사육한다거나 성돈을 인도하기 위한 것으로 보이지 아니한다.

4) 파기환송심(서울고등법원 2017. 8. 16. 2016노2832 판결): 유죄

피고인 최○○ 등이 위탁자들로부터 받은 위탁대금으로 돼지를 사육하여 위탁자들에게 성돈을 인도하기로 하고 그 성돈을 미리 매수하여 선물매매대금을 지급한다는 등의 외형을 취하였더라도 이는 실질적으로 불특정 다수의 위탁자들로부터 주식회사 T 등의 양돈사업에 필요한 자금을 투자받고 T의 수입금으로 위탁자들에게 위탁대금 원금과 고율의 수익금을 지급하겠다고 보장하는 내용으로서 위탁자들로부터 출자금을 받는 행위라고 할 수 있을 뿐 실물 거래인 돼지 위탁사육이나 성돈 거래가 매개된 것이라고 할 수 없으므로, 결국 피고인들의 자금유치행위는 유사수신행위법 제2조 제1호에 정한 유사수신행위에 해당한다.

Ⅳ. 주요쟁점과 논평

'도나도나 사건'(이하 '본 사건'으로 명명한다)의 사실관계를 최대한 단순화시켜 보면, "피고인 최○○(이하 '최○○'으로 명명한다) 등이 불특정 다수인에게 '500만원을 투자하면 돼지를 사육하여 이익금을 낸 뒤, 14개월 이내에 800만원으로 늘려서 돌려주겠다.'고 약정하면서 4년여 동안 대략 1만 명으로부터 2,400억 원 상당을 끌어 모았다."고 요약할 수 있다. 여기에서 도출할 수 있는 주요쟁점은 ① 검찰의 축소기소, ② 무죄판결의 불합리성, ③ 관련기관의 소극적 대응, ④ 현행법의 법리상 한계라고 할 수 있다. 이하에서 차례로 논의하고자 한다.

1. 검찰의 축소기소

애초 검찰은 본 사건 사실관계를 유사수신행위법위반으로만 공소를 제기하고 사기죄를 누락시켰다. 법리적 측면과 수사실무 양자 모두를 고려하더라도 매우 납득하기 어려운 행태이다. 전술한 바와 같이, 유사수신행위는 ① 금융당국의 인가·허가·감독을 받지 않고, ② 장래에 최소한 투자원금을 보장하거나 그 이상의 수익을 지급할 것을 약정하고, ③ 출자금 등의 명목으로 자금을 끌어 모으는 것을 업(業)으로 하는 것이다. 여기에서 핵심은 단기간에 고수익을 올릴 수 있다고 피해자들을 기망하고 자금을 편취한다는 것이다.

구체적으로 언급하면, 첫째, '조희팔 사건'에서는 "피해자가 의료기기를 구입하면 이를 다른 일반 업체에 임대해서 막대한 수익을 올린 후 배당금으로 돌려주겠다(소위 '역렌탈')."고 속였고, 둘째, '교수공제회 사건'은 "공제회 수익사업, 운용 및 자산 현황을 부풀려 마치 고율의 원리금을 연금 및 일시금으로 지급할 수 있을 것"처럼[22] 기망했으며, 셋째, '인덱코 영농조합 사건'에서도 "목이버섯을 재배하면 연간 수익이 1,000억 원이 된다."고 거짓말했고, 마지막으로 본 사건에서 "500만원을 투자하면 돼지를 사육하여 이익금을 낸 뒤 14개월 이내에 800만원으로 늘려서 돌려주겠다."고 속였다.

1심 판결문[23]에 따르면, 검찰은 최○○ 등이 위탁양돈 명목으로 연 60% 이익을 확정적으로 보장하면서 투자금을 끌어 모았고, 피해자들에게 배정된 돼지들을 양도담보로 금융기관으로부터 금 654억을 대출받은 사실을 인지하고 있었다. 더구나 1심 공판과정에서 스스로 "2012. 1.경부터 2013. 4.경까지 이 사건 위탁양돈사업에 소요된 비용이 같은 기간 동안 총 출하대금을 초과하는데다가 피고인들이 운영한 양돈농장의 MSY(Marketted-pigs per Sow per year) 지수[24]가 피고인들이 주장하는 22에 훨씬 미치지 못하는 10 정도에 불과하기 때문에 이 사건 위탁양돈사업은 처음부터 그 지속가능성이 없으므로 이 사건 위탁양돈사업은 실물 돼지의 거래를 가장하거나 빙자한 것"이라는 취지로 주장하였다.[25]

따라서 아무리 보수적으로 해석하더라도 검찰은 적어도 피해자들에게 약정한 금액이 지급되지 못할 가능성이 크다는 사실은 알고 있었다고 평가할 수 있다. 그럼에도 불구하고 사기죄나 특정경제범죄법위반(사기)을 적용하지 않은 것은

---

22) 연합뉴스, 2016. 10. 20. "교수 상대 투자사기 교수공제회 운영자들 2심도 실형" 제하의 기사 참조.

23) 서울중앙지방법원, 2014. 8. 22, 선고 2013고합1199 판결.

24) 모돈 1마리가 1년간 생산한 돼지 중 출하체중(판매체중, market weight)이 될 때까지 생존하여 판매된 마리수를 의미한다.

25) 서울중앙지방법원 2014. 8. 22, 2013고합1199 판결문(p. 24.).

축소기소로 해석하기에 부족함이 없다. 본 사건 파기환송심에서도 개개 피해자들이 최○○을 사기죄로 고소한 대부분의 사건을 편취범의 인정하고 유죄판결을 내렸다.[26]

또한 법리적 측면에서도 검찰의 기소행태를 납득할 수 없다. 왜냐하면 대법원에서도 일관되게, "금원 편취를 내용으로 하는 사기죄에서는 기망으로 인한 금원 교부가 있으면 그 자체로써 피해자의 재산침해가 되어 바로 사기죄가 성립하고, 상당한 대가가 지급되었다거나 피해자의 전체 재산상에 손해가 없다하여도 사기죄의 성립에는 그 영향이 없으므로 사기죄에 있어서 그 대가가 일부 지급된 경우에도 그 편취액은 피해자로부터 교부된 금원으로부터 그 대가를 공제한 차액이 아니라 교부받은 금원 전부이다."라고 판시[27]하고 있기 때문이다. 결과적으로 본 사건 검찰의 축소기소는 소위 "몰래 변론", 전관예우 등의 의혹[28] 내지 비판에서 자유로울 수 없다.

2. 무죄판결의 불합리성

본 사건 사실관계를 유사수신행위로 포섭하기 위한 법리적 전제조건은 ① 무인가(無認可) 혹은 무허가(無許可), ② 투자금 이상 원리금 지급 약정, ③ 최○○ 등과 피해자들간에 실제로 상품(돼지)의 거래가 이루어졌는가? 아니면 사실상의 금전거래에 불과한가?의 여부로 요약된다. 1심과 2심 재판부 모두 ①과 ②에 대해서는 인정하고 있다. 결국 위 ③ 즉, 사실상의 금전거래 여부가 가장 중요한 쟁점이다.

1심 및 2심 판결에서 재판부는 본 사건 위탁대금 수입행위는 실질적인 실물 돼지의 거래가 매개된 자금수입에 해당하는 것으로 판단하고 무죄를 선고했다는 점은 이미 언급한 바와 같다. 하지만 판결문에 언급된 사실만으로도 재판부 판단을 납득할 수 없다. 왜냐하면, 재판부는 첫째, 최○○의 범죄경력을 충분하게 알 수 있었고,[29] 둘째, 피해자(위탁자)들이 모돈을 배정받기 전에 매월 일정 금

---

26) 서울고등법원 2017. 8. 16, 2016노2832, 2017노645(병합) 판결.
27) 대법원 2007. 1. 25, 2006도7470 판결 참조.
28) 「JTBC, 2016. 8. 28. '이규연의 스포트라이트' "황금돼지와 전관 변호사"」, 「KBS2, 2017. 3. 8. "돈의 전쟁, 법조계 전관예우"」, 서울경제, 2018. 8. 14. "검찰전관이 '몰래 변론'한 사건 들춰본다" 제하의 기사 각각 참조.

액을 지급받았고, 셋째, 모돈에서 생산된 자돈을 위탁자별로 관리하지 않았으며, 넷째, 실제 모돈 수가 위탁구좌 수보다 적었고, 다섯째, 후순위 위탁자들로부터 받은 위탁대금으로 선순위 위탁자들에게 원금 및 수익금을 상환한 사례들을 모두 인지하였음에도 무죄로 판단했기 때문이다.

구체적으로 살펴보면, 1심 판결문[30]에는 "검사는 … 2013. 1. 31.을 기준으로 피고인들은 실제 모돈 수가 11,054두에 불과하였음에도, 15,057구좌에 이르는 위탁구좌를 개설하는 등 이 사건 위탁양돈사업의 실체를 인정할 수 없다는 취지로 주장하고 있다. 그러나 검사의 주장 자체에 의하더라도 특정 시기에 피고인들이 확보한 모돈의 비율조차 전체 위탁 구좌 수 대비 약 73.4%(11,054/15,057×100)에 달하고 있는 등 피고인들의 위탁대금 수입행위가 모돈의 확보와 무관하게 이루어진 것이라고 섣불리 치부해 버릴 수는 없다."고 명시되어 있다.

여기에서 재판부의 기계적인 업무태도를 엿볼 수 있다. 2013년 1월 당시 피해자들은 '어미돼지 1마리를 배정 받으면 그 돼지가 새끼 20마리를 낳고 이것들이 성장하면 그 판매대금으로 원리금(연 24% 확정이율)을 돌려받는다.'고 약정하고 금 600만원을 지급하였다. 그런데 실제로 어미돼지 4,003마리는 존재하지 않았다[15,057(구좌 수)−11,054(실제 모돈 수)=4,003]. 뒤집어 설명해보면, 최소한 약 240억원(4,003구좌×600만원)의 자금은 상품거래 없이 유치하였다고 판단함이 마땅함에도 지극히 편의적으로 해석하였다고 평가할 수 있다.

참고로 일본에서 시행하고 있는 「특정상품등의 예탁등 거래계약에 관한 법률」에 주목할 필요가 있다. 동 법률은 '현물매매 행태'를 규제하기 위하여 제정되었는데, 현물매매 형태는 금전예탁을 은폐하기 위하여 귀금속 등을 고객에게 판매하는 형태로 금전을 모집하고, 경우에 따라서는 매각한 대상물을 구입자에게 양도하지 않은 채 업자가 보관하고 운용하여 그 이익으로 투자자에게 고수익을 약속하는 형태로 금전을 모집하는 것이며, 동법 시행령 제1조 제1항 제3호에서는 포란류 또는 조류에 속하는 동물로 사람이 사육하는 물품을 '예탁등 거래계약'에 포함하고 있다(국회정무위원회, 2017a: 21). 예를 들면, 송아지를 판매하여 일정기간 회사의 위탁목장에서 사육한 후 매매가의 2할을 더한 금액으로 환매

---

29) 서울고등법원 2017. 8. 16, 2016노2832, 2017노645(병합) 판결문(p. 47).

30) 서울중앙지방법원 2014. 8. 22, 선고 2013고합1199 판결문(pp. 24-25).

할 것을 조건으로 송아지 판매대금으로서 금전을 수입하는 행위도 규제가 가능하다(국회정무위원회, 2017a: 21).

3. 관련기관의 소극적 대응

일반적으로 유사수신행위 예방 및 수사와 관련을 가지는 기관은 금융위원회, 금융정보분석원, 금융감독원, 경찰, 검찰이라고 할 수 있다.

첫째, 금융위원회는 「유사수신행위법」 주무관청으로서 금융소비자국에서 유사금융에 관한 정책을 수립·관리한다(「금융위원회와 그 소속기관 직제」 제11조의3 제3항 제13호).

둘째, 금융정보분석원은 「특정 금융거래정보의 보고 및 이용 등에 관한 법률」 및 「공중 등 협박목적 및 대량살상무기확산을 위한 자금조달행위의 금지에 관한 법률」에 따라 ① 특정금융거래정보의 보고제도의 기획 및 지침의 수립·운영, ② 특정금융거래정보 및 외국환거래자료 등의 수집·분석 및 이를 위한 관계 행정기관 등에 대한 자료 제공의 요청, ③ 수사기관 등에 대한 특정금융거래정보의 제공(수사기관 등의 요구에 의한 경우를 포함한다), ④ 특정금융거래정보 전산관리시스템의 구축 및 보안관리 등의 업무를 수행한다(동 직제 제15조).

금융정보분석원장은 의심거래보고제도(STR: Suspicious Transaction Reporting System)를 통해서 금융회사등의 종사자가 불법재산 또는 자금세탁행위로 의심되어 관할 수사기관에 신고한 사항을 보고받을 수 있다(금융정보분석원, 2021: 12).[31] 특히, 고액현금거래보고제도(CTR: Currency Transaction Reporting System)를 통해서는 금융회사등이 1거래일 동안 1천만 원 이상의 현금을 입금하거나 출금한 경우 거래자의 신원과 거래일시, 거래금액 등이 전산시스템을 통해 자동 보고되도록 관리하고 있다(금융정보분석원, 2021: 13).

실제 금융정보분석원과 경찰 등의 업무협조를 통해서 다단계 사기 등 범죄를

---

31) 의심거래보고제도란 금융거래와 관련하여 수수한 재산이 불법재산이라고 의심되는 합당한 근거가 있거나 금융거래의 상대방이 「금융실명거래 및 비밀보장에 관한 법률」 제3조 제3항을 위반하여 불법적인 금융거래를 하는 등 자금세탁행위를 하고 있다고 의심되는 합당한 근거가 있는 경우, 또는 「범죄수익은닉의 규제 및 처벌 등에 관한 법률」 제5조 제1항 및 「공중 등 협박목적 및 대량살상무기확산을 위한 자금조달행위의 금지에 관한 법률」 제5조 제2항에 따라 금융회사등의 종사자가 관할 수사기관에 신고한 경우 이를 금융정보분석원장에게 보고하도록 하는 제도이다(금융정보분석원, 2021: 12).

해결한 사례들도 적지 않지만 보고된 모든 특정금융거래정보의 수집·배당·제공과 수사기관의 정보요청 및 이에 대한 제공 권한이 분석실장을 맡고 있는 검찰청에서 파견 검사에게 집중되어 금융정보의 편중현상을 초래한다는 비판도 제기되었다(강성용·이성기·박형식, 2012: 81).

셋째, 금융감독원은 불법사금융피해신고센터('서민금융 1332')를 운영하면서 유사수신 등 금융사기 관련 금융소비자 피해 예방, 관련 정보수집·조사, 전기통신금융 사기 피해금 반환 등의 업무를 수행하고,[32] 2020년의 경우 유사수신 신고·상담 건수는 총 692건이고 이 중 구체적 혐의가 있는 82건을 수사기관에 통보하였다(금융감독원, 2021: 185).

넷째, 경찰은 전국을 바둑판처럼 나누어 관할하면서 피라미드 형태로 최하부에 경찰서 지능범죄수사팀, 중간단계에 각 시·도경찰청 지능범죄수사대가 유사수신행위 관련 첩보수집 및 수사를 담당하고 있다. 그리고 경찰청 경제범죄수사과장이 불법사금융, 보험사기 등 금융범죄 및 주가조작 등 기업범죄 사건을 수사 지휘·감독한다(「경찰청과 그 소속기관 직제 시행규칙」 제16조 제3항 제1호 라목).

마지막으로 검찰은 「검사의 수사개시 범죄 범위에 관한 규정」에 부합하는 범죄에 대해서 직접 수사에 착수·진행하거나 경찰이 송치한 사건들을 검토한 후 공소제기 여부를 결정한다.

본 사건은 2009년 4월 13일경부터 2013년 12월 9일경까지 4년 8개월 동안 피해자 1만 명으로부터 금 2,400여억 원을 끌어 모았다. 만약 위에서 언급된 기관들이 본연의 임무를 제대로 수행했다면 그 결과가 어떻게 되었을까?라는 의문을 떨칠 수 없다. ① 금융위원회는 관련법령을 손질하고 예방대책을 강화하고, ② 금융정보분석원은 유사수신행위의 특성(1개월 단위로 배당금 지급 등)을 미리 파악하고 이를 걸러낼 수 있는 분석체계를 구축하며, ③ 금융감독원은 '서민금융 1332' 등을 통해 수집된 정보를 체계적으로 분석하고, ④ 경찰청 경제범죄수사과는 본 사건 관련 첩보를 종합하고 각 시·도경찰청 및 경찰서 지능범죄수

---

32) 금융감독원에서는 유사수신 피해사례로 ① FX마진거래, 핀테크 등 최신 금융기법을 사칭, ② 비트코인과 유사한 가상화폐를 사칭, ③ 비상장주식 거래를 통해 고수익 투자 유인, ④ 글로벌 기업이라고 하면서 투자 유인, ⑤ 제조업(검증되지 않은 신기술) 등을 사칭, ⑥ 쇼핑몰, 상품권 판매, 특수작물 등 기타, ⑦ 외국의 유력인사 및 유명단체 사칭을 소개하고 있다(http://www.fss.or.kr/s1332/).

사대(팀)에 적절한 수사지휘를 내리고, ⑤ 검찰은 철저하게 수사하고 공정·적법하게 공소를 제기했다면 이처럼 피해가 대규모로 확대되는 것을 충분히 방지할 수 있었을 것이라고 쉽게 예상할 수 있다.

4. 현행법의 법리적 한계

본 사건의 법리적 쟁점은 첫째, 유사수신행위로 포섭할 수 있는 구체적 행위태양의 범위이고, 둘째, 유사수신행위법의 실효성 문제이다.

1) 유사수신행위의 구체적 행위태양

「유사수신행위법」과 판례에 따르면, 유사수신행위는 ① 관할당국의 인·허가를 받지 않고, ② 장래에 원금 전액 또는 이를 초과하는 금액을 지급할 것을 약정하고, ③ 실제 상품거래 없이 사실상 투자금을 모집하는 것을 업으로 하는 행위로 정의할 수 있다. 본 사건에서도 ①과 ②는 쉽게 정리되었으나 ③실물거래와의 연관성, 즉, 최○○ 등이 투자금을 유치한 행위가 실물돼지의 거래와 관계된 것인지가 논란이 되었다. 이미 살펴본 바와 같이, 1심과 2심에서는 무죄, 상고심과 파기환송심에서는 유죄로 판단되었다. "실물거래와의 연관성"이라는 규범학적 개념으로부터 벗어나기 위해서 범죄기법들은 계속해서 진화하고 이를 예방하거나 수사하는 당국도 많은 어려움을 겪고 있다. '조희팔 사건'의 역렌탈, '인덱코 영농조합 사건'의 목이버섯 재배, 본 사건의 위탁양돈이 논란의 여지를 남기는 사례들이다. 구성요건의 명확성 확보차원에서 입법론적 개선방안이 요청된다.

2) 「유사수신행위법」의 실효성 문제

유사수신행위는 다른 법령에 따른 인가·허가를 받지 아니하거나 등록·신고 등을 하지 않는 것을 구성요건으로 한다. 따라서 금융위원회나 금융감독원은 혐의업체에 조사·감독 권한을 가지지 못하고 해당업체가 금융감독원 등의 현장조사를 회피하거나 거부할 경우 기본적인 조사도 할 수 없으며 결과적으로 유사수신행위 감시의 대부분을 피해자 신고와 제보에 의존하는 실정이다(국회정무위, 2017a: 2). 그리고 범죄수익에 대해서도 필요적 몰수 규정이 없다. 마지막으로 유사수신행위를 범하더라도 법정형이 5년 이하의 징역에 그쳐 10년 이하의 징역인 사기죄에 비해서도 형량이 낮기 때문에 현행 수준의 처벌규정이 사전 예방 및 사후 징벌 측면에서 실효성을 가지기 어렵다(국회정무위, 2017b: 4).

V. 유사수신행위 억제방안

1. 법왜곡죄 도입으로 공정한 사법시스템 구현

본 사건 판결문들을 검토하면서 검찰기소와 법원 판단에 적지 않은 문제점이 있을 수 있다는 점을 확인할 수 있었다. 법과 양심에 따른 검찰사무 및 재판업무를 기대해야 하지만 만약 의도적인 법왜곡이 있었다면 형사처벌을 통해서라도 이를 바로잡는 것이 마땅하다.

법왜곡은 적용하여야 할 법규를 적용하지 않거나 법규를 그릇되게 적용함을 말하고 ① 사실관계 조작, ② 실체법 및 절차법에서의 기본법규 및 원칙의 위반, ③ 재량권 남용으로 분류되고 있다(전지연, 2004: 194; 서보학, 2014: 241; 정세종, 2017: 215). 독일 「형법」 제339조[33]를 참조하여 법왜곡죄를 규정하여 형사사법체계에 대한 시민들의 신뢰를 회복할 필요성이 크다.

2. 금융정보분석원, 금융감독원, 경찰 등 협조체계 강화

일반적으로 유사수신범죄는 특정한 금액의 일정한 입·출금을 그 특징으로 한다. 따라서 금융정보분석원에 법인 혹은 개인 계좌에 1월～3월정도 단기간에 일정금액이 입금되고, 같은 계좌에서 매일, 매주, 매월 특정금액이 일정하게 출금되어 개인계좌로 입금되는 현황을 확인할 수 있는 시스템을 구축하여야 한다. 그리고 금융정보분석원은 이러한 정보를 경찰, 검찰, 금융위원회(금융감독원)에 즉각적으로 통보하여 유사수신범죄의 사전 예방 및 피해확산 방지에 기여하여야 할 것이다(이동임, 2014: 165).

---

33) 독일 「형법」 제339조에서는 "법관, 기타 공무원 또는 중재법관이 법률사건을 지휘하거나 재판함에 있어 당사자 일방에게 유리하게 또는 불리하게 법률을 왜곡한 경우에는 1년 이상 5년 이하의 자유형에 처한다."고 규정하고 있다(법무부, 2008: 251).

3. 범죄신고 활성화 유도

현행 「공익신고자 보호법」상 보상금 규정과 금융감독원의 "불법금융 파파라치" 제도를 통해서 유사수신행위 자진신고자 등에게 적지 않은 금전적 보상을 실시하고 있다. 구체적으로 소개하면, 「공익신고자 보호법」 제2조 제1호에 따라 유사수신행위는 공익침해행위에 포함되고, 이를 신고한 공익신고자는 「부패방지 및 국민권익위원회의 설치와 운영에 관한 법률」[34] 및 「부패방지 및 국민권익위원회의 설치와 운영에 관한 법률 시행령」[35]에 따라 2억원 이하의 보상금을 지급받을 수 있다. 또한 "불법금융 파파라치" 제도는 불법금융신고를 활성화하기 위해 2016년 6월부터 시행되었는데, 신고 내용의 완성도 등을 고려하여 건당 최고 1천만 원(2018년 7월 1일 이후 신고부터는 2천만 원)의 신고포상금을 제공받을 수 있다(금융감독원, 2018: 2). 또한 「부패방지 및 국민권익위원회의 설치와 운영에 관한 법률」 제66조 제1항에서는 "이 법에 의한 신고를 함으로써 그와 관련된 자신의 범죄가 발견된 경우 그 신고자에 대하여 형을 감경 또는 면제할 수 있다."고 규정하고 있다. 따라서 이러한 신고자 보상 및 책임감면 조항을 적극적으로 홍보함으로써 유사수신범죄 신고를 활성화하여야 한다.

4. 입법론적 제언

1) 「형법」상 투자사기죄 신설: 형사법익 보호의 '조기화'

독일 「형법」 제264조a(투자사기) 제1항에서 "① 유가증권, 신주인수권, 기업이윤 참가를 보장하는 지분의 판매, ② 당해 지분에 대한 출자를 증대하는 제안과 각각 관련하여 재산상태를 전망, 설명 또는 개관함에 있어 매입이나 투자증대의 결정에 대한 중요한 상황에 관하여 수인에 대하여 유리한 허위의 진술을 하거나 불리한 사실을 은폐한 자는 3년 이하의 자유형 또는 벌금형에 처한다."고 규정하고, 제2항은 "제1항은 그 행위가 기업이 자기 명의 하에 타인의 재산을 관리하고 있는 재산의 지분과 관련이 있는 경우에도 동일하게 적용된다."고 명시하며, 제3항에서는 "자의로 (제1항의) 행위에 근거하여 매입 또는 투자증대를 조

---

34) 제68조, 제69조 참조.
35) 제71조 참조.

건으로 하는 급부의 제공을 방지한 자는 제1항 및 제2항에 따라 처벌하지 아니한다. 행위자의 관여 없이도 급부가 제공될 수 없었던 경우에 급부제공을 방지하기 위하여 자의로 진지하게 노력한 경우에는 처벌하지 아니한다."고 규율하고 있다(법무부, 2008: 197).

만약 우리 「형법」에 위와 같이 추상적 위험이 존재하는 경우에도 처벌할 수 있는 규정이 있었다면 경찰 등은 전술한 '조희팔 사건', '교수공제회 사건', '인덱코 영농조합 사건', '도나도나 사건'에 초기에 개입하여 피해확대를 막을 수 있었을 것이다.

결과적으로, 독일의 투자사기죄를 벤치마킹할 필요성이 크다. 한국형사정책연구원(2009: 317)도 "제348조의3 (투자사기) 회사에의 투자설명과 관련하여 투자결정에서 중요한 사항 중 허위의 유리한 사실을 진술하거나 불리한 사실을 은폐함으로써 상당한 다수의 사람을 기망한 자는 3년 이하의 징역 또는 2,000만원 이하의 벌금에 처한다."라고 신설할 것을 제안했다.

2) 「유사수신행위법」 개정

(1) 금융위원회에 조사권한 신설

금융위원회에 투자자 보호 또는 건전한 거래질서를 위하여 필요하다고 인정되는 경우에는 유사수신범죄 혐의가 있는 자, 그 밖의 관계인에게 참고가 될 보고 또는 자료제출을 명하거나 소속 공무원에게 장부・서류, 그 밖의 물건을 조사하게 할 수 있는 권한을 부여하고, 조사・자료제출명령 또는 출석요구에 응하지 아니하거나 이를 방해한 자를 형사처벌할 수 있도록 개정해야 한다(국회정무위원회, 2017a: 12-16).

(2) 처벌강화 및 범죄수익 몰수・추징

먼저, 유사수신행위는 피해규모가 천문학적으로 확대될 수 있다는 점을 반영하여, 「특정경제범죄법」을 참조하여 수수액이 50억원 이상일 때에는 무기 또는 5년 이상의 징역, 수수액이 5억원 이상 50억원 미만일 때에는 3년 이상의 유기징역이 가능하도록 개선해야 할 것이다(국회 정무위원회, 2017b: 4-5). 다음으로 유사수신행위를 범한 자 또는 그 정을 아는 자가 취득한 금전 또는 이익은 필요적으로 몰수하고, 몰수할 수 없는 경우에는 그 가액을 추징하도록 규정할 필요가 크다(국회정무위원회, 2017a: 16-18).

(3) 유사수신행위 피해구제기금 설치

「유사수신행위법」을 개정하여 범죄수익에 대한 필요적 몰수·추징이 가능하게 되면, 동법에 따라 국고로 귀속된 재산을 해당 유사수신행위로 인한 피해자의 피해구제에 사용하기 위하여 금융위원회에 피해자구제기금을 설치하고, 피해자 구제에 사용할 수 있도록 개선하여야 한다(국회 정무위원회, 2017b: 8-10).

Ⅵ. 요 약

유사수신행위는 한마디로 금융당국의 인·허가를 받지 않고 투자금 등을 유치하는 것을 업(業)으로 하는 범죄를 말하는데, '조희팔 사건', '교수공제회 사건', '인덱코 영농조합 사건', '도나도나 사건'을 대표적인 사례로 들 수 있다. 이러한 유형의 범죄는 첫째, 사법당국에서 적발하거나 형벌을 부과하는데 까지 오랜 시간이 걸리고, 둘째, 피해규모가 상당하고 사회병리적 파급효과가 심각하며, 셋째, 범행사실을 확인하고 법적 조치를 취하더라도 피해구제가 쉽지 않다는 점 등을 공통점으로 가진다.

이러한 문제의식 하에서 이 단원에서는 '도나도나 사건'의 판결문 분석을 토대로 유사수신행위를 둘러싼 수사실무상 그리고 법리적 쟁점들을 도출하고 이에 관한 논평과 더불어 억제방안을 검토하였다.

판결문들을 살펴본 결과, ① 검찰의 축소기소, ② 1심 및 2심 재판부의 무죄 판결 불합리성, ③ 금융위원회, 금융감독원, 경찰 등 관련기관의 소극적 대응, ④ 현행법의 법리상 한계를 주요 쟁점으로 도출할 수 있었다.

이러한 논의를 바탕으로 다음과 같은 유사수신행위 억제방안을 제시하였다. 첫째, 법왜곡죄를 도입하여 검찰과 법원의 법왜곡 행위를 통제하여야 한다. 둘째, 금융정보분석원에 유사수신 혐의 금융정보를 스크린 할 수 있는 시스템을 구축하고 경찰, 검찰, 금융감독원과의 실시간 협조체계를 강화할 필요가 있다. 셋째, 「공익신고자 보호법」상 보상금 규정과 금융감독원의 "불법금융 파파라치"

제도 등을 적극적으로 홍보함으로써 유사수신범죄 신고를 활성화하여야 한다. 넷째, 「형법」에 투자사기죄를 신설하고 「유사수신행위법」을 개정하여 형량을 높이고 범죄수익을 필요적으로 몰수·추징하며, 피해구제기금을 마련하여야 할 것이다.

참고문헌

강성용・이성기・박형식. (2012). "효율적 범죄 수사 지원을 위한 금융정보분석원 개선 방안 연구",「경찰학연구」, 12(2): 79-107.

국회 정무위원회. (2017a). 유사수신행위의 규제에 관한 법률 일부개정법률안[김선동 의원 대표발의(의안번호 제2922, 4784호)] 검토보고.

_____. (2017b). 유사수신행위의 규제에 관한 법률 일부개정법률안[민병두 의원 대표발의(의안번호 제5754호)] 검토보고.

금융감독원. (2018). "불법금융행위 제보자 13명에게 포상금 4,400만원 지급: 유사수신 등 불법금융행위는 금감원에 신고하세요!" 제하의 보도자료.

_____. (2021).「2020 연차보고서」, 서울: 금융감독원.

금융정보분석원. (2021).「자금세탁방지 2020 연차보고서」, 서울: 금융정보분석원.

김현수. (2017). "유사수신범죄의 불법성 구조와 유형 분석의 지평",「형사정책연구」, 28(3): 97-136.

도중진. (2009). "사기죄와 경제범죄의 관계",「형사정책연구」, 20(1): 445-470.

문상일. (2016). "신종 불법피라미드영업 규제를 위한 법제 개선방안에 관한 소고",「유통법연구」, 3(1): 39-78.

박상진. (2015). "불법다단계・유사수신과 사기죄에 대한 연구",「중앙법학」, 17(4): 331-350.

법무부. (2008).「독일형법」, 과천: 법무부.

서보학. (2014). "판사 및 검사의 법왜곡에 대한 대응방안: 법왜곡죄의 도입을 중심으로",「경희법학」, 49(4): 221-254.

이기수. (2016a). "'조희팔 사건' 분석을 통해서 본 유사수신행위의 법・제도적 문제점 검토",「범죄수사학연구」, 2: 3-24.

_____. (2016b). "유사수신행위의 범죄환경과 입법적 대응방안",「경찰학연구」, 16(4): 99-123.

이동임. (2014). "다단계 금융사기 피해방지 및 회복방안",「피해자학연구」, 22(2): 151-173.

전지연. (2004). "법왜곡죄의 도입방안",「형사법연구」, 22: 877-896.

정세종. (2017). "검찰의 축소기소에 관한 비판적 검토: '정운호' 사건을 중심으로",「한국공안행정학회보」, 26(1): 197-222.

_____. (2018). "유사수신행위의 주요쟁점과 억제방안: '도나도나 사건'을 중심으

로", 「한국공안행정학회보」, 27(3): 387-416.

한국형사정책연구원. (2002). 「금융사기범죄에 관한 연구」, 서울: 한국형사정책연구원.

_____. (2009). 「형사법개정연구(Ⅳ) 형법각칙 개정안」, 서울: 한국형사정책연구원.

가정폭력! 피해자가 죽어야만 끝날까?

I. 문제제기

2021년 11월 4일 오후 5시경 제주시 한 빌라에서 가정폭력으로 집행유예를 받은 40대 남성 A가 술에 취한 채 아내와 말다툼을 벌이다 흉기를 휘둘러 살해한 사건이 발생했다. 범죄자 A는 2019년부터 3년간 가정폭력으로 6차례 경찰에 신고된 경력이 있고 2021년 9월 28일에는 가정폭력 혐의가 인정되어 징역 1년 6월에 집행유예 2년을 선고받았다. 하지만 A는 집행유예를 선고받은 지 불과 38일 만에 아내를 살해했다.[1] 여기에서 주목하여야 할 점은 경찰과 법원 등 형사사법기관에서 가정폭력범죄를 인지하고 법적 절차를 밟았음에도 불구하고 피해 여성의 생명을 보호할 수 없었다는 사실이다.

한편, 2015년도 퓰리처상 공공서비스 부문은 미국 사우스캐롤라이나 주의 지역신문인 '더 포스트 앤드 큐리어(The Post and Courier)'가 가정폭력을 다룬 기획기사 시리즈 '죽어서야 헤어질 수 있는(Till Death Do Us Part)'으로 수상했다.[2] 위

---

1) 조선일보, 2021. 11. 7. "가정폭력 용서했던 아내, 풀려난 남편은 38일 뒤 그녀 살해했다" 제하의 기사 참조.
2) 여성신문, 2015. 4. 30. "2015년 퓰리처상 여성 활약 돋보여" 제하의 기사 참조.

기사에 따르면 사우스캐롤라이나 주에서는 지난 10년 동안 300명 이상의 여성이 남성의 폭력에 의해서 총에 맞거나, 칼에 찔리거나, 목이 졸리거나, 구타당해서 사망하며, 이는 매 12일에 1명씩 사망하는 비율을 보이고 있다. 그리고 사우스캐롤라이나 주에서 배우자로부터 살해당하는 여성의 수는 이라크와 아프가니스탄 전쟁에서 순직하는 같은 주(State) 소속 군인들의 숫자를 합한 것 보다 3배 이상 많고 매년 약 36,000건의 가정폭력이 발생하고 있다고 신랄하게 비판한다.[3]

우리나라에서는 이러한 치명적인 결과를 초래할 수 있는 가정폭력범죄에 대응하기 위해서 1998년 7월 1일부터 「가정폭력방지 및 피해자보호 등에 관한 법률」[4]과 「가정폭력범죄의 처벌 등에 관한 특례법」[5]을 시행해오고 있다.

먼저 「가정폭력방지법」은 ① 긴급전화센터 설치·운영, ② 상담소 설치·운영, ③ 보호시설 설치·운영, ④ 수사기관 협조, ⑤ 사법경찰관리의 현장출동 등을 규정하고 있다. 특히, 「가정폭력방지법」 제9조의4에서는 경찰관은 가정폭력범죄의 신고가 접수된 때에는 지체 없이 가정폭력의 현장에 출동하여야 하고 가정폭력행위자는 경찰관 업무 수행을 방해할 수 없으며,[6] 경찰관은 피해자·신고자·목격자 등이 자유롭게 진술할 수 있도록 가정폭력행위자로부터 분리된 곳에서 조사하는 등 필요한 조치를 취하도록 규정하고 있다.

다음으로 「가정폭력처벌법」에서는 응급조치, 긴급임시조치, 보호처분, 피해자보호명령 등 형사처벌 절차에 관한 특례가 규정되어 있다. 「가정폭력처벌법」에 따를 때, 진행 중인 가정폭력범죄에 대하여 신고를 받은 경찰관은 즉시 현장에 나가서 ① 폭력행위의 제지, 가정폭력행위자·피해자의 분리, ② 「형사소송법」 제212조에 따른 현행범인의 체포 등 범죄수사, ③ 피해자를 가정폭력 관련 상담소 또는 보호시설로 인도(피해자가 동의한 경우만 해당한다), ④ 긴급치료가 필요한 피해자를 의료기관으로 인도, ⑤ 폭력행위 재발 시 임시조치를 신청할 수 있음을 통보, ⑥ 피해자보호명령 또는 신변안전조치를 청구할 수 있음을 고지와

---

3) http://postandcourier.com/app/till-death/index.html
4) 이하 「가정폭력방지법」으로 약칭한다.
5) 이하 「가정폭력처벌법」으로 약칭한다.
6) 정당한 사유 없이 이를 위반한 가정폭력행위자에게는 500만원 이하의 과태료를 부과한다(「가정폭력방지법」 제22조 제1항).

같은 응급조치를 행할 의무를 진다(동법 제5조).

또한 사법경찰관은 응급조치에도 불구하고 가정폭력범죄가 재발될 우려가 있고, 긴급을 요하여 법원의 임시조치 결정을 받을 수 없을 때에는 직권 또는 피해자나 그 법정대리인의 신청에 의하여 ① 피해자 또는 가정구성원의 주거 또는 점유하는 방실로부터의 퇴거 등 격리, ② 피해자 또는 가정구성원의 주거, 직장 등에서 100미터 이내의 접근 금지, ③ 피해자 또는 가정구성원에 대한 전기통신을 이용한 접근 금지와 같은 긴급임시조치를 취할 수 있다. 그리고 정당한 사유 없이 긴급임시조치를 이행하지 않으면 300만원 이하의 과태료 처분을 받을 수 있다(「가정폭력처벌법」 제8조의2 제1항, 제29조 제1항 제1호~제3호, 제66조 제2호).

피상적으로 살펴보았을 때에도 현행법에 규정된 응급조치, 긴급임시조치, 임시조치 등으로 가해자 격리조치 혹은 피해자 보호조치만 제대로 활용되었다면 서두에서 언급된 비극을 효과적으로 막을 수 있었을 것이라고 쉽게 예상할 수 있다. 하지만 실무자들은 현장에서는 이러한 법적 장치들이 실질적으로 작동하지 못한다고 강력하게 비판하고 있다.

한국여성의전화 또한 "언론에 보도된 살인사건을 분석하고, 2020년 한 해 동안 남편이나 애인 등 친밀한 관계에 있는 남성에 의해 살해된 여성은 최소 97명, 살인미수 등으로 살아남은 여성은 최소 131명이고, 피해여성의 자녀나 부모, 친구 등 주변인이 중상을 입거나 생명을 잃은 경우도 최소 57명에 달했다."고 밝혀, 위와 같은 평가를 강력하게 지지한다.[7]

학계에서도 가정폭력범죄 대응법률에 관한 문제점을 인식하고 상당수의 연구가 진행되어 왔다. 하지만 규범학적 접근에 치중하였고 세부적인 접근 방식도 행정법적 견해, 형사법적 시각, 민사법적 접근으로 구분되었고, 외국 법제 또한 미국, 독일, 일본 등을 각각 소개함으로써 여러 국가 간 비교연구에 한계가 있었다(정세종, 2016a: 132).

구체적으로 언급하면, 위험방지 차원에서 경찰권의 발동을 강조하는 연구(이성용, 2007; 성홍재, 2011b), 법적 안정성을 확보하기 위해서 형사절차와 보호처분

---

7) 한국여성의전화 홈페이지(http://hotline.or.kr/board_statistics/69738) 참조.

의 명확한 구별기준을 강조하는 연구(김은경, 2003), 피해자에 대한 민사법적 보호를 강조하는 연구(백승흠, 2008a; 백승흠, 2008b; 성홍재, 2011a; 홍춘의, 2011)가 있었다.

하지만 영미와 유럽 및 아시아 법제를 종합적으로 소개하거나 공법영역과 사법영역의 접합을 시도한 연구 및 일선경찰관들을 대상으로 한 현장조사를 병행한 연구는 찾아보기가 어려웠다.

이상의 문제의식을 바탕으로 하여 이 단원에서는 지역경찰관들을 상대로 설문조사를 실시하고 이를 토대로 가정폭력범죄 대응법률의 주요 쟁점들을 도출하여 비판적 논의를 진행함으로써 궁극적으로 개선방안을 제시하고자 한다.

Ⅱ. 이론적 토대

1. 선행연구의 경향

가정폭력범죄 관련 법제에 관한 선행연구들은 먼저 우리나라의 「가정폭력방지법」과 「가정폭력처벌법」의 문제점들을 제시하고, 미국, 영국, 일본, 독일 등 사례와 비교분석을 통한 법 개정을 주문하고 있다. 먼저 현행 법률의 문제점으로 ① 가정폭력범죄 관련 법률의 이원화, ② 형사처벌과 보호처분의 구별 기준 부재, ③ 임시조치 신청의 검사 경유 문제와 절차 지연, ④ 긴급임시조치의 실효성 부족 등을 쟁점으로 도출하였다. 그리고 우리가 참고해야 할 외국의 법률로서 미국의 「여성폭력방지법」, 독일의 「통일경찰법모범초안」과 「폭력에 대한 민사적 보호법」, 일본의 「배우자폭력방지법」, 대만의 「가정폭력방지법」 등을 소개하고 있다. 가정폭력범죄 관련 법제에 관한 선행연구들을 표로 정리하면 <표 11-1>과 같다.

표 11-1 가정폭력범죄 대응법률에 관한 선행연구

연도	연구자	문제점	개선방안
2003	김은경	형사절차와 가정보호사건의 구별기준 모호	명확한 구별기준 설정
2007	이성용	경찰행정법상 예방적 경찰권한 미흡	① 강제처분권한을 경찰관직무집행법에 규정 ② 경찰권 발동 법령 단일화
2008a	백승흠	피해자 주거권 미확보	가해자 퇴거 및 피해자 주택 점유권 보장(일본법 참조)
2008b	백승흠	피해자의 주거권 보장 미흡	① 보호처분(임시조치)의 경우 피해자 동의 없는 재산 처분·양도 금지 ② 피해자 주거권 보장
2011a	성홍재	① 긴급임시조치 비효율성 ② 피해자보호명령의 한계	긴급임시조치 위반자에 대한 구금
2011b	성홍재	긴급임시조치 법적 성격 미정립	행정법상 위험방지활동으로 정립
2011	홍춘의	가정폭력관련 법제 이원화	법제 단일화
2012	정현미	피해자보호 실효성 미흡	피해자 안전 확보
2013	박소현	가부장제 사회구조, 여성에 대한 억압과 통제	가정폭력을 둘러싼 가부장성 개선
2013	박봉진	긴급임시조치 실효성 부족	① 강제체포제도, 긴급임시조치 개선(경찰관이 법원에 직접 청구) ② 긴급임시조치 위반시 형사처벌
2013	김재민	① 가해자규제와 피해자보호업무 연계 미흡 ② 피해자보호 이념 반영 부족 ③ 가해자 규제조치 복잡성 ④ 법체계의 형사사법적 편향성	행정법과 형사법 및 민사법을 망라한 다원적인 법체계를 구성
2015a	정세종	① 가정폭력 대응법제 이원화 ② 피해자보호규정 복잡 ③ 가해자 규제 일관성 부족 ④ 피해자 보호 예산 문제 ⑤ 전문가동행 제도 비현실성	① 「가정폭력방지법」과 「가정폭력처벌법」 통합 ② 민사상 보호명령 활성화 ③ 다기관협력체계 구축 ④ 예산확보 대책수립
2015b	정세종	① 보호처분의 특혜성 ② 긴급임시조치 검사경유	① 형사절차·가정보호사건 구별기준 명확화 ② 영국의 '가정폭력 보호통지'와 '가정폭력 보호명령' 벤치마킹 ③ 기소강제정책 도입 ④ 가정폭력법원 도입
2016a	정세종	절차지연, 피해자보호 실효성 미흡	비교연구를 통한 입법론 제시
2016b	정세종	재범방지, 피해자보호 실효성 미흡	영국 가정폭력 대응체계 벤치마킹

2. 주요국가의 입법례

표 11-2 주요국가의 입법례

국가	주요법률	특징
미국	「여성폭력방지법」, 「가정 및 가족폭력에 관한 모델법」	피해자 보호강조, 민사적 대응중심(보호명령) 체포강제정책, 기소강제정책, 가정폭력법원 심리활성화
영국	「가족법」, 「범죄와 안전법」	민사적 대응강조, 경찰과 법원의 협업(절차간소화), 가정폭력 정보공개 청구
독일	「폭력에 대한 민사적 보호법」	민사적 대응강조(보호조치), 피해자주거권 보장(거처양도), 가정법원 심리원칙
일본	「배우자폭력방지법」	민사적 대응강조(보호명령), 피해자주거권 보호(퇴거명령)
대만	「가정폭력방지법」	민사적 대응강조(보호명령), 피해자주거권 보호(피해자보호 지향), 의무적 신고대상자 확대, 보호명령 청구대상자 확대 및 접근성 강화

주요국가의 입법례를 비교정리해보면 <표 11-2>와 같고 이하에서 구체적으로 살펴보기로 한다.

1) 미 국

가정폭력 범죄자에게 통상의 형사절차에 따라 형벌을 부과한다. 아울러 피해자 신청에 의한 민사상 보호명령을 통해서 피해자 보호의 신속성 및 실효성을 확보하고 있다. 따라서 한국의 응급조치, 긴급임시조치, 임시조치, 보호처분에 대응하는 제도를 찾기는 어렵다. 결과적으로 미국은 가정폭력이 발생하면 가해자에게는 수사, 기소, 형사재판절차를 거쳐 형벌이 부과되고 피해자의 신청에 따라 법원이 가해자에 대한 퇴거 혹은 접근 금지 등 보호명령을 내릴 수 있도록 민사상 보호명령 체계를 구축함으로써 효과적이고 신속하게 피해자를 보호하고 있다(정세종, 2016a: 109).

2) 영 국

가정폭력 가해자는 원칙적으로 형사절차에 따라 형벌을 부과 받는다. 그리고 법원은 「가족법」상 학대금지명령과 점유명령을 발령할 수 있다. 특히, 경찰은 「범죄와 안전법」에 따라 현장에서 범인에게 가정폭력 보호통지를 발령하고 법원에 가정폭력 보호명령을 청구할 수 있다. 따라서 피해자 보호의 실효성과 신속성을 확보하고 있다. 영국의 법제는 민사상 보호명령 제도와 경찰과 법원의 협조체제인 가정폭력 보호통지와 가정폭력 보호명령 제도를 병행하고 있다고 요약할 수 있다(정세종, 2016b: 226-227).

3) 독 일

가정폭력 범죄자는 원칙적으로 형사처벌을 받는다. 또한 「폭력에 대한 민사적 보호법」을 통해서 가정폭력 피해자의 신청에 따라 민사법원에서 다양한 종류의 피해자 보호명령을 내릴 수 있다.

독일은 민사상 보호명령을 우선시하고 가정폭력 피해자주거권을 보장하기 위해서 공동사용주거 또는 혼인주거의 인도를 청구할 수 있도록 규정함으로써 "가해자는 떠나고 피해자는 남는다."는 원칙을 지켜가고 있다(「폭력에 대한 민사적 보호법」 제2조, 독일 「민법」 제1361조b).

4) 일 본

가정폭력 가해자에게 원칙적으로 형벌을 부과한다. 그리고 「배우자폭력방지법」에 따라 법원은 다양한 종류의 피해자 보호명령을 내릴 수 있다. 따라서 일본은 민사상 보호조치를 우선시한다고 평가할 수 있다. 일본 법제는 2개월 동안 가해자를 주거지에서 격리시킬 수 있는 퇴거명령 제도를 운영함으로써 피해자의 주거권을 보장하고 보호명령의 종류도 한국에 비해서 다양하다는 점에 주목할 필요가 있다(정세종, 2016a: 133).

5) 대 만

가정폭력 범죄자에게 원칙적으로 형벌을 부과한다. 그리고 법원은 「가정폭력방지법」을 통해서 피해자에게 다양한 종류의 민사상 보호명령을 내릴 수 있다. 대만은 범죄자를 피해자 주거지에서 퇴거시키고 필요하다면 가해자가 당해 부동산의 사용, 수익, 처분행위를 금지시킬 수 있는 제도를 운영함으로써 피해자 보호와 지원에 상당한 실효성을 확보하고 있다.

또한 수사기관은 가정폭력 현행범인을 인지한 경우에는 현행범인 체포할 의무를 지고 범죄를 범하였다고 의심할 만한 상당한 이유가 있고 가족구성원의 생명, 신체 또는 자유를 계속 침해할 위험이 있을 때에는 긴급체포할 의무 또한 부담하고 있으며, 특히 가정폭력 가해자를 체포하거나 체포영장을 신청할 경우에 음주벽이 있거나 약물을 사용하였거나 약물남용 습관이 있는지 여부를 심각하게 고려하도록 규정하고 있다.

Ⅲ. 지역경찰관 상대 실태조사

1. 조사대상 및 방법

이 장의 실태조사는 서울지방경찰청 산하 4개 지구대, 광주지방경찰청 산하 3개 지구대, 전남지방경찰청 산하 3개 지구대(파출소), 경기지방경찰청 산하 1개 지구대(파출소)를 편의적으로 선정하고 각 지구대(파출소)에서 근무하는 지역경찰관들을 대상으로 실시하였다. 왜냐하면 지역경찰관들은 가정폭력 발생 신고를 접수하면 가장 먼저 현장에 출동하고, 초동조치 및 초동수사업무를 담당하기 때문에 가정폭력범죄의 실태와 대응법률의 실효성에 대해서 비교적 자세하게 인지하고 있을 것이라고 예상했기 때문이었다.

먼저 각 지구대(파출소)의 운영을 책임지고 있는 지구대장(파출소장)을 면담하여 연구의 취지를 충분히 설명하고 협조를 요청하였다. 2018년 3월 26일부터 4월 20일 사이에 각 지구대 지역경찰관들을 대상으로 설문지 230부를 배포하였고, 회수된 설문지 198부 중에서 무성의한 반응을 보인 설문지 10부를 제외하고 188부를 SPSS 23.0을 활용하여 분석하였다.

조사대상자의 성별은 남자 161명(85.6%), 여자 27명(14.4%)이었고, 연령은 30세미만 55명(29.3%), 30세~39세 70명(37.2%), 40세~49세 34명(18.1%), 50세 이상 29명(15.4%)을 나타냈고, 계급은 순경 66명(35.1%), 경장 45명(21.3%), 경사 32명(17%), 경위 이상 50명(26.6%)을 보였으며, 학력은 고졸 이하 45명(23.9%), 전문대졸 22명(11.7%), 대졸 117명(62.2%), 대학원졸 이상 3명(1.6%)을 나타냈다. 경찰경력은 평균 10.45년(표준편차 9.32), 생활안전기능 근무경력은 평균 6.23년(표준편차 6.38)의 분포를 보였다.

2. 조사내용

설문항목은 첫째, 응급조치에 대한 인식과 문제점, 둘째, 긴급임시조치에 대한 인식과 문제점, 셋째, 신고출동시간 등 가정폭력범죄에 관한 일반적인 인식, 넷째, 성별, 연령, 계급 등 인구사회학적 특성, 다섯째, 가정폭력범죄 대응법률에 관한 개인적인 견해로 구분된다.

표 11-3 설문지 구성

설문내용	문항번호	질문방식	문항수
응급조치에 관한 인식	1-1 ~ 1-5	리커트척도(5점)	6
	2	폐쇄형	
긴급임시조치에 관한 인식	3-1 ~ 3-5	리커트척도(5점)	6
	4	폐쇄형	
가정폭력범죄에 관한 일반적 인식	5 ~ 11	폐쇄형	7
인구사회학적특성	12 ~ 15	폐쇄형	5
	16 ~ 17	개방형	2
가정폭력범죄 대응법률	18	폐쇄형	2
	19	개방형	

한편, 응급조치와 긴급임시조치에 대한 개념의 다의적 해석을 방지하기 위해서 설문지에 「가정폭력처벌법」 제5조와 제8조의 2의 조문을 각각 명시하고 설문을 진행하였고, 측정방법은 5개의 진술문들을 제시하고 이에 대한 동의 정도를 5점 척도로 파악하였다(1=매우 그렇다, 2=그렇다, 3=보통, 4=아니다, 5=전혀 아니다).

3. 조사결과

1) 가정폭력범죄에 관한 일반적 인식

(1) 신고출동시간

<표 11-4>에 나타난 바와 같이, 지역경찰관들이 가정폭력신고를 받고 출동한 시간대는 21시~24시가 51.9%, 0시~03시 23%, 18시~21시 20.8%의 순으로

나타났다. 결과적으로 21시~03시 사이에 74.9%의 범행이 집중해서 발생된다고 추정할 수 있다. 따라서 가정폭력범죄 발생 취약시간대에 경찰 등 형사사법기관, 여성상담소, 쉼터 등의 운용역량을 극대화시킬 필요성이 대두된다.

표 11-4 신고출동시간

출동시간	빈도(명)	비율(%)	누적 비율(%)
0시 ~ 03시	43	23	23
03시 ~ 18시	8	4.3	27.3
18시 ~ 21시	39	20.8	48.1
21시 ~ 24시	97	51.9	100.0

주: 분석에서 무응답(1명) 제외

(2) 음주여부

표 11-5 대상자 음주여부

음주여부	빈도(명)	비율(%)	누적 비율(%)
가해자가 음주	141	75.4	75.4
양쪽 모두 음주	28	15	90.4
양쪽 모두 음주 아님	18	9.6	100.0

주: 분석에서 무응답(1명) 제외

<표 11-5>에 나타난 바와 같이, 지역경찰관들은 폭력현장 출동 당시, 가·피해자 중 최소한 한쪽이 음주했을 경우가 90.4%라고 응답했다. 구체적으로 살펴보면, 가해자가 음주 75.4%, 양쪽 모두 음주 15% 순으로 나타났다. 이는 음주가 가정폭력의 주요한 원인 중의 하나라는 선행연구들과 부합되는 결과로서 궁극적으로 가정폭력범죄를 해결하기 위한 주요한 변수로 음주문제를 반드시 포함해야 한다는 사실을 강력하게 시사한다(김승권, 1999; Soler 등, 2000; 권태연·강상경, 2007; Jewkes, 2002; 김미애, 2008; Foran과 O'Leary, 2008; 여성가족부, 2010b; 김은영 등, 2013).

(3) 가정폭력범죄 발생원인

표 11-6 폭력 발생원인

폭력원인	빈도(명)	비율(%)	누적 비율(%)
성격차이	52	27.8	27.8
외도	14	7.5	35.3
경제문제	49	26.2	61.5
주취	56	29.9	91.4
기타[8]	16	8.6	100.0

주: 분석에서 무응답(1명) 제외

<표 11-6>에 나타난 바와 같이, 지역경찰관들은 가정폭력의 원인으로 주취 29.9%, 성격차이 27.8%, 경제문제 26.2% 등 순서로 응답했다. 이를 통해서 가정폭력범죄 대응을 위해서는 사회심리와 사회복지 및 형사정책 등 다양한 관점에서 포괄적 논의가 요청된다는 점을 알 수 있다.

(4) 최근 일주일간 가정폭력 신고출동 건수

표 11-7 최근 일주일간 가정폭력 신고출동 건수

출동 건수	빈도(명)	비율(%)	누적 비율(%)
0건	14	7.4	7.4
1 ~ 2건	93	49.5	56.9
3 ~ 4건	60	31.9	88.8
5 ~ 6건	9	4.8	93.6
7 ~ 8건	5	2.7	96.3
9건 이상	7	3.7	100.0

<표 11-7>에 나타난 바와 같이, 최근 일주일간 가정폭력신고 출동건수는 1~2건이 49.5%, 3~4건이 31.9% 순으로 나타났다. 지역경찰관들의 일반적 근무형태가 4부제임을 감안한다면 낮지 않은 발생 추이를 보이고 있다고 평가할 수 있다.

---

8) '기타'로 응답한 조사대상자들은 경제문제, 성격차이, 외도, 주취 중 2개 이상의 사유가 복합적으로 작용한다고 지적했다.

(5) 가정폭력범죄 재범률

표 11-8 가정폭력범죄의 재범률

재범률	빈도(명)	비율(%)	누적 비율(%)
0 ~ 10%	2	1.1	1.1
10 ~ 20%	10	5.3	6.4
20 ~ 30%	31	16.5	22.9
30 ~ 40%	30	15.9	38.8
40 ~ 50%	25	13.3	52.1
50% 이상	90	47.9	100.0

<표 11-8>에 나타난 바와 같이, 지역경찰관들의 47.9%는 가정폭력의 재범률이 50% 이상이라고 인식하고, 응답자의 1.1%만이 재범률이 10% 미만이라고 답변하였다. 이는 가정폭력은 지속적·반복적으로 나타나고 보복가능성이 높으며 재범이 용이하다는 선행연구의 주장과 부합된다(김재민, 2013: 43).

2) 피해자가 요구하는 경찰대응 및 입법론적 제언

(1) 피해자가 요구하는 경찰대응

표 11-9 피해자가 요구하는 경찰대응

경찰대응	빈도(명)	비율(%)	누적 비율(%)
가해자 체포	16	8.5	8.5
가해자 격리	138	73.4	81.9
가해자 처벌	19	10.1	92.0
피해자 보호시설로 인도	5	2.7	94.7
피해자 상담소 인도	3	1.6	96.3
기타[9]	7	3.7	100.0

<표 11-9>에 나타난 바와 같이, 피해자가 출동경찰관에게 요구하는 조치는 가해자의 격리 73.4%, 가해자의 처벌 10.1%, 가해자의 체포 8.5% 등의 순으로

---

9) '기타'를 선택한 지역경찰관들은 피해자들이 가해자 격리(처벌)와 병행해서 피해자 지원을 함께 요구하였다고 기재했다.

나타났다. 여기에서 피해자의 상당수는 가해자가 체포되거나 처벌을 받음에 따라 야기될 수 있는 부작용을 염려하면서도 가해자격리를 통해서 급박한 위기상황을 모면하려고 한다고 해석할 수 있다.

(2) 경찰의 적극적인 대응을 저해하는 요인

표 11-10 경찰의 적극적인 대응을 저해하는 요인   (단위: 명, %)

요인	빈도(명)	비율(%)	누적비율(%)
적극적으로 대응할 수 있는 법적인 제도가 부족해서	37	19.7	19.7
피해자가 가해자 처벌을 원하지 않는 경우가 많아서	60	31.9	51.6
가정 내 문제에 경찰이 적극적으로 개입할 수 없어서	56	29.8	81.4
폭력행위 종료 시, 가·피해자 모두 경찰개입을 원하지 않아	30	15.9	97.3
기타	5	2.7	100.0

<표 11-10>에 나타난 바와 같이, 경찰의 적극적인 대응을 저해하는 요인으로 대상자의 31.9%는 '피해자들이 가해자 처벌을 원하지 않는 경우가 많아서'라고 답변했고, 29.8%는 '가정 내 문제에 경찰이 적극적으로 개입할 수 없어서', 19.7%는 '가정폭력에 적극적으로 대응할 수 있는 법적인 제도가 부족해서', 15.9%는 '폭력행위 종료된 경우, 가·피해자 모두 경찰개입을 원하지 않아'라고 각각 응답했다. 여기에서도 피해자 처벌의사 철회가 상당한 문제점으로 작용한다는 사실을 확인할 수 있다.

(3) 가정폭력 대응법률 개선방안

가정폭력범죄 대응법률 실효성을 확보하기 위한 지역경찰관들의 제언(개방형 질문에 대한 답변)을 요약해보면 다음과 같다. 첫째, 가정폭력사건 처리절차를 명료화, 간소화, 신속화 하여야 한다. 둘째, 경찰관이 현장에서 발령하는 긴급임시조치의 실효성을 확보해야 하고 이를 위반할 경우 처벌규정을 강화하여야 한다.[10] 셋째, 피해자의 의사와 관계없이 재범자에 대해서는 삼진아웃제도 도입

---

10) 응답자 갑은 "실무에서는 검찰의 의견을 거쳐 법원이 결정하는 '임시조치' 위반행위는 규정대로 처벌하고, 법원에 피해자가 신청하는 '피해자보호명령제도'를 위반할 시는 체포까지도 허용되지만, 경찰이 행하는 '긴급임시조치'를 위반하더라도 검찰과 법원에서는 대부분 무시한다."고 토로했다.

등 강력한 제재수단이 절실하다. 넷째, 가해자 격리장소와 피해자 보호시설을
확충할 필요성이 크다. 다섯째, 가정폭력범죄 대응법률에 대한 교육과 홍보가
강화되어야 한다.[11]

3) 응급조치 실효성 평가

(1) 응급조치 실효성

<표 11-11>은 지역경찰관들의 가정폭력특례법 제5조에서 규정하고 있는 응
급조치에 대한 인식을 정리한 것이다. 동의란에 기재된 수치는 응답자들이 각 진
술문에 대해서 1="매우 그렇다"와 2="그렇다"를 선택한 비율을 합산한 것이다.

표 11-11 응급조치 실효성(N=188)

진술문	동의(%)
1. 진행 중인 가정폭력을 신속하게 진정시킬 수 있다.	51.6
2. 피해자 보호를 철저히 할 수 있다.	46.8
3. 경찰관이 매우 쉽게 활용할 수 있는 적절한 조치이다.	35.6
4. 가해자를 효과적으로 억제할 수 있는 수단이다.	25.0
5. 폭력의 재발방지에 상당한 도움을 준다.	23.9
평균	36.58

구체적으로 언급하면, 응답자의 51.6%는 응급조치는 "진행 중인 가정폭력을
신속하게 진정시킬 수 있다."고 인식하고, 46.8%는 "피해자 보호를 철저히 할
수 있다."는 점에 동의하고 있다. 하지만 25.0%만 "가해자를 효과적으로 억제할
수 있는 수단"이라고 인식하고 있다. 평균적으로 36.58% 정도가 실효성에 동의
하고 있는 것으로 나타나 개선방안에 대한 논의가 절실하다.

---

11) 응답자 을은 "나름 경찰생활을 오래 해오지만 긴급임시조치를 해보셨다는 선배님이나 동료들
을 본적이 없고 대다수 경찰관들도 긴급임시조치에 대해 잘 모른다."고 강조했다.

(2) 응급조치 문제점

표 11-12 응급조치시 가장 빈번하게 겪는 문제점

문제점	빈도(명)	비율(%)	누적 비율(%)
경찰관 출입저지(현관문을 열어주지 않음)	49	26.1	26.1
피해자 신고의사 철회	77	40.9	67.0
가해자 저항	40	21.3	88.3
자녀보호 문제	10	5.3	93.6
기타[12)	12	6.4	100.0

　　<표 11-12>에 나타난 바와 같이, 응급조치시 겪는 문제점으로 대상자의 40.9%는 '피해자 신고의사 철회', 26.1%는 경찰관 출입저지, 21.3%는 가해자 저항 등 순으로 밝히고 있다.

4) 긴급임시조치 실효성 평가

(1) 긴급임시조치 실효성

표 11-13 긴급임시조치에 대한 인식: 지역경찰관(N=188)

진술문	동의(%)
1. 진행 중인 가정폭력을 신속하게 진정시킬 수 있다.	37.2
2. 피해자 보호를 철저히 할 수 있다.	27.7
3. 경찰관이 매우 쉽게 활용할 수 있는 적절한 조치이다.	27.1
4. 가해자를 효과적으로 억제할 수 있는 수단이다.	22.3
5. 폭력의 재발방지에 상당한 도움을 준다.[13)	13.9
평균	25.64

　　<표 11-13>은 지역경찰관들의 「가정폭력처벌법」 제8조의2에서 규정하고 있는 긴급임시조치에 대한 인식을 정리한 것이다. 동의란에 기재된 수치는 응답자들이 각 진술문에 대해서 1="매우 그렇다"와 2="그렇다"를 선택한 비율을

---

12) '기타'를 선택한 응답자들은 경찰관 출입제지, 신고의사 철회, 가해자 저항, 자녀보호 문제 중 2개 이상의 사유가 복합적으로 작용한다고 지적했다.

13) 분석에서 무응답(2명)을 제외하였다.

합산한 것이다.

구체적으로 살펴보면, 응답자의 37.2%는 긴급임시조치는 "진행 중인 가정폭력을 신속하게 진정시킬 수 있다."고 인식하고 있다. 하지만 단지 13.9%만이 "폭력의 재발방지에 상당한 도움을 준다."는 점에 동의했다. 평균적으로 25.64%가 실효성에 동의하고 있는 것으로 나타났다.

(2) 긴급임시조치의 문제점

표 11-14 긴급임시조치시 가장 빈번하게 겪는 문제점

문제점	빈도(명)	비율(%)	누적 비율(%)
가해자 격리장소 부재	67	36	36.0
불이행시 처벌규정 미흡	76	41	77
가해자가 긴급임시조치를 이해하지 못함	23	12.3	89.3
피해자가 긴급임시조치를 이해하지 못함	5	2.7	92
기타[14]	15	8.0	100.0

주: 분석에서 무응답(2명) 제외

<표 11-14>에 나타난 바와 같이, 긴급임시조치시 가장 빈번하게 겪는 문제점으로 응답자의 41%는 '불이행시 처벌규정 미흡', 36%는 '가해자 격리장소 부재', 12.3%는 '가해자가 긴급임시조치를 이해하지 못함' 등의 순으로 제시하고 있다. 이러한 결과는 긴급임시조치가 법리적 문제점을 지니고 실효성을 담보하기가 곤란하다는 여러 선행연구들과 일치한다(성홍재, 2011a; 성홍재, 2011b; 김상운, 2012; 김재민, 2013; 치안정책연구소, 2013).

---

14) '기타'를 선택한 응답자들은 가해자 격리장소 부재, 불이행시 처벌규정 미흡, 가해자가 긴급임시조치를 이해하지 못함, 피해자가 긴급임시조치를 이해하지 못함 중 2가지 이상이 복합적으로 작용한다고 지적했다.

Ⅳ. 분석결과 논의 및 정책적 제언

1. 분석결과 논의

1) 가정폭력범죄 특성

가정폭력범죄는 ① 취약시간대(21시~03시)에 집중적으로 발생하고, ② 가해자 상당수(75.0%)가 음주상태이며, ③ 주취, 성격차이, 경제문제 등이 유발요인으로 작용하고, ④ 발생률과 재범률 양자 모두 높은 수치를 보이고 있다. 따라서 가정폭력범죄의 대응을 위해서는 알코올 남용문제를 우선적으로 고려하고 재범률을 낮출 수 있는 정책을 수립하여야 하며 형사사법시스템을 취약시간대에 집중적으로 운영할 필요성이 크다.

2) 피해자가 요구하는 경찰대응

피해자들은 경찰관에게 가해자 격리를 가장 많이 요구하고 있는 반면, 경찰관들은 처벌의사를 철회하는 피해자가 많기 때문에 적극적인 대응이 어렵다고 호소하고 있다. 또한 현행 「가정폭력처벌법」에 따르면 주거지에서 누가 떠나고 누가 남는지에 대해서 명확하게 규정되어 있지 않다. 따라서 가해자는 주거지에 머물고, 피해자가 쉼터 등 보호시설로 떠나는 불합리한 상황이 연출될 가능성이 높다. 따라서 미국, 영국, 독일, 일본, 대만과 같이 가정폭력범죄 현장에 출동한 경찰관이 현장에서 가해자를 체포하거나 퇴거명령 등을 내리는 방법으로 가해자 격리를 강화시키는 방향으로 제도개선이 요청된다.

3) 응급조치

조사대상 지역경찰관들의 36.58% 정도만 응급조치의 실효성에 동의하고 있고 '피해자 신고의사 철회'를 법집행에 가장 큰 걸림돌로 지적하고 있다. 이러한 배경에는 경찰관들이 응급조치의 법적 성격을 범죄수사 활동으로 이해하고 있기 때문이라고 조심스럽게 예상할 수 있다. 따라서 응급조치의 법적 성격을 행정경찰상의 위험방지조치로 명확하게 정립하고 궁극적으로는 피해자의 의사와 상관없이 가해자를 체포할 수 있는 체포강제제도 도입을 검토할 필요가 있다.

4) 긴급임시조치

지역경찰관 25.64%가 긴급임시조치 실효성에 동의하고, 긴급임시조치시 가장 빈번하게 겪는 문제점으로 '불이행시 처벌규정 미흡'(41%), '가해자 격리장소 부재'(36%)를 지적하였다. 정리해보면, 긴급임시조치의 결점으로 ① 효력발생시기의 법적 논란과 과태료 부과의 현실성 부족, ② 검사경유로 인한 절차지연을 도출할 수 있다.

(1) 긴급임시조치의 효력발생 시기와 과태료 부과

긴급임시조치 효력발생시점은 사법경찰관이 긴급임시조치를 발령한 때라야 한다. 하지만 긴급임시조치 불이행으로 과태료를 부과하기 위해서는 대상자가 정당한 사유 없이 법원이 내린 임시조치를 이행하지 않아야만 한다. 왜냐하면, 「가정폭력처벌법」 제66조 제2호에는 "정당한 사유 없이 긴급임시조치를 이행하지 아니한 사람"에게는 300만원 이하의 과태료를 부과하도록 규정하면서도 "검사가 임시조치를 청구하지 아니하거나 법원이 임시조치의 결정을 하지 아니한 때는 제외한다."는 조건을 달고 있기 때문이다. 결과적으로 법원의 임시조치가 없으면 긴급임시조치는 실효성을 확보할 수가 없고 피해자를 긴급하게 보호한다는 긴급임시조치의 도입 취지는 무색해진다(정세종, 2015b: 315-316).

긴급임시조치는 ① 사법경찰관이 긴급임시조치를 발령하고 검사가 임시조치를 청구하고 법원이 인용한 경우, ② 사법경찰관이 긴급임시조치를 명하고 검사에게 임시조치를 신청하였으나 검사가 기각한 경우, ③ 사법경찰관이 긴급임시조치를 발하고 검사가 임시조치를 청구하였으나 법원이 기각한 경우로 나누어 볼 수 있다. ①의 경우 별문제가 없으나, ②와 ③의 경우에는 논란의 여지가 크다(정세종, 2015b: 315-316).

부연하면, 긴급임시조치 효력이 최초 경찰처분시로 소급해서 없어지는가? 아니면 검사 기각 시점 혹은 법원 기각 시점 이후부터 소멸되는가? 여부가 쟁점으로 대두된다. 만약 전자로 해석한다면 긴급임시조치의 도입취지는 사라지게 된다. 왜냐하면 검사의 48시간 이내 청구라는 시간적 제약 외에는 임시조치와 동일하기 때문이다. 반면에, 후자로 이해한다면 긴급임시조치의 효력이 발생한 때부터 철회될 때까지는 실효성을 확보할 수 없다(정세종, 2015b: 315-316).

(2) 검사경유로 인한 절차지연

경찰작용은 사법경찰활동과 위험방지를 위해서 일반시민에게 명령하고 강제할 수 있는 행정경찰활동으로 나눌 수 있다. 사법작용에는 검사가 개입할 수 있지만, 행정경찰 영역에서는 경찰재량이 허용된다. 그렇다면 긴급임시조치의 법적 성격은 어떻게 이해해야 할까? 「가정폭력처벌법」 제8조의2 제1항에서는 "사법경찰관은 … 응급조치에도 불구하고 가정폭력범죄가 재발될 우려가 있고, 긴급을 요하여 법원의 임시조치 결정을 받을 수 없을 때에는 … 긴급임시조치를할 수 있다."고 규정하고 있다. 법문에 명시된 바와 같이, 긴급임시조치의 핵심요건은 "재발될 우려"와 "긴급을 요하여"라고 요약할 수 있다. 이는 위험방지를위한 행정경찰권의 발동이면서 경찰상 명령으로 포섭하는 것이 마땅하다. 따라서 행정경찰작용에 검사개입을 규정한 것은 법리상 옳지 않고 절차지연으로 인해서 피해자 보호에 걸림돌로 작용할 개연성이 높다(김재민, 2013: 51-52, 정세종, 2015b: 316).

2. 정책적 제언

1) 응급조치의 효과성 확보

응급조치의 효과성을 보장하기 위해서는 응급조치의 법적 성격을 명확히 규정할 필요성이 크다. 응급조치의 법적 성격은 향후 발생할 수 있는 위험을 방지하는 조치로 정립하여야 한다. 입법론으로는 가정폭력 억제를 위한 경찰의 강제처분권한을 경찰관직무집행법에 규정함으로써 경찰권 발동에 관한 법령을 단일화하고, 경찰처분의 타당성과 지속여부에 대해서는 직접 법원의 결정을 받도록하는 규정 마련이 필요하다(이성용, 2007: 277).

2) 긴급임시조치제도 개선

긴급임시조치는 범죄현장에서 가해자 격리와 피해자 보호를 위한 필수적인제도이지만 가정폭력처벌법상 여러 법리적 결점들로 인해서 즉시성과 실효성을놓쳤다는 비판을 받고 있다는 점은 이미 살펴본 바와 같다. 이에 대한 개선방안으로 영국의 '가정폭력 보호통지'와 '가정폭력 보호명령' 제도 도입을 적극적으로 검토하여야 한다는 점을 강조하고 싶다.

「범죄와 안전법」에 따라 총경(superintendent) 이상의 경찰관은 18세 이상 성인이 가족구성원에게 폭력을 행사해왔거나 폭행하겠다는 협박을 해왔을 때에 피해자 보호를 위해서 필요하다고 인정할 경우 가정폭력 보호통지(Domestic Violence Protection Notices)를 발령하고[Crime and Security Act, 2010, §24(1), (2)], 48시간 이내에 법원에 가정폭력 보호명령(Domestic Violence Protection Orders)을 청구하는 제도를 시행하고 있다(Crime and Security Act, 2010, §27; 정세종, 2015b: 319).[15]

요약하면, 경찰은 가해자에게 가정폭력 보호통지를 하고, 법원에 가정폭력 보호명령을 청구하여, 피해자 안전을 확보하는 형태를 보이고 있다. 우리나라에서도 위와 같은 제도를 도입한다면 경찰 → 검사 → 법원의 3단계 절차에서 경찰 → 법원의 2단계 구조로 바뀌어서 신속하게 피해자 보호를 실천할 수 있게 될 것이다(정세종, 2015b: 319).

3) 가정폭력 처리절차의 간소화 및 명료화

미국, 영국 등 주요 국가들은 출동한 경찰이 가정폭력 현장에서 가해자를 체포하거나 퇴거명령 등을 내리는 방법으로 격리한 후 형사절차를 진행시키고, 피해자로 하여금 스스로 법원에 민사상 보호명령을 청구할 수 있도록 도움을 주는 체계를 구축함으로써 피해자보호의 신속성과 실효성을 확보하는 법체계를 보이고 있다는 점은 이미 언급한 바와 같다. 하지만 현행 「가정폭력처벌법」은 형사절차(형벌), 가정보호사건(보호처분), 피해자보호명령(민사)으로 3원화되어있기 때문에 법집행의 실효성을 떨어뜨리고 있다.

이를 개선하기 위해서는 가정보호사건제도를 폐지하고 형사절차와 민사절차로 단순화하고 이를 병행할 수 있는 체계를 구축하여 법집행의 명확성을 확보하여야 한다. 이를 도식화하면 [그림 11-1]과 같다.

---

15) https://www.gov.uk/guidance/domestic−violence−and−abuse 참조.

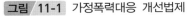

그림 11-1 가정폭력대응 개선법제

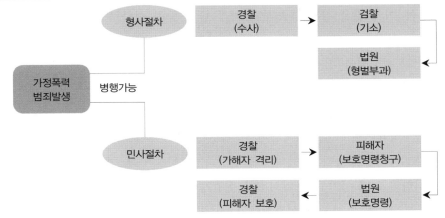

4) 피해자 주거권 보장과 가해자 격리제도 개선

주요국가의 법제에서는 가정폭력 피해상황이 발생했을 때 피해자가 주거지를 벗어나는 것이 아니라 가정폭력 가해자가 떠나도록 규정하고 있다는 점은 이미 살펴본 바와 같다. 따라서 우리도 가정폭력 범죄자의 공동사용주거에 대한 사용·수익 및 처분권을 제한하여 피해자의 안정적인 주거권을 확보할 수 있도록 개선하여야 마땅하다(여성가족부, 2012: 79-80).

여기에서 이자스민 등의 개정안(2013)을 참고할 필요가 있다. 이자스민 등의 개정안은 가정폭력행위자에 대한 감호위탁시설을 "법무부장관이 지정한 시설"로 하고, 법무부장관의 위탁감호시설의 지정과 감독, 비용보조 등에 관한 규정을 마련함으로써 가정폭력행위자에 대한 감호위탁처분의 실효성 제고를 제안하고 있다(이자스민 등, 2013).

Ⅴ. 요 약

이 단원은 우리사회에 가정폭력범죄의 심각성과 위험성이 널리 알려져 있고, 중앙정부, 지자체, 형사사법기관 등이 이를 방지 혹은 억제하기 위해서 적지 않은 노력을 기울이고 있음에도 불구하고 피해자가 살해되는 등 비극이 지속되고 있다는 문제의식을 토대로 계획되었다.

필자는 이와 같은 상황이 초래된 여러 원인 중의 하나로 현행 가정폭력 대응법률의 비현실성에 주목하였다. 따라서 지역경찰관 대상 실태조사를 통해서 현행 법제의 실효성을 평가하고 비판적 논의를 진행함으로써 궁극적으로 개선방안을 제시하고자 하였다.

지역경찰관들은 가정폭력이 취약시간대에 집중적으로 발생하고 가해자 상당수가 음주상태이며 주취, 성격차이, 경제문제 등이 유발요인으로 작용하고, 발생률과 재범률 모두 높다고 인식하고 있었다. 또한 36.58%가 응급조치의 실효성에 동의하고 25.64%가 긴급임시조치 실효성에 만족하고 있었다. 결과적으로 지역경찰관들은 현행 법제의 실효성을 낮게 평가하고 있다고 예상할 수 있다.

실태조사를 토대로 도출한 정책적 제언을 정리하면 다음과 같다. 첫째, 응급조치의 법적 성격을 위험방지 조치로 정립하고, 경찰의 강제처분권한을 「경찰관직무집행법」에 규정함으로써 경찰권 발동에 관한 법령을 단일화하고, 둘째, 긴급임시조치의 실효성을 확보하기 위해서 영국의 '가정폭력 보호통지' 및 '가정폭력 보호명령' 제도를 벤치마킹하며, 셋째, 가정보호사건제도를 폐지하고 형사절차와 민사절차로 단순화하며 이를 병행할 수 있는 체계를 구축하고, 넷째, 가정폭력 가해자에 대한 공동사용주거의 사용·수익·처분권을 제한하는 방법으로 피해자의 안정적인 주거권을 확보할 필요성이 크다.

참고문헌

권태연·강상경. (2007). "가구주의 음주형태와 심리적 특성이 배우자 폭력에 미치는 영향", 「한국가족복지학」, 20: 223-258.

김미애. (2008). 「가정폭력 유발요인과 조절효과에 관한 연구」, 박사학위논문, 대구대학교 대학원.

김상운. (2012). "가정폭력특례법 분석 및 개선방안 연구: 경찰 단계에서의 가정폭력 대응방안 모색을 중심으로", 「한국경찰학회보」, 14(3): 3-24.

김승권. (1999). "가정폭력 발생원인의 이론과 실제", 「보건사회연구」, 19(1): 62-102.

김은경. (2003). "가정폭력범죄 대응정책에 대한 비판적 검토: '피해자 선택'으로부터 '피해자 권한강화'로", 「여성연구」, 65: 1-25.

김은영·윤민우·박선영. (2013). "가정폭력 피해여성의 신체적, 감정적, 그리고 성적 폭력피해에 영향을 미치는 위협요인에 대한 분석연구", 「한국경찰연구」, 12(2): 49-78.

김재민. (2013). "가정폭력 관련 특별법 체계의 개선방향", 「피해자학연구」, 21(2): 43-61.

박봉진. (2013). "가정폭력에 대한 경찰단계문제점과 개선방안", 「아주법학」, 7(2): 99-129.

박소현. (2013). 「가정폭력의 가부장성 분석을 통한 법제도 개선에 관한 연구」, 박사학위논문, 이화여자대학교 대학원.

백승흠. (2008). "가정폭력 관련 법률에 관한 고찰: 경찰의 긴급조치 등 보호명령제도를 중심으로", 「한국경찰학회보」, 10(4): 199-238.

_____. (2008). "독일의 '폭력에 대한 민사적 보호법제'에 관한 고찰", 「한독사회과학논총」, 18(3): 99-130.

성홍재. (2011). "가정폭력 가해자에 대한 경찰의 보호조치권 신설의 입법적 검토", 「경찰법연구」, 9(2): 113-143.

_____. (2011). "경찰의 긴급임시조치권과 검사의 지휘권에 대한 법적 검토: 가정폭력범죄의 처벌 등에 관한 특례법 일부 개정안을 중심으로", 「경찰학연구」, 11(3): 3-27.

여성가족부. (2010). 「가정폭력과 음주의 상관관계분석을 통한 정책방안 개발」, 서울: 여성가족부.

_____. (2012). 「가정폭력 피해자보호명령제도 운영실태와 개선방안」, 서울: 여성가족부.

이성용. (2007). "가정폭력에 대한 경찰권 발동에 관한 고찰: 한국과 독일을 중심으로", 「형사정책연구」, 18(1): 277-310.

이자스민 등. (2013). "가정폭력범죄의 처벌 등에 관한 특례법 일부개정법률안".

정세종. (2015). "가정폭력 피해자 보호 실태와 개선방안", 「한국민간경비학회보」, 14(2): 75-103.

_____. (2015). "가정폭력범죄에 대한 형사사법기관의 대응에 관한 비판적 고찰", 「한국공안행정학회보」, 24(3): 298-323.

_____. (2016). "가정폭력 대응법률에 관한 비교법적 연구", 「한국민간경비학회보」, 15(2): 23-56.

_____. (2016). "배우자 폭력의 발생원인과 대응모델에 관한 소고", 「한국공안행정학회보」, 25(2): 207-237.

_____. (2018). "가정폭력범죄 대응법률의 실효성 평가", 「한국공안행정학회보」, 27(2): 277-306.

정현미. (2012). "가정폭력특례법의 문제점과 개정방향", 「이화여자대학교 법학논집」, 17(2): 137-160.

치안정책연구소. (2013). 「한국경찰의 가정폭력범죄에 대한 전략적 대응방안 연구: 미국, 영국, 독일, 일본 비교연구를 중심으로」, 용인: 치안정책연구소.

홍춘의. (2011). "가정폭력관련법제의 개혁: 민사보호명령제도의 도입과 관련하여", 「가족법연구」, 25(2): 329-380.

Foran, H. M., & O'Leary, K. D., (2008), "Alcohol and intimate partner violence: A meta-analytic review", *Clinical Psychology Review*, 28: 1222-1234.

Jewkes, R., (2002). "Intimate partner violence: causes and prevention", *Lancet*, 359: 1423-1429.

Soler, H., Vinayak, P., & Quadagno, D., (2000). "Biosocial aspects of domestic violence", *Psychoneuroendocrinology*, 25: 721-739.

보이스피싱(Voice Phishing): 안 잡는가? 못 잡는가?

I. 서 론

「전기통신금융사기 피해 방지 및 피해금 환급에 관한 특별법」 제2조 제2호에서는 "전기통신금융사기는 「전기통신기본법」 제2조 제1호에 따른 전기통신을 이용하여 타인을 기망(欺罔)·공갈(恐喝)함으로써 재산상의 이익을 취하거나 제3자에게 재산상의 이익을 취하게 하는 ⅰ. 자금을 송금·이체하도록 하는 행위와 ⅱ. 개인정보를 알아내어 자금을 송금·이체하는 행위를 말한다.[1]"고 정의하고 있다.

전기통신금융사기는 인터넷 메일을 이용하는 파밍(Pharming), 전화를 활용하는 보이스피싱(voice phishing), 문자메시지(Text Message)를 악용하는 스미싱(Smissing)으로 구분해볼 수 있지만 이 단원에서는 대중적으로 잘 알려진 용어인 보이스피싱으로 통칭해서 사용하고자 한다(황석진, 2021: 93).

---

1) 다만, 재화의 공급 또는 용역의 제공 등을 가장한 행위는 제외하되, 대출의 제공·알선·중개를 가장한 행위는 포함한다.

보이스피싱은 중국, 필리핀 등 외국에 상주하며 전체 범행을 계획하고 지배하는 '총책'을 정점으로 수직적 지휘체계를 갖춘 범죄단체로 볼 수 있는데, 피해자들과 직접 통화하는 '콜센터', 피해금을 송금 받을 계좌 및 접근매체를 모집하는 '통장모집책', 전달받은 접근매체로 피해금을 인출하는 '인출책', 인출책 또는 피해자로부터 피해금을 전달 받아 다른 계좌(자금세탁계좌)로 무통장입금하는 '현금수거책', 인출책이나 현금수거책 등을 감시·감독하는 '안테나', 편취한 금원을 환전하여 해외로 송금하는 '환전책' 등이 역할을 분담하여 범행을 순차적으로 공모하고, 검거에 대비하여 철저히 점조직으로 운영된다(김경진·서준배, 2021: 115-116).

표 12-1 보이스피싱 발생현황

연도	기관사칭형				대출사기형			
	발생(건)	피해액(억원)	검거(건)	검거인원(명)	발생(건)	피해액(억원)	검거(건)	검거인원(명)
2016	3,384	541	3,860	5,682	13,656	927	7,526	9,884
2017	5,685	967	3,776	4,925	18,574	1,503	15,842	20,548
2018	6,221	1,430	4,673	5,491	27,911	2,610	25,279	32,133
2019	7,219	2,506	5,487	6,045	30,448	3,892	33,791	42,668
2020	7,844	2,144	4,297	4,797	23,837	4,856	29,754	34,527

자료: 경찰청; 공공데이터 포털

정부는 2006년 6월경 국제전화금융사기가 최초 발생한 이래 현재까지 수차례 대책방안을 발표·시행하고, 관계 법령을 제·개정하는 등 지속적인 노력을 기울이고 있지만 피해금을 전달하는 하부조직원들을 검거하는 것을 제외하고는 본질적인 해결책을 내놓고 있지는 못하다는 비판에서 자유로울 수 없다.

국내 보이스피싱 발생현황은 <표 12-1>에 나타난 바와 같다. 구체적으로 살펴보면, 2016년에는 17,040건(1,468억원), 2017년 24,259건(2,470억원), 2018년 34,132건(4,040억원), 2019년 37,667건(6,398억원), 2020년 31,681건(7,000억원)에 달한다. 5년 동안 사건수는 14,641건, 피해금은 무려 5,532억원이 각각 증가했다.

2020년 기준으로 매시간 마다 3.6건의 보이스피싱이 벌어져서 8천만원 상당의 피해금이 편취당하는 것으로 요약할 수 있고 다소 과장해서 말하면 대한민국 국민 전체를 피해자 혹은 잠재적 피해자로 만들어 놓았다고 해도 과언이 아니다. 또한 보이스피싱 피해자는 피해금액에 대한 부담외에도 배신감, 자책감, 무력감 등 심리적 요인으로 인해 극단적 선택을 시도하는 사례도 종종 보도된다(<표 12-2> 참조).

표 12-2 보이스피싱으로 인한 자살관련 기사

일자	언론사	기사제목
20. 2. 11	연합뉴스	보이스피싱 사기당한 20대 극단적 선택 … "용의자 추적 중"
20. 4. 23	YTN	또 '검사 사칭'에 속아 … 대한상의 직원, 극단적 선택
20. 9. 1	뉴스1	보이스피싱 사기당한 60대 극단적 선택
21. 3. 25	조선일보	보이스피싱 당한 40대 가장, 극단적 선택 … 유족 "범인은 대학강사"
21. 4. 26	중앙일보	'물어보살'배우지망생 조하나씨 극단선택 … "200만원 피싱피해"
21. 11. 17	동아일보	보이스피싱에 전재산 900만원 빼앗겨 … 50대 자영업자 극단적 선택

결과적으로 보이스피싱은 심각한 사회문제로 자리매김했지만 정부의 대응은 실효성을 확보하는데 실패했다고 정리할 수 있다. 이러한 문제의식을 토대로 이 단원에서는 다음과 같은 연구문제를 제기하고 이에 대한 논평을 전개하고자 한다.

첫째, 보이스피싱 대응에 관한 현행 법률에 문제점이 존재하는가?

둘째, 보이스피싱을 「형법」상 범죄단체 등 조직죄에 포섭할 수 있는가?

셋째, 콜센터를 해외에 차려놓고 내국인을 상대로 범행하는 외국인을 처벌할 수 있는 법적 근거와 형벌의 실효성 확보 방안은 무엇인가?

넷째, 편취금을 송금 받은 금융계좌에 대해서 영장 없이 압수·수색·검증을 행할 수 있는가?

Ⅱ. 보이스피싱의 유형과 대응 법률 검토

1. 보이스피싱의 유형

1) 대출사기형

대출사기형은 ① 제1단계: 저축은행 등 금융회사 직원이라고 소개하고 전문적인 금융용어를 구사하며 정부정책자금 등을 통해 저금리 대출이 가능하다고 접근, ② 제2단계: 대출 상담을 위해 필요하다는 명목으로 소득, 계좌정보, 금융 거래 현황 등 개인정보 탈취, 대출에 필요한 금융기관 앱을 다운받으라며 악성 코드에 감염시킴, ③ 제3단계: "대출이 거부되었으나 자신이 노력하여 조건부 승인으로 조정했다."는 심리적 압박과 신뢰형성, ④ 제4단계: 환급절차, 개인정 보 유출 방지, 정보활용동의 등을 언급하며 피해자 안심 유도, ⑤ 제5단계: 피해 자가 사용 중인 대출금을 상환해야 저금리 대출이 가능하다고 속여 특정계좌로 대출금 상환 요구와 같이 총 5단계의 절차를 거치게 된다(이기수, 2018: 9-10).

2) 기관사칭형

기관사칭형은 ① 제1단계: 검찰이나 경찰의 수사관인 것처럼 구체적인 사실 관계를 제시하고 전문용어 등을 섞어 고압적인 말투로 접근, ② 제2단계: 명의 도용 등 범죄에 연루되어 조사가 필요하다는 방법으로 심리적인 압박을 가하면 서 고립된 공간으로 유도하여 제3자의 간섭이나 도움 차단, ③ 제3단계: 금융범 죄에 연루되었으니 사건정보를 확인하라며 가짜 검찰청 등 기관사이트 홈페이지 에 접속하도록 유인, 가짜 문서를 열람시키거나 악성코드에 감염시킴, ④ 제4단 계: 검사, 금감원 직원, 사이버수사대장 등을 사칭하는 다른 사람이 전화해서 신 뢰감 확보, ⑤ 제5단계: 불법여부를 확인한 후 원상복구해주겠다는 명목 등으로 국가안전계좌 등으로 자금을 송금하거나 직접 전달하도록 유도하는 것과 같이 총 5단계 절차를 거친다(이기수, 2018: 10).

2. 보이스피싱 대응 법률

1) 「형법」

첫째, 보이스피싱으로 타인을 속이거나 공갈하여 타인의 재물을 편취 혹은 갈취하는 행위에 대해서는 「형법」상 사기죄, 컴퓨터 등 사용사기죄, 공갈죄를 적용할 수 있다.[2]

---

2) 제347조(사기) ① 사람을 기망하여 재물의 교부를 받거나 재산상의 이익을 취득한 자는 10년 이하의 징역 또는 2천만원 이하의 벌금에 처한다. ② 전항의 방법으로 제삼자로 하여금 재물 의 교부를 받게 하거나 재산상의 이익을 취득하게 한 때에도 전항의 형과 같다.

둘째, 보이스피싱을 위해 금융기관, 검찰청, 경찰청 등을 도용하여 피싱메일이나 웹사이트를 설치하는 행위는 「형법」상 사전자기록위작 · 변작죄, 위작 · 변작 사전자기록 행사죄를 적용할 수 있다.[3]

2) 「정보통신망 이용촉진 및 정보보호 등에 관한 법률」[4]

첫째, 메일이나 문자를 통해 악성코드를 심고 개인정보를 사취하는 행위에 대해서는 「정보통신망법」 제48조 제2항, 제70조의2를 적용할 수 있다[5](이기수, 2018: 12).

둘째, 가짜사이트를 만들어 개인정보를 입력하게 하는 행위에 대해서는 「정보통신망법」 제49조의2, 제72조 제1항 제2호를 활용할 수 있다[6](이기수, 2018: 12).

셋째, 재산상 이익을 취득하기 위해서 미리 사취한 개인정보를 정보통신망에 입력하는 행위에 대해서는 「정보통신망법」 제48조 제1항, 제49조, 제71조 제9호, 제11호를 적용할 수 있다[7](이기수, 2018: 12).

제347조의2(컴퓨터등 사용사기) 컴퓨터등 정보처리장치에 허위의 정보 또는 부정한 명령을 입력하거나 권한 없이 정보를 입력 · 변경하여 정보처리를 하게 함으로써 재산상의 이익을 취득하거나 제3자로 하여금 취득하게 한 자는 10년 이하의 징역 또는 2천만원 이하의 벌금에 처한다.
제350조(공갈) ① 사람을 공갈하여 재물의 교부를 받거나 재산상의 이익을 취득한 자는 10년 이하의 징역 또는 2천만원 이하의 벌금에 처한다. ② 전항의 방법으로 제삼자로 하여금 재물의 교부를 받게 하거나 재산상의 이익을 취득하게 한 때에도 전항의 형과 같다.

3) 제232조의2(사전자기록위작 · 변작) 사무처리를 그르치게 할 목적으로 권리 · 의무 또는 사실증명에 관한 타인의 전자기록등 특수매체기록을 위작 또는 변작한 자는 5년 이하의 징역 또는 1천만원 이하의 벌금에 처한다.
제234조(위조사문서등의 행사) 제231조 내지 제233조의 죄에 의하여 만들어진 문서, 도화 또는 전자기록등 특수매체기록을 행사한 자는 그 각 죄에 정한 형에 처한다.

4) 이하 「정보통신망법」으로 약칭한다.

5) 제48조(정보통신망 침해행위 등의 금지) ② 누구든지 정당한 사유 없이 정보통신시스템, 데이터 또는 프로그램 등을 훼손 · 멸실 · 변경 · 위조하거나 그 운용을 방해할 수 있는 프로그램(이하 "악성프로그램"이라 한다)을 전달 또는 유포하여서는 아니 된다.
제70조의2(벌칙) 제48조제2항을 위반하여 악성프로그램을 전달 또는 유포하는 자는 7년 이하의 징역 또는 7천만원 이하의 벌금에 처한다.

6) 제49조의2(속이는 행위에 의한 정보의 수집금지 등) ① 누구든지 정보통신망을 통하여 속이는 행위로 다른 사람의 정보를 수집하거나 다른 사람이 정보를 제공하도록 유인하여서는 아니 된다.
제72조(벌칙) ① 다음 각 호의 어느 하나에 해당하는 자는 3년 이하의 징역 또는 3천만원 이하의 벌금에 처한다.
2. 제49조의2 제1항을 위반하여 다른 사람의 정보를 수집한 자

7) 제48조(정보통신망 침해행위 등의 금지) ① 누구든지 정당한 접근권한 없이 또는 허용된 접

3) 「전기통신사업법」

보이스피싱을 위해서 송신인의 전화번호를 변작하는 등 거짓으로 표시하는 행위에 대해서는 「전기통신사업법」 제84조의2, 제95조의2 제4호를 활용할 수 있다[8](이기수, 2018: 13).

4) 「전자금융거래법」

보이스피싱을 위해서 이른바 '대포통장'(현금카드, 비밀번호, 계좌정보 등 포함)을 양도·양수하는 경우에는 「전자금융거래법」 제6조 제3항, 제6조의3, 제49조 제4항을 적용할 수 있다.[9]

근권한을 넘어 정보통신망에 침입하여서는 아니 된다.

제49조(비밀 등의 보호) 누구든지 정보통신망에 의하여 처리·보관 또는 전송되는 타인의 정보를 훼손하거나 타인의 비밀을 침해·도용 또는 누설하여서는 아니 된다.

제71조(벌칙) ① 다음 각 호의 어느 하나에 해당하는 자는 5년 이하의 징역 또는 5천만원 이하의 벌금에 처한다.

9. 제48조 제1항을 위반하여 정보통신망에 침입한 자

11. 제49조를 위반하여 타인의 정보를 훼손하거나 타인의 비밀을 침해·도용 또는 누설한 자

8) 제84조의2(전화번호의 거짓표시 금지 및 이용자 보호) ① 누구든지 다른 사람을 속여 재산상 이익을 취하거나 폭언·협박·희롱 등의 위해를 입힐 목적으로 전화(문자메시지를 포함한다. 이하 이 조에서 같다)를 하면서 송신인의 전화번호를 변작하는 등 거짓으로 표시하여서는 아니 된다.

제95조의2(벌칙) 다음 각 호의 어느 하나에 해당하는 자는 3년 이하의 징역 또는 1억원 이하의 벌금에 처한다.

4. 제84조의2 제1항을 위반하여 다른 사람을 속여 재산상 이익을 취하거나 폭언·협박·희롱 등의 위해를 입힐 목적으로 전화(문자메시지를 포함한다)를 하면서 송신인의 전화번호를 변작하는 등 거짓으로 표시한 자

9) 제6조 ③ 누구든지 접근매체를 사용 및 관리함에 있어서 다른 법률에 특별한 규정이 없는 한 다음 각 호의 행위를 하여서는 아니 된다. 다만, 제18조에 따른 선불전자지급수단이나 전자화폐의 양도 또는 담보제공을 위하여 필요한 경우(제3호의 행위 및 이를 알선·중개하는 행위는 제외한다)에는 그러하지 아니하다.

1. 접근매체를 양도하거나 양수하는 행위

2. 대가를 수수(授受)·요구 또는 약속하면서 접근매체를 대여받거나 대여하는 행위 또는 보관·전달·유통하는 행위

3. 범죄에 이용할 목적으로 또는 범죄에 이용될 것을 알면서 접근매체를 대여받거나 대여하는 행위 또는 보관·전달·유통하는 행위

4. 접근매체를 질권의 목적으로 하는 행위

5. 제1호부터 제4호까지의 행위를 알선·중개·광고하거나 대가를 수수(授受)·요구 또는 약속하면서 권유하는 행위

제6조의3(계좌정보의 사용 및 관리) 누구든지 계좌와 관련된 정보를 사용 및 관리함에 있어서 범죄에 이용할 목적으로 또는 범죄에 이용될 것을 알면서 계좌와 관련된 정보를 제공받거

5) 「전기통신금융사기 피해 방지 및 피해금 환급에 관한 특별법」[10)

(1) 전기통신금융사기의 정의

"전기통신금융사기"란 「전기통신기본법」 제2조 제1호에 따른 전기통신을 이용하여 타인을 기망(欺罔)·공갈(恐喝)함으로써 재산상의 이익을 취하거나 제3자에게 재산상의 이익을 취하게 하는 ⅰ. 자금을 송금·이체하도록 하는 행위와 ⅱ. 개인정보를 알아내어 자금을 송금·이체하는 행위를 말한다. 다만, 재화의 공급 또는 용역의 제공 등을 가장한 행위는 제외하되, 대출의 제공·알선·중개를 가장한 행위는 포함한다(「통신사기피해환급법」 제2조 제2호).

(2) 보이스피싱(전기통신금융사기)에 대한 처벌

전기통신금융사기를 목적으로 ⅰ. 타인으로 하여금 컴퓨터 등 정보처리장치에 정보또는 명령을 입력하게 하는 행위, ⅱ. 취득한 타인의 정보를 이용하여 컴퓨터 등 정보처리장치에 정보 또는 명령을 입력하는 행위를 한 자는 10년 이하의 징역 또는 1억원 이하의 벌금에 처한다(「통신사기피해환급법」 제15조의2 제1항).

6) 「범죄수익은닉의 규제 및 처벌 등에 관한 법률」[11)

「범죄수익은닉규제법」상 '특정범죄'란 재산상의 부정한 이익을 취득할 목적으로 범한 죄로서 사형, 무기 또는 장기 3년 이상의 징역이나 금고에 해당하는 죄를 말하고, 보이스피싱은 위 특정범죄에 포함되기 때문에 ① 범죄수익등의 은닉 및 가장과 범죄수익등의 수수를 처벌할 수 있고(동법 제3조, 제4조), ② 범죄수익등을 몰수·추징할 수 있게 되었다(동법 제8조, 제9조).

3. 소 결

법적인 측면에서만 살펴보면 필자가 2008년 보이스피싱에 관한 연구논문을 처음 작성할 때에 비해서 많이 보완된 것으로 평가할 수 있다. 왜냐하면, ① 「형법」, ② 「정보통신망법」, ③ 「전기통신사업법」, ④ 「전자금융거래법」, ⑤ 「통

나 제공하는 행위 또는 보관·전달·유통하는 행위를 하여서는 아니 된다.

10) 이하 「통신사기피해환급법」으로 약칭한다.

11) 이하에서는 「범죄수익은닉규제법」으로 약칭한다.

신사기피해환급법」 등으로 대출사기형 및 기관사칭형 각각의 범죄사실에 대해서 충분히 대응할 수 있기 때문이다. 아울러 「범죄수익은닉규제법」을 통해서 범죄수익 등을 몰수·추징할 수 있게 되었다는 점도 주목할 만하다.

Ⅲ. 보이스피싱을 「형법」상 범죄단체 등 조직의 죄로 포섭할 수 있는지 여부

1. 「형법」상 범죄단체 등 조직의 죄

「형법」 제114조에서는 "사형, 무기 또는 장기 4년 이상의 징역에 해당하는 범죄를 목적으로 하는 단체 또는 집단을 조직하거나 이에 가입 또는 그 구성원으로 활동한 사람은 그 목적한 죄에 정한 형으로 처벌한다. 다만, 형을 감경할 수 있다."고 규정하고 있다.

구성요건을 구체적으로 살펴보면, ① 범죄단체의 '조직'이란 특정·다수인의 의사연락 하에 계속적 결합체를 형성하는 것이고(범죄단체조직죄), ② '가입'이란 이미 조직된 단체의 구성원으로 참가하는 것을 말하는데 그 맡은 역할을 불문하고 가입이 능동적이든 수동적이든 상관이 없으며(범죄단체가입죄), ③ '구성원으로 활동'한다는 것은 조직된 단체 또는 집단의 구성원으로서 범죄 목적을 달성하기 위하여 행동하는 것(범죄단체활동죄)을 각각 의미한다(김성돈, 2013: 513; 임웅, 2020: 623; 하담미, 2018).

2. 관련판례

1) 사실관계[12]

대부중개업체를 운영하던 A는 매출이 급감하자 보이스피싱 조직을 만들어 운영하기로 하였다. 2013. 11. 인천 소재 오피스텔에서 대포폰, 인터넷 IP를 숨기기 위한 무선 에그, 오토콜 전화기 등을 구입하여 콜센터를 마련하는 등 여러 곳에 보이스피싱 범행을 위한 사무실을 구비하였다. 또한 기존의 대부중개업체

---

12) 사실관계 부분은 하담미의 논문내용을 그대로 인용하였다(하담미, 2018: 336-337). 수원지방법원 안산지원 2016. 12. 16, 2016고합203, 220, 242, 245(병합) 판결 참조.

직원들을 조직원으로 포섭한 후 조직원들이 수사기관에 신고하는 것을 방지하기 위하여 기존 조직원들의 지인 중에서 경제적 어려움에 처해 있는 사람들에게 범행을 제안하여 조직원 수를 확대해 나갔다(하담미, 2018: 336-337).

2015. 9. 기준으로 위 보이스피싱 조직은 사무실 11개 이상, 조직원 수 100명 이상의 규모를 갖추게 되었다. 세부적으로는 3개의 1차 콜센터팀, 7개의 2차 콜센터팀, 대포통장 공급책, 현금인출팀 등으로 구성되었고, 실장 4~5명이 2개 이상의 콜센터팀을 관리하였으며, A는 전체 조직을 총괄하였다(하담미, 2018: 336-337).

3개의 1차 콜센터팀은 각 팀장과 15명 정도의 상담원들로 구성되었다. 1차콜센터 상담원들은 피해자들에게 전화하여 'HK저축은행' 직원을 사칭하면서 신용등급과 관계없이 저리로 수천만원을 대출해 주겠다고 거짓말을 하여 피해자에 대한 정보를 파악하는 역할, 팀장은 상담원들에게 범행을 지시하고 실장들로부터 범죄수익금을 현금으로 전달받아 팀원들에게 분배하는 역할을 맡았다(하담미, 2018: 336-337).

7개의 2차 콜센터팀은 각 팀장과 10명 정도의 상담원들로 구성되었다. 2차 콜센터 상담원들은 1차 콜센터로부터 전달받은 정보를 토대로 다시 피해자에게 전화하여 HK저축은행 직원을 사칭하면서 "대출을 받으려면 연체기록을 삭제하여 신용등급을 올려야 한다. 우리가 알려주는 대부업체에서 소액을 대출받아 신용관리 비용으로 그 중 43%를 보내주면 신용등급을 올려 저리로 수천만원을 대출받을 수 있게 해 주겠다."고 거짓말하여 돈을 송금 받는 역할, 팀장은 상담원들에게 범행을 지시하고 본부로부터 급여를 전달받아 팀원들에게 분배하는 역할을 하였다(하담미, 2018: 336-337).

이러한 범행으로 위 보이스피싱 조직은 2014. 9.경부터 2015. 12.경까지 총 5,543회에 걸쳐 3,037명의 피해자들을 기망하여 합계 5,391,274,979원을 대포통장 계좌로 송금받았다(하담미, 2018: 336-337).

2) 대법원 판결(대법원 2017. 10. 26. 2017도8600 판결)

(1) 범죄단체 조직·가입 및 활동죄

피고인들이 불특정 다수의 피해자들에게 전화하여 금융기관 등을 사칭하면서 신용등급을 올려 낮은 이자로 대출을 해주겠다고 속여 신용관리비용 명목의 돈을 송금받아 편취할 목적으로 보이스피싱 사기 조직을 구성하고 이에 가담하여 조직원으로 활동함으로써 범죄단체를 조직하거나 이에 가입·활동하였다는 내용으로 기소된 사안에서, 위 보이스피싱 조직은 보이스피싱이라는 사기범죄를 목적으로 구성된 다수인의 계속적인 결합체로서 총책을 중심으로 간부급 조직원들과 상담원들, 현금인출책 등으로 구성되어 내부의 위계질서가 유지되고 조직원의 역할 분담이 이루어지는 최소한의 통솔체계를 갖춘 형법상의 범죄단체에 해당하고, 보이스피싱 조직의 업무를 수행한 피고인들에게 범죄단체 가입 및 활동에 대한 고의가 인정되며, 피고인들의 보이스피싱 조직에 의한 사기범죄 행위가 범죄단체 활동에 해당한다(대법원 2017. 10. 26, 2017도8600 판결).

(2) 범죄수익은닉의규제및처벌등에관한법률위반

피고인들이 보이스피싱 사기 범죄단체의 구성원으로 활동하면서 사기범죄의 피해자들로부터 제3자 명의의 계좌로 돈을 송금받는 방법으로 범죄수익 등의 취득에 관한 사실을 가장하였다고 하여 범죄수익은닉의 규제 및 처벌 등에 관한 법률 위반으로 기소된 사안에서, 피고인들이 피해자들로부터 자신 또는 공범들의 계좌와 전혀 무관한 제3자 명의의 계좌로 송금받는 행위는 범죄수익 취득을 가장하는 행위에 해당하고, 이와 같은 범죄수익 은닉행위에 대한 고의도 있다(대법원 2017. 10. 26, 2017도8600 판결).

(3) 범죄단체조직죄 등과 사기죄의 죄수

피고인이 보이스피싱 사기 범죄단체에 가입한 후 사기범죄의 피해자들로부터 돈을 편취하는 등 그 구성원으로서 활동하였다는 내용의 공소사실이 유죄로 인정된 사안에서, 범죄단체 가입행위 또는 범죄단체 구성원으로서 활동하는 행위와 사기행위는 각각 별개의 범죄구성요건을 충족하는 독립된 행위이고 서로 보호법익도 달라 법조경합 관계로 목적된 범죄인 사기죄만 성립하는 것은 아니다(대법원 2017. 10. 26, 2017도8600 판결).

3. 시사점

위 사건에 관한 1심,[13] 2심,[14] 대법원[15] 판결을 통해서 보이스피싱에 적용할수 있는 죄명은 ① 사기, ② 개인정보보호법위반, ③ 범죄단체조직죄, ④ 범죄단체가입죄, ⑤ 범죄단체활동죄, ⑥ 전자금융거래법위반, ⑦ 범죄수익은닉의규제및처벌등에관한법률위반이라는 점과 범죄수익을 몰수·추징할 수 있다는 사실을 각각 확인할 수 있었다. 결과적으로 보이스피싱에 관한 엄정한 법적용이이루어지고 있다고 평가할 수 있다. 하지만 대부분의 보이스피싱은 '총책'과 '콜센터'가 외국에서 범행을 주도하고 있다는 점을 고려한다면 법원의 엄정한 법적용 효과를 장담할 수 없는 실정이다.

Ⅳ. 해외체류 주범들의 처벌근거와 실효성 확보수단

1. 문제제기

보이스피싱 범죄조직은 외국에 콜센터(본부)를 두고 인터넷 전화를 활용, 전화번호를 국내번호로 변경·발신되도록 하여 피해자를 기망한 후, 대포통장(통장모집팀이 개설 담당)을 사용해 금원을 편취하고(콜센터 담당), 한국에서 편취금액을 인출한 후(현금인출팀이 담당), 외국으로 별도 송금하는(환전송금팀이 담당) 수법을 사용하며, 총책이 전체적인 범죄를 조율하고 수익을 분배한다(구길모, 2014: 313). 따라서 국내에서 하부조직이 검거되더라도 외국에 있는 주범들의 검거는 현실적으로 매우 어려운 상황이다. 여기에서 제기될 수 있는 쟁점은 해외에 체류하고 있는 주범들의 처벌근거를 명확히 규정하고 실제 국내 사법권이 미치지못하는 지역에서 외국인 범죄자들의 처벌 실효성을 확보할 수 있는 방안을 모색하는 것이다.

---

13) 수원지방법원 안산지원 2016. 12. 16, 2016고합203, 220, 242, 245(병합) 판결.

14) 서울고법 2017. 5. 19, 2017노209 판결.

15) 대법원 2017. 10. 26, 2017도8600 판결.

2. 해외체류 주범들의 처벌근거

우리 「형법」은 장소적 적용범위에 관해서 속지주의를 원칙으로 하고 속인주의와 보호주의를 보충적으로 적용하고 있다. 해외에서 콜센터를 설치하고 결과적으로 피해금을 착복하는 주범들은 대부분 외국인이다. 먼저 이들의 범행이 국내범인지 아니면 국외범인지를 구별할 필요가 있다. 「형법」 제2조에서는 "본법은 대한민국 영역 내에서 죄를 범한 내국인과 외국인에게 적용한다."고 규정함으로써 속지주의를 천명하고 있다. 여기에서 범죄지란 범죄구성요건의 전부 또는 일부가 대한민국의 영역 내에서 범하여지면 「형법」이 적용되고, 공범의 경우에는 정범의 행위지뿐만 아니라 공범의 행위지도 범죄지로 볼 수 있으며, 범죄의 행위와 결과의 어느 것이라도 대한민국 영역 안에서 발생하였으면 충분하다고 해석함이 타당하다(신호진, 2014: 82; 임웅, 2020: 86). 따라서 이들의 범행은 외국인의 국내범에 해당되고 우리 「형법」을 적용할 수 있다고 판단된다(허성욱·정세종, 2008: 137).

3. 실효성 확보수단

해외에 체류하고 있는 외국인의 국내범은 우리나라의 사법권이 행사할 수 없기 때문에 처벌의 실효성을 확보하기 위한 수단으로 범죄인인도제도와 협의의 형사사법공조제도를 들 수 있다. 범죄인인도제도는 다른 나라에서 범죄를 저지른 후 자국으로 도피하였거나, 자국 내에서 타국의 법익을 침해하였거나, 유죄판결을 받고 자국에 체재하는 범죄인의 소추 또는 처벌을 위해 해당국에 인도하는 것으로 강제적 출국의 한 형태로서 「범죄인 인도법」에서 규정하고 있다(천진호, 2005: 133). 협의의 형사사법공조는 범죄에 대한 형사절차를 진행하고 있는 국가가 요청하는 경우, 요청받은 다른 국가가 증인이나 감정인을 신문하거나 물건을 인도하거나 압수·수색·검증을 하거나 문서의 송달 또는 정보 등을 요청국에 제공하는 것을 말하는데 「국제형사사법 공조법」에서 규율하고 있다(문채규, 2005: 91).

1)「범죄인 인도법」

「범죄인 인도법」에서 '범죄자'는 인도범죄에 관하여 청구국에서 수사 또는 재판을 받고 있는 자 또는 유죄의 재판을 받은 자로 규정하고, 범죄인 인도조약이 우선 적용되며, 상호주의원칙을 천명하고 있다(동법 제2조 제4호, 제3조의2, 제4조). 또한 인도대상범죄는 대한민국과 청구국의 법률에 따라 인도범죄가 사형, 무기징역, 무기금고, 장기(長期) 1년 이상의 징역 또는 금고에 해당하는 경우로 한하고 있다(동법 제6조).

외국에 대한 범죄인 인도를 청구하기 위해서는 경찰 등 수사기관이 검사에게 범죄인인도를 신청하고, 검사가 법무부장관에게 건의 또는 요청하며, 법무부장관은 인도청구서 및 관계 자료를 외교부장관에게 송부하고, 최종적으로 외교부장관이 해당 국가에 송부하여야 하는 절차로 진행된다(동법 제42조, 제42조의3, 제43조, 제44조; 임창호 등, 2021: 904).

2)「국제형사사법 공조법」

「국제형사사법 공조법」에서는 공조의 범위로 ① 사람 또는 물건의 소재에 대한 수사, ② 서류·기록의 제공, ③ 서류 등의 송달, ④ 증거수집, 압수·수색·검증, ⑤ 증거물등 물건의 인도, ⑥ 진술청취, 그 밖에 요청국에서 증언하게 하거나 수사에 협조하게 하는 조치를 규정하고 있다(동법 제5조). 공조조약이 우선 적용되고, 상호주의원칙이 적용된다(동법 제3조, 제4조).

외국에 대한 수사에 관한 공조요청을 위해서는 사법경찰관은 검사에게 신청하고, 검사가 법무부장관에게 공조요청서를 송부하며, 법무부장관이 공조요청여부를 결정한 후 요청하는 것이 상당하다고 판단되면 공조요청서를 외무부장관에게 송부하고, 외무부장관은 이를 외국에 송부하는 절차로 진행된다(동법 제29조, 제30조, 제31조; 임창호 등, 2021: 907).

4. 검 토

일반적으로 보이스피싱의 주범들은 주로 해외에 체류하고 있는 외국인들이고 철저한 점조직형태로 범행을 벌이고 있으며 대부분의 피해금을 착복하고 있을 것으로 추정된다. 따라서 우리나라의 사법권이 미치지 못하는 외국에 체재하고 있는 주범들을 수사하고 처벌하기 위해서는 국제적인 공조가 필요하다는 점은 명백하다. 보이스피싱 주범들에 대한 처벌의 실효성을 확보하기 위해서는 먼저 국내에서 검거된 하부조직에 대한 수사를 세밀하게 진행하여 외국체류 주범들에 대한 정보를 입수하고, 「국제형사사법 공조법」에 규정된 공조요청을 통해서 현지 수사기관을 통한 범증자료 등을 확보하고, 결과적으로 「범죄인 인도법」을 통해서 범죄인인도를 받는 방안을 적극적으로 검토해야 할 것이다. 무엇보다도 법적인 실효성을 확보하기 위한 범죄인인도조약과 형사사법공조조약 체결국가를 확대하고 인터폴 등을 통한 국제공조에 보다 많은 노력을 기울여야 할 것이다 (허성욱·정세종, 2008: 139).

V. 범행계좌에 대한 영장 없는 압수·수색 허부

1. 문제제기

보이스피싱은 범인과 피해자의 대면 접촉 없이 피해금을 범인이 관리하는 대포통장으로 입금 받아 편취하는 방법을 이용한다는 점은 이미 언급한 바와 같다. 보이스피싱 범죄자들은 피해자들이 입금한 돈을 실시간으로 출금 내지 송금하는 경우가 대부분인데 반하여 수사기관에서는 판사로부터 압수·수색영장을 발부받아서 계좌추적을 해야 하기 때문에 실효성 있는 수사에 막대한 지장을 주고 있는 실정이다. 여기에서 보이스피싱과 같은 긴급한 경우에 「형사소송법」상 영장 없이 행할 수 있는 강제처분규정을 적용할 수 있는가?라는 쟁점이 제기된다(허성욱·정세종, 2008: 140).

2. 영장 없이 행할 수 있는 긴급한 압수·수색의 가능성

체포영장에 의한 체포, 긴급체포, 현행범인 체포, 구속영장에 의하여 피의자를 구속하는 때에 필요한 경우에는 ⅰ. 영장 없이 타인의 주거나 타인이 간수하는 가옥, 건조물, 항공기, 선차 내에서의 피의자 수색,[16] ⅱ. 체포현장에서 압수,

---

16) 다만, 체포영장에 의한 체포 및 구속영장에 따라 구속하는 경우의 피의자 수색은 미리 수색

수색, 검증을 할 수 있고[17](「형사소송법」 제216조 제1항), 범행 중 또는 범행직후의 범죄 장소에서 긴급을 요하여 법원판사의 영장을 받을 수 없는 때에는 영장 없이 압수, 수색, 검증을 할 수 있다(동법 제216조 제3항).[18] 또한 검사 또는 사법경찰관은 긴급체포된 자가 소유·소지 또는 보관하는 물건에 대하여 긴급히 압수할 필요가 있는 경우에는 체포한 때부터 24시간 이내에 한하여 영장 없이 압수·수색 또는 검증을 할 수 있고, 압수한 물건을 계속 압수할 필요가 있는 때에는 지체 없이 압수수색영장을 청구하여야 한다.[19]

여기에서 보이스피싱 수사과정에서 피해금을 입금 받은 계좌를 급박하게 추적하는 경우는 「형사소송법」 제216조 제3항 즉, '범행 중 또는 범행직후의 범죄 장소에서 긴급을 요하여 법원판사의 영장을 받을 수 없는 때'에 해당한다고 해석함이 타당하다.

하지만 「금융실명거래 및 비밀보장에 관한 법률」[20] 제4조 제1항에서는 "금융기관에 종사하는 자는 명의인의 서면상의 요구나 동의를 받지 아니하고는 그 금융거래의 내용에 대한 정보 또는 자료를 타인에게 제공하거나 누설하여서는 아니 되며, 누구든지 금융기관에 종사하는 자에게 거래정보 등의 제공을 요구하여서는 아니 된다."고 규정하면서 동조 제1호에서 범죄수사와 관련된 자료제공 근거로 "법원의 제출명령 또는 법관이 발부한 영장에 의한 거래정보 등의 제공"이라고 명시함으로써 영장주의를 천명하고 있다고 할 수 있다. 즉 법관이 발부한 영장이나 명의인의 동의 없이 계좌추적을 하면 그 자체가 범죄가 되는 것이다. 따라서 「형사소송법」상 영장주의의 예외조항을 적용할 수 없다고 결론지을 수 있다(허성욱·정세종, 2008: 141).

3. 검 토

보이스피싱의 사회적 파장 및 신속하고 효율적인 수사 필요성 등을 고려할

영장을 발부받기 어려운 긴급한 사정이 있는 때에 한정한다.

17) 압수한 물건을 계속 압수할 필요가 있는 경우에는 지체 없이 압수수색영장을 청구하여야 한다. 이 경우 압수수색영장의 청구는 체포한 때부터 48시간 이내에 하여야 한다.

18) 이 경우에는 사후에 지체 없이 영장을 받아야 한다.

19) 이 경우 압수수색영장청구는 체포한 때부터 48시간 이내에 하여야 한다.

20) 이하 「금융실명법」으로 약칭한다.

때 「금융실명법」에 일정한 조건하에서 영장주의 예외조항을 신설하고 사후 통제를 엄격하게 하는 방향으로 입법론적 논의가 필요하다.

한편, 「신용정보의 이용 및 보호에 관한 법률」 제32조 제6항 제6호에서는 "범죄 때문에 피해자의 생명이나 신체에 심각한 위험 발생이 예상되는 등 긴급한 상황에서는 영장 없이 신용정보를 제공받을 수 있으나, 이 경우 개인신용정보를 제공받은 검사는 지체 없이 법관에게 영장을 청구하여야 하고, 사법경찰관은 검사에게 신청하여 검사의 청구로 영장을 청구하여야 하며, 개인신용정보를 제공받은 때부터 36시간 이내에 영장을 발부받지 못하면 지체 없이 제공받은 개인신용정보를 폐기하여야 한다."고 명시함으로써 영장주의의 예외를 인정하고 있다는 점에 주목하여야 한다.

따라서 보이스피싱, 인질강도 등의 강력범죄 등 긴급성이 인정되는 특정 범죄군에 한정하여 긴급 계좌추적수사를 인정하고 사후에 영장을 발부받도록 할 필요성이 크다(허성욱·정세종, 2008: 141; 이순옥, 2019: 546-547).

VI. 요 약

대한민국은 보이스피싱으로 인해 심한 홍역을 치르고 있다. 우리 주변에서 보이스피싱으로 의심되는 전화를 한번이라도 받아보지 않은 사람을 찾아보기가 불가능한 상황이다. 냉정하게 평가해보면, 이 지경에 도달하기까지 된 책임을 검찰이나 경찰 등 수사기관에만 전가하는 것은 상식에 부합되지 않는다. 왜냐하면 검찰이나 경찰 등 수사기관은 보이스피싱을 효과적으로 방지할 수 있는 충분한 권한을 지니고 있지 못하기 때문이다.

과학기술정보통신부 등은 제3국을 우회해서 무차별적으로 걸려오는 인터넷 전화를 기술적으로 걸러낼 수 있는 시스템을 구축해야만 했었고, 금융정보분석원(FIU)을 위시한 금융관련 기관에서도 남발되어 유통되는 대포통장과 확산되고 있는 불법 외환거래(소위 '환치기')를 효과적으로 통제했어야만 했다.

수사기관도 적절한 조치를 취하였다고는 볼 수 없다. 경찰은 보이스피싱 근절대책을 여러 차례 마련하고 시행해왔지만 편취금을 인출하는 하부조직원들을 체포·구속하는 수준을 넘어서는 궁극적인 해결책을 제시하지 못하였고, 검찰 또한 국제사법공조나 범죄인인도제도를 적극 활용하여 외국에 거주하는 주범들을 인도받고 피해금을 환수하는 등 실효적인 조치를 실행하는데 실패하였다. 지금이라도 국가적 차원의 특별대책마련이 절실하다.

이 단원에서는 첫째, 보이스피싱의 개념과 현황을 살펴보았다. 우리 정부의 노력에도 불구하고 보이스피싱은 질적·양적으로 악화되고 있다고 평가할 수 있다. 둘째, 법적인 측면에서는 ① 「형법」, ② 「정보통신망법」, ③ 「전기통신사업법」, ④ 「전자금융거래법」, ⑤ 「통신사기피해환급법」, ⑥ 「범죄수익은닉규제법」 등으로 대출사기형 및 기관사칭형 범행에 대해서 충분히 대응할 수 있다고 생각된다. 셋째, 법률과 판례를 분석한 결과 보이스피싱은 「형법」상 범죄단체 등 조직의 죄로 포섭할 수 있고 범죄수익을 몰수·추징할 수 있다고 정리할 수 있다. 넷째, 해외체류 주범들은 외국인의 국내범에 해당하고, 「범죄인 인도법」과 「국제형사사법 공조법」 및 인터폴 공조들을 활용할 것을 제안하였다. 마지막으로, 보이스피싱의 사회적 파장 및 신속하고 효율적인 수사의 필요성 등을 고려할 때, 「금융실명법」에 영장주의의 예외조건을 신설하고 사후 통제를 엄격하게 규정하는 입법론을 제시하였다.

참고문헌

구길모. (2014). "보이스피싱 예방과 단속을 위한 한·중 공조방안", 「비교형사법연구」, 16(2): 311-320.

김경진·서준배. (2021). "보이스피싱 현황과 정책제언", 「시큐리티연구」, 66: 111-128.

김민정·김은미. (2021). "보이스피싱 피해 경험 및 영향요인 분석", 「소비자문제연구」, 52(1): 52-71.

김성돈. (2013). 「형법각론」, 서울: 성균관대학교 출판부.

김일수·서보학. (2007). 「형법각론」, 서울: 박영사.

문채규. (2005). "국제형사사법공조의 주요 형식", 「비교형사법연구」, 7(2): 89-108.

신호진. (2014). 「형법요론 총론」, 서울: 문형사.

이기수. (2018). "최근 보이스피싱의 범죄수법 동향과 법적 대응방안", 「범죄수사학연구」, 7: 3-19.

이순옥. (2019). "금융거래정보와 영장주의", 「성균관법학」, 31(4): 503-551.

임창호·정세종·함혜현·라광현. (2021). 「최신 경찰학」, 파주: 법문사.

임 웅. (2020). 「형법각론」, 파주: 법문사.

_____. (2021). 「형법총론」, 파주: 법문사.

정세종. (2003). "경찰의 강제수사절차에 관한 비교법적 연구", 「한국경찰학회보」, 7: 313-340.

천진호. (2005). "한국의 범죄인인도제도와 국제수형자이송제도 개관", 「비교형사법연구」, 7(2): 133-151.

하담미. (2018). "보이스피싱 조직의 범죄단체 의율에 관한 제문제: 대법원 2017. 10. 26, 선고 2017도8600 판결을 중심으로", 「형사법의 신동향」, 58: 332-367.

허성욱·정세종. (2008). "국제전화금융사기에 관한 법적 고찰", 「한국경찰연구」, 7(2): 121-146.

허일태. (2005). "국제형사사법공조의 국내법과 국제법의 근거와 현황", 「비교형사법연구」, 7(2): 45-65.

홍동규·홍순민·김한결. (2020). "보이스피싱 전달책의 가담경로에 관한 연구", 「경찰학연구」, 20(1): 97-131.

황석진. (2021). "전기통신금융사기 근절을 위한 고찰: 보이스 피싱을 중심으로", 「경찰학연구」, 21(1): 91-123.

강제채뇨! 마약수사 vs 인간의 존엄성

Ⅰ. 문제제기

일선경찰서 마약팀장으로 발령받을 당시 필자는 대학원 박사과정에 재학 중이었다. 당시 비범죄화 분야에 관심이 있던 터라 '왜 경찰이 피해자가 특정되지도 않는 단순 마약투약자를 단속해야만 할까?' 혹은 '경찰, 검찰 등 형사사법기관의 개입이 오히려 마약범죄를 조장하는 것은 아닌가?'라는 다소 비판적인 사고에 빠져있었다.

하지만 마약수사 업무를 시작한 지 1개월이 지나기도 전에 마약, 특히 메스암페타민(필로폰) 투약 사범들의 민낯과 그러한 범죄로 인한 폐해가 생각보다 크다는 사실을 확인하였고 결과적으로 이론과 현실이 다를 수도 있다는 점을 실감하였다.

메스암페타민 투약사범[1] 수사는 일반 범죄와는 사뭇 다른 성격을 보인다. 첫째, 직접적인 피해자 혹은 목격자를 확보하기가 어렵고, 둘째, 투약혐의를 확인하고 체포하기 위해서는 원칙적으로 반드시 대상자 소변을 확보하고 간이시약검

---

1) 이하 '투약사범'으로 약칭한다.

사를 시행해야 하며, 셋째, 만약 대상자가 소변의 임의제출을 거부하면 압수·수색·검증영장을 발부받아 이를 집행해야 하는데, 임의제출을 거부한 대상자는 이미 경찰의 수사착수 사실을 알아채고 도주 및 잠적하는 경향이 짙고, 넷째, 혐의를 입증할 수 있는 증거인 소변은 투약 후 약 10일, 모발은 대략 6개월이 지나면 무용지물이 되며, 다섯째, 체액인 소변에 대한 강제채뇨는 기본권침해의 우려가 매우 크기 때문이다.

따라서 당시 실무에서도 소변(모발) 확보 절차, 강제채뇨 방법, 체포가 가능한 혐의 수준 등 명확한 강제력 행사 규준(規準)이 정립되지 못했던 것으로 기억된다. 학계에서도 투약사범 수사에 관한 문제점을 인식하고 상당수 연구가 진행되어 왔다. 구체적으로 언급하면, 수사기관의 신체에 대한 수사 및 그 적법성 판단 기준에 관한 연구(권창국, 2001), 메스암페타민 사용자의 경험에 관한 연구(주일경, 2003; 장정연, 2013), 수사상 강제채뇨에 관한 연구(하태인, 2010; 이은모, 2015; 방경휘, 2018), 마약투약 혐의자에 대한 긴급체포 적법성에 관한 연구(이창현, 2017), 타액을 이용한 메스암페타민 등 약물분석에 관한 연구(김은미 등, 2008; Sánchez 등, 2008; 최예영 등, 2011) 등이 있었다.

하지만 규범학적 접근에 치중하거나 약리학적 분야에 한정되었고, 사례연구와 판례분석 및 약리학적 영역의 접합을 시도한 연구는 찾아보기가 어려웠다. 이러한 점에 착안하여 이 단원에서는 2012년 필자가 자문요청을 받았던 사례[2]를 검토하고 수사사례와 유사한 최근 대법원 판례를 분석함으로써 투약사범 수사와 관련된 주요 논점인 강제채뇨를 둘러싼 법리를 소개하고 이에 대한 논평을 전개하고자 한다. 궁극적으로 타액 검사를 통한 강제채뇨 대체방법을 설명하고 생체시료 감정에 관한 정책적 제언을 도모하고자 한다.

---

2) 이하 '수사사례'로 약칭한다.

Ⅱ. 수사사례 검토

1. 수사사례

ⅰ. 피의자 A는 2012. 08. 26. 00:00경 ○○시 소재 집안에 카메라를 설치하고 자신을 24시간 감시한다는 이유로 화가 나 피해자 ○○○ 소유의 침대, 선풍기, 전기밥솥, 전신거울, 욕조거울, 옷장, 쇼파, 식탁의자 등 재물들을 손괴하고 있었다.

ⅱ. 마약을 한 것 같다는 112신고를 받고 출동한 지역경찰관들은 커터칼을 목에 대고 자해를 시도하던 A와 50분간 대치하던 끝에 테이저건을 발사하여 A를 제압한 후 2012. 08. 26. 00:50경 재물손괴 혐의로 현행범인 A를 체포하였다.

ⅲ. 지역경찰관들은 2012. 08. 26. 02:54경 A를 마약팀으로 인치하였고 마약팀 수사관들은 10시간에 걸쳐 A에게 소변을 임의제출 하여 줄 것을 요구하였으나 A는 거부하였다.

ⅳ. 마약팀 수사관들은 2012. 08. 26. 13:20경 A의 소변(50㎖)과 모발(100여수)에 대한 압수·수색·검증영장을 신청하였고, 2012. 08. 27. 16:40경 판사로부터 발부받은 위 압수·수색·검증영장을 집행하고자 인근병원으로 A를 인치하였다. 병원 응급실에서 의사가 고무관(catheter)을 A의 성기에 삽입하여 소변을 강제채취하려고 하는 순간 A가 통증을 느끼고 스스로 소변 50㎖를 마약팀 수사관에게 제출하였다. 이 소변으로 마약류 간이시약검사를 실시한 결과 메스암페타민 양성반응을 확인하였다.

ⅴ. 마약팀 수사관들은 2012. 08. 27. 16:50에 A를 석방(재물손괴)함과 동시에 긴급체포[마약류관리에관한법률위반(향정)]하였다.

ⅵ. 마약팀 수사관들은 2012. 08. 28. 09:03경 A에 대한 마약류관리에관한법률위반(향정) 범죄사실을 인지(입건)하였다.

2. 법적 쟁점

1) 위 ⅰ. ⅱ. 단계에서 착란상태에 있는 A에 관해서 「형사소송법」 제216조(영장에 의하지 아니한 강제처분) 제1항 제2호에 따른 체포현장에서의 압수·수

색·검증을 할 수 있는가?

2) 만약 iii. 단계에서 마약팀 수사관들이 소변 임의제출을 거부하는 A를 석방하고 추후에 마약혐의에 대해서 수사를 진행할 수 있는가?

3) 위 iv. 단계에서 A는 형식상 재물손괴죄의 피의자일 뿐이었고 마약류관리에관한법률위반에 대해서는 내사단계(입건 전)였다. 내사단계인 용의자에 대해서 압수·수색·검증영장을 신청·청구·발부하고 집행한 것이 적법한가?

3. 논 평

1) 영장주의 예외 조항(「형사소송법」제216조 제1항 제1호)의 적용가능성

수사실무에서는 투약사범의 혐의입증 증거물인 소변과 모발을 획득하기 위해서 압수·수색·검증영장을 발부받은 후 이들을 압수한다. 결과적으로 소변과 모발을 입수하는 구체적인 절차는 "압수"에 해당한다고 정리할 수 있다. 여기에서 체포현장에서의 영장에 의하지 아니하는 압수·수색·검증 조항을 적용할 수 있는지 여부가 문제된다.

권창국(2001: 19)은 "체내수사가 행해지는 대부분 경우가 수사기관의 사전영장 확보가 어려운 시간적, 장소적 제약 하에 요구된다는 점에서 볼 때, 영장 없이 이루어지는 체내수사를 부인할 이유는 없고, 형사소송법이 규정하는 영장 없는 압수·수색 등에서 요구되는 조건이 충족되면 충분히 가능하다."는 취지의 견해를 제시한다.

사견으로는 사람의 신체에 대한 강제처분 특히, 소변의 강제채취는 기본권을 침해할 위험성이 매우 높기 때문이 강제수사비례의 원칙이 더욱 강하게 준수될 필요성이 크다. 따라서 영장주의 원칙이 반드시 지켜져야 한다고 해석하는 것이 마땅하다(신호진, 2014: 165).

2) 재물손괴 혐의에 대한 조사를 마치고 A를 석방한 후 추후에 마약투약 혐의에 대한 수사진행의 당부(當否)

마약수사 실무에서는 수사사례와 같은 경우를 종종 겪게 된다. 구체적으로 소개하면, 별건으로 체포되었으나 마약투약의 심증이 커서 소변을 임의제출 할 것을 요구하였는데 대상자가 이를 거부하였을 경우 반드시 마약류관리에관한법률

위반(향정)으로 입건한 후 압수·수색·검증영장을 신청해야 하느냐의 여부이다.

이러한 논란의 중심에는 첫째, 체포는 48시간을 초과할 수 없고, 둘째, 체포 시간 내 투약여부를 확인할 수 있는 방법은 소변뿐이며, 셋째, 실무상 내부결재를 거쳐 대상자를 입건하고, 압수·수색·검증영장을 신청한 후 검찰을 거쳐 법 원으로부터 발부받기까지는 통상 24시간 상당이 소요되고, 넷째, 대부분 석방된 투약혐의자는 소변과 모발을 통해서 투약사실을 확인할 수 없게 되는 시기(소변 10일, 모발 6개월)까지 잠적하는 경향이 짙기 때문에 추후에 압수·수색·검증 영장과 체포영장을 동시에 발부받아 지명수배를 하더라도 처벌하기가 사실상 매 우 어렵기 때문이다.

사견으로는 동종전과가 있거나 외형상 투약사범의 특징[과도·과민한 행동, 호 전성, 신경과민, 다언(多言), 동공확장, 손 떨림 등(Gilbert, 2010: 387)]을 보이거나 구 체적인 제보가 있을 경우에는 원칙적으로 입건, 영장신청, 영장집행의 절차를 거치는 것이 신의칙에 맞는 마약수사절차라고 생각한다.

3) 내사단계에서 압수·수색·검증영장의 신청·청구·발부 적법성

「형사소송법」 제215조 제1항에는 "검사는 범죄수사에 필요한 때에는 피의자 가 죄를 범하였다고 의심할 만한 정황이 있고 해당 사건과 관계가 있다고 인정 할 수 있는 것에 한정하여 지방법원판사에게 청구하여 발부받은 영장에 의하여 압수, 수색 또는 검증을 할 수 있다."고 명시하고, 제2항에는 "사법경찰관이 범 죄수사에 필요한 때에는 피의자가 죄를 범하였다고 의심할 만한 정황이 있고 해당 사건과 관계가 있다고 인정할 수 있는 것에 한정하여 검사에게 신청하여 검사의 청구로 지방법원판사가 발부한 영장에 의하여 압수, 수색 또는 검증을 할 수 있다."고 규정하고 있다. 「형사소송규칙」 제107조 제1호에서도 압수·수 색·검증영장 청구서 기재사항으로 피의자의 성명, 죄명 및 범죄사실의 요지 등 을 기재하도록 요구하고 있다.

위 규정들의 키워드는 ① 범죄수사, ② 피의자, ③ 해당 사건과의 관련성과 같이 3가지로 요약할 수 있다. 다시 말하면, 경찰과 검찰은 피의자 A를 메스암 페타민 투약혐의 피의자 지위에서 수사를 진행해야 하고 투약 사건과 관련성 있는 대상에 대해서 압수·수색·검증영장을 신청·청구할 수 있으며 법원은 이러한 요건들의 충족여부를 확인한 후 영장을 발부해야 한다.

따라서 마약투약 혐의에 대해서는 피내사자 신분인 A에게 별도의 입건절차를 거치지 않고 압수·수색·검증영장을 신청·청구·발부한 행위는 위법하다는 결론에 도달할 수 있다. 강제수사절차에 대해서 엄격하게 해석하지 않는다면 수사기관의 내사단계에서의 강제처분을 통제할 수 없고 결과적으로 수사권 남용을 용인하는 결과를 초래할 수 있기 때문이다(정세종, 2007; 정세종, 2011).

Ⅲ. 대법원 판례(2018. 7. 12. 2018도6219 판결) 분석

1. 사실관계

ⅰ. 부산지방검찰청 소속 검사는 부산지방경찰청 소속 경찰관의 신청에 따라 피고인이 2017. 8. 초순 메스암페타민(이하 '필로폰'이라 한다)을 투약했다는 제보를 바탕으로 부산지방법원에 압수·수색·검증영장을 청구하여 2017. 8. 10. 영장담당판사로부터 마약류 관리에 관한 법률 위반 혐의에 관하여 압수·수색·검증영장(이하 '이 사건 영장'이라 한다)을 발부받았다. 이 사건 영장의 '압수할 물건'란에는 '피의자의 소변 30cc, 모발 약 80수, 마약류 불법사용에 대한 도구' 등이, '수색·검증할 장소'란에는 '피의자의 실제 주거지[부산 해운대구 (주소 생략) 4층]' 등이 포함되어 있다. 피고인은 필로폰 투약으로 인한 마약류 관리에 관한 법률 위반(향정)죄로 수차례 처벌받은 전력이 있다.

ⅱ. 경찰관은 2017. 8. 28. 11:10경 부산 해운대구 (주소 생략) 4층에서 피고인에게 이 사건 영장을 제시하고 주거지를 수색하여 사용 흔적이 있는 주사기 4개를 증거물로 압수하였다.

ⅲ. 경찰관이 이 사건 영장에 따라 피고인에게 소변과 모발을 제출하도록 요구하였으나, 피고인은 욕설을 하며 완강하게 거부하였다. 경찰관은 피고인을 3시간가량 설득하였으나, 피고인이 계속 거부하면서 자해를 하자 이를 제압하고 피고인에게 수갑과 포승을 채운 뒤 강제로 ○○의료원 응급실로 데리고 갔다.

ⅳ. 피고인이 ○○의료원 응급실에서도 소변의 임의 제출을 거부하자, 경찰관은 같은날 15:30경 응급구조사로 하여금 피고인의 신체에서 소변 30cc를 채취

하도록 하여 이를 압수하였다. 압수한 소변을 간이시약(MET)으로 검사한 결과 필로폰 양성반응이 나왔다.

2. 판시 내용

1) 강제채뇨 허용요건과 방법

강제채뇨는 피의자가 임의로 소변을 제출하지 않는 경우 피의자에 대하여 강제력을 사용해서 도뇨관(catheter)을 요도를 통하여 방광에 삽입한 뒤 체내에 있는 소변을 배출시켜 소변을 취득·보관하는 행위이다. 수사기관이 범죄 증거를 수집할 목적으로 하는 강제채뇨는 피의자의 신체에 직접적인 작용을 수반할 뿐만 아니라 피의자에게 신체적 고통이나 장애를 초래하거나 수치심이나 굴욕감을 줄 수 있다. 따라서 피의자에게 범죄 혐의가 있고 그 범죄가 중대한지, 소변성분 분석을 통해서 범죄 혐의를 밝힐 수 있는지, 범죄 증거를 수집하기 위하여 피의자의 신체에서 소변을 확보하는 것이 필수적인 것인지, 채뇨가 아닌 다른 수단으로는 증명이 곤란한지 등을 고려하여 범죄수사를 위해서 강제채뇨가 부득이하다고 인정되는 경우에 최후의 수단으로 적법한 절차에 따라 허용된다고 보아야 한다. 이때 의사, 간호사, 그 밖의 숙련된 의료인 등으로 하여금 소변 채취에 적합한 의료장비와 시설을 갖춘 곳에서 피의자의 신체와 건강을 해칠 위험이 적고 피의자의 굴욕감 등을 최소화하는 방법으로 소변을 채취하여야 한다.

2) 강제채뇨의 법적 절차(영장의 종류)

수사기관이 범죄 증거를 수집할 목적으로 피의자의 동의 없이 피의자의 소변을 채취하는 것은 법원으로부터 감정허가장을 받아 「형사소송법」 제221조의4 제1항, 제173조 제1항에서 정한 '감정에 필요한 처분'으로 할 수 있지만(피의자를 병원 등에 유치할 필요가 있는 경우에는 「형사소송법」 제221조의3에 따라 법원으로부터 감정유치장을 받아야 한다), 「형사소송법」 제219조, 제106조 제1항, 제109조에 따른 압수·수색의 방법으로도 할 수 있다. 이러한 압수·수색의 경우에도 수사기관은 원칙적으로 「형사소송법」 제215조에 따라 판사로부터 압수·수색영장을 적법하게 발부받아 집행해야 한다.

압수·수색의 방법으로 소변을 채취하는 경우 압수대상물인 피의자의 소변을 확보하기 위한 수사기관의 노력에도 불구하고, 피의자가 인근 병원 응급실 등 소변 채취에 적합한 장소로 이동하는 것에 동의하지 않거나 저항하는 등 임의 동행을 기대할 수 없는 사정이 있는 경우에는 수사기관으로서는 소변 채취에 적합한 장소로 피의자를 데려가기 위해서 필요 최소한의 유형력을 행사하는 것이 허용된다. 이는 「형사소송법」 제219조, 제120조 제1항에서 정한 '압수·수색영장의 집행에 필요한 처분'에 해당한다고 보아야 한다. 그렇지 않으면 피의자의 신체와 건강을 해칠 위험이 적고 피의자의 굴욕감을 최소화하기 위하여 마련된 절차에 따른 강제 채뇨가 불가능하여 압수영장의 목적을 달성할 방법이 없기 때문이다.

3) 유형력 행사 및 경찰장구사용의 적법성

본 사례의 경우 피고인에 대한 피의사실이 중대하고 객관적 사실에 근거한 명백한 범죄 혐의가 있었다고 볼 수 있다. 경찰관의 장시간에 걸친 설득에도 불구하고 피고인은 소변의 임의 제출을 거부하면서 판사가 적법하게 발부한 압수영장의 집행에 저항하였다. 경찰관은 다른 방법으로 수사 목적을 달성하기 곤란하다고 판단하여 압수대상물인 피고인의 소변을 채취하기 위하여 강제로 피고인을 소변 채취에 적합한 장소인 인근 병원 응급실로 데리고 가 의사의 지시를 받은 응급구조사로 하여금 피고인의 신체에서 소변을 채취하도록 하였고 그 과정에서 피고인에 대한 강제력의 행사가 필요 최소한도를 벗어나지 않았다.

경찰관의 이러한 조치는 「형사소송법」 제219조, 제120조 제1항에서 정한 '압수영장의 집행에 필요한 처분'으로서 허용된다고 보는 것이 타당하다.

「경찰관 직무집행법」 제10조 제1항, 제10조의2 제1항 제2호, 제3호, 제2항 등에 따르면, 경찰관은 직무수행 중 자신이나 다른 사람의 생명·신체의 방어와 보호, 공무집행에 대한 항거 제지를 위하여 필요하다고 인정되는 상당한 이유가 있을 때에는 그 사태를 합리적으로 판단하여 필요한 한도에서 수갑, 포승, 경찰봉, 방패 등 경찰장구를 사용할 수 있다. 이 사건에서 경찰관이 압수영장을 집행하기 위하여 피고인을 ○○의료원 응급실로 데리고 가는 과정에서 공무집행에 항거하는 피고인을 제지하고 자해 위험을 방지하기 위해 수갑과 포승을 사용한 것은 「경찰관 직무집행법」에 따라 허용되는 경찰 장구의 사용으로서 적법하다.

3. 소 결

위 판결은 ① 강제채뇨는 소변을 임의로 제출하지 않는 피의자에 대하여 강제력을 사용해서 도뇨관(catheter)을 요도를 통하여 방광에 삽입한 뒤 체내에 있는 소변을 배출시켜 소변을 취득·보관하는 행위이고, ② 범죄수사를 위해서 부득이하다고 인정되는 경우에 최후의 수단으로 적법한 절차에 따를 경우 허용되며, ③ 의사, 간호사, 그 밖의 숙련된 의료인 등으로 하여금 소변 채취에 적합한 의료장비와 시설을 갖춘 곳에서 피의자의 신체와 건강을 해칠 위험이 적고 피의자의 굴욕감 등을 최소화하는 방법으로 시행되어야 하고, ④ 법원으로부터 감정허가장을 받아 '감정에 필요한 처분'으로 할 수 있지만 압수·수색의 방법으로도 가능하고, 이러한 압수·수색의 경우에도 원칙적으로 판사로부터 압수·수색영장을 적법하게 발부받아 집행해야 하며, ⑤ 압수·수색의 방법으로 소변을 채취하는 경우 피의자가 소변 채취에 적합한 장소로 이동하는 것에 동의하지 않거나 저항하는 등 임의 동행을 기대할 수 없는 상황일 경우에는 수사기관은 소변 채취에 적합한 장소로 피의자를 데려가기 위해서 필요최소한의 유형력을 행사하거나 수갑·포승 등 장구를 사용할 수 있다고 요약할 수 있다.

이 판결은 실무에서 혼선을 빚었던 강제채뇨의 허용요건과 방법, 법적 절차(영장의 종류), 유형력 행사 및 경찰장구사용의 적법성에 관한 가이드라인을 제시하였다는 점에서 긍정적으로 평가할 수 있다. 하지만 위 판결의 중요한 전제조건인 강제채뇨가 투약사범 수사를 위해서 부득이하다고 인정되는 최후의 수단이라는 점에 대해서는 이견이 있을 수 있다.

Ⅳ. 강제채뇨 대체와 수사기법 고도화

1. 강제채뇨 대체가능성

1) 국가의 의무

우리 「헌법」상 국가는 국민의 기본적 인권을 보장할 의무를 지고, 질서유지 등을 위하여 법률로써 제한할 수 있는 경우에도 본질적인 내용은 침해할 수 없다.[3] 「형사소송법」에 따른 수사기관의 강제처분도 필요최소한의 범위 안에서만 하여야 하며,[4] 경찰청장은 치안분야의 과학기술진흥을 위한 시책을 마련할 의무가 있다.[5]

이러한 법리를 이 단원의 주제에 적용해보면, 국가기관인 경찰, 검찰, 법원 등 형사사법기관은 법집행업무를 수행하는 과정에서도 국민의 기본권을 존중하여야 하고, 강제력을 행사할 경우에도 비례의 원칙에 따라 침해를 최소화 할 수 있는 수단과 방법을 활용하여야 한다. 만약 보다 덜 침익적인 방안이 있었음에도 불구하고 이를 도외시하였을 경우에는 위헌 혹은 위법의 논란에서 자유로울 수 없다.

2) 타액 검사를 통한 강제채뇨 대체가능성

(1) 논의 경과

KBS News에서는 2005년 2월 28일 "佛, 타액 검사로 마약 복용 운전자 적발"이라는 제목의 기사를 보도하였다.[6] 국립과학수사연구소도 2008년 5월 제17회 한국법과학회 춘계학술대회에서 "국내 최초로 인체 타액에서 메스암페타민을 분석하는 검출법을 확립·발표한다."는 요지의 보도자료를 배포하였다.[7]

김은미 등(2008: 424-425)은 "타액 중 메스암페타민(methamphetamine) 및 암페타민(amphetamine)의 분석법을 확립하고, 실제 마약남용자 11명의 타액에 적용

---

3) 「헌법」제10조 모든 국민은 인간으로서의 존엄과 가치를 가지며, 행복을 추구할 권리를 가진다. 국가는 개인이 가지는 불가침의 기본적 인권을 확인하고 이를 보장할 의무를 진다.
「헌법」제37조 ① 국민의 자유와 권리는 헌법에 열거되지 아니한 이유로 경시되지 아니한다. ② 국민의 모든 자유와 권리는 국가안전보장·질서유지 또는 공공복리를 위하여 필요한 경우에 한하여 법률로써 제한할 수 있으며, 제한하는 경우에도 자유와 권리의 본질적인 내용을 침해할 수 없다.

4) 「형사소송법」제199조(수사와 필요한 조사) ① 수사에 관하여는 그 목적을 달성하기 위하여 필요한 조사를 할 수 있다. 다만, 강제처분은 이 법률에 특별한 규정이 있는 경우에 한하며, 필요한 최소한도의 범위 안에서만 하여야 한다.

5) 「국가경찰과 자치경찰의 조직 및 운영에 관한 법률」제26조(치안에 필요한 연구개발의 지원 등) ① 경찰청장은 치안에 필요한 연구·실험·조사·기술개발 및 전문인력 양성 등 치안분야의 과학기술진흥을 위한 시책을 마련하여 추진하여야 한다.

6) http://mn.kbs.co.kr/news/view.do?ncd=698418; 프랑스 경찰이 타액검사를 통해서 마약류 복용 운전자 단속을 시범적으로 실시한다는 내용이다.

7) 국립과학수사연구소. (2008). "「제17회 한국법과학회」최첨단 감식 및 분석시스템 기술 발표: 타액에서 히로뽕 검출법 국내 최초 확립" 제하의 보도자료 참조.

하였을 때 모두 메스암페타민 및 암페타민이 검출되었고, 타액은 채취가 간편하고 인체에 손상을 입히지 않고 채취할 수 있어 투약 혐의자의 마약복용여부 검사 등에 소변의 대체시료로서 활용도가 높을 것으로 기대된다."고 밝혔다.

Sánchez 등(2008)은 216개의 샘플을 토대로 스페인 교통경찰이 빈번하게 사용하는 타액 검사 시스템(Cozart® RapiScan Oral Fluid Drug Testing System)을 가스 크로마토그래피 질량분석(GC-MS/MS)에 의한 검출방법을 통해서 검증을 시도한 후 타액 검사 시스템의 신뢰성을 긍정하였다.

최혜영 등(2011: 152)도 "고상추출법 및 GC-MS를 이용하여 타액 중 페닐 알킬 아민유도체류의 동시분석법을 확립하고, 유효화된 분석법을 실제 마약남용자의 타액에 적용하였을 때 모든 시료에서 메스암페타민, 암페타민, 펜터민(phentermine) 및 펜메트라진(phenmetrazine)이 검출되었다."고 설명했다.

남학현(2011: 5-6) 또한 "기존 소변을 시료로 하는 제품들은 현장 시료 채취 어려움 등 문제점이 제기되기 때문에 현장에서 조사관이 보는 앞에서 마약 진단이 가능한 제품, 즉, 시료를 타액으로 할 수 있는 제품생산 계획"을 보고했다.

(2) 타액을 이용한 메스암페타민 검사 키트 및 장비 현황

가. 검사 키트

2019년 1월 18일 Google 포털에 "oral fluid drug test kit"라고 입력하고 찾아낸 사이트는 [그림 13-1]과 같다.

그림 13-1

Oratect III 6 Panel Oral Fluid Drug Test
THC/coc/opi/amp/meth/PCP

SKU: 823
Categories: Oral Fluid Drug Test, Drug Testing Kits, Oratect III Oral Fluid Drug Test

Tags: 6 panel drug test, 6 panel oral fluid drug test, 6 panel saliva test, instant drug test, instant oral fluid drug test, mouth swab drug test, oral drug test, oral fluid drug test, oratect, saliva drug test
★★★★★ (1 customer review)

Instant 6 Panel Drug Test

Professional Use Only.

The Oratect III Oral Fluid Drug Test screens for six drugs of abuse. FDA 510(k) cleared for

자료: https://www.alcopro.com/product/oratect−iii−6−panel−oral−fluid−drug−test/

필자가 2019년 1월 28일 위 사이트에서 10.99달러를 결제한 후 배송대행지를 경유하여 2019년 2월 7일 위 키트를 배송받았다. 이 키트의 하단부에 있는 보라색 커버를 열면 타액을 채취할 수 있는 흰색 패드가 나타난다. 흰색 패드로 타액을 흡수시킨 후 5분이 경과되면 대마(THC), 코카인(coc), 아편류(opi), 암페타민(amp), 메스암페타민(meth), 펜사이클리딘(PCP)의 투약여부를 확인할 수 있다. 본 키트의 사용설명서에 따르면 메스암페타민에 대한 탐지한계(Cut-off level)는 50ng/ml이다.

나. 검사장비

그림 13-2

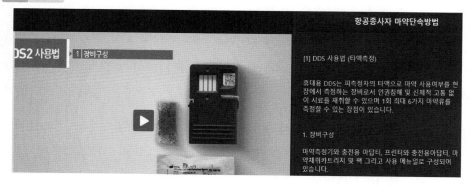

국토교통부 사이버홍보관 국토교통 TV사이트에는 항공종사자 마약단속방법에 관한 동영상이 [그림 13-2]와 같이 소개되어 있다.[8] 이 동영상을 통해서 항공종사자들의 마약단속은 타액을 검체(檢體)로 DDS 장비를 활용해서 이루어지기 때문에 상대적으로 인권친화형 방식을 적용하고 있다는 사실을 확인할 수 있다(최은정, 2013: 68).

아래 [그림 13-3]은 Siemens에서 판매중인 DDS장비 팸플릿 표지 중 일부를 캡쳐한 사진이다.

---

8) http://police.molit.go.kr/USR/cyberTVNews/tnv.jsp?master_seq=760&hongbo_gbn_cd=2&detail_seq=2

그림 13-3

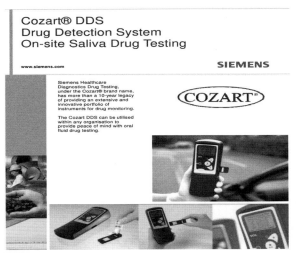

자료: www.siemens.com

위 팸플릿에 따르면 이 DDS 장비로 대마(Cannabis), 코카인(Cocaine), 아편류(Opiates), 메스암페타민, 암페타민을 약 5분 정도 소요시간이내에 탐지할 수 있으며, 메스암페타민에 대한 탐지한계(Cut-off level)는 50ng/ml이다.

3) 소 결

프랑스 등 유럽국가에서는 2005년경부터 국내에서는 2008년부터 타액검사를 통해서 강제채뇨를 대체할 수 있는 방안이 논의되어 왔고 항공종사자들에 대한 약물검사는 상대적으로 인권친화적인 기법을 시행하고 있으며, 현재 타액 검사 키트와 장비는 누구나 손쉽게 구할 수 있는 상황에서 경찰 등 형사사법기관이 치안분야 과학기술 트렌드에 시의적절하게 대응하지 못하고 있다고 지적할 수 있다. 좀 과장해서 표현하면, 이는 국가가 시민에 대한 기본적 의무이행에 실패했다고도 평가할 수 있다.

2. 수사방법의 고도화

만약, 국내에 타액을 활용해서 메스암페타민 투약여부를 확인할 수 있는 키트(Kit) 혹은 장비(DDS)가 도입된다면 투약사범 수사방법은 상대적으로 인권침해가 적고 효율성은 높일 수 있는 방향으로 개선될 수 있다.

구체적으로 언급하면, 첫째, 체포시간(48시간)내 투약여부를 확인할 수 있는 수단이 소변과 타액으로 확대되고, 둘째, 만약 범죄혐의가 상당한 대상자가 소변을 임의제출하지 않을 경우에는 타액을 대상으로 ① 체포현장에서 영장 없이 압수·수색·검증(「형사소송법」 제216조 제1항 제2호), ② 범행 중 또는 범행직후의 범죄 장소에서 긴급을 요하여 법원판사의 영장을 받을 수 없는 때에는 영장 없이 압수·수색·검증(동법 제216조 제3항), ③ 긴급체포 피의자에 대하여 긴급히 압수할 필요가 있는 경우에는 체포한 때부터 24시간 이내에 한하여 영장 없이 압수·수색·검증(동법 제217조 제1항)을 각각 활용할 수 있게 된다. 왜냐하면 타액 채취는 소변 채취에 비해서 기본권 침해가 상대적으로 적기 때문에 수사과정에서 허용범위가 넓어질 수 있기 때문이다.

3. 정책적 제언

메스암페타민 등 마약류 투약행위에 대한 국가의 단속에 관한 찬반론이 아직도 진행되고 있지만 필자가 마약수사 경험을 토대로 직관적으로 판단할 때 형사사법기관의 적극적 개입이 필요하다고 생각한다. 왜냐하면, 표면적으로 드러나지 않는 이면적(裏面的) 해악이 적지 않기 때문이다(주일경, 2003; 장정연: 2013).

투약사범 수사의 핵심은 기본권 침해를 최소화 할 수 있는 수단으로 소변, 타액, 모발, 혈액 등 생체시료를 입수해서 최대한 빨리 혐의유무를 확인하는데 있다. 현재 가장 빈번하게 활용하고 있는 소변은 대상자가 임의로 제출할 경우에는 검사방법이 용이하고 감정시간이 짧다는 장점이 있지만, 거부할 경우 강제채뇨라는 극단적인 수단을 동원해야 한다는 치명적인 결함을 지니고 있다. 모발의 경우는 상대적으로 인권침해의 소지가 적고 최장 6개월전의 투약여부까지 확인할 수 있으나 실무상 국립과학수사연구원에 감정의뢰 후 결과를 통보받기까지 통상 10일−15일 정도가 소요되는 문제점이 도출된다.

따라서 첫째, 소변은 대상자가 자의로 제출할 경우에 한하여 검체로 활용하도록 규정할 필요성이 크다. 둘째, 타액 활용 키트(Kit) 및 장비(DDS)를 활용하는 시스템을 도입하고 소변감정과의 민감도(Cut-off level) 등을 비교검증하여야 할 것이다. 셋째, 장기적으로 모발감정시간을 최소한 체포시간(48시간) 이내로 단축시킬 수 있는 분석법을 유효화(method validation)하는 동시에 모발을 이용한 검사 키트(Kit)를 개발할 필요성이 크다.

V. 요 약

이 단원에서는 메스암페타민 투약사범 수사사례와 최근 대법원 판례를 분석하고 주요 논점인 강제채뇨를 둘러싼 법리를 소개하고 이에 대한 논평을 제시하였다. 아울러, 타액 검사를 통한 강제채뇨 대체방법을 설명하고 생체시료 감정에 관한 정책적 제언을 도모하였다.

대법원 판결은 ① 강제채뇨는 피의자에게 강제력을 사용해서 도뇨관(catheter)을 요도를 통하여 방광에 삽입한 뒤 체내에 있는 소변을 배출시켜 소변을 취득·보관하는 행위이고, ② 범죄수사를 위해서 부득이하다고 인정되는 경우에 최후의 수단으로 허용되며, ③ 의료인이 시행하여야 하고, ④ 감정허가장을 통해서 가능하지만 압수·수색의 방법으로도 가능하며 원칙적으로 압수·수색영장을 발부받아야 한다는 취지로 정리할 수 있다.

이 판결은 실무에서 혼선을 초래했던 강제채뇨의 허용요건과 방법, 법적 절차(영장의 종류), 유형력 행사 및 경찰장구사용의 적법성에 관한 가이드라인을 제시하였다는 점에서 긍정적으로 평가할 수 있다. 하지만 위 판결의 중요한 전제조건인 강제채뇨가 투약사범 수사를 위해서 부득이하다고 인정되는 최후의 수단이라는 점은 납득하기 어렵다.

왜냐하면, 인권침해 정도가 비교적 경미한 타액 검사 등으로 이를 대체할 수 있기 때문이다. 프랑스 등 유럽국가에서는 2005년경부터 국내에서는 2008년부터 타액 검사를 통해서 강제채뇨를 대체할 수 있는 방안이 논의되어 왔고 항공종사자들에 대한 약물검사는 상대적으로 인권친화적인 기법으로 시행하고 있으며, 현재 타액 검사 키트와 장비는 누구나 손쉽게 구할 수 있는 상황에서 경찰 등 형사사법기관이 치안분야 과학기술 트렌드에 시의 적절하게 대응하지 못하고 있다고 평가할 수 있다.

결과적으로 생체시료 감정에 관해서 ① 소변은 대상자가 자의로 제출할 경우에 한하여 검체로 활용하도록 규정하고, ② 타액 활용 키트(Kit) 및 장비(DDS)를 활용하는 시스템을 도입하고, 소변감정과의 민감도(Cut-off level) 등을 비교검증하며, ③ 장기적으로 모발감정시간을 최소한 체포시간(48시간) 이내로 단축시킬 수 있는 분석법을 유효화(method validation)하는 동시에 모발을 이용한 검사 키트(Kit)를 개발할 것을 제언한다.

참고문헌

국립과학수사연구소. (2008). "「제17회 한국법과학회」 최첨단 감식 및 분석시스템 기술 발표: 타액에서 히로뽕 검출법 국내 최초 확립", 보도자료.

권창국. (2001). "수사기관의 신체에 대한 수사 및 그 적법성 판단 기준에 관한 고찰", 「형사정책연구」, 12(4): 5-28.

김은미·이주선·최혜영·최화경·정희선. (2008). "마약남용자 11명의 타액 중 메스암페타민의 분석", 「약학회지」, 52(6): 419-425.

남학현. (2011). "Lab-on-a-film Chip을 사용한 다중 향정신성 의약품 검출 시스템 개발", 강원광역경제권 선도산업 육성사업 기술개발 2차년도 연차보고서.

방경휘. (2018). "수사상 강제채뇨에 관한 연구: 한국과 일본의 논의를 바탕으로", 「법학연구」, 21(3): 277-304.

신호진. (2014). 「형사소송법요론」, 서울: 문형사.

이은모. (2015). "소변강제채취의 허용성 및 법적 성격에 관한 검토", 「법학논총」, 32(3): 1-19.

이창현. (2017). "긴급체포의 요건과 그 판단기준: 대법원 2016. 10. 13, 선고 2016 도5814 판결", 「최신판례분석」, 66(6): 439-470.

장정연. (2013). "여성 마약사범의 경험에 관한 연구", 「교정연구」, 59: 207-241.

정세종. (2007). "경찰의 내사활동에 관한 고찰", 「한국공안행정학회보」, 16(4): 339-362.

_____. (2011). "경찰내사의 활성화방안에 관한 연구", 「한국경찰학회보」, 13(4): 173-192.

정세종·김미은·이준식. (2019). "메스암페타민 투약사범 수사에 관한 주요쟁점과 논평: 타액 검사를 통한 강제채뇨 대체를 중심으로", 「한국공안행정학회보」, 28(1): 199-222.

주일경. (2003). "남성 히로뽕 사용자의 과대성락과 그 인식에 관한 연구: 재활을 위한 사회복지실천적 함의 찾기를 중심으로", 「박사학위논문」, 서울: 성균관대학교 대학원.

최은정. (2013). "항공종사자들에 대한 음주 및 약물 측정에 대한 이해", 「항공우주의학회지」, 23(3): 65-69.

최혜영·백승경·장문희·최화경·정희선. (2011). "타액 중 페닐킬아민유도체류의 일제분석법 확립", 「약학회지」, 55(2): 145-153.

하태인. (2010). "수사상 강제채뇨에 관한 비판적 고찰", 「법학연구」, 51(4): 313-336.

Gilbert, J. N., (2010), *Criminal Investigation*(8th eds), New Jersey: Prentice Hall.

Sánchez, M., Arroyo, A., Barbal, M., Palahí, M., & Mora, A. (2008), "Cozart® RapiScan Oral Fluid Drug Testing System validation by GC-MS/MS analysis: Validation du test salivaire Oral Fluid Drug Testing System (Cozart®) par analyse GC-MS/MS", *Ann Toxicol Anal*, 20(3): 131-136.

무죄추정! 경찰의 음주운전단속 적법한가?

Ⅰ. 문제제기

이 단원에서는 구강청정제를 사용한 후 경찰의 음주단속에 적발되었던 A교수 (형사법 전공, 법학박사)의 사례[1]를 제시하고, 경찰의 음주운전단속 규정과 절차의 적정성을 검토하며, 쟁점으로 대두된 구강청정제 사용자의 구강 내 알코올 잔류 시간에 대한 실험결과를 토대로 정책적 제언을 도모하고자 한다.

1. 단속사례

A교수는 2015년 11월 2일 21:50경 구강청정제(LISTRINE)를 사용하여 입안을 가글한 후[2] ○○대학교에 주차된 본인 소유의 승용차를 운전하여 귀가하던 중 이었다. 약 1km정도 주행하였을 무렵, 인근 지하차도교차로에서는 경찰의 음주 운전단속이 이루어지고 있었다. A교수는 경찰의 음주감지기 검사요구에 응했고

---

1) 이하 '단속사례'로 약칭한다.
2) A교수는 2012년 10월 경부터 치과교정치료를 위해 치아교정기를 부착하고 있었기 때문에 구 강청정제를 활용하여 가글(gargle)하는 방법으로 치아와 잇몸 관리를 해야만 했다.

뜻하지 않게 양성반응이 나타나자 당황했다.

A교수가 단속 경찰관에게 "술은 마시지 않았고, 구강청정제를 사용했을 뿐입니다."고 설명하자, 경찰관은 생수를 제공하면서 "입을 충분히 헹구시고 음주측정을 하시면 문제가 없습니다. 그러나 측정에 불응하시면 측정거부로 형사처벌될 수 있습니다."라고 협박 아닌 협박을 했고, 이에 A교수는 생수로 입을 헹군 후 같은 날 22:03경 음주측정기의 불대(mouth piece)를 불었다. 경찰관의 설명과는 달리 음주측정결과 0.0500%(당시 법령을 기준으로 6개월 이하의 징역이나 300만원 이하의 벌금에 해당됨)로 나타났고, 경찰관은 주취운전자 적발보고서를 작성하였고 A교수는 이에 서명하였다.

순간 범죄자의 처지로 전락하게 된 A교수는 놀란 가슴을 쓸어내리면서 경찰관에게 채혈검사를 요구하였고 경찰관과 함께 인근 병원으로 이동하여 채혈검사를 받았다. 채혈검사 후 단속장소로 다시 돌아왔고 경찰관의 운전금지지시에 따라 대리운전기사를 불러서 대리운전비 5만원을 지불하고 집으로 귀가할 수밖에 없었다.

약 일주일이 경과한 후 담당 경찰관은 A교수에게 전화를 걸어 "채혈검사결과가 나왔으니 경찰서로 출석해주셔야 하겠습니다."고 말했고, A교수는 "검사결과가 어떻게 나왔나요?"라고 질문하였다. 담당경찰관은 (막연히) "수치가 낮게 나온 것 같으니까 일단 출석하셔서 조사받으시면 됩니다."고 강조했다. 결국 A교수는 경찰서에 출석해서야 비로소 채혈검사결과가 0.0100% 미만이라는 사실을 확인했고, 얼떨결에 피의자신문을 받고, 피의자신문조서에 서명한 후 무혐의 처분을 받았다.

2. 시사점

결과적으로 형사법을 전공한 A교수는 형식적 의미의 범죄를 저지르지 않았지만 단속 경찰관은 사실상 범죄자로 취급하고 운전금지지시를 내렸다. 그리고 채혈검사결과 혐의가 없었다는 사실이 밝혀졌음에도 불구하고 경찰서에 출석해서 피의자신문을 받고 신문조서에 서명해야 했다. 더구나 경찰이 음주단속 업무를 집행함에 있어서 실질적인 기준으로 작용하는 「교통단속 처리지침」 또한 사후에 경찰청에 정보공개청구를 통해서 확인할 수 있었다.

결과적으로 대학 교과서에 가장 기본적으로 등장하는 "무죄추정의 원칙", "형사절차에서의 증명책임", "법률유보의 원칙", "법치행정"과 같은 개념들은 그저 단순한 구호에 지나지 않았고, "국민과 함께하는 따뜻하고 믿음직한 경찰"[3]이기보다는 "철저하게 행정편의주의에 빠져있는 전근대적인 경찰"이라고 오해받을 만한 행태를 보였다고 평가할 수 있다.

Ⅱ. 경찰의 음주운전단속 규정과 절차

1. 주취운전의 개념과 벌칙

「도로교통법」에서는 혈중알코올농도가 0.03% 이상인 상태에서 자동차등을 운전하는 행위를 범죄로 규정하고 있다(동법 제44조 제4항).[4] 따라서 실질적으로 술을 얼마나 마셨는지 혹은 음주에 따른 운전능력여부는 고려하지 않고 운전당시의 혈중알코올농도를 기준으로 범죄의 성립여부가 결정되는 구조를 띠고 있다. 그리고 운전자에게는 경찰공무원의 음주측정에 응해야 할 의무도 부과하고 있다(동법 제44조 제2항).

주취운전과 음주측정에 불응하는 경우에는 다음과 같은 구분에 따라 형벌을 부과한다.

첫째, 2회 이상 주취운전을 하거나 음주측정요구에 불응한 사람은 2년 이상 5년 이하의 징역이나 1천만원 이상 2천만원 이하의 벌금에 처한다(동법 제148조의2 제1항).

둘째, 술에 취한 상태에 있다고 인정할 만한 상당한 이유가 있는 사람으로서 경찰공무원의 측정에 응하지 아니하는 사람은 1년 이상 5년 이하의 징역이나 500만원 이상 2천만원 이하의 벌금에 처한다(동법 제148조의2 제2항).

셋째, 혈중알코올농도가 0.2% 이상인 상태에서 자동차등을 운전한 사람은 2년 이상 5년 이하의 징역이나 500만원 이상 2천만원 이하의 벌금에 처한다(동법 제

---

3) 2017년도 경찰청 홈페이지에 등장하는 경찰의 슬로건이다.
4) 참고로 미국(연방기준)과 영국은 0.08%, 독일과 프랑스는 0.05%, 일본은 0.03%로 각각 규정하고 있다(정철우·권기병, 2013: 137).

148조의2 제3항 제1호).

넷째, 혈중알코올농도가 0.08% 이상 0.2% 미만인 상태에서 운전한 사람은 1
년 이상 2년 이하의 징역이나 500만원 이상 1천만원 이하의 벌금에 처한다(동법
제148조의2 제3항 제2호).

다섯째, 혈중알코올농도가 0.03% 이상 0.08% 미만인 상태에서 운전한 사람은
1년 이하의 징역이나 500만원 이하의 벌금에 처한다(동법 제148조의2 제3항 제3호).

2. 음주운전단속의 법적 근거와 성격

「도로교통법」제44조 제2항에서는 "경찰공무원은 교통의 안전과 위험방지를
위하여 필요하다고 인정하거나 술에 취한 상태에서 자동차등을 운전하였다고 인
정할 만한 상당한 이유가 있는 경우에는 운전자가 술에 취하였는지를 호흡조사
로 측정할 수 있다. 이 경우 운전자는 경찰공무원의 측정에 응하여야 한다."고
규정하고 있고, 경찰에서는 이 조항을 근거로 음주단속업무를 수행하고 있다.

구체적으로 언급하면, 경찰의 음주단속은 크게 ① 음주감지, ② 음주측정, ③
입건의 3단계로 구별할 수 있고 각 단계의 법적 성격도 구분될 수 있다. 먼저
경찰이 도로의 특정지점을 운행하는 모든 차량을 정지시키고 음주감지기로 음주
여부를 알아보는 활동은 교통의 안전을 유지하고 위험을 방지하기 위한 행정경
찰작용으로 평가된다(한영수, 2001: 38-41). 다음으로 음주감지기에 알코올 성분
이 확인된 특정한 운전자들에게 호흡측정을 하는 단계는 주취운전이라는 범죄의
혐의 유무를 수사개시 전에 확인하는 활동 즉, 내사절차로 이해함이 마땅하다
(신관우, 2017: 120-121). 마지막으로 음주측정결과 주취운전으로 확인된 운전자
를 대상으로 주취운전자 적발보고서를 작성하고 전산입력 하는 단계는 범죄수사
단계이다. 결과적으로 음주측정 이후의 단계에서는 「헌법」과 「형사소송법」에 규
정된 적법절차가 엄격하게 지켜져야 한다(한영수, 2001: 38-41).

3. 주취운전자에 대한 운전금지 명령과 법적 성격

「도로교통법」제47조 제2항에서는 "경찰공무원은 주취상태에서 자동차등을
운전하는 사람에 대하여는 정상적으로 운전할 수 있는 상태가 될 때까지 운전
의 금지를 명하고 그 밖의 필요한 조치를 할 수 있다."고 규정하고 있다. 실무

에서는 이를 근거로 단속현장에서 피단속자에게 대리운전기사를 활용하여 자동 차등을 운행하게 하거나 여의치 않을 경우에는 자동차 열쇠를 경찰관서에서 최 소한 다음날까지 사실상 영치하고 있다.[5]

주취운전자에 대한 운전금지 명령의 법적 성격은 경찰관이 발하는 부작위하 명으로 이해하여야 한다. 따라서 단속사례와 같이 실질적으로 주취상태가 아니 지만(채혈검사결과 혈중알코올농도 0.01% 상당), 막연히 호흡측정결과에 따라 경찰 관이 주취운전자로 오인하고 운전금지를 명했고, 결과적으로 이에 따른 행정객 체에게 시간적 · 금전적 · 정신적 손해를 발생시켰다면 손실보상 혹은 손해배상 의 대상이 될 수도 있다(홍정선, 2007: 345).

한편, 「국가경찰과 자치경찰의 조직 및 운영에 관한 법률」 제33조 제1항에서 는 "경찰청장은 치안에 필요한 연구 · 실험 · 조사 · 기술개발 및 전문인력 양성 등 치안분야의 과학기술진흥을 위한 시책을 마련하여 추진하여야 한다."고 규정 하고 있다. 주취운전여부를 일반적으로 결정짓는 호흡측정의 오차는 국민의 권 익에 밀접한 영향을 줄 수 있는 만큼 이에 관한 실증적인 연구가 절실하다고 할 것이다. 특히 단속사례와 같은 호흡측정수치보다 채혈측정의 수치가 낮게 나 와서 형벌 혹은 운전면허 행정처분이 감면된 사건들을 추적 · 조사하여 그 원인 을 분석하거나 다양한 조건을 설계한 후 이를 검증하는 실험연구가 우선적으로 요청된다.

4. 음주운전단속의 세부절차

주취운전 행위로 인하여 형벌과 운전면허 정지 · 취소처분을 받는다는 것은 일반 시민에게 상당한 부담으로 작용하게 된다. 특히 대상자가 공무원이나 사립 학교 교원인 경우에는 징계처분을 추가로 받고 직업을 잃어버릴 수도 있다. 경 찰의 음주단속과 측정이 논란의 대상이 되는 이유는 첫째, 주취운전의 개념을 운전자의 혈중알코올농도 0.03% 이상으로 정의하고, 둘째, 혈중알코올농도를 상 대적으로 객관적인 채혈검사를 통해서 측정하기 보다는 호흡측정을 원칙으로 하 고 있기 때문에 오차가 생길 수 있다는 것이다.

---

5) 일선지구대에서 음주단속 업무를 담당하고 있는 B경찰관과의 인터뷰를 참조하였다.

이미 언급한 바와 같이, 음주단속과 관련된 법규에서는 ① 경찰공무원은 호흡조사의 방법으로 운전자의 주취여부를 측정할 수 있고, ② 운전자는 경찰공무원의 측정에 응하여야 하며, ③ 호흡측정 결과에 불복하는 운전자에 대하여는 그 운전자의 동의를 받아 혈액 채취 등의 방법으로 다시 측정할 수 있다고만 규정하고(「도로교통법」 제44조), 나머지 세부적인 단속기준은 「교통단속 처리지침」[6](경찰청의 비공개 내부지침)으로 정해놓고 있다. 이는 음주감지절차를 지나 주취여부를 측정하고 적발보고서 작성 여부를 논하는 단계는 내사 혹은 이미 수사절차로 이행된 것임에도 불구하고 비공개 내부지침을 토대로 시민의 권리의무에 적지 않은 영향을 미칠 수 있는 업무를 진행하고 있다는 비판에서 자유로울 수 없다.

1) 음주운전단속 일반

① 주취운전자를 단속하는 때에는 3인 이상의 경찰관이 합동으로 단속하되 경위 이상의 경찰관이 현장에서 함께 근무하며 단속하고, ② 감독 경찰관은 음주측정 기기의 사용방법, 단속시 주의사항 및 언행 등 필요사항에 대하여 사전에 충분히 교양한 후 단속활동에 임해야 하며, ③ 단속과정에서 운전자가 음주감지된 경우에는 감지 직후 단속경찰관의 이름과 단속된 차량번호를 112 종합상황실에 무전으로 보고한 후 음주측정을 실시하고 측정 결과(훈방, 정지, 취소 등만 보고하고 측정 수치는 제외)와 측정자 및 참여자의 성명을 112 종합상황실에 무전으로 보고하고, ④ 단속경찰관이 주취운전자를 단속하는 때에는 음주측정기에 의한 측정 이외에 운전자의 외관·태도·운전행태 등 정황을 '주취운전자 정황진술보고서' 및 '수사보고(주취운전자 정황보고)'에 상세히 기록하는 등 공소유지를 위한 증거자료를 확보하며, ⑤ 단속경찰관은 주취운전으로 단속된 사람이 계속하여 운전하지 못하게 하고 차량열쇠를 보관한 후 다른 사람으로 하여금 운전하게 하는 등 필요한 조치를 하고, ⑥ 단속경찰관은 음주측정결과 주취운전자로 적발된 사람에 대해 주취운전 증거가 확보되고 신원이 확인된 경우에는 음주스티커 및 주취운전자정황진술보고서 등 기초서류를 작성하고 귀가하게 할 수 있으며, ⑦ 피단속자가 음주측정을 거부하거나 인적사항이 불명확한 경우 등

---

6) 이하 「단속지침」으로 지칭한다.

증거인멸및 도주 우려가 있는 경우 미란다원칙을 고지하고 현행범 체포 후 지체 없이 교통조사기능에 단속자료와 신병을 인계한다(「단속지침」 제29조).

2) 음주측정 방법

① 단속경찰관이 주취운전 의심자를 호흡측정하는 때에는 피측정 자의 입안의 잔류 알코올을 헹궈낼 수 있도록 음용수 200ml를 제공하고, ② 단속경찰관은 주취운전자로 확인된 사람에게 음주스티커를 발급하고자 하는 때에는 그 사람에게 음주측정결과와 채혈에 의하여 다시 측정할 수 있음을 고지하며, ③ 주취운전 의심자가 처음부터 채혈을 요구하거나 호흡측정 결과에 불복하여 측정현장에서 채혈을 요구하는 때에는 측정결과를 기록하여 음주스티커를 작성한 후 즉시 '임의제출(채혈동의) 및 확인서' 및 압수목록을 작성하여 가까운 병의원 등 의료 기관에서 채혈한 후 혈액을 '혈액감정의뢰서'와 함께 국립과학수사연구원에 감정의뢰 하고, ④ 주취운전이 의심되는 자가 ⅰ. 명시적 의사표시로 음주측정에 불응하는 때, ⅱ. 현장을 이탈하려 하거나 음주측정을 거부하는 행동을 하는 때, ⅲ. 명시적인 의사표시를 하지 않으면서 경찰관이 음주측정 불응에 따른 불이익을 5분 간격으로 3회 이상 고지(최초 측정요구시로부터 15분 경과)했음에도 계속 음주측정에 응하지 않은 때에는 음주측정거부자로 처리한다(「단속지침」 제30조 제2항, 제31조 제1항, 제2항, 제5항).

5. 행정처분: 면허취소와 정지

도로교통법령상 운전자가 주취운전을 하였을 경우에 그 경중에 따라 운전면허의 효력을 일시적으로 제한하거나 운전면허를 완전히 박탈하는 운전면허 정지·취소제도를 시행하고 있다. 이러한 행위는 운전면허 행정처분에 포함되고 구체적인 내용은 <표 14-1>과 같이 정리할 수 있다(방극봉, 2010: 306).

표 **14-1** 주취운전 관련 행정처분 기준

구분	위반사항	적용법조	내용
취소	술에 취한 상태에서 운전한 때	제93조 (도로교통법)	− 술에 취한 상태의 기준(혈중알코올농도 0.03퍼센트 이상)을 넘어서 운전을 하다가 교통사고로 사람을 죽게 하거나 다치게 한 때 − 술에 만취한 상태(혈중알코올농도 0.08퍼센트 이상)에서 운전한 때 − 술에 취한 상태의 기준을 넘어 운전하거나 술에 취한 상태의 측정에 불응한 사람이 다시 술에 취한 상태(혈중알코올농도 0.03퍼센트 이상)에서 운전한 때
	술에 취한 상태의 측정에 불응한 때	제93조 (도로교통법)	− 술에 취한 상태에서 운전하거나 술에 취한 상태에서 운전하였다고 인정할 만한 상당한 이유가 있음에도 불구하고 경찰공무원의 측정 요구에 불응한 때
정지	술에 취한 상태의 기준을 넘어서 운전한 때	제44조 제1항 (도로교통법)	혈중알코올농도 0.03퍼센트 이상 0.08퍼센트 미만 ※ 벌점: 100점

자료: 도로교통법 시행규칙 별표 28 재구성.

Ⅲ. 선행연구 및 판례 검토

1. 선행연구의 경향과 시사점

1) 선행연구의 경향

한영수(2001)는 음주단속은 행정작용인 반면 음주측정은 범죄수사의 영역에 해당한다고 강조했다. 그리고 음주측정의 세 가지 방식(혈액검사, 호흡검사, 위드마크 공식에 의한 추산) 중 혈액검사의 정확도가 가장 높다고 소개하면서 현행 음주단속절차의 가장 큰 문제점은 호흡검사를 우선하고 있다는 점이라고 지적했다. 개선방안으로는 ① 혈액검사우선주의 도입, ② 긴급채혈을 위한 규정마련, ③ 음주측정불응죄의 폐지, ④ 위드마크 공식에 따른 추산 방법의 제한적 활용을 각각 제안하였다.

김남현(2002: 7)은 먼저 호흡분석법은 폐에서 분출되는 호기에 포함된 알코올 함유량으로부터 혈중알코올농도(Blood Alcohol Concentration: BAC)를 추정하는 것이고 이러한 호기가 호흡측정기로 투입되는 과정에서 구강 내 잔류알코올과

섞인다면 호흡분석 결과(Breath Alcohol Concentration: BrAC)는 주취운전의 유죄 증거가 될 수 없다고 강조한다. 그리고 구강 내 알코올의 잔류원인으로 ① 트림, 딸국질, 구토, ② 치아보철 및 치주질환, ③ 알코올 함유 의약품,[7] ④ 산의 역류, 열공탈장(Hiatus Hernias), ⑤ 타액과 구강 내 혈액, ⑥ 치아에 낀 음식물이라고 설명했다(김남현, 2002: 14-24). 마지막으로 구강 내 잔류 알코올로 인한 과대 음주측정을 방지하기 위해서는 ① 알코올소거시간 및 관찰시간의 준수, ② 입 헹구기, ③ 알코올 함유 물질의 제거, ④ 구강 알코올 탐지장치 활용 등이 요청된다고 주장했다(김남현, 2002: 25-29).

이원영(2007)은 피험자 48명을 대상으로 호흡측정과 혈액측정간에 어떠한 차이가 있는 지를 검증할 수 있는 실험을 실시한 후 첫째, 호흡측정과 혈액측정간에 큰 차이가 없고, 둘째, 차이가 있는 경우 혈액측정결과가 다소 높게 나타났다고 설명하였다. 그리고 호흡측정의 오차를 줄이기 위해서는 ① 음주측정 기기의 검·교정 절차와 기기 관리 및 측정 방식을 정치(精緻)하게 규정하고, ② 기기 측정요원에 대한 전문화 교육 혹은 자격제 도입이 필요하다고 강조했다.

황현락(2011)은 현행 법제상 음주운전단속현장에서 법률적 분쟁이 발생할 소지가 매우 크다고 전제한 후, 이에 대한 개선방안으로 ① 공백규정의 보안으로 음주운전단속행위에 대한 재량통제, ② 행정규칙인 「교통단속 처리지침」의 법규화, ③ 행정강제의 요건과 수단의 명확화, ④ 음주측정기준에 대한 신뢰성과 타당성 확보, ⑤ 약물운전 등에 대한 세부적 단속지침의 법제화를 각각 제시하였다.

박희경과 한성주(2012)는 우리나라는 주취운전 기준을 혈중알코올농도 0.03% 이상으로 규정하고 호흡 음주측정을 원칙으로 하지만 첫째, 호기알코올 농도에 대한 기준을 마련하지 않고, 둘째, 혈중알코올농도와 호흡알코올농도의 비율(Blood Breath Partition Ratio: BBPR)[8]을 명문화하지 않은 문제점을 내포하고 있다고 소개한다. 그리고 이러한 측정방식은 적지 않은 오차를 가질 수 있다고 강조했다.

---

7) 김남현(2002: 19)은 "구강청정제 사용 후 약 5분까지는 음주운전 처벌여부에 결정적 영향을 미칠 수 있는 호흡알코올농도가 측정되지만 약 10분 후부터는 구강 내 잔류알코올의 문제가 거의 사라지며 15분 후에는 전혀 영향이 없는 것으로 나타났다."고 실험결과를 소개했다.

8) 혈중알코올농도와 호흡알코올농도의 비율은 개인적 특성과 시간의 경과에 따라 차이가 날 수 있고, 체온, 혈액 세포구성, 과호흡(過呼吸), 습도 등에 의해 영향을 받을 수 있다(박희경·한성주, 2012: 175-176).

이러한 오차를 줄이기 위한 방안으로 ① 혈중알코올농도와 호흡알코올농도 비율의 명문화, ② 주취운전 기준 하향, ③ 호기알코올농도 기준 명문화 등을 제시하였다.

신관우(2017: 111-113)는 외근경찰관들의 음주단속 및 측정 업무에 실질적인 기준으로 활용되는 「교통단속 처리지침」은 「도로교통법」의 시행과 직접 관련하여 경찰청장이 발령하는 행정규칙에 해당되고,[9] 경찰청장은 이 지침의 내용이 적법하고 현실에 적합하게 발령·유지·관리하여야 하며, 지침이 제정·개정 혹은 폐지되었을 경우에는 발령 후 10일 이내에 법제처장이 정하는 정부입법 관련 전산시스템에 등재하여야 하지만 경찰청에서는 이를 비공개 행정규칙[10]으로 관리하고 있고, 결과적으로 일반 운전자들이 선의의 피해를 입을 개연성이 높다고 신랄하게 비판하고 있다.[11]

2) 시사점

선행연구들이 제시하는 시사점들은 아래와 같이 요약할 수 있다. 첫째, 국민의 권리의무에 상당한 영향을 끼칠 수 있는 음주단속절차를 법규가 아닌 비공개 경찰청 내부지침에 규정하고 있다는 사실은 법치행정의 원칙에 위반될 소지가 크다.[12] 둘째, 혈중알코올농도를 혈액검사가 아닌 호흡측정 방식으로 측정하

---

9) 황현락(2011)은 「단속지침」을 경찰청 예규, 김성호(2009)는 경찰청장 훈령 등 일관되게 행정규칙으로 설명하고 있다.

10) 박찬걸(2011)과 신관우(2017)는 「단속지침」을 경찰청을 대상으로 한 정보공개청구를 통해서 입수할 수 있었다고 소개했다.

11) 「법제업무 운영규정」(대통령령 제32223호) 제24조의3 제1항에서는 "각급 행정기관의 훈령·예규·고시(그 명칭에 상관없이 법령의 시행과 직접 관련하여 발령하는 규정·규칙·지시·지침·통첩 등을 포함하며, 이하 "훈령·예규등"이라 한다)는 그 내용이 적법하고 현실에 적합하게 발령·유지·관리되어야 한다."고 규정하고, 제2항에서는 "중앙행정기관의 장은 훈령·예규등이 제정·개정 또는 폐지되었을 때에는 「법령정보의 관리 및 제공에 관한 법률 시행령」 제4조 제3항에 따라 법제정보시스템에 등재하여야 한다. 다만, 「공공기관의 정보공개에 관한 법률」 제9조 제1항 각 호의 어느 하나에 해당되어 법제정보시스템에 등재할 수 없는 경우에는 발령 후 10일 이내에 법제처장에게 해당 훈령·예규등의 제명(題名)과 비공개 사유를 통보하되, 법제처장이 요청하는 경우에는 해당 훈령·예규등을 문서로 보내야 한다."고 명시하고 있다.

12) 법치행정의 세부원칙으로 ① 법률의 법규창조력, ② 법률우위의 원칙, ③ 법률유보의 원칙을 들 수 있다. 여기에서 법률의 법규창조력은 입법부가 제정한 형식적 의미의 법률 혹은 법률의 위임에 의한 법규명령(대통령령, 총리령, 부령 등)만이 국민의 권리의무에 관한 사항을 규정할 수 있다는 것이다(강용길 등, 2009: 118-121; 최영규, 2007: 29-30). 결과적으로 현행

면 적지 않은 오차가 발생할 수 있다. 셋째, 구강 내 잔류알코올로 인해서 과대 음주측정의 개연성이 크기 때문에 알코올 소거시간(20분 상당)을 엄격히 준수하는 것이 필요하다. 넷째, 궁극적으로는 혈액검사를 우선하고 음주측정불응죄를 폐지하는 방향으로 제도개선이 필요하다.

2. 법원의 태도와 시사점

1) 과대측정우려 및 2~3회 반복측정 권고(수원지법 1992. 2. 20, 91노1452 판결)

(전략) … 정확한 혈중알코올농도를 측정하기 위하여는 측정대상자인 사람의 폐속 깊숙히 심폐호흡된 공기를 측정하여야 하는데 일반적으로 측정 직전에 술을 마신 사람을 측정할 때에는 입안에 남아 있는 알코올이나 위에서 토해진 공기를 측정하게 되므로 실제의 혈중알코올농도 보다 과대표시된 측정치를 얻게 되는 바, 이러한 경우로 판단되면 약 15분 정도 기다렸다가 재측정을 하여야 정확한 음주상태를 측정할 수 있게 되는 등 사용방법상의 주의사항을 지켜야 하고, 납득할 수 없는 측정치가 나온 경우에는 2~3회 반복하여 측정함으로써 정확한 음주상태를 측정할 필요가 있다.

2) 구강청정제 사용자에 대한 음주측정 결과의 신빙성 부정(서울행법 1998. 9. 24, 98구9300 판결)

음주측정 직전에 구강청결제를 입안에 뿌린 운전자에 대한 혈중알코올농도 0.5%의 음주측정 결과가 측정 당시 운전자의 상태 및 알코올이 생리반응에 미치는 정도 등에 비추어 신빙성이 없다는 이유로, 위 측정결과에 기한 운전면허 취소처분이 위법하다.

(중략) … 음주한 사람이 음주한 후 20분 이상 경과되지 아니한 경우에는 구강 내에 잔류 알코올이 남아 있을 수 있고, 음주측정 직전에 변성알코올이 함유된 구강청결제를 입안에 뿌린 경우에는 음주측정기의 수치가 0.3~0.5%로 높게 측정되는 경우가 있으나 이러한 경우에는 구강 내의 잔류 알코올이나 구강청결제를 없애게 한 후 다시 측정하면 수치가 낮아져 정상적인 수치로 환원된다.

음주단속 실무는 법률의 법규창조력 원칙에 정면으로 반할 수 있다는 비난에 직면할 수 있다.

(중략) … 음주한 시간 등을 따져서 구강 내의 잔류 알코올이나 구강청결제의 사용 여부를 밝혀 물로 입안을 세척하게 하거나 잠시 휴식을 취하게 한 후 다시 음주측정을 함으로써 원고가 지니는 객관적이고도 과학적인 혈중알코올농도를 측정하여야 할 것임에도 이에 이르지 아니하고 원고의 재측정 요구를 묵살한 채 최초의 측정결과만을 내세우는 것 역시 적정한 측정방법이라고는 할 수 없다.

3) 부적정한 음주측정 방식에 따른 행정처분 감경(서울행법 1999. 1. 27, 98 구19222 판결)

(전략) … 음주측정기는 음주자로 하여금 측정기의 불대를 불게 하여 이 때 나오는 호흡중에 포함된 알코올의 농도에 의하여 혈중알코올의 정도를 측정하는 것이어서 만약 피측정자의 입속에 알코올이 잔류한 상태에서 측정할 경우에는 그 잔류 알코올의 영향으로 인하여 실제의 혈중알코올농도보다 훨씬 높은 측정수치가 나타나도록 되어 있다는 이유로, 최종 음주시간을 확인하여 20분이 경과된 후에 측정하거나 피측정자의 입을 물로 헹구게 한 다음 측정하지 아니한 음주측정수치를 근거로 한 운전면허취소처분이 위법하다.

4) 호흡측정과 혈액검사의 신뢰성 비교(대법원 2004. 2. 13, 2003도6905 판결)

「도로교통법」 제41조 제2항에서 말하는 '측정'이란, 측정결과에 불복하는 운전자에 대하여 그의 동의를 얻어 혈액채취 등의 방법으로 다시 측정할 수 있음을 규정하고 있는 같은 조 제3항과의 체계적 해석상, 호흡을 채취하여 그로부터 주취의 정도를 객관적으로 환산하는 측정방법, 즉 호흡측정기에 의한 측정이라고 이해하여야 할 것이고, 호흡측정기에 의한 음주측정치와 혈액검사에 의한 음주측정치가 다른 경우에 어느 음주측정치를 신뢰할 것인지는 법관의 자유심증에 의한 증거취사선택의 문제라고 할 것이나, 호흡측정기에 의한 측정의 경우 그 측정기의 상태, 측정방법, 상대방의 협조정도 등에 의하여 그 측정결과의 정확성과 신뢰성에 문제가 있을 수 있다는 사정을 고려하면, 혈액의 채취 또는 검사과정에서 인위적인 조작이나 관계자의 잘못이 개입되는 등 혈액채취에 의한 검사결과를 믿지 못할 특별한 사정이 없는 한, 혈액검사에 의한 음주측정치가 호흡측정기에 의한 음주측정치보다 측정 당시의 혈중알코농도에 더 근접한 음주측정치라고 보는 것이 경험칙에 부합한다.

5) 과대측정위험과 입을 헹굴 기회 미제공(대법원 2006. 11. 23, 2005도7034 판결; 대법원 2010. 6. 24, 2009도1856 판결)

호흡측정기에 의한 혈중알코올농도의 측정은 장에서 흡수되어 혈액 중에 용해되어 있는 알코올이 폐를 통과하면서 증발되어 호흡공기로 배출되는 것을 측정하는 것이므로, 최종 음주시로부터 상당한 시간이 경과하지 아니하였거나 또는 트림, 구토, 치아보철, 구강청정제 사용 등으로 인하여 입 안에 남아 있는 알코올, 알코올 성분이 있는 구강 내 타액, 상처부위의 혈액 등이 폐에서 배출된 호흡공기와 함께 측정될 경우에는 실제 혈중알코올의 농도보다 수치가 높게 나타나는 수가 있어, 피측정자가 물로 입 안 헹구기를 하지 아니한 상태에서 한 호흡측정기에 의한 혈중알코올 농도의 측정결과만으로는 혈중알코올농도가 반드시 그와 같다고 단정할 수 없거나 호흡측정기에 의한 측정수치가 혈중알코올농도보다 높을 수 있다.

물로 입 안을 헹굴 기회를 달라는 피고인의 요구를 무시한 채 호흡측정기로 측정한 혈중알코올농도 수치가 0.05%로 나타난 사안에서, 피고인이 당시 혈중알코올농도 0.05% 이상의 술에 취한 상태에서 운전하였다고 단정할 수 없다.

6) 시사점

법원의 판결의 경향은 이미 살펴본 선행연구에서 지적하고 있는 내용들과 상당부분 부합되며 정리해보면 다음과 같다. 첫째, 음주측정은 그 결과에 따라서 운전자에게 형사처벌과 운전면허 박탈과 같은 불이익한 처분을 내리게 되는 근거가 될 수 있다. 둘째, 음주측정을 함에 있어서는 음주측정 기계나 운전자의 구강 내에 남아 있는 잔류 알코올로 인하여 잘못된 결과가 나오지 않도록 미리 필요한 조치를 취하여야 한다. 셋째, 음주측정 결과가 정확성과 객관성이 담보될 수 있는 공정한 방법과 절차에 따라 이루어진 것이 아니라면 유죄의 증거로 사용할 수 없다.

Ⅳ. 실험 및 결과

단속사례를 토대로 구강청정제 사용자의 구강 내 알코올 잔류시간을 확인하고 싶었고, 실험은 2차례에 걸쳐 실시되었다. 제1차 실험은 알코올 소거시간 20분을 엄격하게 지킴과 동시에 판례(2005도7034; 2009도1856)에 따라 측정 전에 피단속자에게 입을 헹굴 기회를 제공할 것이라고 가정하고 실시하였고, 제2차 실험은 단속사례와 보다 더 부합될 수 있도록 구강청정제 사용직후 1차 측정, 경과시간을 10분으로 단축하고 2차 측정, 200㎖ 물로 입을 헹군 후 3차 측정하였다.

1. 제1차 실험(2017. 8. 14)

1) 피검자(Subject): 5명, 평균연령: 30.2세, 성별: 남자 3명, 여자 2명, 치아교정기 착용여부: 전원 미착용
2) 측정사용 구강청정제: A(무알콜), B(저 알코올), C(중간 단계 알코올), D(고 알코올)
3) 실험방법: ① 적정용량(15ml-20ml)을 제조회사에서 제시한 방법으로 30초 동안 충분히 가글을 진행한 후 1차 측정한다. ② 가글 후 측정 시 알코올 측정기구에 양성반응을 보인 제품군에서 20분 후 입을 미온수로 충분히 헹궈낸 후 2차 측정한다. ③기기측정 시 요구되는 경고음이 울릴 때까지 충분히 불어준다.
4) 측정기기: Alcofind Digital breathalyzer (DA-5000) made in korea
5) 실험결과

피검사자	S1	S2	S3	S4	S5	평균값	오차범위
전날음주여부	NONE	NONE	NONE	NONE	NONE	NONE	NONE

A제품	S1	S2	S3	S4	S5	평균값	오차범위
Baseline	0.00	0.00	0.00	0.00	0.00	0.00	0.00
가글직후	0.00	0.00	0.00	0.00	0.00	0.00	0.00
20분후	-	-	-	-	-		

B제품	S1	S2	S3	S4	S5	평균값	오차범위
Baseline	0.00	0.00	0.00	0.00	0.00	0.00	0.00
가글직후	0.26	0.32	0.35	0.32	0.27	0.304	0.016
20분후 입헹군후	0.00	0.00	0.00	0.00	0.00	0.00	0.00

C제품	S1	S2	S3	S4	S5	평균값	오차범위
Baseline	0.00	0.00	0.00	0.00	0.00	0.00	0.00
가글직후	0.4	0.35	0.4	0.19	0.4	0.348	0.04
20분후 입헹군후	0.00	0.00	0.00	0.00	0.00	0.00	0.00

D제품	S1	S1	S1	S1	S1	평균값	오차범위
Baseline	0.00	0.00	0.00	0.00	0.00	0.00	0.00
가글직후	0.26	0.4	0.4	0.4	0.4	0.372	0.028
20분후 입헹군후	0.00	0.00	0.00	0.00	0.00	0.00	0.00

2. 제2차 실험(2017. 8. 16)

1) 피검자(Subject): 5명, 평균연령: 27세, 성별: 남자 3명, 여자 2명, 치아교정기 착용여부: 전원 미착용

2) 측정사용 구강청정제: A(무알콜), B(저 알코올), C(중간 단계 알코올), D(고 알코올)

3) 실험방법: ① 적정용량(15ml-20ml)을 제조회사에서 제시한 방법으로 30초 동안 충분히 가글을 진행한 후 1차 측정한다. ② 가글 후 측정 시 알코올 측정기구에 양성반응을 보인 제품군에서 2차 측정한다. ③ 입을 미온수로 충분히 헹궈낸 후 3차 측정한다. ④ 기기측정 시 요구되는 경고음이 울릴 때까지 충분히 불어준다.

4) 측정기기: Alcofind Digital breathalyzer (DA-5000) made in korea

5) 실험결과

피검사자	S1	S2	S3	S4	S5	평균값	오차범위
전날음주여부	NONE	NONE	NONE	NONE	NONE	NONE	NONE

A제품	S1	S2	S3	S4	S5	평균값	오차범위
Baseline	0.00	0.00	0.00	0.00	0.00	0.00	0.00
가글직후	0.00	0.00	0.00	0.00	0.00	0.00	0.00
10분후	0.00	0.00	0.00	0.00	0.00	0.00	0.00

B제품	S1	S2	S3	S4	S5	평균값	오차범위
Baseline	0.00	0.00	0.00	0.00	0.00	0.00	0.00
가글직후	0.21	0.14	0.14	0.15	0.27	0.182	0.02
10분후	0.00	0.00	0.00	0.00	0.00	0.00	0.00

C제품	S1	S2	S3	S4	S5	평균값	오차범위
Baseline	0.00	0.00	0.00	0.00	0.00	0.00	0.00
가글직후	0.30	0.40	0.40	0.40	0.22	0.344	0.036
10분후	0.2	0.00	0.00	0.00	0.00	0.04	0.04
입헹군후	0.00	0.00	0.00	0.00	0.00	0.00	0.00

D제품	S1	S1	S1	S1	S1	평균값	오차범위
Baseline	0.00	0.00	0.00	0.00	0.00	0.00	0.00
가글직후	0.22	0.4	0.4	0.4	0.27	0.338	0.038
10분후	0.02	0.00	0.02	0.05	0.02	0.022	0.008
입헹군후	0.00	0.00	0.00	0.00	0.00	0.00	0.00

V. 요 약

2차에 걸쳐 실시된 실험결과는 다음과 같이 요약할 수 있다. 제1차 실험에서는 만약 단속경찰관이 지침과 판례에서 제시한 바대로 알코올 소거시간 20분을 준수하고, 피단속자에게 입을 헹굴 기회를 제공하였다면 구강청정제 사용으로 인한 과대측정의 가능성은 없다는 잠정적인 결론을 내릴 수 있었다. 제2차 실험에서는 ① 구강청정제 사용직후에는 구강 내 잔류알코올로 인해서 혈중알코올 농도가 0.14%에서 0.4%까지 과대측정될 수 있고, ② 구강청정제 사용 후 10분이 경과되었을 경우에도 0.2%까지 과대측정될 수 있지만, ③ 200㎖ 상당의 미온수로 입을 헹궜을 경우에는 과대측정의 가능성이 없어졌고, ④ 단속사례는 일반화하기는 어렵다는 결론에 도달했다.

결과적으로 미흡하나마, 구강청정제 사용과 과대측정 사이에 그동안 제기되었던 논란들은 가글한 시점부터 10분이 경과된 후, 물로 입을 헹궜을 경우에는 구강 내에 알코올이 잔류할 가능성이 없다는 실험결과로 종식되었다고 생각된다. 향후 후속연구에서는 치아교정기와 보철착용여부, 잇몸질환 유무, 측정기기의 차이 등과 같은 다양한 조건을 설정한 후 실험연구를 진행할 필요성이 절실하다.

하지만 경찰관리자들은 ① 음주단속절차를 비공개 경찰청 내부지침에 규정하고 있다는 사실은 법치행정의 원칙에 반할 소지가 크고, ② 호흡측정방식은 적지 않은 오차를 지닐 수 있으며, ③ 혈액검사를 우선하고 음주측정불응죄를 폐지하는 방향으로의 제도개선이 필요하고, ④ 음주측정 결과가 정확성과 객관성이 담보될 수 있는 공정한 방법과 절차에 따라 이루어진 것이 아니라면 유죄의 증거로 사용할 수 없다는 등의 학계와 법원의 지적에 주목하여야 한다. 그리고 먼저 실증연구를 통해서 일반 시민들이 전적으로 공감할 수 있는 음주단속기준과 절차를 도출하고, 다음으로 이와 같은 기준과 절차가 최소한의 법규성을 확보할 수 있도록 노력하여야 할 것이다.

참고문헌

강용길·김석범·백창현·윤성철·이종화·정철우·최정호·황규진. (2009). 「경찰학개론 상」, 서울: 경찰공제회.

김남현. (2002). "음주측정과정상 구강내 잔류알코올의 문제점과 대책에 관한 연구", 「경찰학연구」, 2: 5-34.

김남현·문병혁·정초영. (2010). 「경찰교통론」, 용인: 경찰대학.

김성호. (2009). 「음주운전 단속기준 규정에 대한 입법평가」, 서울: 한국법제연구원.

박찬걸. (2011). "음주측정불응에 대한 합리적 대응방안", 「형사정책연구」, 22(3): 139-173.

박희경·한성주. (2012). "호흡 음주측정의 오차 범위에 대한 연구", 「치안정책연구」, 26(2): 167-197.

방극봉. (2010). 「도로교통법 해설」, 서울: 한국법제연구원.

서울중앙지방검찰청. (2013). 「개정 교통사범 수사실무」, 서울: 서울중앙지방검찰청.

신관우. (2017). "음주운전단속 처리의 규범적 발전방향", 「한국공안행정학회보」, 26(2): 99-126.

이원영. (2007). "음주측정의 신뢰성 제고 방안에 관한 연구", 「대한교통학회 학술대회지」, 55: 17-25.

정세종·이준식·김미은. (2017). "구강청정제 사용자의 구강 내 알코올 잔류시간에 관한 연구: 경찰의 음주단속과의 관련성을 중심으로", 「한국공안행정학회보」, 26(3): 299-320.

정철우·권기병. (2013). 「교통안전규제론」, 용인: 경찰대학.

최영규. (2007). 「경찰행정법」, 서울: 법영사.

한영수. (2001). "음주운전 수사방법인 음주측정의 형사절차법적 문제점과 입법론적 해결방안", 「형사정책연구」, 12(4): 29-65.

홍정선. (2007). 「경찰행정법」, 서울: 박영사.

황현락. (2011). "음주운전 관련 법제의 문제점과 개선방안 고찰", 「한양법학」, 22(3): 191-227.

개인정보보호법! 나도 범죄자인가?

Ⅰ. 서 론

1. 문제제기

코로나바이러스감염증−19[1]가 확산되면서 정부대책에 대한 시민들의 불안감이 증대됨에 따라 코로나19 감염증 확진자의 개인정보 유출 혹은 공유 사례가 계속적으로 보도되고 있다.

구체적으로 살펴보면, ① "'코로나19' 확산, 공무원·경찰이 확진자 개인정보 잇단 유출"(경향신문, 2020.2.12.), ② "계속되는 확진자 정보 '공문서' 유출…경찰 수사 중"(노컷뉴스, 2020.2.5.), ③ "신종코로나 '신상털이·유출' 위험수위 넘었다…전달도 처벌"(뉴스1, 2020.2.5.), ④ "'신종 코로나' 5번 확진자 정보 유출…경찰 수사 의뢰"(YTN, 2020.1.31.) 등이다.

이러한 혼란 속에서 필자가 가장 많이 접하는 질문은 "온라인 카페 등에서 알게 된 확진자 정보를 문자, 혹은 카카오톡을 통해서 가족에게 전달하면 개인

---

1) 이하 '코로나19'로 약칭한다.

정보보호법위반으로 처벌되나요?"라는 것이다. 일반 시민들 입장에서는 '확진자의 개인정보를 동의 없이 입수하였고 임의대로 제3자에게 전달하였다.'라고 생각할 수 있으니까 자연스럽게 가질 수 있는 의문이라고 생각된다. 필자는 위 질문에 대해서 사견임을 전제로 언론에 보도된 사례를 중심으로 아래와 같이 설명해주었다.

2. 사례 및 해설

1) 〈사례〉 코노나19 감염 확진자 공문서 유출[2]

광주광역시장 비서관인 A는 2020년 2월 4일 오전 국내 16번째 신종 코로나 확진 판정을 받은 환자의 개인정보 등이 담긴 광주 광산구의 '신종 코로나 확진 환자 발생보고' 문건을 자신의 휴대폰으로 촬영해 지인들에게 유출한 혐의를 받고 있다. A는 당시 신종 코로나 대책과 관련한 시청 내부 보고 과정에서 이 문건을 입수한 것으로 알려졌다. A에게서 해당 문건 사진을 건네받은 지인들은 또 다른 지인들에게 전달했고, 이들 중 한 명이 같은 달 4일 낮 12시 5분쯤 광주의 한 인터넷 '맘카페'에 해당 문건 사진을 올린 것으로 밝혀졌다.

2) 「개인정보 보호법」상 개인정보 불법제공 및 누설 관련 처벌규정 개관

(1) 미동의 정보제공(동법 제71조 제1호)

개인정보처리자가 개인정보를 제3자에게 제공하기 위해서는 원칙적으로 정보주체의 동의를 받아야함에도 불구하고 이를 위반하거나, 누구든지 개인정보처리자가 정보주체의 동의를 받지 아니하고 개인정보를 제공한다는 사정을 알면서도 개인정보를 제공받으면 각각 5년 이하의 징역 또는 5천만원 이하의 벌금에 처한다.

(2) 목적외 정보제공(동법 제71조 제2호)

'개인정보처리자', '개인정보처리자로부터 개인정보를 제공받은 자', '수탁자', '영업양수자등'이 개인정보를 제3자에게 제공하기 위해서는 정보주체의 동의를

---

2) 한국일보, 2020. 2. 12. "신종 코로나 16번 환자 정보 최초 유출자는 광주시장 비서관" 제하의 보도 참조.

받거나 일정한 경우 개인정보를 수집한 목적 범위에서만 제공하여야 함에도 불구하고 이를 위반하거나, 누구든지 그 사정을 알면서도 영리 또는 부정한 목적으로 이를 제공받으면 5년 이하의 징역 또는 5천만원 이하의 벌금에 처한다.

(3) 업무상 정보누설 및 제공(동법 제71조 제5호)

'개인정보를 처리하거나 처리하였던 자'가 업무상 알게 된 개인정보를 누설하거나 권한 없이 다른 사람이 이용하도록 제공하거나 누구든지 그 사정을 알면서도 영리 또는 부정한 목적으로 개인정보를 제공받으면 각각 5년 이하의 징역 또는 5천만원 이하의 벌금에 처한다.

3) A의 개인정보보호법 위반죄 성부

결과적으로 A가 개인정보보호법 위반으로 처벌받을 가능성은 그다지 높지 않다. 왜냐하면 첫째, A는 원칙적으로 '개인정보처리자'나 '개인정보처리자로부터 개인정보를 제공받은 자'에 해당되지 않을 개연성이 크고, 둘째, 설령 '개인정보를 처리하거나 처리하였던 자'에 포섭되더라도 위 '신종 코로나 확진환자 발생보고' 문건에 게재된 개인정보가 '업무상 알게 된 개인정보'에 포함된다고 단정할 수 없기 때문이다(대법원 2019. 6. 13, 2019도1143 판결).

4) A로부터 해당 문건 사진을 건네받은 지인들의 개인정보보호법위반죄 성부

가장 보수적으로 해석하여 A가 '개인정보를 처리하거나 처리하였던 자'에 해당되고, 본건 '신종 코로나 확진환자 발생보고' 문건에 게재된 개인정보가 '업무상 알게 된 개인정보'에 포함된다고 가정하더라도 위 지인들이 '영리 또는 부정한 목적'을 가지고 A로부터 해당 문건 사진을 제공받았다고 해석하기는 어렵기 때문에 개인정보보호법위반으로 처벌하기는 어려울 것으로 보인다.

3. 논의의 배경

위 사례와 마찬가지로 2011년 9월 30일 「개인정보 보호법」이 시행된 이래 개인정보 불법제공 및 누설과 관련해서 수사실무에서 많은 혼선이 제기되어 왔다. 구체적으로 언급하면, ① "수능 시험 당시 고사장을 감독하면서 응시원서에

적힌 성명, 연락처 등의 개인정보를 파악해 수험생에게 '마음에 든다.'는 취지의 메시지를 보낸 혐의로 재판에 넘겨진 수능감독관에게 무죄가 선고된 사례",[3] ② 개인정보보호위원회가 "女민원인에 '맘에 든다.' 카톡 보낸 순경은 개인정보처리자가 아니라 '취급자' 정도로 봐야 하고, 결과적으로 관련법을 위반한 것으로 볼 수 없다."는 취지로 유권 해석한 경우,[4] ③ "개인정보파일에 접근할 권한이 있다는 사정만으로 곧바로 개인정보처리자에 해당한다고 보기 어렵다."는 판례,[5] ④ "'업무상 알게 된 개인정보'란 '개인정보를 처리하거나 처리하였던 자'가 그 업무 즉, 개인정보를 처리하는 업무와 관련하여 알게 된 개인정보만을 의미하는 것"이라는 판례[6] 등이다.

학계에서도 "훈련된 인적자원도 개인정보 보호법제를 파악함에 상당히 어렵다."(박웅신·박광민, 2018: 297)고 지적하거나 "벌칙규정은 법률전문가가 보더라도 그 내용을 쉽게 파악하기 어려운 형태"(이인곤, 2014: 305)라고 강조하고 있다.

이러한 문제의식을 토대로 이 단원에서는 개인정보 불법제공 및 누설에 관한 법적 쟁점들을 도출하고 관련 판결문을 분석하여 실무상 법률 적용 기준점을 제시함으로써 수사 현장에서 겪을 수 있는 경찰관들의 혼선을 줄여주고자 한다.

Ⅱ. 선행연구 검토

1. 선행연구의 경향

문재완(2013: 293)은 현행 법률은 개인정보의 범위를 광범위하게 인정하고, 개인정보에 관련된 모든 사항을 개인정보에 대한 제한으로 이해하며, 이를 위반한 경우 형사처벌함으로써 개인정보의 활용을 곤란하게 하고 있다고 전제하고, 개선방안으로 ① 공공부문과 민간부문의 구별, ② 개인정보 정의의 명확화, ③ 정보주체 권리의 현실화, ④ 형사처벌의 축소 등을 제언하였다.

---

3) 동아일보, 2019. 12. 20. [수능 감독관이 수험생에 '마음에 든다' 문자 … 法 "무죄"] 제하의 기사 참조.
4) 중앙일보, 2019. 11. 19. [女민원인에 "맘에 든다" 카톡 보낸 순경 … 경찰 "법 위반 아냐"] 제하의 기사 참조.
5) 대법원 2019. 7. 25, 선고 2019도3215 판결.
6) 대법원 2019. 6. 13, 선고 2019도1143 판결.

전응준(2013: 227-229)은 수사실무에서는 정보주체의 명확한 동의를 보여주는 자료가 없는 경우 일단 개인정보보호법위반의 강한 혐의를 두는 경향이 보이고 있다고 전제한 뒤, 동의가 범죄구성요건의 성부를 좌우한다는 관점에서 볼 때, 정보주체가 어떠한 방법으로든 적법하게 처분한 보호법익에 대하여 (처분의) 의사표시가 명시적이지 않다고 하여 형사처벌을 가하는 것은 매우 부당하다고 지적했다.

이인곤(2014: 288)은 「개인정보 보호법」은 헌법상의 기본권인 사생활의 비밀과 자유가 제대로 대사인적 효력을 가질 수 있게 만들어주는 법률이라고 소개하면서 동법이 실효성 확보 수단으로 구비한 형사처벌 및 과태료 부과 규정은 비교법적으로 보았을 때 그 유례를 찾을 수 없을 정도로 강력한 수준이라고 평가한다. 특히 법정형을 기준으로 단순한 나열식의 형태를 취하고 있는 점에서 적지 않은 문제가 제기된다고 강조했다(이인곤, 2014: 305).

김민호(2014: 242)는 「개인정보 보호법」의 수범자를 한정·구체화하여 법 집행의 실효성을 높이려는 당초의 입법목적을 충실하게 반영하기 위해서는 개인정보처리자를 "업무를 목적으로 스스로 또는 다른 사람을 통하여 개인정보를 처리하여 개인정보파일을 운용하는 공공기관, 법인, 단체 및 개인 등을 말한다."라고 한정·구체화하는 것이 타당하다고 주장했다.

이성대(2015: 29)는 현행 형벌체계의 문제점으로 ① 일률적인 중벌화경향, ② 과태료부과대상과 형벌부과대상의 교차현상, ③ 관련 법률상 처벌규정의 비통일성, ④ 기존형사법 체계와의 부정합성 등을 제시하면서 그 원인은 형사처벌 범위의 광범위성과 일률적인 중벌화의 경향 때문이라고 주장하였다.

심영주(2015: 57)는 「개인정보 보호법」에 대한 형사법적 문제점으로 ① 개인정보 개념 정의에 있어 '식별가능성'이라는 요건에 의해 명확성의 원칙이 훼손될 우려가 있고, ② 동의의 법적 효력에 관해서 논쟁의 여지가 크며, ③ 처벌규정의 법정형 불균형을 제시하였다.

박광배(2017: 7)는 「개인정보 보호법」의 실무적 운영과정에서 드러난 문제점으로 ① 개인정보 개념의 불명확성, ② 공개된 개인정보에 대한 규제상의 문제점, ③ 개인정보보호 법령의 충돌과 부정합, ④ 과도한 동의 의존성 및 동의의 요식행위화 경향, ⑤ 법 위반 행위에 대한 형사적 제재의 불균형과 지나친 형사처벌 의존, ⑥ 위탁 관련 규정의 불명확성 등을 지적했다.

박웅신과 박광민(2018: 314)은 형법상 업무상 비밀누설죄[7]는 3년 이하의 징역 또는 700만원 이하의 벌금에 처하는 반면, 개인정보처리자가 업무상 알게 된 개인정보를 누설하거나 권한 없이 제3자가 이용하도록 제공한 경우 5년 이하의 징역 또는 5천만원 이하의 벌금형에 처하고 있다며 유사한 보호법익간에 처벌의 불균형을 강조했다.

이성기(2018: 148)는 첫째, 「개인정보 보호법」 제71조 제1호에서는 "'개인정보처리자'가 정보주체의 동의를 받지 않고 개인정보를 제공한다는 사정을 알면서 개인정보를 제공 받은 사람은 5년 이하의 징역 또는 5천만원 이하의 벌금형을 부과하고, 이때에는 개인정보를 제공받는 사람이 영리 또는 부정한 목적이 있었을 것을 요하지 않는" 반면 동법 제71조 제5호에서는 "'개인정보를 처리하거나 처리하였던 자'가 업무상 알게 된 개인정보를 누설하거나 권한 없이 다른 사람이 이용하도록 제공한다는 사실을 알면서 개인정보를 제공받는 경우에는 영리 또는 부정한 목적이 있는 경우에 한하여 위와 같은 형량으로 처하도록 규정"하고 있다고 소개했다. 둘째, 동법 제71조 제5호의 '부정한 목적'의 개념에 대해서 판례와 같이 사회 통념상 부정한 경우라고 이해할 때에는 동의를 초과하거나 개인정보가 원래 제공된 용도를 벗어나 제공되는 그 자체를 모두 포섭할 수 있다고 해석했다(이성기, 2018: 161). 셋째, 동법 제71조 제5호를 '영리 또는 부정한 목적'을 '영리의 목적으로' 한정하고 제공받는 행위도 '개인정보를 이용하기 위하여' 제공받는 행위로 제한하는 것이 바람직하다고 강조했다.

2. 시사점

선행연구들은 현행 법률의 문제점으로 첫째, '개인정보'의 개념이 명확하지 않아 죄형법정주의에 반할 우려가 크고, 둘째, 개인정보 활용에 지나친 제약을 가하고 있으며, 셋째, 형사처벌 범위가 매우 넓고 일률적인 중벌화의 경향이 짙고, 넷째, '동의'의 법적 효력에 관해서 논란의 여지가 존재하며, 다섯째, 개인정보를 제한하는 형사처벌 규정 체계가 지나치게 복잡해서 전문가들조차도 이해하

---

7) 「형법」 제317조 제1항.

기가 어렵다는 점 등을 지적하고 있다.

Ⅲ. 법원의 태도와 시사점

1. 법원의 태도

1) 대학 홈페이지에 게시된 교수정보 제3자 제공(대법원 2016. 8. 17, 2014다 235080 판결)

법률정보 제공 사이트를 운영하는 A주식회사가 공립대학교인 B대학교 법과 대학 법학과 교수로 재직 중인 C의 사진, 성명, 성별, 출생연도, 직업, 직장, 학력, 경력 등의 개인정보를 위 법학과 홈페이지 등을 통해 수집하여 위 사이트 내 '법조인' 항목에서 유료로 제공한 사안에서, A회사가 영리 목적으로 C의 개인정보를 수집하여 제3자에게 제공하였더라도 그에 의하여 얻을 수 있는 법적 이익이 정보처리를 막음으로써 얻을 수 있는 정보주체의 인격적 법익에 비하여 우월하므로, A회사의 행위를 C의 개인정보자기결정권을 침해하는 위법한 행위로 평가할 수 없고, A회사가 C의 개인정보를 수집하여 제3자에게 제공한 행위는 C의 동의가 있었다고 객관적으로 인정되는 범위 내이고, A회사에 영리 목적이 있었다고 하여 달리 볼 수 없으므로, A회사가 C의 별도의 동의를 받지 아니하였다고 하여 「개인정보 보호법」 제15조나 제17조를 위반하였다고 볼 수 없다.

2) 취재 중 알게 된 개인정보를 인터넷 뉴스사이트에 게시(서울서부지법 2015. 12. 18, 2015고정1144 판결)

인터넷 신문 기자인 피고인이 뉴스 사이트에 A에 관한 기사를 게재하면서 취재 활동 중에 알게 된 A의 성명, 지위, 주소 등의 개인정보를 누설하였다고 하여 「개인정보 보호법」 제71조 제5호, 제59조 위반으로 기소된 사안에서, 같은 법 제71조 제5호, 제59조의 '개인정보를 처리하거나 처리하였던 자'를 같은 법 제2조 제5호의 '개인정보처리자'라 할 수 없다.[8]

---

8) 법원은 인터넷 신문기자는 '개인정보처리자'에 해당하지 않지만 '개인정보를 처리하거나 처리하였던 자'에 포함되므로 「개인정보 보호법」 제71조 제5호, 제59조 위반으로 처벌하는 것이 마땅하다고 판시했다.

3) '개인정보를 처리하거나 처리하였던 자'의 의미(대법원 2016. 3. 10. 2015
도8766 판결)

구 개인정보 보호법(2014. 3. 24. 법률 제12504호로 개정되기 전의 것, 이하 '개인
정보 보호법'이라 한다) 제71조 제1호는 제17조 제1항을 위반하여 정보주체의 동
의를 받지 아니하고 개인정보를 제3자에게 제공한 자 및 그 사정을 알고 개인
정보를 제공받은 자를 처벌하도록 하고 있고, 제17조 제1항은 '개인정보처리자'
가 정보주체의 동의를 받은 경우나 수집한 목적 범위 내에서는 개인정보를 제
공할 수 있는 것으로 정하고 있어, '개인정보처리자'의 개인정보 무단 제공행위
및 그로부터 개인정보를 무단으로 제공받는 행위에 관하여는 제71조 제1호, 제
17조 제1항에 의하여 별도로 규제되고 처벌할 수 있는 점, 개인정보 보호법 제
59조 제2호의 의무주체는 '개인정보를 처리하거나 처리하였던 자'로서 제15조(개
인정보의 수집·이용), 제17조(개인정보의 제공), 제18조(개인정보의 목적 외 이용·제
공 제한) 등의 의무주체인 '개인정보처리자'와는 법문에서 명백히 구별되는 점,
개인정보 보호법이 금지 및 행위규범을 정할 때 일반적으로 개인정보처리자를
규범준수자로 하여 규율함에 따라, 제8장 보칙의 장에 따로 제59조를 두어 '개
인정보처리자' 외에도 '개인정보를 처리하거나 처리하였던 자'를 의무주체로 하
는 금지행위에 관하여 규정함으로써 개인정보처리자 이외의 자에 의하여 이루어
지는 개인정보 침해행위로 인한 폐해를 방지하여 사생활의 비밀 보호 등 개인
정보 보호법의 입법 목적을 달성하려 한 것으로 볼 수 있는 점 등을 고려하면,
개인정보 보호법 제71조 제5호의 적용대상자로서 제59조 제2호의 의무주체인
'개인정보를 처리하거나 처리하였던 자'는 제2조 제5호의 '개인정보처리자' 즉 업
무를 목적으로 개인정보파일을 운용하기 위하여 스스로 또는 다른 사람을 통하
여 개인정보를 처리하는 공공기관, 법인, 단체 및 개인 등에 한정되지 않고, 업
무상 알게 된 제2조 제1호의 '개인정보'를 제2조 제2호의 방법으로 '처리'하거나
'처리'하였던 자를 포함한다.

4) '개인정보를 제공받은 자'의 범위(대법원 2018. 1. 24. 2015도16508 판결)

「개인정보 보호법」 제59조 제2호는 '개인정보를 처리하거나 처리하였던 자는

업무상 알게 된 개인정보를 누설하거나 권한 없이 다른 사람이 이용하도록 제공하는 행위를 하여서는 아니 된다.'고 규정하고 있고, 제71조 제5호는 '제59조 제2호를 위반하여 업무상 알게 된 개인정보를 누설하거나 권한 없이 다른 사람이 이용하도록 제공한 자 및 그 사정을 알면서도 영리 또는 부정한 목적으로 개인정보를 제공받은 자'를 처벌하는 것으로 규정하고 있다. 위에서 보듯이 「개인정보 보호법」 제71조 제5호 후단은 그 사정을 알면서도 영리 또는 부정한 목적으로 개인정보를 제공받은 자를 처벌하도록 규정하고 있을 뿐 개인정보를 제공하는 자가 누구인지에 관하여는 문언상 아무런 제한을 두지 않고 있는 점과 「개인정보 보호법」의 입법 목적 등을 고려할 때, 개인정보를 처리하거나 처리하였던 자가 업무상 알게 된 개인정보를 누설하거나 권한 없이 다른 사람이 이용하도록 제공한 것이라는 사정을 알면서도 영리 또는 부정한 목적으로 개인정보를 제공받은 자라면, 개인정보를 처리하거나 처리하였던 자로부터 직접 개인정보를 제공받지 아니하더라도 「개인정보 보호법」 제71조 제5호의 '개인정보를 제공받은 자'에 해당한다.

5) '업무상 알게 된 개인정보'의 의미(대법원 2019. 6. 13, 2019도1143 판결)

「개인정보 보호법」 제59조 제2호의 "업무상 알게 된 개인정보"를 '개인정보를 처리하거나 처리하였던 자'가 담당한 모든 업무 과정에서 알게 된 개인정보로 해석할 경우에는 '개인정보를 처리하거나 처리하였던 자'라는 신분을 가진 자에 대한 개인정보 누설행위에 대한 처벌범위가 지나치게 확대될 위험이 있을 뿐 아니라, '개인정보를 처리하거나 처리하였던 자'가 아닌 자가 업무상 알게 된 개인정보를 누설한 경우에는 별도의 처벌규정이 없는 것과 형평이 맞지 않는 점 등에 비추어 보면, 제2호의 "업무상 알게 된 개인정보"란 '개인정보를 처리하거나 처리하였던 자'가 그 업무 즉, 개인정보를 처리하는 업무와 관련하여 알게 된 개인정보만을 의미하는 것이지, 개인정보 처리와 관련 없이 '개인정보를 처리하거나 처리하였던 자'가 담당한 모든 업무 과정에서 알게 된 일체의 개인정보를 의미하는 것은 아니라고 보아야 한다.

6) '개인정보처리자'의 범위(대법원 2019. 7. 25, 2019도3215 판결)

'개인정보처리자'는 「개인정보 보호법」 제2조 제5호에서 '업무를 목적으로 개인정보파일을 운용하기 위하여 스스로 또는 다른 사람을 통하여 개인정보를 처리하는 공공기관, 법인, 단체 및 개인 등을 말한다.'고 규정하고 있다. 그 중 '개인정보파일'은 같은 조 제4호에서 '개인정보를 쉽게 검색할 수 있도록 일정한 규칙에 따라 체계적으로 배열하거나 구성한 개인정보의 집합물을 말한다.'고 규정되어 있고, '개인정보'라 함은 같은 조 제1호에서 '살아 있는 개인에 관한 정보로서 성명, 주민등록번호 및 영상 등을 통하여 개인을 알아볼 수 있는 정보를 말한다.'고 규정되어 있으며, '처리'는 같은 조 제2호에서 '개인정보의 수집, 생성, 연계, 연동, 기록, 저장, 보유, 가공, 편집, 검색, 출력, 정정, 복구, 이용, 제공, 공개, 파기, 그 밖에 이와 유사한 행위를 말한다.'고 규정되어 있다. (… 중략 …) 검사는 피고인에게 방송사가 마련한 개인정보 데이터베이스에 대한 접근권한이 있었으므로 이러한 점에서 피고인을 개인정보처리자로 보아야 한다는 취지로 주장한다. 그러나 앞서 본 바와 같은 개인정보처리자의 개념에 비추어 보면 피고인에게 다른 자가 운용하는 개인정보파일에 접근할 권한이 있다는 사정만으로 피고인 역시 곧바로 개인정보처리자에 해당한다고 보기 어렵다.

7) '개인정보처리자'의 개념(헌법재판소 2018. 4. 26, 2017헌마711 결정)

「개인정보 보호법」은 개인정보처리자의 '개인정보보호원칙'을 규정한 다음(제3조), 개인정보처리자에 대하여 개인정보의 수집·이용·제공 등(제15조 내지 제22조), 개인정보의 처리 제한(제23조 내지 제28조), 개인정보의 안전한 관리(제29조 내지 34조의2) 등에 관하여 상세하게 규정하고 있다. 그리고 위 법에서 사용하는 "개인정보처리자"란 업무를 목적으로 개인정보파일을 운용하기 위하여 스스로 또는 다른 사람을 통하여 개인정보를 처리하는 공공기관, 법인, 단체 및 개인 등을 말한다(제2조 제5호)고 개념 정의하고 있고, 위 법 제2조 제6호 나목, 위 법 시행령 제2조 제3호에 의하면 지방공기업법에 따른 지방공단은 위 법의 적용을 받는 "공공기관"에 해당한다.

한편, 「개인정보 보호법」은 제28조에서 개인정보처리자의 '개인정보취급자에 대한 감독'에 관하여 규정하면서 "개인정보취급자"를 임직원, 파견근로자, 시간제근로자 등 개인정보처리자의 지휘·감독을 받아 개인정보를 처리하는 자(제28조 제1항 참조)라고 개념 정의하고 있다.

위 인정사실과 개인정보보호법상 개인정보처리자, 개인정보취급자에 관한 개념 정의 및 관계 규정을 종합하여 보면, 이 사건에서 개인정보처리자는 인천○○공단이고, 청구인은 인천○○공단의 감사팀 소속 직원으로서 개인정보취급자에 불과한 것으로 보인다.

2. 시사점

법원은 ① 정보주체의 동의가 있었다고 객관적으로 인정되는 범위 내에서는 영리를 목적으로 개인정보를 수집하여 제3자에게 제공하더라도 처벌할 수 없고, ② '개인정보처리자'와 '개인정보를 처리하거나 처리하였던 자'를 명확하게 구분하고 있으며, ③ '업무상 알게 된 개인정보'를 '개인정보를 처리하거나 처리하였던 자'가 그 업무 즉, '개인정보를 처리하는 업무와 관련하여 알게 된 개인정보'로 한정하고, ④ '개인정보처리자'의 범위를 엄격하게 해석하려는 태도를 보이고 있다.[9]

Ⅳ. 수사실무자를 위한 제언

대학에서 강의와 학사업무를 수행하는 과정에서 개인정보 불법제공 및 누설과 관련된 형사적 다툼을 가끔 지켜보게 된다. 피해자 입장에서는 본인의 개인정보가 동의 없이 유출되었다며 고소하기에 이르고, 혐의자는 명백한 증거를 제시하라며 강력하게 부인한다. 수사기관은 적용 법조를 명확하게 파악하지 못함에 더해서 무형의 개인정보가 전달되는 구체적인 사실관계를 로그기록, 휴대전화 디지털 포렌식 등 과학적으로 입증하기 보다는 관계자들의 진술에만 의존하는 구태연한 태도를 보이면서 관련자들의 불신을 초래한다. 수사기관의 의지부

---

9) "개인정보보호 법령 및 지침·고시 해설"에서도 "'공공기관, 영리·비영리 법인, 영리·비영리 단체, 개인'의 '대리인, 사용인, 그 밖의 종업원으로서의 지위에 있는 개인'은 개인정보처리자에 해당하지 않는다."고 설명하고 있다(행정자치부, 2016: 17).

족도 문제이지만 현행 법률의 태생적 난해함이 이러한 악순환의 중요한 원인이라고 평가할 수 있다. 이하에서는 수사실무자를 위한 개인적인 제언을 제시하고자 한다.

1. 주요 용어의 개념 정리

1) 개인정보

'개인정보'란 살아 있는 개인에 관한 정보로서 ⅰ. 성명, 주민등록번호 및 영상 등을 통하여 개인을 알아볼 수 있는 정보, ⅱ. 해당 정보만으로는 특정 개인을 알아볼 수 없더라도 다른 정보와 쉽게 결합하여 알아볼 수 있는 정보,[10] ⅲ. 가명처리함으로써 원래의 상태로 복원하기 위한 추가 정보의 사용·결합 없이는 특정 개인을 알아볼 수 없는 정보 중 어느 하나에 해당하는 정보를 말한다(「개인정보 보호법」 제2조 제1호). 법원에서는 휴대전화번호 뒤 4자리[11]와 휴대전화에 부여되는 국제모바일단말기인증번호(International Mobile Equipment Identity, IMEI) 및 가입자식별모듈(Universal Subscriber Identity Module, USIM) 일련번호[12]를 각각 개인정보로 인정하였다는 점에 주목할 필요가 있다.

2) 개인정보파일

'개인정보파일'이란 개인정보를 쉽게 검색할 수 있도록 일정한 규칙에 따라 체계적으로 배열하거나 구성한 개인정보의 집합물을 말한다(동법 제2조 제4호). 부연하면, 개인의 성명이나 ID, 고유식별정보 등을 색인(index)이나 검색 값으로 하여 쉽게 검색할 수 있도록 체계적으로 배열·구성한 집합물(集合物)을 의미한다(행정자치부, 2016: 15).

3) 처 리

'처리'란 개인정보의 수집, 생성, 연계, 연동, 기록, 저장, 보유, 가공, 편집, 검색, 출력, 정정(訂正), 복구, 이용, 제공, 공개, 파기(破棄), 그 밖에 이와 유사한

---

10) 이 경우 쉽게 결합할 수 있는지 여부는 다른 정보의 입수 가능성 등 개인을 알아보는 데 소요되는 시간, 비용, 기술 등을 합리적으로 고려하여야 한다.
11) 대전지방법원 논산지원 2013. 8. 9, 2013고단17 판결.
12) 서울중앙지방법원 2011. 2. 23, 2010고단5343 판결.

행위를 말한다(동법 제2조 제3호). 여기에서 '그 밖에 이와 유사한 행위'에는 개인정보의 전송, 전달, 이전, 열람, 조회, 수정, 보완, 삭제, 공유, 보전, 파쇄 등이 포함될 수 있다(행정자치부, 2016: 13).

2. 구성요건상 행위주체와 행위태양의 명확한 구별

1) 미동의 정보제공(동법 제71조 제1호)

(1) 행위주체: '개인정보처리자'(신분범)

'개인정보처리자'란 업무를 목적으로 개인정보파일을 운용하기 위하여 스스로 또는 다른 사람을 통하여 개인정보를 처리하는 공공기관, 법인, 단체 및 개인 등을 말한다(동법 제2조 제5호). 여기에서 '개인'은 '본인의 업무를 목적으로 개인정보를 처리하는 자'이므로 '공공기관, 영리·비영리 법인, 영리·비영리 단체, 개인'의 '대리인, 사용인, 그 밖의 종업원으로서의 지위에 있는 개인'은 개인정보 처리자에 해당하지 않는다(행정자치부, 2016: 17; 2017헌마711).

(2) 행위태양

'개인정보처리자'가 개인정보를 제3자에게 제공하기 위해서는 원칙적으로 정보주체의 동의를 받아야함에도 불구하고 이를 위반하거나, 누구든지 개인정보처리자가 정보주체의 동의를 받지 아니하고 개인정보를 제공한다는 사정을 알면서도 개인정보를 제공받으면 각각 5년 이하의 징역 또는 5천만원 이하의 벌금에 처한다.

2) 목적외 정보제공(동법 제71조 제2호)

(1) 행위주체

① '개인정보처리자', ② '개인정보처리자로부터 개인정보를 제공받은 자', ③ '수탁자', ④ '영업양수자등'이다. 한편, 소위 '검찰총장 혼외자정보 유출' 사건[13]의 경우 항소심에서 법원은 '초등학교 교장'과 '구청 가족관계등록팀장'을 개인정보처리자로 인정하고 법 제71조 제2호를 적용해서 유죄로 판결했다(서울고등법원

---

13) 경향신문. 2018. 7. 26. ['채동욱 혼외자정보 유출' 서초구청 공무원 징역1년 … 법원 "일벌백계"] 제하의 기사 참조.

2016. 1. 7, 2014노3727 판결).

(2) 행위태양

아래 i.～iv.에 해당하게 되면 각각 5년 이하의 징역 또는 5천만원 이하의 벌금에 처하게 된다.

i. '개인정보처리자'가 개인정보를 제3자에게 제공하기 위해서는 정보주체의 동의를 받거나 일정한 경우 개인정보를 수집한 목적 범위에서만 제공하여야 함에도 불구하고 이를 위반하거나, 누구든지 개인정보처리자가 정보주체의 동의를 받지 아니하거나 개인정보를 수집한 목적 범위를 벗어나 개인정보를 제공한다는 사정을 알면서도 영리 또는 부정한 목적으로 이를 제공받음

ii. '개인정보처리자로부터 개인정보를 제공받은 자'는 개인정보를 제3자에게 제공하기 위해서는 정보주체로부터 별도의 동의를 받거나 다른 법률에 특별한 규정이 있는 경우에만 제공하여야 함에도 불구하고 이를 위반하거나, 누구든지 그 사정을 알면서도 영리 또는 부정한 목적으로 이를 제공받음

iii. '수탁자'는 개인정보처리자로부터 위탁받은 해당 업무 범위를 초과하여 제3자에게 제공하여서는 아니 됨에도 불구하고 이를 위반하거나, 누구든지 그 사정을 알면서도 영리 또는 부정한 목적으로 이를 제공받음

iv. '영업양수자등'은 영업의 양도·합병 등으로 개인정보를 이전받은 경우[14]에는 이전 당시의 본래 목적으로만 개인정보를 제3자에게 제공할 수 있음에도 불구하고 이를 위반하거나 누구든지 그 사정을 알면서도 영리 또는 부정한 목적으로 이를 제공받음

3) 업무상 정보누설 및 제공(법 제71조 제5호)

(1) 행위주체: '개인정보를 처리하거나 처리하였던 자'(신분범)

'개인정보를 처리하거나 처리하였던 자'는 '개인정보처리자'가 아닌 자로서 개인정보의 수집, 생성, 연계, 연동, 기록, 저장, 보유, 가공, 편집, 검색, 출력, 정정, 복구, 이용, 제공, 공개, 파기, 그 밖에 이와 유사한 행위를 하거나 하였던 사람을 의미한다.

---

14) 이 경우 영업양수자등은 개인정보처리자로 본다(동법 제27조 제3항).

(2) 행위태양

'개인정보를 처리하거나 처리하였던 자'가 업무상 알게 된 개인정보를 누설하거나 권한 없이 다른 사람이 이용하도록 제공하거나 누구든지 그 사정을 알면서도 영리 또는 부정한 목적으로 개인정보를 제공받으면 각각 5년 이하의 징역 또는 5천만원 이하의 벌금에 처한다(동법 제71조 제5호).

V. 요 약

이 단원에서는 「개인정보보호법」상 개인정보 불법제공 및 누설과 관련해서 일반 시민은 물론 수사실무에서 많은 혼선이 제기되어 왔다는 점에 주목하고 법적 쟁점들을 도출하고 관련 판결문을 분석하며 궁극적으로 실무상 법적용 기준점을 제시하고자 하였다.

선행연구들은 현행 법률의 문제점으로 첫째, '개인정보'의 개념이 명확하지 않아 죄형법정주의에 반할 우려가 크고, 둘째, 개인정보 활용에 지나친 제약을 가하고 있으며, 셋째, 형사처벌 범위가 매우 넓어 일률적인 중벌화의 경향이 짙고, 넷째, '동의'의 법적 효력에 관해서 논란의 여지가 존재하며, 다섯째, 개인정보 활용을 제한하는 형사처벌 규정 체계가 지나치게 복잡해서 전문가들조차도 이해하기가 어렵다는 점 등을 지적하였다.

법원은 ① 정보주체의 동의가 있었다고 객관적으로 인정되는 범위 내에서는 영리를 목적으로 개인정보를 수집하여 제3자에게 제공하더라도 처벌할 수 없고, ② '개인정보처리자'와 '개인정보를 처리하거나 처리하였던 자'를 명확하게 구분하고 있으며, ③ '업무상 알게 된 개인정보'를 '개인정보를 처리하거나 처리하였던 자'가 그 업무 즉, '개인정보를 처리하는 업무와 관련하여 알게 된 개인정보'로 한정하고, ④ '개인정보처리자'의 범위를 엄격하게 해석하려는 태도를 보였다.

필자는 수사실무에서의 명확한 법적용을 위해서는 첫째, ① '개인정보', ② '개인정보파일', ③ '처리'와 같은 용어를 명확하게 이해하고, 둘째, 개인정보 불법제공 및 누설과 관련된 여러 구성요건을 명확하게 구별하여야 한다는 점을 지적했다.

구성요건에 관해서 구체적으로 언급하면, 먼저, 개인정보 불법제공은 ① 미동의 정보제공(동법 제71조 제1호)과 ② 목적외 정보제공(동법 제71조 제2호)으로 대별된다. 정보제공의 주체 측면에서 전자는 '개인정보처리자'만 해당되는 반면, 후자는 '개인정보처리자'외에도 '개인정보처리자로부터 개인정보를 제공받은 자', '수탁자', '영업양수자등'이 모두 포함된다. 정보를 제공받은 자의 관점에서도 전자는 "그 사정을 알면" 곧바로 처벌대상이 되지만 후자는 "영리 또는 부정한 목적"이 추가적으로 요구되는 목적범이다.

다음으로, 업무상 정보누설 및 제공(동법 제71조 제5호) 또한 정보누설 등의 주체는 '개인정보를 처리하거나 처리하였던 자'로 제한되는 신분범으로 이해되고, 객체는 '개인정보를 처리하는 업무와 관련하여 알게 된 개인정보'로 한정되며, 정보를 제공받은 자에서도 "영리 또는 부정한 목적"이 추가적으로 요구된다.

참고문헌

김민호. (2014). "개인정보처리자에 관한 연구", 「성균관법학」, 26(4): 241-266.

문재완. (2013). "개인정보 보호법제의 헌법적 고찰", 「세계헌법연구」, 19(2): 271-296.

박광배. (2017). "개인정보 관련 법령의 실무적 운영과정에서 드러난 문제점과 개선방향", 「사법」, 40: 3-48.

박웅신·박광민. (2018). "개인정보보호법상 형사처벌 규정의 개선방안에 대한 연구", 「성균관법학」, 30(4): 293-318.

심영주. (2015). "개인정보보호를 위한 법정책의 과제: 「개인정보보호법」상 형사법적 규제에 대한 고찰을 중심으로", 「법과 정책연구」, 15(1): 37-62.

이성기. (2018). "개인정보의 형사법적 보호: 「개인정보보호법」상 개인정보의 무단 수집 및 제공 행위를 중심으로", 「법학연구」, 29(1): 145-172.

이성대. (2015). "개인정보보호를 위한 현행 형벌체계의 문제점 검토", 「형사정책연구」, 26(1): 29-54.

이인곤. (2014). "개인정보보호법상 처벌규정에 관한 형법적 고찰", 「법학연구」, 55: 285-312.

전응준. (2013). "개인정보보호법률상 형사처벌규정의 적정성에 관한 연구", 「정보법학」, 17(2): 213-237.

정세종. (2020). "개인정보보호법 위반 사범 수사를 위한 법리적 검토 및 제언: 개인정보 불법제공 및 누설을 중심으로", 「한국공안행정학회보」, 29(1): 231-254.

행정자치부. (2016). 「개인정보보호 법령 및 지침·고시 해설」, 서울: 행정자치부.

사항색인

저자 약력

정 세 종

　동국대학교 경찰행정학과 및 동대학원 졸업(경찰학박사)
　제46기 경찰간부후보생
　서울동대문경찰서 조사반장
　서울지방경찰청 수사과 조사반장
　서울지방경찰청 사이버범죄수사대 개인정보보호팀장
　서울서초경찰서 강력팀장
　경찰종합학교 경찰간부후보생 지도교관
　경남대학교 경찰행정학과 교수
　5급, 7급, 9급 국가공무원 채용시험 출제 및 선정위원
　경찰간부후보생 채용시험 출제위원
　경찰공무원(순경) 채용시험 출제위원
　현) 조선대학교 경찰행정학과 교수
　　서울특별시경찰청 범죄자프로파일링연구회 자문교수
　　광주광역시경찰청 집회·시위자문위원회 위원
　　광주광역시경찰청 경찰수사심의위원회 위원
　　한국공안행정학회장

경찰수사의 주요쟁점과 논평

2022년　 3월　30일　초판 1쇄 발행
2022년　11월　20일　초판 2쇄 발행

저 자	정 세 종	
발행인	배 효 선	

발행처　도서출판　**法 文 社**

주 소　10881 경기도 파주시 회동길 37-29
등 록　1957년 12월 12일/제2-76호(윤)
전 화　(031)955-6500~6 FAX (031)955-6525
E-mail　(영업) bms@bobmunsa.co.kr
　　　　(편집) edit66@bobmunsa.co.kr
홈페이지 http://www.bobmunsa.co.kr
조 판　법 문 사 전 산 실

정가　25,000원　　　　ISBN 978-89-18-91306-3